KB269589

데살로니가전서 주석

바울의 전도와 교회 개척 방법을 설명하는

데살로니가전서 주석

지 은 이 · 김철홍
펴 낸 이 · 성상건
편집디자인 · 자연DPS

펴 낸 날 · 2025년 9월 5일
펴 낸 곳 · 도서출판 나눔사
주　　　소 · (우) 10270 경기도 고양시 덕양구 푸른마을로 15
　　　　　　301동 1505호
전　　　화 · 02)359-3429　팩스 02)355-3429
등록번호 · 2-489호(1988년 2월 16일)
이 메 일 · nanumsa@hanmail.net

ⓒ 김철홍, 2025

ISBN 978-89-7027-827-8 03230

값 20,000원

잘못된 책은 바꾸어 드립니다.

데살로니가전서 주석

김철홍 지음

나눔사

I. 서론

II. 데살로니가전서 내용 분석

　데살로니가전서를 처음으로 진지하게 읽은 것은 1995년이었던 것 같다. 풀러신학교에서 신약학 석사(Th.M.) 프로그램에서 공부하던 어느 날 도서관에 앉아 데살로니가전서를 처음부터 찬찬히 읽었다. 4장 12절, **"이는 외인에 대하여 단정히 행하고 또한 아무 궁핍함이 없게 하려 함이라"** 는 구절을 읽는 순간 갑자기 머리 속에 번개가 번쩍하고 친 것 같은 느낌 이 들었다. 특히 **"외인"**(outsiders)라는 단어에서 사회학적 상상력이 발동 되었다. 데살로니가전서를 사회학적 관점에서 읽기 시작했다. 필자가 서 울대 사회학과에서 공부하던 시절 접했던 종교사회학 이론을 데살로니가 서신에 적용하여 석사 논문(풀러신학교에서는 Extended Paper라고 함) 을 작성했다. 1997년에 박사과정에 입학하여 신약학 박사학위(Ph.D.) 공 부를 할 때 나는 전도학(Evangelism)을 부전공으로 선택했다. 데살로니가 전서 연구를 하다 보니 전도학을 공부하는 것이 필요했다. 전도학 중 '종 교적 개종'(religious conversion)을 집중적으로 연구했다. 현대 전도학 이 론을 바울 본문에 적용하여 바울의 전도와 교회 개척 방법을 연구할 수 있 었다. 전도학을 연구하면서 바울서신에 대한 사회학적 접근(Sociological Approach)을 계속 시도했다. 풀러신학교 한인 목회학 박사 프로그램 (Korean Doctor of Ministry Program)의 부원장(Assistant Director)으 로 수년간 일하면서 밥 로건(Robert Logan) 박사의 '교회개척론'(Church Planting) 과목과 또 관련 과목들을 수년간 통역하였다. 교회 개척에 대한 이론을 배우는 좋은 기회가 되었고, 바울의 전도와 교회 개척을 분석하는 데 유용한 통찰력을 얻게 되었다. 이 책은 전도학 이론, 사회학적 연구 방 법론, 교회개척론 등을 통해 얻은 통찰력을 데살로니가전서에 적용한 연 구다.

　　이 책은 "바울은 무엇을 어떻게 가르쳤길래 6개월도 안 되는 짧은 기간에 핍박을 견디는 성도를 만들어낼 수 있었는가?"라는 질문에 대한 해답을 찾으려는 나의 노력의 결과다. 바울이 데살로니가에 머문 기간은 매우 짧고, 그가 떠난 뒤 교회에 닥친 핍박은 그 강도가 센 핍박이었다. 최소한 2명 이상의 성도가 이 핍박으로 죽은 것으로 보인다. 데살로니가교회는 모든 성도가 다 믿은 지 6개월 미만이었는데도, 이 교회는 없어지지 않았고 성도들은 믿음을 지켰다. 아무리 생각해도 불가사의한 일이다. 나는 이 책에서 불가사의한 바울의 전도와 교회 개척의 비결을 분석하려고 시도했다. 이 책에서 내가 제안하는 설명은 코로나 팬데믹 이후 전도의 활로를 찾지 못하고 있는 한국교회에 도움을 줄 수 있으리라 생각한다. 또 특별히 교회를 개척하려 준비하고 있거나, 개척하고 있는 목회자에게는 특별한 도움이 되리라 믿는다. 지역 교회에서 목회하고 있는 목회자에게도 좋은 영감을 줄 수 있다. 아쉬운 것은 데살로니가후서 주석을 함께 묶어서 출판하지 못하는 것이다. 은퇴를 2년 남겨놓고 있는 지금 데살로니가후서 주석까지 쓰는 것은 시간상 무리인 듯하다. 하지만 은퇴한 뒤 시간이 허락되면 데살로니가후서 주석을 작성하되, 종이 인쇄 대신 인터넷에서 출판하여 무료로 누구든지 다운받아 볼 수 있도록 하려고 한다. 그리스도의 복음이 땅끝까지 전파되어 모든 영혼이 구원받는 그 날까지 미력이나마 보탬이 되길 바라는 마음뿐이다. 이 책이 출판될 수 있게 허락하신 주님께 감사드립니다.

2025년 7월 10일

김철홍

I.
서론

I. 서론

이 책은 데살로니가전서 본문을 주해하는 주석이다. 그러나 다른 데살로니가전서 주석과 뚜렷한 차이점이 있다. 이 책은 주석이면서 동시에 바울이 어떻게 전도하고 교회를 개척했는지를 연구하는 책이다. 독자들은 이 책을 통해 데살로니가 서신의 내용을 이해하는 것은 물론이고, 더 나아가 바울이 당시 어떤 방식으로 교회를 개척했는지도 이해할 수 있으리라 믿는다. 서론에서 먼저 서신의 시대적 배경을 간단히 살펴볼 것이다.

서론 뒷부분에는 내가 이 책에서 던지는 연구 질문(research question)이 나온다. 그 질문은 "바울은 어떻게 해서 6개월도 채 안 되는 짧은 기간에 데살로니가에서 핍박을 견디는 성도와 교회를 만들어낼 수 있었나?"이다. 독자들은 먼저 서론을 읽으면서 이 연구 질문이 만들어진 과정을 이해할 필요가 있다. 그래야 이 책의 의도를 제대로 이해할 수 있다. 이 책에서 우리는 데살로니가 서신의 내용을 한 절 한 절 살펴보면서 내가 던진 연구 질문의 해답을 찾아갈 것이다. 연구 질문에 대답하기 위해 때로는 심층적 분석도 할 것이다. 심층분석은 '보충설명'이란 표제로 다루어질 것이다.

1.
데살로니가 도시

바울 당시 데살로니가 도시는 오늘날 '떼살로니키'(Thessloniki)

라는 이름으로 불리는 항구도시다. 이 도시는 주전(主前) 316년 마케돈 (Macedon)의 왕 카산더(Cassander)가 만들었다. 그의 아내 데살로니가(알렉산더 대왕의 배다른 누이동생)의 이름을 따서 도시의 이름을 지었다. 데살로니가는 항구도시로서 에게해의 중요한 항구였고, 지금도 그리스의 주요 도시 중 하나다. 로마 시대 '비아 에그네시아'(Via Egnatia)라는 중요한 상업 도로가 이 도시를 지나가고 있었다. 데살로니가는 마케도니아 일대의 상업 활동에서 매우 중요한 도시였다.

'비아 에그네시아'(Via Egnetia) 도로 지도, 오늘날의 이스탄불에서 시작해서 그리스 반도를 가로질러 서쪽 끝에 도달한 후 바닷길로 로마의 '비아 압피아'(Via Appia)란 드로로 연결되어 로마에 이르는 통로다

주전 168년 로마가 데살로니가를 정복했고, 148년에 마케도니아 성(省, province)의 수도가 되었다. 줄리어스 시이저(Julius Caesar)의 암살 뒤에 일어난 내전에서 처음에는 안토니(Mark Antony)를 지원했으나, 안토니가 악티움(Actium)해전에서 패배한 뒤 반대편인 옥타비안 (Octavian)을 지원하였다. 그 대가로 주전 42년에 데살로니가는 '자유 도시'(free city)의 지위를 획득했다.[1]

---

1) 데살로니가 도시에 관한 더 자세한 역사적 정보에 대해서는 Charles A. Wanamaker, *The Epistles to the Thessalonians: A Commentary on the Greek Text* (NIGTC; Grand Rapids: Eerdmans/Exeter: Paternoster, 1990)의 Introduction을 보라.

데살로니가는 당시 그 일대에서 가장 큰 도시였고, 203 헥타르 (hectares)의 면적(6만 평에 해당, 오늘날 축구장 30개 정도의 면적)을 갖고 있었다고 추정된다.[2] 당시 인구는 6만 5천-8만명으로 추정된다.[3] 4-5만명으로 보는 견해도 있다.[4] 데살로니가는 여러 인종과 민족이 섞여 사는 국제도시(cosmopolitan city)였다. 로마인, 아가야인, 소아시아인, 이집트인, 시리아인, 드라게인 등의 거주를 증명하는 고고학적 증거가 있다. 유대인들도 거주하고 있었을 것으로 본다. 그러나 사도행전 17장 외에, 1세기 당시 유대인들의 거주를 증명할 수 있는 고고학적, 문헌적 자료는 아직 발견되지 않고 있다. 현존 자료 중 유대인의 데살로니가 거주를 보여주는 증거는 주후 3세기의 증거가 가장 오래된 것이다. 그 증거는 '마르쿠스 아우렐리우스'(Marcus Aurelius)라는 사람의 석관 위에 새겨진 문구다. 그 문구는 "만약 누구라도 이 관에 다른 사람의 시신을 넣으면 7만 5천 데나리우스의 벌금을 회당들(the synagogues)에 지불해야 한다"로 되어 있다. 이 문구는 적어도 3세기에 데살로니가에 두 개 이상의 회당이 있었다는 것을 보여 준다.[5] 고대 데살로니가보다 대륙 안쪽으로 140km 떨어진 곳에 있던 '스토비'(Stobi)라는 도시에 1세기 말경 유대인이 거주하고 있었음을 보여주는 증거가 있다.[6] 1세기 말에 데살로니가에서 멀리 떨어진 내지(內地)에 유대인이 살고 있었다면, 1세기 초에 항구도시인 데살로니가에 유대인이 살고 있었다고 보는 것은 합리적 추론이다. 당시 지중해 일대 다른 도시들에 유대인이 널리 분포했다는 것을 고려할 때 1세기에 데살로니가에 유대인들이 거주하고 있었을 가능성은 매우 크다.[7]

---

2) Craig Steven De Vos, *Church and Community Conflicts: The Relationships of the Thessalonian, Corinthian, and Philippian Churches with Their Wider Civic Communities* (Scholars Press, 1999), 129.

3) Rainer Riesner, *Paul's Early Period: Chronology, Mission Strategy, Theology* (Grand Rapids: Eerdmans, 1998), 301.

4) De Vos, *Church and Community,* 129.

5) Irena Levinskaya, *The Book of Acts in its Diaspora Setting* (BAFCS 5; Grand Rapids: Eerdmans, 1996), 155-6.

6) De Vos, *Church and Community,* 132.

데살로니가에 거주하는 시민들은 대체로 동질적인 사람들로 구성되었던 것으로 보인다. 당시에 존재했던 다양한 자발적 결사(voluntary association, 혹은 club이라고도 불리는 사회 조직. 라틴어로는 *collegia*)의 회원 이름 목록을 분석해보면, 이민자들보다는 본토인들의 이름이 압도적으로 많다. 무덤의 비문 이름을 분석해도 비슷한 분포를 보여준다.[8] 데살로니가에 이민자들이 있긴 있었으나 전체 인구 대비 이민자의 비율은 높지 않았던 것으로 보인다. 데살로니가에 기독교인이 존재했다는 것을 보여주는 비문으로 2세기 말경 '아브라메오스'(Abrameos, 아마도 아브라함의 이름과 관련된 이름으로 보임)와 그의 아내 '떼오도테'(Theodote, '하나님이 주셨다'는 뜻)라는 이름이 새겨진 비문이 있다. 이 이름들은 기독교인들의 이름으로 추정된다. 기독교인들이 주로 묻혀 있는 묘지에서 발견된 어떤 비문에는 유대교의 상징인 메노라(menorah, 일곱 개의 가지가 있는 촛대)와 함께 "The Lord is with us"라는 문구가 있고, 다른 하나에는 "'도미티오스'(Domitios)라 불리운 고 벤자민(Benjamin)"이라는 문구가 있다. 이런 자료를 미루어 보건데 유대 기독교인들의 비문으로 추측된다.[9]

2.
데살로니가 도시의 종교적 배경

바울 당시 데살로니가에 있었던 종교적 제의(religious cults)를 살펴보면 헤라클레스(Heracles), '디오스쿠리'(Dioscuri), '아폴로'(Apollo), '아프로디테'(Aphrodite) 등이 데살로니가에서 숭배되었다는 고고학적 증거가 있다. '이시스'(Isis), '오시리스'(Osiris)와 같은 이집트

---

7) Abraham J. Malherbe, *The Letters to the Thessalonians: A New Translation with Introduction and Commentary* (Anchor Bible 32B; New York: Doubleday, 2000), 14.

8) De Vos, *Church and Community,* 134-136.

9) Levinskaya, *The Book of Acts,* 154-55.

신비 종교도 있었고, 농경신인 '디오니수스'(Dionysus) 제의도 데살로
니가에 있었다. 디오니수스 제의에서는 남근상(男根像, *phallus*)이 제의
의 상징으로 사용되었다. 남근상은 농경사회에서 생산력을 상징했다. 이
것은 왜 바울이 데살로니가전서 4:4에서 '스큐오스'(σκεῦος, '연장'이
라는 뜻, 개역성경에서는 '아내'로 번역되었음)라는 단어를 사용하는지
를 이해하는 중요한 문화적 배경이 된다. 이 단어는 남자의 성기를 에둘
러서 표현할 때 사용되었다. '세라피스'(Serapis) 신전도 20세기에 발굴
되었다. 그 신전에는 14명의 사제들이 일하고 있었다.

'사모드라게'(Samothrace, 행 16:11, "우리가 드로아에서 배로 떠
나 사모드라게로 직행하여")의 신비 종교도 데살로니가에 있었다. 이 제
의에서는 젊은 처녀들이 춤을 출 때 머리에 신들을 위해 따로 구분된 모
자를 쓰고 나왔다. 당시 신의 모자를 쓰는 것은 그 신과 하나가 되는 것
을 상징했다. 이것은 데살로니가전서 5:8절에서 "구원의 소망의 투구를
쓰자"라고 바울이 가르치는 것을 이해하는 배경이 될 수도 있다. 물론 바
울은 이사야 59:17, "공의를 갑옷으로 삼으시며 구원을 자기의 머리에 써
서 투구로 삼으시며"를 염두에 두고 이 말을 했을 가능성이 더 크다. 하
지만 이 가르침을 듣는 데살로니가 성도들은 아마도 그들에게 익숙한 신
비 종교의 맥락에서 이해했을 것으로 보인다.

2-3세기 데살로니가에서 가장 중요한 제의는 '카비루스'(Cabirus)
제의였을 것으로 본다. 카비루스는 다산(多産, fertility)과 뱃사람들의 안
전을 보장하는 신이었다. 이 제의는 데살로니가 도시의 상류계층이 지원
하는 일종의 국가종교의 역할을 했다. 상류층은 이 제의를 위해 재정적 후
원을 했다. 사람들이 이 제의를 받아들이게 함으로 모든 시민에게 일체감
(a sense of common identity)을 주었다. 그러나 '카비루스'(Cabirus)
제의가 1세기에 행해지고 있었다는 실증적 증거가 없으므로 이 제의를 데
살로니가 서신 해석에 직접 연결하기는 좀 어렵다.[10] 하지만 황제승배를
포함하여 우상숭배에 대한 바울의 비판은 곧 데살로니가 시민 사회의 기

---

10) Malherbe, *Thessalonians*, 15.

본 질서를 어지럽히고, 도시가 하나로 통합되는 것을 해치는 결과를 가져왔을 것이다.

3.
저자와 기록 장소

데살로니가 서신의 저자는 바울과 실루아노와 디모데, 세 명이다 (살전 1:1; 살후 1:1). 기록 장소로 고려될 수 있는 도시는 아덴과 고린도다. 사도행전 17장의 누가의 기록에 따르면 바울은 데살로니가를 떠난 뒤 베뢰아, 아덴을 거쳐서 고린도에 도착한다. 한편 그의 동역자 실루아노와 누가는 베뢰아에 머물다가(행 17:14), 바울이 고린도에 도착한 뒤에야 비로소 마케도니아로부터 고린도로 와서 바울과 합류한다(행 18:5). 그러나 데살로니가전서 3:1-2의 기록에 따르면 바울이 아덴에서 디모데를 데살로니가로 보냈고, 그가 데살로니가전서를 쓰는 시점에는 디모데가 이미 돌아와 바울 곁에 있다(살전 3:6). 데살로니가전서 3:1-2의 "우리만 아덴에 머물기를 좋게 여겨 우리 형제 곧 그리스도의 복음을 전하는 하나님의 일꾼인 디모데를 보내노니"는 바울이 생소한 도시인 아덴에 혼자 머물렀다는 뜻이다. 반드시 디모데가 아덴에 왔고, 아덴에서 그가 데살로니가로 보내어졌다고 볼 필요는 없다.[11] 베뢰아에 머물고 있던 디모데를 데살로니가로 돌려보냈을 수도 있다. 그렇게 보면 사도행전의 내용과 데살로니가전서의 내용이 서로 상충하지 않는다. 데살로니가후서가 전서보다 먼저 기록된 서신이라고 보는 견해(데살로니가후서 우선설)를 주장하는 학자들은 바울이 디모데를 돌려보낼 때, 핍박받고 있던 데살로니가교회에게 편지를 써서 디모데 편에 전달했는데, 그 편지가 바로 데살로니가후서라고 본다. 그런 식으로 본다면 데살로니가전서

---

11) Karl P. Donfried and I. Howard Marshall, *The Theology of the Shorter Pauline Letters* (New Testament Theology; Cambridge University Press, 1993), 8.

는 디모데가 데살로니가에서 돌아온 이후 고린도에서 쓴 편지다. 만약 데살로니가전서가 아덴에서 기록된 것이라면, 아마도 바울은 데살로니가전서 3:1에서 "아덴에"란 말 대신, '이곳에'라고 썼을 가능성이 더 크다.

바울이 실루아노와 디모데와 함께 있을 때 데살로니가전서를 공동으로 기록한 것을 볼 때(살전 1:1), 데살로니가전서를 기록한 장소는 아덴이 아니라 고린도란 점은 확실하다(행 18:5, "실라와 디모데가 마게도냐로부터 내려오매 바울이 하나님의 말씀에 붙잡혀 유대인들에게 예수는 그리스도라 밝히 증언하니"). 또 데살로니가전서 3:7에서 바울이 "우리가 모든 궁핍과 환난 가운데서 너희 믿음으로 말미암아 위로를 받았노라"고 말할 때 바울이 궁핍과 환난을 겪은 곳은 아덴보다는 고린도일 가능성이 훨씬 더 크다. 바울은 데살로니가를 떠나 고린도에서 교회를 개척하는 중이었다. 그가 데살로니가교회를 염려하던 중, 디모데가 돌아와 좋은 소식을 전해주었을 때(살전 3:6), 그는 큰 위로를 받았고(살전 3:7-8), 기쁨에 차서(살전 3:9, "우리가 우리 하나님 앞에서 너희로 말미암아 모든 기쁨으로 기뻐하니 너희를 위하여 능히 어떠한 감사로 하나님께 보답할까") 이 편지를 기록했다. 만약 데살로니가후서가 전서보다 먼저 기록된 편지라면 후서의 기록 장소는 아덴으로 보아야 한다.

4.
기록 연대

데살로니가전서가 고린도에서 기록되었다면 우리는 바울이 고린도에 처음 도착한 연도를 계산함으로 이 편지의 기록 연대를 추정할 수 있다. 사도행전 18:2은 글라우디오(Claudius) 황제가 로마에서 유대인들을 추방함에 따라 브리스길라와 아굴라가 이탈리아를 떠나 고린도에 왔다고 말한다(행 18:2, "아굴라라 하는 본도에서 난 유대인 한 사람을 만나니 글라우디오가 모든 유대인을 명하여 로마에서 떠나라 한 고로 그가 그 아내 브리스길라와 함께 이달리야로부터 새로 온지라 바울이 그들에게 가매"). 로마 황제들의 역사를 기록한 수에토니우스(Suetonius)의 책 *Claudius* 25.4에는 글라우디오가 "유대인들이 계속 크레스투스 (Chrestus)[12]의 선동으로 소동을 일으키므로, 그들을 로마에서 쫓아내었다"는 기록이 있다. 수에토니우스는 이 명령의 연도를 기록하지 않으나, 이 명령은 서기 49년의 명령을 가리킬 가능성이 크다. 그렇다면 바울이 고린도에서 선교한 것이 빠르면 49년 직후로 볼 수도 있다.

사도행전 18:12의 "갈리오가 아가야 총독 되었을 때에"는 성경 밖의 자료들을 통해 데살로니가 서신의 작성 연대추정을 가능하게 한다. 대부분의 학자는 갈리오가 아가야 지방의 총독으로 재임한 기간을 51/52년으로 추정한다. 그렇다면 우리는 바울이 고린도에 도착한 시기를 50년 초로 추측할 수 있다. 바울의 고린도 첫 방문 시기는 정확히 알 수는 없지만 대체로 49/50년으로 본다. 따라서 데살로니가전서 작성 연대는 바울이 고린도에 도착한 직후인 49/50년으로 보아야 한다.

5.
데살로니가후서 우선설[13]

오늘날 상당수 학자는 데살로니가흐서가 바울이 쓴 서신이라는 것을 의심한다. 그 이유는 데살로니가후서 2:1-12에서는 주의 재림에 일정한 순서가 있는 것으로 묘사하는 반면 데살로니가전서 4:13-5:11에서는 갑작스럽게 임하는 것으로 말한다고 생각하기 때문이다. 그러나 자세히 살펴보면 데살로니가후서 2장의 내용은 결코 재림의 순서를 말하

---

12) *Chrestus*는 라틴어로 '그리스도'를 표기하는 방식 중 하나다. 아마도 로마에서 그리스도를 믿는 성도들과 믿지 않는 성도들 사이에 충돌이 종종 발생했던 것으로 보이며, 수에토니우스는 그리스도를 당시 실존하는 인물로 오해하고 이렇게 기록한 것으로 추측된다.

13) 데살로니가후서 우선설에 대해서는 Wanamaker, *Thessalonians*, 17-52을 보라.

는데 그 초점이 있지 않다. 데살로니가후서 2:2에서 말하는 것처럼 바울은 주의 날이 이르렀다고 생각하는 사람들을 향해 아직 재림이 일어나지 않았다는 것을 설명하기 위해 구체적으로 아직 재림이 임하지 않았음을 보여주는 표지를 지적하고 있을 뿐이다.

데살로니가후서의 바울 저작설을 지지하는 학자 중 상당수는 데살로니가후서가 전서보다 먼저 보낸 편지일 가능성이 크다고 본다. 신약성경 안의 서신의 순서를 정할 때 동일한 수신자에게 보낸 서신일 경우 각 서신의 길이를 고려하려 긴 것을 앞에 두고 짧은 것을 뒤에 두었다. 앞의 서신을 '알파'('A), 뒤의 서신을 '베타'(B)라고 불렀다. 한국어 성경은 전서(前書), 후서(後書)로 번역하는 바람에 앞에 있는 편지가 마치 먼저 쓴 편지인 것 같은 선입견을 준다. '전서'는 단지 배열 순서 상 앞에 있다는 뜻일 뿐이며, 먼저 보낸 편지라는 뜻은 아니다. 고린도전서와 고린도후서의 경우는 고린도전서가 사실상 먼저 보낸 편지이므로 '전서'와 '후서'를 문자 그대로 이해해도 상관이 없다. 하지만 항상 먼저 쓴 편지가 더 길고, 나중에 쓴 편지가 더 짧은 것은 아니다. 때로 먼저 쓴 편지는 짧고, 뒤에 쓴 편지는 긴 경우도 있다. 데살로니가후서 우선설을 주장하는 학자들은 데살로니가 서신이 이에 해당한다고 본다.

데살로니가후서가 전서보다 먼저 기록되었다는 것을 가장 먼저 주장한 학자인 맨슨(Thomas W. Manson)은 아래와 같은 근거를 제시한다.[14)]

1) 데살로니가후서 1:4-7는 박해가 현재 진행 중인 것으로 묘사하는 반면(4절, "너희가 <u>견디고 있는</u> 모든 박해와 환난 중에서"), 데살로니가전서 2:14에서는 박해를 과거시제(aorist tense)로 묘사한다("**너희도 너희 동족에게서 동일한 고난을 <u>받았느니라</u>**"). 데살로니가전서를 쓰는 시점에서는 박해가 이미 지나간 것으로 묘사된다.

---

14) Thomas W. Manson, "St. Paul in Greece: The Letters to the Thessalonians," *BJRL* 35 (1952-53), 438-446.

2) 데살로니가후서 3:11-15에서 일하지 않고 먹으려는 자들의 등장을 새로운 문제로 자세히 다룬다. 하지만 데살로니가전서 4:10-12에서는 이미 잘 알고 있는 문제로 취급한다. 데살로니가후서에서 이미 상세히 다루었기 때문에 데살로니가전서에서는 짧게 언급하고 지나가는 것으로 볼 수 있다.

3) 데살로니가후서의 마지막 브분인 3:17에서 바울은 친필로 글을 쓴다("나 바울은 <u>친필로 문안하노니</u>"). 다음 절인 3:18절의 인사말, "우리 주 예수 그리스도의 은혜가 너희 무리에게 있을지어다"는 바울이 친필로 쓴 것이다. 그러나 데살로니가전서에는 이런 '친필로 문안한다'는 말이 없다. 마지막 절인 5:28에서 "우리 주 예수 그리스도의 은혜가 너희에게 있을지어다"라는 똑같은 인사말로 편지를 마친다. 데살로니가전서의 이 마지막 인사말은 바울이 친필로 썼을 가능성이 크다. 독자들은 첫 편지인 데살로니가후서에 있는 바울의 친필 서체를 이미 알고 있으므로 글씨를 보고 두 번째 편지의 진정성(authenticity)을 알 수 있다. 그래서 데살로니가전서에서는 "친밀로 문안하노니"라는 말을 하지 않았다고 볼 수 있다. 만약 데살로니가전서가 먼저 보내졌고, 데살로니가후서가 나중에 보낸 편지라면 데살로니가전서에 "나 바울은 친필로 문안하노니"라는 문구가 있고, 데살로니가후서에는 없는 것이 더 합리적이다.

4) 바울이 데살로니가전서 5:1에서 마지막 시기와 때에 대해서는 더 가르칠 필요가 없다고 말하는 것은 데살로니가후서 2:1-12에서 종말에 관해 이미 상당 부분 설명을 하였음을 상기시키는 것으로 볼 수도 있다.

5) 데살로니가전서 4:9, 13, 5:1에 등장하는 '~에 관하여서는'(now concerning)이란 표현은 편지의 수신자들이 제기한 질문에 응답하는 양식(formula)이다. 데살로니가후서에는 이런 표현이

없고, 데살로니가전서에만 있는 것은 후서가 첫 번째 편지고, 첫 편지를 받은 뒤에 성도들이 질문한 것을 바울이 대답하는 것일 가능성이 크다. 그 질문들은 디모데가 받아서 바울에게 전달했을 것이다.

이런 주장에 대해 데살로니가전서 우선설을 주장하는 학자들의 비판도 있지만, 문제는 데살로니가전서가 먼저 기록된 것이라는 그들의 주장을 뒷받침할 수 있는 증거가 별로 없다는 점이다. 데살로니가후서 우선설을 뒷받침하는 증거들보다 데살로니가전서 우선설을 뒷받침하는 증거가 오히려 적다. 데살로니가전서가 먼저 기록되었다는 주장하는 학자들은 데살로니가후서 2:15, "그러므로 형제들아 굳건하게 서서 말로나 우리의 편지로 가르침을 받은 전통을 지키라"에서 "가르침을 받은"(ἐδιδάχθητε)이 과거시제(aorist tense)라는 점을 데살로니가전서 우선설의 근거로 이 구절을 자주 언급한다. 그러나 헬라인들은 편지를 쓸 때 과거시제를 자주 사용하였고, 이런 것을 편지 과거시제(epistolary aorist)라고 한다. 편지 과거시제는 형태는 과거시제이지만, 의미는 현재로 해석한다. 데살로니가후서의 앞부분에서 가르친 내용을 가리키는 동사로 볼 수 있다. 그러므로 이것은 데살로니가전서가 먼저 기록되었다는 주장의 근거가 되기 어렵다. 더구나 "편지"는 단수다. 만약 데살로니가전서가 먼저 보내져 있었다면 '편지들'이라고 말했어야 한다.[15]

데살로니가후서 2:3-12의 "불법한 자"에 대한 강한 비판은 당시 박해가 클라이맥스에 도달했다는 것을 암시한다. 데살로니가전서에서는 이 인물에 대한 비판이 전혀 나타나지 않는다. 이것은 이미 박해가 클라이맥스를 지나갔다는 것을 암시한다. 데살로니가전서 3:3, "아무도 이 여러 환난 중에 흔들리지 않게 하려 함이라"에서 바울이 박해가 현재 진행중인 것으로 묘사한 것은 바울이 디모데를 보낼 당시(살전 3:2, "디모데를 보내노니") 고린도에서 그렇게 생각한 것 때문이지, 실제 상황을 묘사하는 것은 아니다. 또 데살로니가전서 4:10-12, "너희가 온마게도냐

---

15) Wanamaker, *Thessalonians*, 41.

모든 형제에 대하여 과연 이것을 행하도다 형제들아 권하노니 더욱 그렇게 행하고 또 너희에게 명한 것 같이 조용히 자기 일을 하고 너희 손으로 일하기를 힘쓰라 이는 외인에 대하여 단정히 행하고 또한 아무 궁핍함이 없게 하려 함이라"는 데살로니가후서 3:6-12에서 각자 노동하여 생활할 것을 길게 설명한 것을 상기시킨다. 이미 데살로니가후서에서 길게 설명했으므로 데살로니가전서에서는 굳이 길게 다시 말하지 않고 간단히 언급하여 그 내용을 상기시킬 뿐이다. 그러므로 이것도 데살로니가후서 우선설을 지지하는 증거다.

데살로니가후서 2:16-17, "우리 주 예수 그리스도와 우리를 사랑하시고 영원한 위로와 좋은 소망을 은혜로 주신 하나님 우리 아버지께서 너희 마음을 위로하시고 모든 선한 일과 말에 굳건하게 하시기를 원하노라"라는 기도문은 데살로니가전서 3:2-3, "우리 형제 곧 그리스도의 복음을 전하는 하나님의 일꾼인 디모데를 보내노니 이는 너희를 굳건하게 하고 너희 믿음에 대하여 위로함으로 아무도 이 여러 환난 중에 흔들리지 않게 하려 함이라 우리가 이것을 위하여 세움 받은 줄을 너희가 친히 알리라"에 나타난 디모데를 보내는 목적과 상응한다. 이것은 데살로니가전서와 데살로니가후서가 같은 저자에 의해 작성되었음을 시사한다.

데살로니가후서 우선설의 장점은 데살로니가후서가 바울이 쓴 편지라는 것을 강력하게 주장할 수 있다는 점이다. 데살로니가후서 우선설을 주장하면 데살로니가후서가 바울의 저작이라는 것을 부정하는 학자들에게 강력하게 도전할 수 있다. 시간이 갈수록 데살로니가후서 우선설을 지지하는 학자들의 수가 늘어가고 있다. 위에서 살펴본 것처럼 데살로니가 서신 내부의 증거들이 데살로니가후서 우선설을 지지하고 있고, 이런 증거들을 쉽게 부정할 수 없다. 이 책에서는 데살로니가후서 우선설을 지지하는 입장에서 데살로니가후서 본문을 사용한다.

6.
데살로니가에서 교회를 개척한 바울

데살로니가전서는 현재 남아있는 바울의 서신 중 두 번째로 오래된 서신이다. 가장 오래된 것은 갈라디아서다.[16] 그러나 데살로니가전서가 바울의 선교사 경력의 초기 단계를 반영하는 것은 아니다. 데살로니가에 도착하기 전에 바울은 선교사로서 이미 많은 경험을 쌓았다.[17] 그는 다메섹 사건 직후부터 복음을 선포하기 시작하여 다메섹과 아라비아에서(갈 1:17; 고후 11:32), 시리아와 길리기아에서(갈 1:21; cf. 행 15:41; 자신의 고향인 다소에서도, 행 9:30; 11:25), 안디옥에서(갈 2:1-10; cf. 행 11:25), 구브로와 소아시아 남부에서(행 13:4-14) 활동했다. 그가 33년경에 회심을 했고, 62년경에 로마에서 순교했다면 바울은 30년 동안 활동을 한 셈이다. 데살로니가에 바울이 49년에 도착하였다면, 그때 바울은 이미 16년 동안 선교사역을 했고 이것은 그의 30년 경력의 중간에 해당하는 시기이다. 그러므로 데살로니가전서는 바울 선교의 초기(early period)가 아니라 중기(middle period)를 반영한다.

바울은 다메섹 계시 직후부터(33년) 복음선포와 교회 개척을 시작했다.[18] 바울이 데살로니가에 도착했을 때(49년) 그는 이미 교회를 개척하는 목회자(church-planting pastor)로서 16년 정도의 경력을 갖고 있었다. 교회개척자로서, 목회자로서, 그는 이미 상당히 능숙한 수준에 도달했을 것이다. 바울이 데살로니가에서 선포한 복음도 그동안 그가 반복적 경험을 통해 그 내용이 어느 정도 정리되고 고정되어 있었을 것이다. 데살로니가전서를 쓸 무렵의 바울은 신학적으로도 상당히 성숙했을 것이다. 그러므로 데살로니가전서가 바울신학의 초기상황을 반영한다는 주장은 옳지 않다. 일부 학자들은 데살로니가전서에 '율법의 행위'라든

---

16) 이에 대한 자세한 설명은 김철홍, 『바울신학을 쉽게 풀어주는 갈라디아서 주석』 (서울: 나눔사, 2022년)의 보충설명 3, "남갈라디아설과 북갈라디아설"을 보라.

17) Malherbe, *Thessalonians*, 13.

18) 이 점에 대해서는 김철홍, "바울이 아라비아로 간 까닭은?: 갈 1:17에 나타난 바울의 선지자적 자의식," 『신약논단』 (2009년 봄), 173-98을 보라.

가 '의,' '의롭게 하다'와 같은 바울이 칭의론을 설명할 때 사용하는 중요 단어들이 나타나지 않는다는 것 때문에 데살로니가전서를 쓸 무렵의 바울은 갈라디아서나 로마서에 나타나는 바와 같은 '오직 믿음을 통한 칭의'의 가르침이 아직 확립되지 않았다고 본다. 그러나 데살로니가전서에 그런 용어가 나타나지는 않지만, 데살로니가전서 1:10, 4:14, 5:9-10의 내용을 종합하여 보면 이신칭의(以信稱義)의 복음이 나타난다(자세한 것은 본문 주석을 보라).

바울은 예수의 죽음, 부활, 재림에 대해 선포하고 있었으며(살전 1:10; 2:15; 4:14), 하나님의 뜻은 예수 그리스도를 통하여 우리가 구원을 얻게 하려는 것이라고 선포했다(살전 5:9). 만약 바울이 예수의 죽음, 부활, 재림을 성도들의 구원에 연결해서 설명했다면, 그가 데살로니가에서 선포한 복음은 갈라디아서나 로마서에 나오는 이신칭의의 복음과 다르지 않다. 바울이 데살로니가전서에서 성도들의 믿음에 대해서 말할 때 그 믿음의 내용은 그리스도의 죽음과 부활에 관한 것이었다.

바울이 데살로니가에 도착한 것은 주후 49년경이다. 그는 빌립보 감옥에서 풀려난 뒤 곧바로 데살로니가르 왔다(행 17:1, "그들이 암비볼리와 아볼로니아로 다녀가 데살로니가에 이르니 거기 유대인의 회당이 있는지라"). 사도행전에 따르면 도착한 뒤 그는 유대교 회당에 가서 세 안식일에 걸쳐 복음을 증거했다(행 17:1-2, "데살로니가에 이르니 거기 유대인의 회당이 있는지라 바울이 자기의 관례대로 그들에게로 들어가서 세 안식일에 성경을 가지고 강론하며"). 회당에서 세 번의 안식일을 보냈다면 적어도 4주를 그렇게 보냈다고 볼 수 있다. 누가는 사도행전 17장에서 회당 설교 직후 곧바로 군중 소란이 생겨서 바울이 데살로니가를 떠난 것으로 묘사하기 때문에 마치 바울이 데살로니가에 머문 시간이 한 달에 불과한 것처럼 보일 뿐이다.

[5]그러나 유대인들은 시기하여 저자의 어떤 불량한 사람들을 데리고 떼를 지어 성을 소동하게 하여 야손의 집에 침입하여 그들을 백성에게 끌어내려고 찾았으나 [6]발견하지 못하매 야손과 몇 형제들을 끌고 읍장들 앞에 가서 소리 질러 이르되 천하를 어지럽게 하던 이 사람들이 여기도 이르매 [7]야손이 그들을 맞아 들였도다 이 사람들이 다 가이사의 명을 거역하여 말하되 다른 임금 곧 예수라 하는 이가 있다 하더이다 하니 [8]무리와 읍장들이 이 말을 듣고 소동하여 [9]야손과 그 나머지 사람들에게 보석금을 받고 놓아 주니라 [10]밤에 형제들이 곧 바울과 실라를 베뢰아로 보내니 그들이 이르러 유대인의 회당에 들어가니라

바울은 정말 데살로니가에 한 달만 머물렀던 것일까? 아마도 아닌 것 같다. 누가는 제한된 지면 속에서 긴 이야기를 압축해 설명하기 때문에 종종 상세한 설명을 생략하는 경향이 있다. 누가는 바울의 데살로니가 사역도 자세한 과정을 과감히 생략하고 압축해 설명하고 있다고 보인다. 데살로니가전서와 빌립보서 안에는 바울이 데살로니가에 한 달 이상 체류했다는 것을 보여주는 아래와 같은 정황증거(circumstantial evidence)가 있다.

1) 빌립보서 4:16 "데살로니가에 있을 때에도 너희가 한 번 두 번 나의 쓸 것을 보내주었도다"

"한 번 두 번"(καὶ ἅπαξ καὶ δίς)은 '적어도 한 번 이상'(more than once)이란 뜻이다[19] 빌립보와 데살로니가 사이의 거리는 95마일(약 150km)이고, 왕복은 190마일(300km)이다. 고대시대에 하루에 도보로 여행할 수 있는 거리를 15마일(25km)로 보면 편도 여행이 대략 약 한 주, 왕복은 약 두 주 걸린다. 빌립보 성

---

19) Marcus Bockmuehl, *The Epistle to the Philippians* (BNTC; London: A & C Black/Peabody: Hendrickson, 1998), 264.

도들이 돈을 모아 두 번 정도 바울에게 보내주려면 여행 시간만 네주, 즉 한 달이 걸린다. 성도들이 돈을 모으는 데도 상당한 시간이 필요하므로 한 달 안에 한 번 이상 바울에게 지원금을 보내주는 것은 시간 계산상 불가능하다.

2) 데살로니가전서 2:9 "너희 아무에게도 누를 끼치지 아니하려고 밤과 낮으로 일하면서 너희에게 하나님의 복음을 전하였노라"

바울은 교회를 개척하지 않는 도시에서는 취직을 하지 않지만, 교회를 개척하기로 계획한 도시에서는 취직을 했다. 그런 도시에서 바울은 도착 후 곧바로 텐트를 만드는 가게를 찾아 취직을 했다. 자신과 동역자들의 생활비를 해결하기 위해 노동했다. 그렇다면 바울이 한 도시에서 정상적으로 교회를 거척하고 그 도시를 떠날 때까지 평균 얼마나 긴 시간이 걸렸을까? 고린도의 경우 브리스길라와 아굴라 부부와 함께 일하면서 일 년 반을 지냈다고 한다(행 18:11, "일년 육개월을 유하며 그들 가운데서 하나님의 말씀을 가르치니라"). 고린도는 당시 꽤 규모가 큰 도시였고, 고린도에서 바울은 여러 개의 가정 교회를 개척했다. 고린도교회의 분파는 아마도 가정 교회 단위로 전체 고린도교회가 분열한 것을 지적하는 것일 가능성이 크다(고전 1:11-12, "내 형제들아 글로에의 집 편으로 너희에 대한 말이 내게 들리니 곧 너희 가운데 분쟁이 있다는 것이라 내가 이것을 말하거니와 너희가 각각 이르되 나는 바울에게, 나는 아볼로에게, 나는 게바에게, 나는 그리스도에게 속한 자라 한다는 것이니"). 만약 바울이 정상적으로 데살로니가에서 교회를 개척했다면 한 개 이상의 가정 교회를 개척했을 것이다. 하지만 사도행전 17:5-9에 묘사된 것처럼 데살로니가 시민들이 교회를 공격하는 소동으로 인해 바울은 불가피하게 밤에 데살로니가를 탈출해야만 했다(행 17:10). 데살로니가전서 2:9에서 바울이 데살로니가에서 노동을 했다고 말하는 것은 그가 이 도시에서 상당 기간 머물렀다는 증거다.

3) 데살로니가전서 1:6, "또 너희는 많은 환란 가운데서 성령의 기쁨으로 도를 받아 우리와 <u>주를 본받은</u> 자가 되었으니"

바울은 데살로니가 성도들이 바울과 그의 동역자들을, 그리고 더 나아가 예수 그리스도를 닮은 사람이 되었다고 말한다. 전통적으로 '그리스도를 닮는다'(Imitation of Christ)는 것은 그리스도의 심성(心性)을 닮는 것으로 이해되고 있다. 만약 그런 이해가 맞다면, 데살로니가교회의 초신자들이 그리스도를 닮는데 4주라는 시간은 너무 짧은 기간이다. 그리스도를 닮으려면 상식적으로 한 달보다 더 긴 기간이 필요하다.

4) 데살로니가전서 5:12, "형제들아 우리가 너희에게 구하노니 너희 가운데서 <u>수고하고 주안에서 너희를 다스리며 권하는 자들</u>을 너희가 알고"

이 구절은 당시 데살로니가교회 안에 일종의 지도자들이 있었다는 것을 보여준다. "수고하고 주안에서 **너희를 다스리며 권하는 자들**"은 지도자들(leaders)이고, "**너희**"는 지도자들이 아닌, 나머지 회중(followers)이다. 바울이 데살로니가교회를 떠난 시점을 기준으로 교회 안에는 이미 지도자(leader) 그룹과 추종자(follower) 그룹이 형성되어 있었다. 새로운 단체에서 지도자들이 선발되어, 그들의 지도력(leadership)이 형성되려면 상당 기간이 걸리는 것이 보통이다. 교회 안에서 리더십이 형성되기에 4주는 너무 짧다고 말할 수 있다. 아마도 4주보다 더 긴 기간 동안 바울이 데살로니가에 머물렀다고 보는 것이 더 합리적이다.

그렇다면 바울은 데살로니가에서 실제로 얼마나 오래 머물렀을까? 로날드 혹(Ronald F. Hock)은 6-7개월(several months) 정도일 것으로 추측한다.[20] 라이너 리스너(Rainer Riesner)는 "많아야 4개월 아마도 그보다는 적은 기간(at most four, and probably fewer

---

20) Ronald F. Hock, *The Social Context of Paul's Ministry: Tentmaking and Apostleship* (Minneapolis: Fortress Press, 1980), 30, footnote 37.

months)"이라고 추측한다.[21] 대부분의 학자들은 이 문제에 대해 많은 관심을 기울이지 않지만, 이 질문은 데살로니가 서신들을 해석하는데 매우 중요한 배경 정보를 준다. 로날드 혹과 라이너 리스너의 견해는 사실 크게 다르지 않다. 길어야 반년 혹은 그보다 적은 기간밖에 머물지 않았다는 것이다. 두 의견을 절충하되, 더 보수적으로 본다면 바울이 머문 기간을 약 6개월 정도로 추정할 수 있다. 고린도에서 1년 반을 보낸 것을 고려하면(행 18:11), 데살로니가에서는 평소 교회 개척 기간의 삼 분의 일 정도밖에 안 되는 기간만 머물렀다. 교회를 개척하던 중에, 그것도 초반에 문제가 발생하여 바울, 실라, 디모데는 데살로니가를 탈출하지 않으면 안 되었기 때문이다(행 17:5-10). 그 이후 데살로니가교회는 핍박을 당했다. 오늘날로 비유하자면 교회를 개척하던 중 담임목사는 교회를 떠나고, 갓 태어난 교회는 큰 환란을 당하게 되었다. 유념할 점은 당시 데살로니가 성도들은 모두 믿은 지 채 6개월도 안 된 사람들이었다는 점이다. 그중 가장 오래 믿은 사람은 믿은 지 6개월 된 사람이었다. 성도들 전체가 믿은 지 6개월도 안 된 초신자들이었다.

7.
데살로니가교회가 겪은 핍박

당시 교회를 핍박한 사람들은 데살로니가에 살고 있던 예수를 믿지 않는(unbelieving) 시민들이다. 데살로니가전서 2:14, "형제들아 너희가 그리스도 예수 안에서 유대에 있는 하나님의 교회들을 본받은 자 되었으니 그들이 유대인들에게 고난을 받음과 같이 <u>너희도 너희 동족에게서 동일한 고난을 받았느니라</u>"는 이점을 매우 분명하게 보여준다. 사도행전 17장에 따르면 사건의 발단은 데살로니가 회당에 출석하고 있던 '하나님을 경외하는' 이방인 중 상당수가 바울의 회당 설교를 듣고 바울을 따

---

21) Riesner, *Paul's Early Period*, 364.

라 나간 것 때문에 '시기심'이 발동한 유대인들이 꾸민 모함이었다(행 17:1-2, "그 중의 어떤 사람 곧 경건한 헬라인의 큰 무리와 적지 않은 귀부인도 권함을 받고 바울과 실라를 따르나 그러나 유대인들은 시기하여…"). 유대인들은 시장의 "어떤 불량한 사람들을 데리고 떼를 지어 성을 소동하게 하여 야손의 집에 침입하여 그들을 백성에게 끌어내려고"(행 17:5) 했다.

데살로니가에 이민 와서 살고 있던 유대인들이 직접 교회로 모이고 있는 집의 주인인 야손(행 17:6, "발견하지 못하매 야손과 몇 형제들을 끌고 읍장들 앞에 가서")의 집을 습격하는 것은 있을 수 없는 일이다. 왜냐하면 유대인들은 데살로니가에 이민 와서 살고 있던 소수민족이고, 야손은 데살로니가에서 꽤 명망있는 상류층이었기 때문이다. 야손이 데살로니가에서 영향력이 제법 있는 상류층이었을 것으로 보는 이유는 유대인들의 사주를 받은 불량배들이 읍장 앞에서 고발한 내용이 매우 정치적인 것이었고, 더구나 황제에 대한 반란 모의죄로 볼 수 있는 매우 중한 것이었음에도 불구하고(행 17:7, "야손이 그들을 맞아 들였도다 이 사람들이 다 가이사의 명을 거역하여 말하되 다른 임금 곧 예수라 하는 이가 있다 하더이다 하니"), 보석금을 내고 쉽게 풀려났기 때문이다(행 17:9, "야손과 그 나머지 사람들에게 보석금을 받고 놓아 주니라"). 중대한 고발에도 불구하고 야손이 보석금을 내고 풀려났으므로, 아마도 야손은 데살로니가 도시의 상류층들과 친분이 깊은 인물이었을 것이다.

데살로니가교회는 유대인들이 아니라 주로 헬라인들로 구성되어 있었다. 데살로니가전서 1:9, "<u>너희가 어떻게 우상을 버리고 하나님께로 돌아와서</u> 살아 계시고 참되신 하나님을 섬기는지와"는 바울이 데살로니가에서 개종시킨 사람들이 바울을 만나기 전에는 우상을 숭배하던 헬라인들이었음을 보여준다. 그들은 예수는 물론, 창조주 하나님에 대해서도 모르던 사람들이었다. 이런 연유로 데살로니가 유대인들은 자신들이 직접 바울의 교회를 공격하지 않고 시장의 불량배들을 동원했다. 왜냐하면 당시 이방 지역에 이민 가서 살고 있던 유대인들은 자칫 잘못하면 종종 그 도시의 이방인들에게 공격을 받는 경우가 있었기 때문이다. 대표적인 사례는 주후 38년에 알렉산드리아에서 일어난 반유대주의 폭동이다.

　　당시 로마 황제 칼리굴라(Caligula)는 이집트의 총독 플렉스 (Aulus Avilius Flax)와 관계가 좋지 않았다. 주후 38년에 칼리굴라는 헤롯 아그립바(Herod Agrippa)를 알렉산드리아에 보냈다. 알렉산드리아의 시민들은 헤롯 아그립바를 유대인들의 왕으로 인식하고 그의 방문을 못마땅하게 여겼다. 플렉스는 흥분한 헬라 시민들과 칼리굴라에게 잘 보이기 위해 유대교 회당에 황제의 신상을 세우려고 시도했다. 유대인들은 이것을 막기 위해 저항했고, 플렉스 총독은 폭도들을 동원하여 유대인들의 거주지를 습격하여 필로(Philo)의 글에 따르면 수천 명의 유대인이 죽었다(Philo, *Flaccus*, 9.66). 폭도들은 도시 밖으로 유대인들을 몰아내고 그들의 집을 털었고, 심지어 어린 아기들도 죽였다. 유대인 중 십자가에 달려 죽은 사람들도 있었다. 주흐 40년에도 유대인들이 황제를 존경하지 않는다는 이유로 또 폭동이 일어났다.

　　이 사건이 일어난 지 불과 10년 정도밖에 되지 않은 시점이므로, 데살로니가의 유대인들이 겁 없이 헬라인들이 주로 모여있는 바울교회를 직접 공격한다는 것은 자살행위가 될 수 있다. 유대인들은 시장의 불량배들에게 금전적인 혜택을 주면서 그들의 입에 바울 교회를 공격할 슬로건을 넣어주었을 것이다(행 17:6-7, "읍장들 앞에 가서 소리 질러 이르되 천하를 어지럽게 하던 이 사람들이 여기도 이르매 야손이 그들을 맞아들였도다 이 사람들이 다 가이사의 명을 거역하여 말하되 다른 임금 곧 예수라 하는 이가 있다 하더이다 하니"). 사실 당시 교회를 공격하던 불량배들은 바울이 평소에 무엇을 가르치는지 알지도 못했을 것이다. 유대인들의 설명을 듣고 그대로 말했을 뿐이며, 그 폭도들은 그 후에도 바울의 가르침에 관심을 가지지도 않았을 것이다.

　　바울의 복음은 하나님의 나라에 관한 것이었고, 예수 그리스도를 종말의 하나님 나라의 왕으로 선포했다. 이런 내용은 사실 복음을 잘 모르는 사람이 들었을 때 정치적 메시지로 오해할 소지가 많았다. 왜냐하면 '나라'(kingdom)라든가 '왕'(king)과 같은 언어는 정치적 뉘앙스가 강한 용어이기 때문이다. 유대인들은 만약 데살로니가의 시민들이 바울

교회를 유대교 회당과 동일한 종교적 결사로 인식할 경우, 잘못되면 유대인들이 황제에게 반란을 꾀하는 세력으로 오해받을 소지가 크다고 염려했을 가능성이 크다. 왜냐하면 위에서 언급된 주후 40년의 알렉산드리아의 유대인 학살도 유대인들이 황제를 왕으로 제대로 인정하지 않는다(not honoring emperor)는 고발 때문에 발생했기 때문이다. 유대인들은 이방인들이 회당과 교회가 전혀 다른 종교 기관이라고 인식하지 못할 것도 우려했을 것이다. 만약 이방인들이 바울 교회를 유대교 회당이라고 오해하고, 바울의 메시지를 황제에 대항하는 주장으로 오해할 경우 유대인들의 발등에 튈 불똥을 염려했을 것이다. 데살로니가의 유대인들은 이점을 염려하여 미리 손을 쓰는 차원에서 바울 교회를 공격했을 것으로 추측된다. 시장의 불량배들을 동원하여 바울 교회를 반란을 모의하는 집단으로 고발함으로 차후에 자신들에게 불똥이 튀지 않게끔 조처하기 위해 바울 교회를 공격했을 것이다.

놀라운 것은 데살로니가의 신생 교회가 핍박을 잘 견디어냈다는 것이다. 바울은 아테네에서 디모데를 데살로니가로 돌려보내어 교회의 상황을 파악하게 한다(살전 3:5, "이러므로 <u>나도 참다 못하여 너희 믿음을 알기 위하여 그를 보내었노니</u> 이는 혹 시험하는 자가 너희를 시험하여 우리 수고를 헛되게 할까 함이니"). 디모데는 데살로니가에 잠입하여 핍박이 지나간 교회의 상태에 대해 파악을 하고 돌아와 바울에게 보고했다. 그 보고는 바울에게는 '복음'이었다. 데살로니가전서 3:6-7에서 바울은 이렇게 말한다: "지금은 <u>디모데가 너희에게로부터 와서 너희 믿음과 사랑의 기쁜 소식을 우리에게 전하고</u>(εὐαγγελισαμένου, '복음을 전하다'라는 뜻의 동사) 또 너희가 항상 우리를 잘 생각하여 우리가 너희를 간절히 보고자 함과 같이 너희도 <u>우리를 간절히 보고자 한다</u> 하니 이러므로 형제들아 우리가 모든 궁핍과 환난 가운데서 <u>너희 믿음으로 말미암아 너희에게 위로를 받았노라.</u>" 디모데는 극심한 박해에도 불구하고 데살로니가 성도들이 믿음을 버리지 않고, 교회로 모이기를 중단하지 않았다는 것을 알린다. 성도들은 외부로부터 오는 물리적 폭력에도 불구하고 배교하지 않았고 믿음을 지켰다.

　　그렇다면 데살로니가 성도들이 겪은 환란의 강도는 어느 정도였을까? 바울은 데살로니가전서 4:13에서 "형제들아 자는 자들에 관하여는 너희가 알지 못함을 우리가 원치 아니하노니"라고 말한다. 여기에서 "자는 자들"은 죽은 성도들이다. 복수형이므로 적어도 두 명 이상이 죽었다고 봐야 한다. 14-15절에서 바울은 이렇게 말한다: "우리가 예수께서 죽으셨다가 다시 살아나심을 믿을진대 이와 같이 예수 안에서 자는 자들도 하나님이 그와 함께 데리고 오시리라 우리가 주의 말씀으로 너희에게 이것을 말하노니 주께서 강림하실 때까지 우리 살아 남아 있는 자도 자는 자보다 결코 앞서지 못하리라." 바울은 죽은 성도들이 예수의 강림 때 예수와 함께 올 것이며, 살아 있는 성도들이 부활의 몸을 입기 전에 죽은 성도들이 먼저 부활의 몸을 입게 될 것이라고 말한다. 17-18절에서 바울은 "그리스도 안에서 죽은 자들이 먼저 일어나고 그 후에 우리 살아 남은 자들도 그들과 함께 구름 속으로 끌어 올려 공중에서 주를 영접하게 하시리니"라고 말한다.

　　오늘날 우리는 이 점에 대해 이미 잘 알고 있지만, 당시 데살로니가 성도들은 이점에 대해 잘 알지 못하고 있었다. 그래서 디모데가 다시 바울에게로 돌아갈 때 디모데 편에 질문을 한 것이다. 13절의 "자는 자들에 관하여는"에서 사용된 전치사 '페리'(περί)는 '~에 관하여'라는 뜻으로 질문에 대해 대답할 때 사용하는 전치사다. 다시 말해 바울은 4:13-17에서 성도들의 질문에 대답하고 있다. 성도들의 질문은 아마도 이런 것이었을 거다: '예수의 재림 때에 살아 있는 성도들은 부활의 몸을 입게 된다는 것은 우리가 잘 알고 있는데, 지금 핍박으로 죽은 성도들은 예수의 재림 때 어떻게 될 것인가? 그들도 우리와 마찬가지로 부활의 몸을 입을 수 있는가?' 데살로니가 성도들이 이런 질문을 하고 바울이 이 질문에 대답한다는 것 자체가 바울이 교회 개척 초기에 데살로니가를 떠났다는 것을 암시한다. 우리가 보기에는 매우 중요하고 기본적인 복음의 내용으로 보이는 것도 아직 성도들에게 제대로 교육하지 못한 상태였다.

　　중요한 건 성도들이 죽은 시점이다. 만약 바울이 데살로니가에 있을 때 그들이 죽었다면 그리스도의 재림 때에 이들의 운명이 어떻게 되는지에 대해 바울에게 구두로 직접 문의하였을 것이고 바울도 구두로 직접 대답했을 것이다. 바울이 편지로 이 문제에 대답하는 것을 보면 이들은 바울이 그 도시를 떠난 뒤에 죽은 것이 분명하다. 디모데가 데살로니가에 도착했을 때 그들은 이미 죽어 있었거나, 적어도 디모데가 그 도시를 떠나기 전에 그들이 죽었다고 보아야 한다. 바울 일행이 데살로니가를 탈출한 뒤부터 시작해서 디모데가 다시 데살로니가에 도착할 때까지의 시간은 그리 길지 않다. 바울은 그 시간이 "잠시," 즉 짧은 시간이라고 말한다(살전 2:17, "형제들아 우리가 <u>잠시 너희를 떠난 것</u>은 얼굴이요 마음은 아니니"). 바울이 베뢰아에서 보낸 시간이 얼마나 길었는지에 따라 그 기간이 달라질 것이다(행 17:10-12). 바울이 베뢰아에서 선교하기 시작한 지 얼마 못되어 데살로니가의 유대인들이 베뢰아로 바울을 추격하여 내려오는 바람에 바울은 베뢰아를 떠나게 된다(행 17:13, "<u>데살로니가에 있는 유대인들은 바울이 하나님의 말씀을 베뢰아에서도 전하는 줄을 알고 거기도 가서 무리를 움직여 소동하게 하거늘</u>"). 그 기간은 아마도 한 달도 안 되는 짧은 기간이었을 것으로 추측된다. 바울은 바로 아덴으로 내려갔고(행 17:14-15) 얼마 후 디모데가 다시 데살로니가로 돌아갔으므로(살전 3:1-2), 디모데가 데살로니가를 떠난 뒤부터 다시 돌아갈 때까지 시간은 두 달이 채 되지 않았을 것이다.

만약 두 달밖에 되지 않는 짧은 기간에 두 사람 이상의 성도가 죽었다면 그들이 자연적인 원인으로 사망했다고 보기는 어렵다. 아마도 박해 당시 린치(lynch)를 당해 죽었을 가능성이 크다. 당시 데살로니가교회는 당시 가옥의 평균적 크기를 고려할 때 그 크기가 평균 20-30명 정도의 성도가 있었을 것으로 추측된다. 왜냐하면 당시 단독 주택에서 예배 장소로 사용할 수 있는 공간은 '아트리움'(atrium)이라고 불리는 공간인데, 오늘날의 응접실에 해당한다. 주택의 크기에 따라 아트리움의 크기는 다르지만, 평균 20-30명 정도가 모이기에 적당한 크기였다. 만약 데살로니가교회의 성도들이 20-30명이었고, 만약 두 명 이상의 성도들이 죽었다면 약 10%의 성도가 죽은 것으로 환산된다. 어느 교회건 한두 달 안에 10%의 성도가 자연적인 이유로 죽는 경우는 상당히 드물다.

데살로니가 성도들의 사인(死因)은 병이나 노쇠현상으로 죽었다고 보기는 어렵다. 비자연적인 이유로 사망했다고 보는 것이 합리적이다.

8.
우리가 물어야 할 연구 질문(Research Question)

바울이 떠난 뒤 데살로니가교회는 상당히 강도가 높은 핍박을 당했다. 바울도 목숨의 위협을 느껴 밤에 데살로니가를 탈출할 수밖에 없는 상황이었다(행 17:10, "밤에 형제들이 곧 바울과 실라를 베뢰아로 보내니"). 바울로서는 데살로니가로 돌아가고 싶어도 돌아갈 수 없는 상황이었다(살전 2:18, "그러므로 나 바울은 한번 두번 너희에게 가고자 하였으나 사탄이 우리를 막았도다"). 바울이 떠난 뒤 성도 중 상당수가 목숨을 잃었다. 그런데도 믿은 지 불과 6개월밖에 안 된 나머지 성도들은 믿음을 버리지 않았다. 데살로니가전서 1:7에서 바울은 "그러므로 너희가 마게도냐와 아가야에 있는 모든 믿는 자의 본이 되었느니라"고 성도들을 칭찬한다. 핍박을 견딘 데살로니가교회의 "믿음의 소문이 각처에 퍼졌으므로 우리는 아무 말도 할 것이 없노라"고 말한다. 실로 놀라운 일이다. 현대의 아무리 뛰어난 교회 개척자(church planter)라 할지라도 연고가 없는 어떤 도시에 가서 교회를 개척하되 '6개월 안에' 핍박을 견디는 성도들을 만들어낸다는 것은 거의 불가능한 일이다. 그러나 바울은 불가능한 일을 가능하게 만든다. 도대체 무엇 때문에 우리가 불가능하다고 생각하는 일을 그는 해낼 수 있었던 것일까? 우리는 아래와 같은 질문을 우리 자신을 향해 물어야 한다.

> "도대체 바울은 무엇을(what) 어떻게(how) 가르쳤기에 6개월이란 짧은 기간에 교회의 10%의 사람들이 박해를 당해 순교하는 상황 속에서도 믿음을 버리지 않고 핍박을 견디는 성도를 만들어낼 수 있었을까?"

　　만약 우리가 데살로니가전서를 통해 위의 질문에 대한 해답을 알아낼 수 있다면 오늘날 우리가 복음을 전도하고 교회를 개척하는데 매우 귀중한 교훈을 얻을 수 있다. 그 이유를 알아내기 위해 우리는 데살로니가에 바울이 도착해서 떠나기 전까지 그가 가르쳤던 것 가르침들을 데살로니가 서신에서 찾아내어 그 내용을 깊이 분석해보아야 한다. 그가 당시에 가르쳤던 모든 것을 다 완전히 알아낼 수는 없지만, 부분적으로 남아있는 것에서부터 실마리를 풀어가야 한다. 이런 가르침은 그가 교회를 개척할 때 가르친 것이므로 '바울의 교회 개척용 가르침' 혹은 '바울의 원래의 가르침'(Paul's Original Teachings)이라고 부를 수 있다.

9.
바울의 교회 개척용 가르침

　　바울의 교회 개척용 가르침은 그 내용이 상당 부분 고정되어 있었을 것이다. 바울이 복음으로 개종한 것이 주후 33년이고, 그가 로마에서 순교한 때가 65년경이라면 바울은 32년 동안 사도로 활동을 한 셈이다. 바울이 데살로니가에 도착한 것이 49년이므로, 그 무렵까지 바울은 이미 약 16년 동안 선교사역을 했다. 49년은 그의 32년 경력의 초기(early period)가 아니라 정확히 중기(middle period)다. 그가 교회를 개척하는 목회자로서 이미 16년의 경력을 갖고 있었다면 반복적인 경험을 통해 이미 상당히 그 내용이 정리되어 고정된 내용을 데살로니가에서도 가르쳤을 것이다. 데살로니가전서에 나타나는 바울의 가르침은 마치 대학의 교과과정(curriculum)처럼 그가 다른 곳에서도 반복적으로 선포하는 복음의 핵심을 담고 있었을 것이다. 그 교과과정은 매번 도시를 옮겨 다닐 때마다 그 내용이 바뀌는 것이 아니라, 어느 도시에서건 그 가르침의 내용이 상당 부분 고정되어 있었을 것이다(참고, 고전 16:1, "성도를 위하는 연보에 관하여는 내가 갈라디아교회들에게 명한 것 같이 너희도 그렇게 하라"[22]). 이런 가르침에는 불신자에게 복음을 전할 때 무엇을 말해야 하는지, 그리고 믿음을 가진 뒤에는 무엇을 가르쳐야 하는지 등이 모두 포함되어 있었을 것이다. 그렇다면 데살로니가 서신에 나타나는 바울의 교회 개척용 가르침 혹은 바울의 원래의 가르침(Paul's Original Teachings)의 내용은 무엇이며 어떻게 그 가르침을 찾아낼 수 있을까?

우리는 데살로니가 서신에서 바울이 가르치는 내용 중, 그가 처음 데살로니가에 도착해서 탈출할 때까지의 기간에 그가 가르쳤다고 확신할 수 있는 가르침들을 본문에서 추출해야 한다. 만약 본문 안에 그 해당 가르침이 바울의 첫 번째 데살로니가 방문 시에 한 것이라는 점을 가리키는 증거가 있다면 큰 어려움 없이 교회 개척용 가르침을 찾아낼 수 있을 것이다. 그런 증거가 없는 경우라도 바울이 해당 가르침을 가르쳤다는 것을 논리적으로 유추할 수 있다면 이 방법도 유효한 방법이 될 수 있다. 이런 방식으로 바울의 교회 개척용 가르침을 찾아내면 아래와 같다.

1) 강력한 유일신관(Radical Monotheism)[23]

바울은 데살로니가에서 강력한 유일신관을 가르쳤다. 첫 번째 근거 본문은 데살로니가전서 1:9b, "너희가 어떻게 <u>우상을 버리고 하나님께로 돌아와서</u> 사시고 참되신 하나님을 섬기며"이다. 데살로니가 성도들 대부분은 바울을 만나기 전에는 우상숭배를 하던 이방인들이었다. 그레

---

22) 예루살렘의 가난한 성도들을 위한 헌금에 대해 가르칠 때 바울은 모든 교회에 표준화된 내용을 가르쳤다. 교회마다 다른 것을 가르치지 않았다.

23) 1번과 2번의 본문인 데살로니가전서 1:9-10이 바울 이전의 것이며 바울이 개정하여 사용한 것이라는 주장을 하는 학자들이 있다. 이런 주장에 관해서는 Ernest Best, *A Commentary on the First and Second Epistles to the Thessalonians*, BNTC (London: Black, 1977), 85-87을 보라. 베스트(Best)는 이런 주장을 하는 사람들의 하나다. 이런 주장에 대한 비판은 Charles A. Wanamaker, *Epistles*, 84-89을 보라. 데살로니가전서 1:9-10이 바울 이전의 전승이건 이후의 전승이건, 한 가지 분명한 것은 바울이 선포했던 메시지를 보존하고 있다는 점이다. 3-6번에 관련하여 기억할 것은 바울은 반복적으로 자신이 구두로 했던 가르침을 상기시키고 있다는 것(살전 3:4; 4:2), 그리고 '너희들도 알다시피'('as you know')라는 문구를 3:3b-4, 4:1-2, 4;6, 4:10-11, 5:1에서 사용하고 있다는 점이다. 이런 표현들은 데살로니가전서에 있는 가르침이 원래 그가 데살로니가에서 교회를 개척할 당시의 가르침이라는 점을 보여주는 증거다.

코 로마 시대에 우상숭배는 헬라, 로마인들 생활의 기본적 양식이다. 도시 생활, 사회생활, 가정생활에서 우상숭배는 매우 깊이 들어와 있었다. 누구라도 우상숭배를 하지 않으면서 도시, 사회, 가정에서 정상적으로 살아가는 것은 불가능했다. 그런데 데살로니가 성도들은 우상숭배를 중단했다. 바울이 그 도시에 들어와 우상숭배를 중단하도록 가르쳤으므로 그들이 우상숭배를 중단한 것으로 볼 수 있다. 바울이 우상숭배를 비판하고 그 허구성을 드러내지 않았는데도 데살로니가 시민들이 스스로 우상숭배를 버렸을 가능성은 없다. 그러므로 바울이 데살로니가에 도착하여 우상숭배를 비판하고, 유일신 하나님에 대해 가르친 것은 매우 분명하다.

두 번째 근거 본문은 데살로니가후서 2:4-5, "[4]그는 대적하는 자라 신이라고 불리는 모든 것과 숭배함을 받는 것에 대항하여 그 위에 자기를 높이고 하나님의 성전에 앉아 자기를 하나님이라고 내세우느니라 [5]내가 너희와 함께 있을 때에 이 일을 너희에게 말한 것을 기억하지 못하느냐"이다. 5절에서 "내가 너희와 함께 있을 때에 이 일을 너희에게 말한 것을 기억하지 못하느냐"라고 말하므로 4절의 내용은 바울이 데살로니가에 머무는 동안에 가르친 것이라고 볼 수 있다. 바울이 "그"라고 부르는 것이 사람인지, 사탄과 같은 영적 존재인지에 대해서는 분명하게 결론을 내리기는 어렵다. 만약 그가 사람이라면, 당시에 "신이라고 불리는 모든 것과 숭배함을 받는 것에 대항하여 그 위에 자기를 높이고 하나님의 성전에 앉아 자기를 하나님이라고" 주장할 수 있는 인간은 아마도 로마 황제일 것이다. "그"가 누구이건 간에 바울은 데살로니가 시민들이 참여하는 우상숭배, 그중에서도 시민적 제의(civic cult), 아마도 더 구체적으로는 황제숭배에 대해 비판했을 것이다. 바울은 자신을 신으로 주장하는 그 존재를 이미 비판했고, 5절에서 성도들에게 자신의 과거의 가르침을 상기시킨다. 바울은 데살로니가후서 2:4-5에서 "그"가 하나님이라고 주장하지만, 사실은 하나님이 아니라고 말한다. 이것은 그가 우상숭배의 허구성을 폭로, 비판하고, 진정한 신은 창조주 하나님 한 분밖에 없다는 것을 가르쳤다는 증거다.

2) 하나님의 아들 예수 그리스도의 죽음과 부활(Death and Resurrection of Jesus Christ, the Son of God)

바울은 예수의 죽음과 부활을 가르쳤다. 예수의 죽음과 부활은 바울 복음의 핵심이면서 바울의 교회 개척용 가르침의 핵심이다. 바울이 예수의 죽음과 부활을 가르쳤다는 것을 보여주는 첫 번째 근거 본문은 데살로니가전서 1:10, "또 죽은 자들 가운데서 다시 살리신 그의 아들이 하늘로부터 강림하심을 기다린다고 말하니 이는 장래 노하심에서 우리를 건지시는 예수시니라"이다. 핍박에도 불구하그 믿음을 지킨 데살로니가 성도들에 대한 소문이 각처에 퍼졌고(살전 1:8, "너희 믿음의 소문이 각처에 퍼졌으므로"), 그 소문이 바울의 귀에까지 도착했다. 9절과 10절에서 바울은 그의 귀에까지 도달한 그 소문의 내용을 성도들에게 알려준다.

특히 10절은 바울의 십자가 복음이 잘 요약되어 있다. 먼저 "예수"라는 이름이 나온다. 예수는 "그의 아들" 즉, '하나님의 아들'이시다. 예수가 "죽은 자들 가운데서" 계셨으므로, 예수는 죽으셨다. 바울은 예수가 "장래 노하심에서 우리를 건지시"기 위해 죽으셨다고 말한다. "장래 노하심"은 미래에 최후의 심판대에서 우리가 받아야 할 '하나님의 진노'를 가리킨다. 우리의 죄에 대해 하나님은 진노하고 계시고, 별다른 일이 생기지 않는 한 우리는 최후의 심판대에서 하나님의 진노를 경험하는 형벌을 받게 된다. 그 형벌은 곧 영원한 형벌이다. 그러나 예수께서 십자가에서 우리를 대신하여 그 형벌을 받으심으로 우리는 최후의 심판 때에 하나님의 진노를 경험하지 않게 되었다. 그것이 곧 구원이다. 구원은 하나님의 진노로부터 건짐을 받는 것이다.

데살로니가전서 5:9-10, "⁹하나님께서 우리를 세우심은 노하심에 이르게 하심이 아니요 오직 우리 주 예수 그리스도로 말미암아 구원을 받게 하심이라 ¹⁰예수께서 우리를 위하여 죽으사 우리로 하여금 깨어 있든지 자든지 자기와 함께 살게 하려 하셨느니라"는 이점을 명확히 보여준다. 바울은 "예수께서 우리를 위하여(ὑπέρ) 죽으사"라고 말한다. 전치사 '휘페어'(ὑπέρ)는 '위하여'(for the sake of)라는 뜻으로 보통 번역하지만,

'대신하여'(on behalf of, in place of, instead of)라는 뜻도 있다. 예수가 우리를 대신하여 죽으셨다는 것은 바울의 전통적 속죄론인 '형벌 대체론'(Penal Substitution Theory)의 핵심 개념이다. 하나님께서 바울과 같은 사도를 세우신 목적은 성도들이 하나님의 "노하심에" 도달하지 않고 "오직 우리 주 예수 그리스도로 말미암아 구원을 받게" 하려는 것이다. "우리로 하여금 깨어 있든지 자든지 자기와 함께 <u>살게</u> 하려 하셨느니라"는 우리가 구원을 받아 살아 있건, 아니면 죽어 있건, 그리스도와 함께 영원히 살게 하려는 것이 그리스도의 죽음의 목적이라는 뜻이다.

데살로니가전서 1:10의 "다시 살리신"은 죽음을 당한 예수가 부활하셨음을 말한다. 데살로니가전서 4:14, "우리가 예수의 죽었다가 다시 사심을 믿을진대"는 바울이 예수의 죽음과 부활에 관한 복음을 선포했음을 분명히 보여준다. "믿을진대"(πιστεύομεν, '우리가 믿는다')라는 말은 매우 중요하다. 왜냐하면 예수의 죽음과 부활, 그리고 우리가 얻게 되는 영원한 생명에 관한 바울의 복음을 오직 '우리가 믿어야' 구원을 얻을 수 있다는 뜻이기 때문이다. 바울은 십자가 복음을 전하고, 이것을 믿을 것을 촉구했다. 그래서 데살로니가 성도들이 그의 복음을 믿게 되었다. 믿음의 차원을 바울이 강조했다는 것을 보여준다. 데살로니가후서 2:13, "진리를 믿음(πίστις ἀληθείας)으로 구원을 받게 하심이니"도 바울이 믿음으로 구원을 받게 된다는 것을 분명히 보여준다. 여기에서 사용된 '피스티스'(πίστις)는 '신실함'(faithfulness)으로 해석될 여지가 없다. 더구나 데살로니가전서 4:14에서 사용된 동사 '피스튜오'(πιστεύω)는 '그리스도의 신실함'이 아니라, 그리스도의 죽음과 부활의 복음을 '믿음으로' 구원받는다는 점을 명확하게 보여준다.[24]

3) 임박한 그리스도의 재림(Impending Parousia of Christ)

바울은 임박한 그리스도의 재림을 가르쳤다. 위에서 이미 언급한

---

24) '피스티스 크리스투'(πίστις χριστοῦ) 논쟁에 대해서는 김철홍, 『갈라디아서』, 176-78을 보라.

데살로니가전서 1:10, "또 죽은 자들 가운데서 다시 살리신 <u>그의 아들이 하늘로부터 강림하심을 기다린다고 말하니</u> 이는 장래 노하심에서 우리를 건지시는 예수시니라"는 바울의 귀에 도달한 데살로니가 성도들에 관한 소문이다. 그 소문에는 하나님의 아들 예수 그리스도가 하늘로부터 강림할 것이며, 성도들은 그의 강림을 손꼽아 기다리고 있다는 것이 포함되어 있다. 바울이 임박한 재림을 가르쳤으므로 성도들이 믿었고, 그래서 그 소문이 바울의 귀에 도달한 것이다.

데살로니가전서 5:1-2, "형제들아 때와 시기에 관하여는 너희에게 쓸 것이 없음은 <u>주의 날이 밤에 도적 같이 이를 줄을 너희 자신이 자세히 앎이라</u>"에서 밑줄 친 부분은 바울이 종말을 가르쳤다는 것을 알려주는 표시(indicator of Paul's original teachings)다. 바울은 주의 재림의 날을 "주의 날"이라 불렀고, 주의 날이 언제 올지는 아무도 모르고 예상할 수도 없어서, 마치 "밤에 도적 같이" 저림이 있을 것이라고 가르쳤다. 성도들이 이 점에 대해 "자세히" 알고 있다.

데살로니가후서 1:7-10은 바울이 주의 날에 대해 어떤 내용을 더 추가적으로 가르쳤는지를 가늠하게 한다.

데살로니가후서 1:7-10

[7]환난을 받는 너희에게는 우리와 함께 안식으로 갚으시는 것이 하나님의 공의시니 주 예수께서 <u>자기의 능력의 천사들과 함께 하늘로부터 불꽃 가운데에 나타나실 때에</u> [8]하나님을 모르는 자들과 우리 주 예수의 복음에 복종하지 않는 자들에게 형벌을 내리시리니 [9]이런 자들은 주의 얼굴과 그의 힘의 영광을 떠나 영원한 멸망의 형벌을 받으리로다 [10]<u>그 날에 그가 강림하사</u> 그의 성도들에게서 영광을 받으시고 모든 믿는 자들에게서 놀랍게 여김을 얻으시리니 <u>이는 우리의 증거가 너희에게 믿어졌음이라</u>

　　10절의 "그 날에 그가 강림하사"는 주의 날에 그리스도가 강림하심을 말한다. 그날에 예수는 "자기의 능력의 천사들과 함께 하늘로부터 불꽃 가운데에 나타나"(7절)신다. 강림하실 때에 "하나님을 모르는 자들과 우리 주 예수의 복음에 복종하지 않는 자들에게 형벌"(8절)이 있을 것인데, 그 형벌은 "주의 얼굴과 그의 힘의 영광을 떠나 영원한 멸망"(9절)이다. 그러나 "환난을 받는"(7절) 성도들에게는 "안식으로 갚으"(7절)실 것이다. 이것이 곧 "하나님의 공의"(7절)다. 데살로니가후서 2:1, "형제들아 우리가 너희에게 구하는 것은 우리 주 예수 그리스도의 강림하심과 우리가 그 앞에 모임(ἐπισυναγωγή)에 관하여"도 아마 바울이 원래 가르쳤던 내용을 반영하고 있다고 보인다. 바울은 그리스도가 강림하실 때에 "우리" 즉, 살아있는 성도들이 그리스도 앞에 모이게 될 것이라고 가르쳤다. 10절의 "이는 우리의 증거가 너희에게 믿어졌음이라"는 이런 내용을 성도들이 받아들여 믿었다는 뜻으로 볼 수 있다.

　　데살로니가후서 2:5-6, "⁵내가 너희와 함께 있을 때에 이 일을 너희에게 말한 것을 기억하지 못하느냐 ⁶너희는 지금 그로 하여금 그의 때에 나타나게 하려 하여 막는 것이 있는 것을 아나니"도 바울이 그리스도의 강림에 대해 가르친 내용과 관련이 있다. 6절의 "너희는 … 아나니"는 바울이 위와 같은 내용을 가르쳤기 때문에 성도들이 알고 있다고 보아야 한다. 바울이 가르치지 않았는데도 성도들이 알고 있을 수는 없다. 5절은 바울의 교회 개척용 가르침을 회상시키고 있으므로, 6절의 "지금 그로 하여금 그의 때에 나타나게 하려 하여 막는 것이 있는 것"은 이미 바울이 성도들을 교육한 내용이다. 6절은 종말의 때가 되기 전에 "불법의 사람"(살후 2:4)이 미리 나타나는 것을 막아, 하나님께서 그 불법의 사람이 등장해야 할 시점에 등장하게끔 하신다는 내용으로 보인다.

4) 장래의 고난에 대한 예고(Sufferings as Parts of the Christian Life)

　　바울은 성도들이 복음을 받아들여 믿음을 갖게 되면 필연적으로 고난을 받게 된다는 것을 예고했다. 근거 본문은 데살로니가전서 3:3b-4,

"우리로 이것[환란]을 당하게 세우신 줄을 너희가 친히 알리라. 우리가 너희와 함께 있을 때에 장차 받을 환난을 너희에게 미리 말하였더니 과연 그렇게 된 것을 너희가 아느니라"이다. 밑줄 친 부분 "너희에게 미리 말하였더니"는 이 가르침을 바울이 교회 개척 당시에 했다는 것을 명확하게 알려주는 표시(indicator of Paul's original teachings)다. 데살로니가전서 2:2, "너희 아는 바와 같이 우리가 먼저 빌립보에서 고난과 능욕을 당하였으나"도 장래의 고난을 예고하는 것과 연결되어 있다. 바울 자신이 당한 고난을 이야기하는 것은 믿음을 가진 성도가 앞으로 어떤 고난을 받게 될 것인지를 가늠하게 하는 실감 나는 교육이 된다.

데살로니가후서 3:2-5, "²또한 우리를 부당하고 악한 사람들에게서 건지시옵소서 하라 믿음은 모든 사람의 것이 아니니라 ³주는 미쁘사 너희를 굳건하게 하시고 악한 자에게서 지키시리라 ⁴너희에 대하여는 우리가 명한 것을 너희가 행하고 또 행할 줄을 우리가 주 안에서 확신하노니 ⁵주께서 너희 마음을 인도하여 하나님의 사랑과 그리스도의 인내에 들어가게 하시기를 원하노라"에서 바울은 믿음을 버리지 말고 지키기 위해 기도할 것을 가르친다. 신실하신 주님께서 성도들을 "악한 자에게서 지키"실 것이므로 "우리가 명한 것"을 행하라고 말한다. 여기에서 바울이 명한 것은 아마도 "우리를 부당하고 악한 사람들에게서 건지시옵소서"라고 기도하는 것인 것 같다. 그렇게 기도하여 "그리스도의 인내"에 들어가게 된다. 바울은 성도들에게 핍박이 왔을 때 어떻게 기도할 것인지를 가르쳤다. 그리스도가 십자가에서 모든 육체적 고통을 참고 인내하셨듯이 성도들도 그리스도의 인내를 배우게 될 것을 기대한다. 이런 가르침은 모두 바울이 성도들에게 장래에 닥칠 믿음으로 인한 환난을 가르쳤다는 것을 보여주는 증거다.

5) 세상으로부터의 분리/성결한 삶(Separation from the World)

바울은 교회를 개척할 당시 성도들이 악한 세상으로부터 분리하여 성결한 삶을 살 것을 가르쳤다. 근거 본문은 데살로니가전서 4:1-8이다.

1절에서 "너희가 마땅히 어떻게 행하며 하나님을 기쁘시게 할 수 있는지를 우리에게 배웠으니"라고 말한다. "너희가 …우리에게 배웠으니"는 바울이 1절 이하의 내용을 당시에 가르쳤다는 것을 가리키는 표시(indicator of Paul's original teachings)다. 2절, "우리가 주 예수로 말미암아 너희에게 무슨 명령으로 준 것을 너희가 아느니라"도 마찬가지다. 바울은 자신의 가르침을 '주 예수의 권위를 의지하여'(by the authority of the Lord Jesus) 명령으로 주었다. "너희가 아느니라"(οἴδατε)는 바울이 2절 이하의 내용을 교회 개척 당시에 가르쳤다는 것을 가리키는 표시다. 6절, "우리가 너희에게 미리 말하고 증언한 것과 같이"도 마찬가지 표시다. 바울은 4:1-8에서 이렇게 세 번이나 성도들에게 자신이 세상으로부터 분리와 거룩함을 가르쳤다는 것을 상기시킨다. 그는 "하나님의 뜻은 이것이니 너희의 거룩함이라"(3절)이라고 선언한다. 거룩함이란 곧 "음란을 버리고 각각 거룩함과 존귀함으로 자기의 아내(σκεῦος)²⁵⁾ 대할 줄을 알고 하나님을 모르는 이방인과 같이 색욕을 따르지 말고 이 일에 분수를 넘어서 형제를 해하지"(3-6절) 않는 것이다. 만약 이 명령을 따르지 않을 경우, 하나님께서 "이 모든 일에 주께서 신원하여(ἔκδικος)" 주신다고 바울은 경고했다. 하나님께서 직접 그런 죄에 대한 '형벌의 집행자'가 되신다는 뜻이다.

데살로니가후서 2:13, "하나님이 처음부터 너희를 택하사 <u>성령의 거룩하게 하심</u>과 진리를 믿음으로 구원을 받게 하심이니"는 "성령의 거룩하게 하심"이 구원의 길이라고 말한다. 데살로니가후서 2:15에서 "그러므로 형제들아 굳건하게 서서 말로나 우리의 편지로 가르침을 받은 전통을 지키라"고 말하므로, 성령의 거룩하게 하심은 바울이 직접 가르친 전승과 연결되어 있다. 성령의 도우심으로 거룩함을 얻게 되는 것은 바울의 가르침에 포함되어 있는 기본적인 전승(παράδοσις)이었다.

---

25) '아내'로 번역된 '스큐오스'(σκεῦος)라는 헬라어 명사는 '아내'라는 뜻도 있지만 '연장, 도구'(vessel)라는 뜻도 있다. 이 단어는 남자의 성기를 에둘러서 말할 때 사용하는 말(circumlocution)로 사용되었다. 아마도 데살로니가전서 4:4에서는 후자의 뜻으로 사용된 것으로 보인다.

6) 형제사랑 (Brotherly/Sisterly Love)

바울은 세례를 받고 교회의 구성원이 된 성도들을 향해 서로 사랑할 것을 가르쳤다. 근거 본문은 데살로니가전서 4:9-10a, "형제사랑에 관하여는 너희에게 쓸 것이 없음은 <u>너희가 친히 하나님의 가르침을 받아 서로 사랑함이라</u>. 너희가 온 마게도냐 모든 형제를 대하여 과연 이것을 행하도다"이다. "너희가 친히 하나님의 가르침을 받아(θεοδίδακτοί)"라는 말은 하나님께서 성도들을 직접 가르쳤다는 뜻이지만, 실제로는 '바울이 하나님의 가르침을 주었다'라는 뜻이다. "형제사랑에 관하여는 너희에게 쓸 것이 없음은"이란 말을 하는 까닭은 이미 성도들이 형제 사랑을 행하고 있기 때문이다. 데살로니가 성도들이 형제자매를 사랑하는 것은 바울이 당시에 이것을 가르쳤기 때문에 그렇게 하는 것이다. 바울의 가르침이 없었는데 성도들이 서로를 사랑하게 되었다고 보기는 매우 어렵다. "하나님의 가르침을 받아(θεοδίδακτοί)'는 바울이 형제 사랑을 가르쳤다는 것을 보여준다. 그러므로 형제자매에 대한 사랑을 실천하는 것은 바울의 교회 개척용 가르침이라고 볼 수 있다.

7) 그리스도와 우리를 닮으라는 권면 (Imitation of Christ and Us)

바울은 그가 개척한 모든 교회에서 그리스도와 자신을 닮으라고 가르쳤다. 데살로니가에서도 그리스도와 자신을 닮으라고 가르친 것은 확실하다. 왜냐하면 데살로니가전서 1:6에서 "또 너희는 많은 환난 가운데서 성령의 기쁨으로 도를 받아 <u>우리와 주를 본받는 자가 되었으니</u>"라고 말하기 때문이다. 만약 바울이 평소에 그리스도와 자신을 닮으라고 가르치지 않았다면 데살로니가전서 1:6의 내용은 성도들이 이해할 수 없는 수수께끼 같은 말이 되어버린다. 데살로니가후서 3:7, "어떻게 우리를 본받아야 할지를 너희가 스스로 아나니"와 3:9, "오직 스스로 너희에게 본을 보여 우리를 본받게 하려 함이니라"에서도 '우리를 본받으라'는 말이 나온다. 이 경우에는 바울이 평소에 노동하여 스스로의 생활비를 해결하는 근로 윤리를 지키는 자신의 모습을 본받으라는 뜻으로 '우리를 본받으라'는 명령을 사용한 것이다. 하지만 데살로니가전서 1:6의 '그리스도와 우리를 본받았다'는 근로 윤리와는 관련이 없다. 이 경우는 고난과 핍박을 잘 견딘 성도들을 칭찬하기 위해 '그리스도와 우리를 본받았다'라고 말한 것이다.

8) 자신의 삶을 스스로 책임지는 노동 (Taking Responsibility for Sustaining Your Life by Your Labor)

바울은 교회를 개척할 당시에 성도들에게 각자 근면하게 노동할 것을 가르쳤다. 첫 번째 근거 본문은 데살로니가전서 4:11, "**또 너희에게 명한 것 같이** 종용하여 자기 일을 하고 너희 손으로 일하기를 힘쓰라"이다. "너희에게 명한 것 같이"는 바울이 이것을 당시에 가르쳤다는 것을 가리키는 표시(indicator of Paul's original teachings)다. 바울은 당시에 각 사람이 조용히 자신의 일을 할 것을 명령했다. 바울 자신이 시장에서 일하면서 복음을 전하고 있었고, 데살로니가전서 2:9에서는 "**형제들아 우리의 수고와 애쓴 것을 너희가 기억하리니 너희 아무에게도 폐를 끼치지 아니하려고 밤낮으로 일하면서 너희에게 하나님의 복음을 전하였노라**"고 말한다. 말로만 그렇게 가르친 것이 아니라 바울 자신이 자신의 손으로 직장에서 근면한 노동을 하고 있었다. 이것은 당시 헬라사회의 '후원자-피후원자 관계'(patron-client relationship)에 기초해서 피후원자가 후원자의 재정적 후원에 의존해 살아가는 것을 경계하기 위한 가르침이었다. 오늘날의 근로윤리(work ethic)에 해당하는 가르침이다.

아래의 데살로니가후서 3:6-10은 바울이 데살로니가전서를 보내기 전에 먼저 보낸 편지인 데살로니가후서에서 근로윤리에 대해 길게 가르친 내용이다.

데살로니가후서 3:6-10
⁶형제들아 우리 주 예수 그리스도의 이름으로 너희를 명하노

니 게으르게 행하고 우리에게서 받은 전통대로 행하지 아니하는 모든 형제에게서 떠나라 [7]어떻게 우리를 본받아야 할지를 너희가 스스로 아나니 우리가 너희 가운데서 무질서하게 행하지 아니하며 [8]누구에게서든지 음식을 값없이 먹지 않고 오직 수고하고 애써 주야로 일함은 너희 아무에게도 폐를 끼치지 아니하려 함이니 [9]우리에게 권리가 없는 것이 아니요 오직 스스로 너희에게 본을 보여 우리를 본받게 하려 함이니라 [10]우리가 너희와 함께 있을 때에도 너희에게 명하기를 누구든지 일하기 싫어하거든 먹지도 말게 하라 하였더니

10절의 "우리가 너희와 함께 있을 때에도 너희에게 명하기를"은 바울이 데살로니가에서 교회를 개척하던 시절에 "누구든지 일하기 싫어하거든 먹지도 말게 하라"(10절)고 명령했다는 것을 분명히 보여준다. 7절의 "어떻게 우리를 본받아야 할지를 너희가 스스로 아나니"는 말로 가르친 것이 아니라, 직접 몸으로 근면하게 노동하여 자신의 생계를 스스로 해결하는 것에 대해 모범을 보여준 것을 회상시킨다. 9절의 "오직 스스로 너희에게 본을 보여 우리를 본받게 하려 함이니라"도 우리가 바울의 교회 개척용 가르침을 찾아낼 때 바울이 말로 가르친 것뿐만 아니라 행동으로 가르친 것도 포함해서 찾아내야 한다는 것을 보여준다. 성도들이 회상을 통해 깨닫는 것은 바울이 "무질서하게 행하지 아니하며"(7절), 바울이 사도로서 사례비를 요구할 "권리가 없는 것이 아니"(9절)었지만, "누구에게서든지 음식을 값없이 먹지 않고"(8절) "너희 아무에게도 폐를 끼치지 아니하려"(8절) "오직 수고하고 애써 주야로 일"(8절)했다는 것이다.

바울이 이렇게 근로 윤리를 강조한 것은 "이는 외인에 대하여 단정히 행하고 또한 아무 궁핍함이 없게 하려"(살전 4:12)는 것이었다. 성도들은 교회 밖의 불신자들이 보기에 게으르고, 근로 의지나 윤리도 없는 형편없는 사람들이라는 비난을 받으면 안 된다. 당시 '후원자-피후원자 관계'(patron-client relationship) 문화를 힘입어 교회의 지도자인 상

류층의 재정적 후원을 받을 목적으로 교회에 나와 예배에 참석하는 사람들이 많아진다면 교회에 여러 가지 문제가 발생할 것이다. 믿음보다 재물과 인간관계가 더 중요하게 된다면 교회는 핍박과 고난이 왔을 때 쉽게 무너지고 말 것이다. 바울은 다년간의 경험을 통해 이런 문제점을 파악하고 있었으므로, 초기에 이런 부류의 사람들에게 경고하고 이들이 행동을 바꾸지 않는다면 이들과의 교제를 차단하도록 가르쳤다. "**누구든지 일하기 싫어하거든 먹지도 말게 하라**"(살후 3:10)는 성만찬에서 제외시키라는 명령이다.

바울이 천막을 만드는 노동자로 살아간 이유는 여러 가지가 있지만, 그 중 하나는 성도들에게 노동 윤리와 스스로의 생계를 스스로 책임지는 모습을 모범으로 보여주는 것도 그 이유 중 하나였다. 당시 데살로니가에서는 이렇게 교회 안에서 노동 윤리를 가르치는 것이 필요할 정도로 사회 전체에 노동 윤리가 매우 부족한 상황이었다. 바울이 평소에 성도들의 근로 윤리를 강조하고, 남에게 자신의 의식주를 의존하지 말고 스스로 해결하도록 명령했다는 것은 오늘날 우리에게도 매우 중요한 의미가 있다. 오늘날 적지 않은 사람들이 국가에 자신의 의식주를 의존하려고 하고, 또 복지라는 미명으로 정당한 세율을 넘어서는 세금을 걷어 국가가 국민의 삶을 책임지겠다고 하여 갈수록 큰 정부를 만들어가는 현실에서 자신의 삶을 스스로 책임지라는 바울의 가르침은 오늘날 큰 시사점을 갖고 있다.

앞으로 우리는 데살로니가 서신을 한 절 한 절 분석하면서 위의 여덟 가지 바울의 교회 개척용 가르침의 내용을 집중적으로 분석할 것이다. 이 분석을 통하여 바울이 어떻게 반년 정도밖에 안 되는 짧은 기간에 핍박을 이기는 성도를 육성할 수 있었는지 그 이유를 밝혀볼 것이다.

10.
교회를 개척하는 목회자 바울(Paul, a Church-Planting Pastor)

데살로니가 서신은 목회자로서 바울의 모습을 잘 보여준다. 흔히 바울을 신학자로, 혹은 선교사로 본다. 하지만 바울은 신학자라기 보다는 목회자다. 고린도후서 11:27-28에서 바울은 "또 수고하며 애쓰고 여러 번 자지 못하고 주리며 목마르고 여러 번 굶고 춥고 헐벗었노라 <u>이 외의 일은 고사하고 아직도 날마다 내 속에 눌리는 일이 있으니 곧 모든 교회를 위하여 염려하는 것이라</u>"고 말한다. 신학자가 바울처럼 재정적으로 압박을 받으며 사역을 하는 경우는 많지 않다. 설혹 그런 신학자가 있다 하더라도 자신이 개척한 교회를 위해 걱정하는 마음 때문에 날마다 자신의 내면에서 "눌리는 일"을 경험하는 신학자는 거의 없을 것이다.

바울을 선교사로 보는 견해도 문제가 있다. 고린도후서 2:13에서 바울은 "내가 내 형제 디도를 만나지 못하므로 내 심령이 편하지 못하여 그들을 작별하고 마게도냐로 갔노라"고 달한다. 바울은 고린도교회의 문제를 해결하기 위해 '눈물의 편지'(고후 2:4, "내가 마음에 큰 눌림과 걱정이 있어 많은 눈물로 너희에게 썼노니")써서 디도에게 주어 고린도교회에 전달하게 한다. 바울과 디도는 드로아에서 다시 만나기로 약속하고 바울은 드로아에 가서 바울을 기다린다. 드로아에서 바울은 선교에 매우 유리한 상황을 맞이한다. 고린도후서 2:12절에서 그는 "내가 그리스도의 복음을 위하여 드로아에 이르매 주 안에서 문이 내게 열렸으되"라고 말한다. '문이 열렸다'는 건 복음 전도의 문이 열렸다는 뜻이다. 그러나 바울은 그의 마음이 편안하지 못했다. 디도가 오지 않으므로 고린도교회를 염려하는 마음 때문에 마음이 편하지 못했다. 바울은 결국 드로아에서 복음 전하는 것을 포기하고 디도가 오고 있는 길을 거꾸로 되짚어가기로 마음먹고 마게도냐로 건너간다.

만약 바울이 선교사라면 드로아에서 선교의 문이 열렸을 때, 그곳을 떠나지 않고 선교를 했어야 한다. 고린도교회의 성도들을 염려하는 마음 때문에 선교의 기회도 포기했다는 것은 바울이 선교사라기보다는 목회자에 더 가까운 인물이라는 것을 보여준다. 데살로니가전서 3:8에서 데살로니가에서 디모데가 돌아와 성도들이 박해를 견디고 믿음을 지켰다는 보고를 들은 바울은 "그러므로 너희가 주 안에 굳게 선즉 우리가 이제는 살리라"고 말한다. 이 대목에서도 바울은 목회자의 모습을 보여준다. 빌립보서 1:8에서 바울은 "내가 예수 그리스도의 심장으로 너희 무리를 얼마나 사모하는지 하나님이 내 증인이시니라"고 말한다. 바울은 목회자의 심장(pastor's heart)를 갖고 있었다. 바울은 신학자이기도 하고 선교사이기도 하지만, 무엇보다도 그는 목회자였다. 그는 어떤 종류의 목회자였나? 그를 가장 정확하게 묘사하는 타이틀은 아마도 '교회를 개척하는 목회자'(church-planting pastor)일 것이다.

이 책에서 우리는 바울의 가르침을 때로는 신학적으로 분석하고, 또 전도학 이론을 동원하여 전도와 선교에 관련해서 분석하기도 할 것이다. 그러나 그 이전에 더 중요한 것은 바울의 가르침을 목회적 관점에서 관찰하는 것이다. 예를 들어 바울이 '형제 사랑'에 대해 가르쳤을 때, 이 가르침이 바울의 목회에서 어떤 역할을 했는지, 어떤 목회적 결과를 가져왔는지를 관찰해야 한다. 바울의 가르침을 목회의 맥락에서 이해할 수 있게 되면 우리도 어떤 상황에서 그 가르침을 해야 할 것인지를 정확하게 이해할 수 있게 될 것이다.

II.
데살로니가전서 내용 분석

II. 데살로니가전서 내용 분석

1.
데살로니가 성도들의 믿음의 모범
(1:1-10)

1:1 바울과 실루아노와 디모데는 하나님 아버지와 주 예수 그리스도 안에 있는 데살로니가인의 교회에 편지하노니 은혜와 평강이 너희에게 있을지어다

데살로니가전서와 데살로니가후서는 둘 다 바울, 실루아노, 디모데의 공동저작이다(살후 1:1, "바울과 실루아노와 디모데는"). 대부분의 바울서신은 바울과 한 명 이상의 저자가 함께 쓴 것이다(고전 1:1, "바울과 형제 소스데네는"; 고후 1:1, "바울과 형제 디모데는"; 빌 1:1, "바울과 디모데는"; 골 1:1, "바울과 형제 디모데는"; 몬 1, "바울과 및 형제 디모데는"). 바울이 편지를 혼자 쓴 경우도 물론 있다(참고, 롬 1:1, "예수 그리스도의 종 바울은"; 엡 1:1, "그리스도 예수의 사도 된 바울은"). 이 편지를 실루아노, 디모데와 공동으로 집필한 것은 데살로니가교회를 개척할 때 이 두 사람의 공헌이 적지 않았기 때문이다. 실루아노는 바울의 데살로니가 선교를 함께 했다(행 17:4, "그 중의 어떤 사람 곧 경건한 헬라인의 큰 무리와 적지 않은 귀부인도 권함을 받고 바울과 실라를 따르나"). 누가는 고린도 선교를 할 때 디모데가 마게도냐에 있었다고 말하며(행 18:5, "실라와 디모데가 마게도냐로부터 내려오매"), 이때 마게도냐는 데

살로니가와 베뢰아를 의미한다. 데살로니가전서에서 바울은 2:18, 3:5, 5:27, 이 세 군데를 제외하고, 편지 전체에서 1인칭 복수형 '우리'라는 주어를 일관되게 사용한다.[26]

데살로니가 서신 서두에서 바울은 '사도'라는 호칭을 사용하지 않는다. 바울이 모든 편지 서두에서 반드시 '사도'라는 호칭을 의무적으로 사용해야 하는 건 아니다. 어떤 경우에는 '사도'라는 호칭을 생략할 수 있다. 데살로니가교회에서 그의 사도권이 도전받지 않았고, 인정받고 있었던 것으로 보인다. 혹은 실라의 이름이 바울과 함께 나오는 것 자체가 바울이 사도라는 것을 굳이 말할 필요가 없게 했을 수도 있다. 데살로니가전서 2:7, "우리는 그리스도의 사도로서 마땅히 권위를 주장할 수 있으나"에서 "우리"는 바울, 실누아노, 디모데다. 바울은 이 세 사람이 "그리스도의 사도"라고 말한다. 이 경우에 사도라는 호칭을 사용한 것은 '사도의 권리'(고전 9:4-15)를 사용할 수 있었지만 사용하지 않았음을 말하기 위해서다(참고, 고전 9:12, "그러나 우리가 이 권리를 쓰지 아니하고"). 분명한 것은 바울은 자신과 다른 두 사람을 사도로 부른다는 거다.

헬라시대 편지는 1) 서두(prescript), 2) 본문(body), 3) 종결(conclusion), 이 세 가지로 구성된다. 서두는 i) 발신자 이름, ii) 수신자 이름, iii) 인사말, 이 세 가지로 구성된다. 헬라시대 편지의 서두를 예를 들면, "Theon to his brother Herackleides many greetings and good health"가 좋은 예다.[27] "Theon"(떼온)은 발신자의 이름이고, "his brother Herackleides"(그의 형제 헤라클레이데스)는 수신자다. "many greetings and good health"(많은 인사와 좋은 건강)는 인사말

---

26) 데살로니가전서에서 단 세 곳, 2:18, 3:5, 5:27에서 바울은 일인칭 단수형을 주어로 사용한다. 2:18에서 바울은 "나 바울"이라고 자신을 부름으로써, 다른 사람이 아닌 자기 자신이 다시 데살로니가로 돌아가고자 노력했음을 강조한다. 3:5에서는 디모데를 보낸 것이 자신이며, 디모데는 자신을 대신하는 것임을 강조하기 위해서 일인칭 단수를 사용한다. 5:27에서는 편지의 마지막 부분에서 이 편지를 다른 형제들에게도 읽게 하라는 명령을 하는 대목에서 자신의 권위를 강조하면서 명령하기 위해 일인칭 단수를 사용한다. Wanamaker, Thessalonians, 67-68.

27) John White, *Light from Ancient Letters* (Philadelphia: Fortress, 1986), 118.

이다. 성경에도 헬라식 편지의 서두의 예가 있다. 사도행전 15:23, "그 편에 편지를 부쳐 이르되 사도와 장로 된 형제들은 안디옥과 수리아와 길리기아에 있는 이방인 형제들에게 문안하노라"에서 발신자는 "사도와 장로 된 형제들"이고 "안디옥과 수리아와 길리기아에 있는 이방인 형제들"은 수신자다. 인사말은 "문안하노라"다. 야고보서 1:1, "하나님과 주 예수 그리스도의 종 야고보는 흩어져 있는 열두 지파에게 문안하노라"에서 발신자는 "하나님과 주 예수 그리스도의 종 야고보"고, 수신자는 "흩어져 있는 열두 지파"다. 인사말은 "문안하노라"다. 데살로니가전서에서 발신자는 "바울과 실루아노와 디모데"고 수신자는 "데살로니가인의 교회"다. 이처럼 편지의 서두에는 발신자, 수신자, 인사말이 나온다.

실루아노(Σιλουανός, Silvanus)는 라틴식 이름이다.[28] 헬라식 이름은 사도행전 15:22-18:5에 나오는 실라(Σιλᾶς)다. 실라는 히브리어 이름 사울(שָׁאוּל)의 아람어식 표기, '샤일라'(ša'îlâ)를 헬라어로 옮긴 것이다.[29] 사도행전 15:22에서는 예루살렘 공의회의 결정을 이방인 교회에 전달하기 위해 두 사람을 선발한다. 그 두 사람은 "곧 형제 중에 인도자인 바사바라 하는 유다와 실라"였다. 여기서 "인도자"도 번역된 단어 '헤구메노이'(ἡγουμένοι)는 '지도자들'이라는 뜻이다. 실라는 예루살렘 교회 초기의 지도자이면서 선지자로서 아람어와 헬라어를 잘 구사하는, 이중 언어가 가능한(bilingual), 사람이었다. 그는 헬라어로 설교를 잘했던 것 같다(행 15:32, "유다와 실라도 선지자라 여러 말로 형제를 권면하여 굳게 하고"). 그는 바울처럼 로마시민권을 갖고 있었다(행 16:37, "바울이 이르되 로마 사람인 우리를"). 사도행전 15:36-41에 따르면 바울이 바나바와 2차 선교여행 전에 갈라설 때 바울은 실라를 선택하여 그와 동행한다. 데살로니가전서 2:7에서 바울은 자신의 팀을 "사도들"이라고 부른다("우리는 그리스도의 사도로서 마땅히 권위를 주장할 수 있으나"). 실바누스가 사도일 가능성은 사도행전의 기록을 고려할 때 매우 크다.

---

28) 실루아노에 관해 더 자세한 것은 김철홍, "바울의 동역자, 실루아노: 초대 교회의 선교에서 그의 공헌,"『선교와 신학』19 (2007년), 229-46을 보라.

29) Best, *Thessalonians*, 61.

그는 예루살렘교회의 지도자였으므로 그는 예수가 살아계셨을 때 그의 가르침을 직접 보고 들은 사람일 가능성이 크다. 그는 예수의 죽음과 부활의 증인으로 복음을 전하라는 명령을 받은 사도였을 것이다(고전 15:6-7, "그 후에 오백여 형제에게 일시에 보이셨나니 그 중에 지금까지 대다수는 살아 있고 어떤 사람은 잠들었으며 그 후에 야고보에게 보이셨으며 그 후에 모든 사도에게와"). 그는 디모데와는 달리 바울에게 복종 관계에 서 있는 나이 젊은 동역자(junior co-worker)가 아니었고, 바울과 동등한 관계에 있는 동역자(senior co-worker)였다.[30]

실라는 바울과 함께 2차 선교여행을 마치고 에베소까지 동행한다. 그 이후 그의 행적에 대해 사도행전은 침묵한다. 아마도 그는 바울과 헤어져 다른 지역으로 간 것으로 보이는데, 베드로전서 5:12, "내가 신실한 형제로 아는 실루아노로 말미암아 너희에게 간단히 써서 권하고"에 그의 이름이 나온다. 베드로전서의 수신자 교회가 "본도, 갈라디아, 갑바도기아, 아시아와 비두니아"(벧전 1:1) 등인 것으로 보아 실라는 바울과 헤어진 후 그 일대에서 베드로, 마가와 더불어 선교를 계속한 것으로 보인다. 실라도 나중에 로마로 갔으며(벧전 5:13, "택하심을 함께 받은 바벨론에 있는 교회가 너희에게 문안하고"; '바벨론'은 로마를 가리킴) 그곳에서 베드로전서 저작에 깊이 관여하였다(벧전 5:12, "내가 신실한 형제로 아는 실루아노로 말미암아 너희에게 간단히 써서 권하고").

바울의 선교팀에 바나바나 실루아노와 같은 예루살렘교회 출신의 사도가 있었다는 것은 바울이 전하는 복음이 예수의 전승 속에 서 있었다는 것을 보여주는 좋은 증거이다. 실루아노가 바울의 선교팀에 있었으므로 예루살렘교회가 그의 사역을 지지하고, 자신과 예루살렘교회가 하나로 연결되어 있었다는 것을 보여주는 효과도 있었을 것이다. 예루살렘의 가난한 성도들을 위한 모금과 연결해서 생각해 보면, 실루아노는 고린도후서 8:23, "디도로 말하면 나의 동료요 너희를 위한 나의 동역자요

---

30) Bengt Holmberg, *Paul and Power: The Structure of Authority in the Primitive Church as Reflected in the Pauline Epistles.* (Philadelphia: Fortress, 1978), 65.

우리 형제들로 말하면 여러 교회의 사자들이요 그리스도의 영광이니라”의
“여러 교회의 사자들” 중의 한 사람일 가능성도 없지 않다.[31] 그는 바울
과 동행하면서 바울의 모금 활동을 도왔을 것이다.

　　디모데는 바울의 동역자로서 바울의 수많은 동역자 중 바울이 가장
신임하는 사람이었다(빌 2:22, “디모데의 연단을 너희가 아나니 자식이
아버지에게 함같이 나와 함께 복음을 위하여 수고하였느니라”). 바울은 평
소 자신을 대리하는 사람(emissary)으로 디모데를 자주 파견한다(고전
4:17; 16:10; 빌 2:19-23; 살전 3:1-6). 그는 루스드라 출신으로 유대
기독교인 어머니와 이방인 아버지를 갖고 있었다는 점에서(행 16:1, “그
어머니는 믿는 유대 여자요 아버지는 헬라인이라”), 그리고 바울이 할례를
주기 전까지는 할례를 받지 않았다는 점에서 유대인으로 여겨질 수 없는
상태였다(행 16:3, “바울이 그를 데리고 떠나고자 할새 그 지역에 있는 유
대인으로 말미암아 그를 데려다가 할례를 행하니 이는 그 사람들이 그의
아버지는 헬라인인 줄 다 앎이러라”).[32] 디모데의 할례는 갈라디아서 2:3
에서 할례당이 디도에게 할례 줄 것을 강요할 때 끝까지 할례를 받지 않
게 한 것과 대조를 이룬다. 바울은 왜 이미 믿음이 있는 디모데에게 할례
를 주었을까? 그 이유는 할례를 주어야 디모데가 바울과 함께 유대교 회
당에 들어가 유대인으로서 회원권(membership)을 갖고 복음을 전할 수

---

31) Keith F. Nickle, *The Collection: A Study in Paul's Strategy* (Studies in Biblical Theology, 48; Naperville, Illinois: Alec R. Allenson, 1966), 18-22.

32) 바클레이(John M. G. Barclay)는 당시 디아스포라 유대교에서 문제가 되는 행동(배교)을 크게 여섯 가지로 정리한다. 즉, 1) 유대교의 생활양식을 버리는 것(유대교의 boundary를 완전히 벗어나서 헬라식으로 사는 것), 2) 하나님이 아닌 다른 신들을 섬기는 것, 3) 음식에 대한 율법을 지키지 않는 것, 4) 타민족과 결혼하는 것, 5) 재정적인 번영을 추구하는 것(헬라사회에서 돈을 잘 벌고 비지니스를 잘 하려면 이방인들과 활발하게 접촉해야 함. 이것은 돈에 욕심을 내어 곧 이방인들과의 빈번한 접촉을 함으로 성공하려는 것을 경계한 것으로 볼 수 있다), 6) 유대교 경전을 비판하는 것 등이다. 이 중 네 번째 타민족과 결혼하는 것은 배교에 해당하는 행위가 된다. 디모데의 어머니는 이방인 남자와 결혼했으므로 당시 기준으로 보면 배교자에 해당된다. 그러므로 그들의 아들인 디모데가 유대사회에서 유대인으로 인정받았을 가능성은 거의 없다. John M. G. Barclay, "Who Was Considered an Apostate in the Jewish Diaspora?" in *Pauline Churches and Diaspora Jews* (Tübingen: Mohr Siebeck, 2011), 141-56.

있기 때문이다. 그는 바울과 2, 3차 선교여행을 함께 하고 예루살렘에도 함께 갔으며(행 20:4), 아마도 로마에도 같이 간 것으로 보인다.

디모데와 실루아노가 둘 다 데살로니가전서의 공동 저자이지만, 디모데와 실루아노가 이 편지를 작성할 때 각각 공헌한 것은 차이가 있다고 생각된다. 디모데와 실루아노는 바울과의 관계에서 서로 그 무게가 달랐다. 실루아노는 바울과 동등한 관계였으므로 편지를 작성할 때 바울은 실루아노와 그 내용을 상의하면서 작성했을 것이다. 하지만 디모데의 경우 편지 작성에 참여하긴 했겠지만 실루아노처럼 바울과 동등한 관계에서 참여하지는 않았을 것이다. 디모데의 이름이 공동 저자로 들어간 다른 이유가 있다. 헬라 편지에서는 그 편지를 전달하는 사람의 이름이 공동 저자로 들어가 있는 경우가 종종 있다. 전달자가 편지를 전달했을 때 성도들이 그 편지의 내용을 듣고 나서 편지의 특정 내용에 대해 질문을 할 수 있다. 디모데가 단순한 전달자라면 그 질문에 대답을 할 수 없다. 그러나 만약 디모데가 공동 저자라면 수신자들이 편지의 내용에 대해 질문할 때 저자의 권위를 갖고 대답해줄 수 있게 된다. 디모데가 바울 편지의 공동 저자로 자주 등장하는 이유는 아마도 이것 때문으로 보인다.

'교회'로 번역된 헬라어 단어, '에클레시아'(ἐκκλησία)는 헬라 사회에서 사용되었을 때 전혀 종교적 의미를 갖지 않는 단어다. 에클레시아는 '민회'(summoned assembly)를 가리키는 말이다. 사도행전 19:32, "모인 무리(ἐκκλησία)가 분란하여 태반이나 어찌하여 모였는지 알지 못하더라"에서 에클레시아는 "모인 무리"라고 번역되었다. 바로 그 지역사회 내의 문제를 해결하기 위해서 모인 '민회'(民會)다. 사도행전 19:39, "만일 그 외에 무엇을 원하면 정식으로 민회(ἐκκλησία)에서 결정할지라"의 "민회"도 같은 단어이다. 당시어 종교적인 단체를 부를 때 사용하던 단어들이 따로 있었다. 예를 들면 '디아소스'(θίασος), '에라노스'(ἔρανος), '코이논'(κοινόν), '쒸노도스'(σύνοδος), '쒤로고스'(σύλλογος), 등이 그런 단어들이다. 바울은 이런 단어를 주의 백성을 향해 사용하지 않고, 또 유대교 회당을 나타내는 '쒸나고게'(συναγωγή)도 사용하지 않는다. 이것은 바울이 자신의 교회를 유대교와 헬라사회의 단체들로부터 구분하고, 절대로 혼동되지 않도록 하기 위한 것으로 보인다.[33] 에클레시아라는 70인역 구약성경에서 하나님의 백성을 나타내는 '카할'(קָהָל)을 헬라어로 번역할 때 자주 사용되었다(예, 신 31:30 "여호와의 총회"(קְהַל יְהוָה). 누가는 사도행전 7:38, "시내 산에서 말하던 그 천사와 우리 조상들과 함께 광야 교회(ἐκκλησία)에 있었고"에서 같은 방식으로 이 단어를 사용한다. "광야 교회"는 '광야에 있는 회중'으로 번역할 수 있다.[34] 바울이 이 단어를 사용하는 것은 당시 유대교에서 이 단어를 사용하는 용법과 크게 다르지 않다 보인다. 그러나 바울이 옛 이스라엘을 대체하는 새 이스라엘을 '에클레시아'로 부르고 있다는 점에 주목해야 한다. 바울의 에클레시아에는 이방인들도 포함되어 있다. 바울이 에클레시아라는 단어를 사용하는 방법은 유대교에서 이 단어가 사용되는 방법과 다르다.

바울은 '데살로니가 사람들의 에클레시아'를 향해 편지를 쓴다. 바울은 그 모임이 "하나님 아버지 안에"(in God, ἐν θεῷ) 있는 모임이라고 규정한다. 바울은 '하나님 안에 있다'는 말로 이 모임을 다른 모든 헬라 단체로부터 구분하고 분리한다. 그리고 바울은 다시 그 모임이 "주 예수 그리스도 안에"(in the Lord Jesus Christ, ἐν … κυρίῳ Ἰησοῦ χριστῷ) 있는 모임이라고 말한다. 이 모임이 그리스도 안에 있으므로, 이 모임은 유대교의 회당과 구분되는 다른 모임이다. 바울은 에클레시아란 단어에 이렇게 이중으로 경계선(boundary)을 추가하여 이 모임을 헬라인의 모임과 유대인의 모임으로부터 구분한다. 하나님과 예수 그리스도 안에 있는 이 에클레시아는 새로운 하나님의 백성으로서, 옛 백성인 이스라엘(유대인)을 대체하는 새로운 하나님의 백성의 모임이다. 교회는 바로 종말에 하나님이 예수 그리스도를 통해 불러내신 새로운 이스라엘, 새로운 하나님의 백성이다.

---

33) Wanamaker, *Thessalonians*, 70.
34) 물론 누가가 '회중'이란 뜻보다는 '교회'라는 뜻으로 에클레시아를 사용했을 가능성이 더 크다.

“하나님 아버지”는 교회에서 하나님을 아버지로 불렀다는 것을 보여준다. 교회가 하나님을 아버지로 부르는 것은 예수가 하나님을 아람어로 “아빠”(Abba)라고 부르는 전통에서 비롯된 것이다. 당시 유대인들은 “아빠”라는 단어를 가정 용어로 사용했다. 어린아이, 혹은 장성한 아들이 아버지를 부를 때에 사용하고, 스승, 아버지의 친구에게 사용한 예도 있다. 그러나 현존 유대교 문서 중에 유대인들이 하나님을 ‘아빠’로 부른 경우는 거의 없다. 예수의 겟세마네의 기도(막 14:36, “아빠 아버지여 아버지께는 모든 것이 가능하오니 이 잔을 내게서 옮기시옵소서”), 주기도문의 첫마디 등은 예수가 제자들에게 하나님을 아빠라고 부른 것을 암시한다. 이것은 예수가 자신을 하나님의 독특한 아들로 보았으며, 자기 자신을 하나님과 우리들 사이의 관계를 중계해 주는 분으로 보았음을 나타낸다. 예수의 제자들은 예수의 모범을 따라서 하나님을 “아빠”로 불렀으며, 바울 교회에서도 하나님을 “아빠”로 불렀다(갈 4:6; 롬 8:15). 바울은 “아빠”라는 이 아람어 단어를 그대로 음역해서 헬라어로 써놓았는데, 이것은 헬라어를 사용했던 바울 교회에서 아람어 용어인 “아빠”를 그대로 사용했다는 것을 보여준다. 하나님을 “아빠”로 부르는 것은 하나님에 대한 친근감, 순종심 및 의존감을 나타낸다.

　　“우리 주 예수 그리스도”는 하나님과 예수 그리스도를 동등한 관계로 보고 있음을 보여준다. “주”라는 호칭은 교회가 예수를 하나님과 같은 분으로 인정하고, 하나님에게만 허용할 수 있는 호칭을 예수에게 동일하게 적용했다는 것을 나타낸다. 유대교의 기도문에서 기도의 대상은 하나님이지만, 교회는 기도할 때 하나님과 예수 그리스도를 향해 동시에 기도한다. 이것은 당시 교회가 하나님과 예수에 대해 ‘이위일체론(二位一体論)적 신이해’(binitarian understanding of God)를 하고 있었음을 보여준다.

　　당시 ‘에클레시아’가 ‘민회’라는 뜻으로 사용되었으므로 바울이 교회를 이 단어로 부른 것에 어떤 정치적 의미가 포함되어 있었을 것이라고 주장하는 다양한 견해들이 있다.[35] 바울이 교회를 헬라인들의 민회와 대조하기 위해 일부러 이 단어를 선택했고, ‘시민권이 하늘에 있는(빌

3:20, "우리의 시민권은 하늘에 있는지라") 성도들의 민회'라는 뜻이 담겨있다는 주장이다. 이런 주장들은 바울 복음을 정치적으로 해석하려는 의도를 가진 견해들이다. 바울이 이렇게 정치적 뉘앙스를 담아 복음과 교회를 해석했다고 보는 것은 지나친 주장이다.[36) '에클레시아'를 교회의 호칭으로 사용하는 것은 70인역 구약성경의 전통의 연장선에 있다고 보는 것이 좋다. "하나님의 사랑하심을 받은 형제들아 너희를 택하심을 아노라"(살전 1:4)에서 "사랑하심을 받은"(ἠγαπημένοι)과 "택하심"(ἐκλογή) 같은 단어는 구약성경에서 이스라엘을 향해 사용된 단어다.

당시 헬라 편지는 인사말로 '카이레인'(χαίρειν)을 사용하는 것이 관행이었다. 사도행전 15:23에서 "문안하노라"는 '카이레인'(χαίρειν)을 번역한 것이다. 그러나 바울은 자신의 편지에서 '카이레인'을 인사말로 사용하지 않는다. 바울은 그 대신 "은혜와 평강"을 인사말로 사용한다. 바울은 자신만의 독특한 인사말을 창의적으로 개발하여 자신의 편지에서 일관되게 이 인사말을 사용한다. "은혜와 평강"은 바울이 전하는 복음을 두 개의 단어로 요약한다. 그리스도를 통해 주시는 하나님의 구원은 '율법의 행위'가 아니라 '은혜'(grace)로 주시는 것이다. 그 복음을 받아들이면 하나님과 인간 사이에 '평강/평화'(peace)가 이루어진다. 인간과 하나님의 관계는 인간의 죄 때문에 '원수'(enemy)의 관계다(롬 5:10, "곧 우리가 원수 되었을 때에 그의 아들의 죽으심으로 말미암아 하나님과 화목하게 되었은즉"). 그러나 그리스도가 우리를 대신하여 십자가에서 진노를 받으심으로 우리는 하나님과 평화의 관계로 들어가게 되었다.

---

35) Seyoon Kim, F. F. Bruce, *1 and 2 Thessalonians*, 2nd ed. (WBC; Grand Rapids: Zondervan Academic, 2023), 126-28.
36) 이 점에 대해서는 김철홍, "시민사회의 권력에 대한 바울의 태도: 바울복음에 대한 정치적 해석에 대한 비판," 『하나님 나라와 교회의 현실 참여 1: 제9, 10회 소망신학포럼』 (서울: 장로회신학대학교출판부, 2010), 159-207을 보라.

보충설명 1,
"전도와 교회 개척에서 팀(team)의 중요성"

데살로니가에 교회를 세운 것은 바울 한 명의 개인이 아니라 바울을 중심으로 한 선교팀이다. 교회를 혼자 개척할 수도 있다. 하지만 이것은 효과적인 방법이 아니다. 교회를 혼자 개척하는 것과 여러 명이 팀을 만들어 개척하는 것을 그 성공률에서 차이가 난다. 혼자 개척할 때는 실패율이 매우 높다. 하지만 여러 명이 팀을 만들어 개척하면 실패율이 현저히 줄어든다. 교회 개척은 실패율이 매우 높은 사업(project)이다. 한국에서 교회 개척의 성공률과 실패율을 측정한 구체적인 사례는 없는 것으로 알고 있다. 교회를 개척하는 목회자나 개척을 해본 목회자들의 경험을 들어보면 실패율은 최고 80-90% 정도라고 말한다. 성공과 실패를 구분하는 기준은 교회가 재정적으로 자립하여 다른 교회의 도움 없이 10년 이상 생존해나갈 수 있는지 판단하는 것이다. 한국교회에서 교회 개척은 대체로 팀을 만들지 않고 목회자 혼자 책임을 지고 시도해왔다. 한국교회의 교회 개척 실패율이 높은 이유 중 하나는 개척팀을 구성하지 않고, '맨 땅에 헤딩 하듯' 홀로 교회 개척에 나섰기 때문이다. 교회 개척에서 개척팀을 미리 구성하는 것은 개척을 시작하기 전 준비 단계에서 달성해야 할 기본적 목표다. 만약 바울처럼 3명의 교회 개척팀이 함께 교회를 개척했다면 한국교회의 개척 성공률은 더 높아졌을 것이다.

혼자서 하는 것보다 여러 명이 힘을 합쳐서 하면 더 쉽게 목적을 달성하는 것은 비단 교회 개척에만 적용되는 원리가 아니다. 일반 회사도 마찬가지다. 새로운 사업에 뛰어들 때 혼자 시작하는 것보다 여러 명이 동업자가 되어 함께 일을 시작하면, 더 쉽게 사업을 일으킬 수 있다. 경영학 분야에서 이것은 이미 경험적으로 증명된 널리 알려진 사실이다. 물론 여러 명이 같이 해도 실패할 수 있다. 하지만 혼자 했을 때보다 그 실패율이 현저히 줄어든다는 점에 우리는 주목해야 한다.

사람들은 바울이 지중해 일대를 다니면서 여러 도시에 교회를 개척할 때 그가 혼자서 교회를 개척했다고 생각하지만, 그것은 정확한 이해가 아니다. 바울은 결코 혼자 사역하지 않았다. 바울은 수많은 동역자(co-workers)와 함께 전도하고 교회를 개척했다. 사도행전과 바울서신에서 우리가 그 이름을 알고 있는 바울의 동역자들의 숫자를 세면 약 100명 정도가 된다.[37] 그중에는 자신이 속한 교회에 남아서 일하는 동역자들(resident co-workers)도 있었지만, 바울과 함께 여러 지역을 여행하면서 바울과 함께 일하는 동역자들(itinerant co-workers)도 있었다. 후자의 숫자를 정확히 말할 수 없지만, 상당수의 동역자가 바울과 함께 이동하고, 함께 같은 도시와 같은 지역에서 사역했다. 바울은 혼자 사역한 게 아니라, 그의 선교단(mission team)과 함께 사역했다.

예를 들어 바울이 에베소에서 선교할 때 바울은 에바브라를 골로새와 라오디게아 일대에 보내 교회를 개척하게 했다(골 1:7, "이와 같이 우리와 함께 종 된 사랑하는 에바브라에게 너희가 배웠나니"). 골로새교회에 문제가 생겼을 때 바울은 골로새서를 써서 보내어 문제를 해결하려고 한다. 골로새교회와 라오디게아 지역의 교회는 바울의 얼굴을 보지도 못했다(골 2:1, "내가 너희와 라오디게아에 있는 자들과 무릇 내 육신의 얼굴을 보지 못한 자들을 위하여 얼마나 힘쓰는지를 너희가 알기를 원하노니"). 바울이 직접 개척한 교회가 아니지만 골로새교회에 "철학과 헛된 속임수"(골 2:8)가 침투해 들어왔을 때 에바브라가 이 문제를 해결하는 게 아니라, 바울이 직접 이 문제를 해결한다. 왜 그럴까? 골로새교회를 개척한 사람은 에바브라였지만, 바울의 개척팀의 일원으로 그렇게 한 것이므로 그 교회에 대해 궁극적으로 책임을 지는 '담임목사'(비유적으로 말하자면)는 바울이었기 때문이다. 에바브라는 바울이 이끄는 선교단의 일원으로서 바울의 명령을 받아 골로새 지역에 가서 교회를 개척했다. 골로새교회에 대해 궁극적으로 책임지는 사람은 에바브라가 아니라 바

---

37) E. E. Ellis, "Paul and his Co-workers," in G. F. Hawthorne, et al, *Dictionary of Paul and His Letters* (Downers Grove/Leicester, England: InterVarsity, 1993), 183-198.

울이었다. 그렇다면 바울이 에베소에서 선교할 때 바울과 함께 동역하면서 그 인근 지역에 가서 교회를 개척한 사람은 에바브라 한 사람뿐이었을까? 그럴 리는 없다. 에바브라 외에도 적지 않은 동역자들이 다른 지역에서도 활동했을 것이다.

로마서 15:19에서 바울은 "내가 예루살렘으로부터 두루 행하여 일루리곤까지 그리스도의 복음을 편만하게 전하였노라"고 말한다. 예루살렘은 복음이 시작한 곳이므로 그곳에서부터 그의 사역이 시작되었다고 말할 수 있다. 일루리곤은 그리스 반도의 북서쪽으로, 과거에 유고슬라비아와 알바니아, 현재에는 보스니아(Bosnia) 헤르체고비나(Herzegovina)가 있는 곳이다. 문제는 신약성경 어디에서도 바울이 일루리곤에 갔었다고 말하는 구절이 없다는 것이다. 디모데후서 4:10에 "데마는 이 세상을 사랑하여 나를 버리고 데살로니가로 갔고 그레스게는 갈라디아로, 디도는 달마디아로 갔고"라는 구절이 있는데, 달마디아는 일루리곤 지방에 있는 지명이었다. 디도가 달마디아에 가서 교회를 개척했을 개연성은 매우 높다. 디도가 지중해 중앙에 있는 그레데 섬에 가서 교회를 개척했던 것을 생각하면(딛 1:5, "내가 너를 그레데에 남겨 둔 이유는 남은 일을 정리하고 내가 명한 대로 각 성에 장로들을 세우게 하려 함이니"), 달마디아는 바울의 활동 범위에 충분히 포함될 수 있다. 바울이 직접 가지 않고 디도와 같은 동역자가 일루리곤의 달마디아에 가서 교회를 개척했다 하더라도, 바울은 "내가" "일루리곤까지" 복음을 전했다고 말할 수 있다. 선교단의 책임자는 바울이기 때문이다.

로마서 15:19의 "그리스도의 복음을 편만하게 전하였노라"에서 '편만하게 전하다'로 번역된 헬라어 동사 '플레로'($\pi\lambda\eta\rho\acute{o}\omega$)의 뜻은 '채우다'(to make full, fill)이다. 바울은 예루살렘에서 일루리곤에 이르는 로마제국의 동반부를 이미 복음으로 다 채웠다고 말한다. 물론 바울이 로마제국 동반부의 모든 도시, 촌락을 다 방문하여 복음을 전한 것은 아니다. 바울은 각 성(省)의 수도와 같은 주요 도시에서 교회를 세웠을 뿐이다. 로마제국 동반부를 복음으로 다 채웠다는 그의 말은 과장된 말처럼 들린다. 로마서 15:23에서는 "이제는 이 지방에 일할 곳이 없"다고 말한다. 다소 충격적인 말이다. 정말 바울이 일할 곳이 한 군데도 없었다는 말일까? 바울이 이런 말을 할 때, 그것이 과장된 말이 아닌 이유는 바울이 홀로 일하는 사람이 아니었기 때문이다. 바울이 어떤 거점 도시에서 교회를 개척할 때 그와 함께 움직이는 그의 동역자들은 그 주변의 중소 도시에 가서 동시다발적으로 교회를 세웠기 때문이다. 그 일대 촌락 단위의 선교는 중소 도시에 세워진 교회들이 미래에 책임지고 해야 한다. 바울의 임무는 인구 이동이 많은 거점 도시에 교회를 세우는 것이었다. 그런 관점에서 바울은 로마제국 동반부의 선교가 완료되었다고 보는 것이다.

데살로니가에서 바울이 교회를 개척할 때에도 그는 그의 선교팀과 함께 일했을 것이다. 특히 데살로니가 도시에 교회를 세우기 위해 그는 실루아노와 디모데와 함께 3인 1조로 사역했다. 바울이 홀로 데살로니가에서 교회를 개척하지 않고 세 사람이 함께 개척하면 교회를 세우는 과정이 매우 쉬워진다. 바울, 실라, 디모데가 데살로니가에 도착한 첫날 밤 세 사람이 함께 예배를 드리면 그 예배가 데살로니가교회 창립예배가 된다. 그 이후 한 사람, 한 사람씩 복음을 전해 그 교회에 나오게 하면 데살로니가교회가 성장하게 된다. 오늘날 교회개척론에서 교회를 개척할 때 먼저 개척팀을 구성하고, 그 사람들이 예배를 시작하면 이미 교회 개척이 시작된 것으로 보는 것과 똑같은 방식이다. 이 방식과 혼자서 교회를 시작하는 것 사이에는 큰 차이가 있다. 바울은 2000년 전에 현대 교회개척론에서 추천하는 방식으로 교회를 개척했다.

전도할 때 나 혼자 전도 대상자 한 명에게 전도하는 것과 나를 포함한 세 사람이 한 명의 전도 대상자에게 전도하는 것 사이에는 결과와 효과 면에서 큰 차이가 있다. 예를 들어 전도자가 친구에게 전도할 때 테니스를 치면서 전도한다고 가정해보자. 두 사람이 네트를 사이에 두고 테니스를 치면서 전도하는 것은 매우 어렵다. 두 사람이 서로 대화를 할 시간이 없기 때문이다. 차라리 복식 게임을 하고, 그 두 사람이 같은 편이 되어 공을 치는 편이 차라리 더 낫다. 만약 복식 게임 4명 중 3명이 나머지 한 사람을 전도하는 것에 헌신된 전도팀이라면 어떻게 될까?

테니스를 치는 동안은 물론 게임이 끝나고 함께 식사하러 가고, 커피 마시러 가서 세 사람이 한 사람을 상대로 전도할 것이다. 세 사람은 후에 다시 만나 어떤 방식으로 그 사람을 전도하면 좋을지 회의를 하고 계획을 세운다. 주중에 한 사람씩 순번을 정해 카톡을 하고, 전화 통화를 하고, 또 따로 둘이 만나 식사를 한다. 이렇게 계속 인간관계를 돈독하게 하면서 그 사람을 교회로 인도할 기회를 본다. 이런 식으로 지속적으로 상당 기간 계속 만나 테니스를 치면서 다양한 만남의 기회를 만들어간다. 기회가 왔을 때 종교와 복음에 대해 상당히 강력한 상호작용을 하면서 대화를 이어간다면 일대일로 전도하는 것보다 삼대일로 전도할 때 성공할 확률은 급격하게 올라간다. 또 테니스를 치지 않고 만약 골프를 치면서 전도한다면 네 사람이 대화할 수 있는 시간이 더 많아진다. 대화를 할 때 한 가지 주제를 놓고 집중적으로 상호작용(intensive interaction)을 할 시간이 많아질수록 전도의 성공률이 올라간다. 전도에 걸리는 기간도 대폭 줄어든다. 질문이 있으면 질문하고 또 대답을 하면서 주거니 받거니 대화가 집중적으로 이루어져야 한다. 만약 스포츠를 계기로 해서 전도하려면 대화를 많이 할 수 있는 종목을 선택하는 것이 더 효과적일 것이다.

교회를 개척하려면 전도를 잘해야 한다. 전도를 잘하는 방법은 무엇일까? 전도를 연구한 학자들의 연구는 효과적인 전도와 비효과적인 전도를 구분할 수 있게 해준다. 한마디로 요약하면 비인격적(impersonal) 전도보다는 인격적(personal) 전도가 훨씬 더 효과적이다. 비인격적 전도는 사람과 사람 사이의 인격적 인간관계를 만들지 않고 전도하는 것이다. 예를 들면 지하철역 입구에서 전도지를 나누어주는 것은 비인격적인 전도다. 전도지를 주는 사람과 받는 사람 사이에 아무런 인간관계가 형성되지 않는다. 텔레비전에 유명한 설교자가 나와서 불신자에게 전도하는 설교를 하고 만약 그 설교를 불신자가 듣는다면 그것은 비인격적 전도다. 텔레비전이란 매체는 시청자와 화면 안의 설교자와 인격적 관계를 맺게 하지는 않는다. 모든 종류의 문서 선교, 모든 종류의 매체를 통한 전도는 모두 비인격적 전도고, 이런 방식은 사실 효과적인 전도 방법이 아니다.

그렇다면 전도 집회는 어떨까? 빌리 그래함과 같이 유명한 부흥사가 여의도에 와서 전도 집회를 한다면 그것은 비인격적 전도일까? 아니면 인격적 전도일까? 대중 집회는 모두 비인격적 전도다. 빌리 그래함의 전도 집회가 비인격적 전도이므로 효과적이지 않다는 말에 아마 쉽게 수긍이 가지 않을 수도 있다. 연구에 따르면 대중 전도 집회는 불신자를 전도하는 것보다 명목적 기독교인들(nominal Christians)을 헌신된 기독교인으로 바꾸는데 더 효과적이다. 1956년 스콧틀랜드 글래스고우(Glasgow, Scotland)에서 열린 빌리 그래함 집회에서 52,253명이 그리스도를 받아들이기로 결단했지만, 그 중 전체 결신자의 7%에 해당하는 3,802명만 실제 지역 교회에 등록한 것으로 밝혀졌다. 토론토 집회에서는 8,161명 중 오직 902명만(전체 결신자의 11%) 교회에 가입했거나, 그렇게 할 예정이라고 대답했다.[38] 역사상 가장 성공적인 집회였던 1976년 시애틀(Seattle) 빌리 그래함 집회의 결과를 분석한 연구에 따르면 434,100명의 참여자 중 18,136명이 'altar call'(결신자를 강대상 앞으로 초청하는 것)에 응답하거나 자리에서 일어났다. 이들은 나누어준 카드에 신상 정보를 기입했고, 그리스도를 위한 일종의 결신을 했다고 밝혔다. 1년 뒤 결신자들의 상황을 파악한 결과 오직 1,285명(15%)만이 지역교회에 등록하여 신앙생활을 하는 것으로 밝혀졌다.[39] 그렇다면 결신한 대부분의 사람들은 어떻게 된 것일까? 그 사람들은 이미 교회에 등록한 교인인 것으로 밝혀졌다. 그들은 결단 후 자신이 속한 교회로 돌아갔다.

그렇다면 결신자들 중 교회에 등록하여 신앙생활을 계속하지 않는 사람들은 어떻게 된 것일까? 대부분의 사람들은 그 이후 결국 다 원래의

---

38) William G. McLoughlin, *Modern Revivalism* (New York: Ronald Press, 1959), 516-18; Richard V. Peace, *Conversion in the New Testament: Paul and the Twelve* (Grand Rapids/Cambridge: Eerdmans, 1999), 288에서 재인용.

39) Win Arn, "Mass Evangelism: The Bottom Line," *Church Growth: America* 4, no 1. (1978).; Peace, *Conversion*, 288-89에서 재인용.

불신앙의 상태로 돌아갔다. 이 문제를 해결하기 위해 빌림 그레함 재단과 다른 전도 기관들은 여러 가지 방법으로 문제를 개선하기 위해 노력했다. 예를 들면 훈련을 받은 상담자들을 동원하여 다양한 후속 조치(follow-up)를 했다. 1990년대 중반 남아메리카 에큐아도르의 수도인 키토(Quito)에서 열린 전도 집회에서 결신한 1,234명을 위해 상담자들이 배정되었고, 그들을 지역 교회에 연결해주려고 노력했다. 1년 뒤 그 사람들의 현황을 파악해보았을 때 오직 5%에 해당하는 64명만 신앙생활을 하고 있었다.[40] 이런 결과는 모두 사람과 사람 사이에 친밀한 인간관계를 맺지 않고 전도하는 비인격적 전도는 실제로 불신자 전도에 그리 효과적이지 않다는 것을 보여준다.

인격적 전도는 1) 전도 대상이 대중이 아니라 개인이어야 하고, 2) 전도가 설교가 아니라 대화를 통해 이루어져야 하며, 3) 결신도 그 대화의 맥락에서 이루어져야 인격적 전도가 된다.[41] 바울은 데살로니가에서 비인격적 전도가 아니라, 인격적 전도를 했다. 그것도 혼자서 전도하는 것이 아니라, 팀을 이루어 전도를 했으므로 더 효과적인 방식으로 전도했다. 바울, 실루아노, 디모데는 각자 흩어져 전도한 것이 아니라, 함께 팀을 이루어 전도했다. 그것이 길거리건, 작업장(work place)이건, 유대교 회당이건, 아니면 가정 교회건, 그들은 함께 전도했다. 그리고 그들은 대중을 상대로 전도한 것이 아니라, 한 사람 한 사람의 개인을 대상으로 전도했다. 데살로니가전서 2:11에서 바울은 "너희도 아는 바와 같이 우리가 너희 각 사람에게 아버지가 자기 자녀에게 하듯 권면하고 위로하고 경계하노니"라고 말한다. "우리"는 바울, 실로아노, 디모데고, 이들이 전도하고 양육한 대상은 "너희 각 사람"(each one of you)이다. 바울의 선교팀은 집단을 대상으로 전도하지 않았고, 한 사람의 개인을 대상으로 전도했다. 즉 인격적인 전도 방식을 사용했다. 이처럼 팀을 이루어 인격

---

40) Jerry Reed, "Lasting Fruit in Evangelism," *Journal of the Academy for Evangelism in Theological Education* 11 (1995-96): 48-49; Peace, *Conversion*, 290에서 재인용.

41) Peace, *Conversion*, 291.

적인 방식으로 전도를 하는 것이 효과적인 전도방법이고, 교회 개척 방법이다. 놀라운 것은 그 당시 바울은 이미 가장 효과적인 방법으로 전도하고 교회를 개척하고 있었다는 점이다.

1:2 우리가 너희 모두로 말미암아 항상 하나님께 감사하며 기도할 때에 너희를 기억함은
1:3 너희의 믿음의 역사와 사랑의 수고와 우리 주 예수 그리스도에 대한 소망의 인내를 우리 하나님 아버지 앞에서 끊임없이 기억함이니

대부분의 바울서신에서 인사말 뒤에는 감사기도(thanksgiving)가 나온다(갈라디아서는 제외). 당시 헬라 편지의 양식에서는 보통 상대방의 안녕(well-being)을 비는 축복문이 인사말 뒤에 나왔다. 바울은 감사기도로 축복문을 대신한다. 그는 헬라 편지의 양식을 자신의 용도에 맞게 수정하여 사용한다. '감사하며 기도하다'로 번역된 '유카리스테오'(εὐχαριστέω)의 기본 뜻은 '감사하다'(to give thanks)이다. 성만찬으로 번역되는 영어의 '유카리스트'(Eucharist)도 이 단어에서 유래한다. 그리스도의 최후의 만찬을 감사함으로 기념하기 때문이다. 그러나 2절에서 이 단어는 성만찬과 직접적 관련 없이 '감사기도를 하다'라는 뜻으로 사용되었다.

바울은 유대인으로서 정기적으로 기도하는 습관을 갖고 있었을 것이다(단 6:10, "다니엘이 이 조서에 왕의 도장이 찍힌 것을 알고도 자기 집에 돌아가서는 윗방에 올라가 예루살렘으로 향한 창문을 열고 전에 하던 대로 하루 세 번씩 무릎을 꿇고 기도하며 그의 하나님께 감사하였더라"). '우리가 기도하다'(εὐχαριστοῦμεν)에서 주어는 '우리'다. '우리'라는 주어는 바울이 혼자 기도하지 않고 매번 실라, 디모데와 함께 기도했다는 점을 보여준다. 바울의 선교팀이 "항상"(πάντοτε) 기도하고, "끊임없이"(ἀδιαλείπτως) 기도한 것은 그들이 24시간 쉬지 않고 기도했다는 뜻이 아니라, 기도하기로 정해져 있는 시간이 되면 빠짐없이 함께 기도

했다는 뜻이다. 데살로니가전서 5:17, "**쉬지 말고 기도하라**"도 24시간 동안 1분 1초로 쉬지 말고 기도하라는 뜻은 아니다.

"**기도할 때에 너희를 기억함은**"은 그들이 기도할 때마다 데살로니가 성도들을 위해 기도한 것을 보여준다. 데살로니가전서 2:13, "**이러므로 우리가 하나님께 끊임없이 감사함은 너희가 우리에게 들은 바 하나님의 말씀을 받을 때에 사람의 말로 받지 아니하고 하나님의 말씀으로 받음이니…**"에서도 바울은 데살로니가 성도들을 이유로 하나님께 감사기도를 매번 드렸다고 말한다. 바울이 하나님에게 감사기도를 할 때, 감사의 이유는 세 가지다. 데살로니가 성도들의 1) "**믿음의 역사**," 2) "**사랑의 수고**," 3) "**소망의 인내**"다. 바울서신에서 믿음, 소망, 사랑의 세 가지 조합(triad)은 데살로니가전서 5:8, 로마서 5:1-5, 고린도전서 13:12, 갈라디아서 5:5 이하, 골로새서 1:4 이하, 에베소서 4:2-5에서도 나온다. 믿음, 사랑, 소망의 세 가지 조합이 바울서신 이외에도 히브리서 6:10-12, 10:22-24. 베드로전서 1:3-8, 21 이하 등에서도 등장하는 것으로 보아, 믿음, 사랑, 소망의 세 가지 조합은 바울만 사용했던 독자적인 표현은 아니며, 당시 초대교회에서 이 조합이 널리 사용되었음을 알 수 있다.

"**믿음의 역사**"(τό ἔργον τῆς πίστεω)는 '믿음의 행위'(works of the faith)로 번역하는 것이 좋다. '믿음의 행위'는 '율법의 행위'와 대조되는 표현이다. "**율법의 행위**"(ἔργα νόμου, works of the law)는 갈라디아서 2:16, 3:2, 5, 10, 로마서 3:20, 28 등에서 사용되며, '율법을 지키는 행위'를 가리킨다. '율법의 행위'라는 표현은 레위기 18:5, "**너희는 내 규례와 법도를 지키라 사람이 이를 행하면 그로 말미암아 살리라 나는 여호와이니라**"에서 유래한다. "**그로 말미암아**"(בָּהֶם, ἐν αὐτοῖς)에서 "**그**"는 복수형이므로 '그것들'로 번역하는 것이 좋다. "**그로 말미암아**"는 '율법을 지키는 행위들(works of the law)로 말미암아'로 이해해야 한다. 그러므로 레위기 18:5의 "**그로 말미암아 살리라**"는 '율법의 행위들로 말미암아 살리라'는 말이다. 바울이 '율법의 행위로는 의롭다 하심을 받지 못한다'고 말할 때(갈 2:16; 롬 3:20, 28). 그는 레위기 18:5의 구원론을 정면으로 부정하는 셈이다. 바울은 인간이 의롭게 되는 것은 오직 믿음을 통해서만 가능하며 율법의 행위로는 의롭게 되지 못한다고 말한다.

그렇다면 바울은 구원받은 성도의 선행이 필요 없다고 가르치는 걸까? 아니다. 바울은 구원받은 성도는 악행을 중단하고 선행을 할 것을 강조한다. 하지만 성도가 악행을 중단하는 것도, 선행을 하는 것도 그런 행동으로 말미암아 구원받기 위해 그렇게 하는 것이 아니다. 먼저 믿음으로 의롭다 함을 받은 성도가 믿음 안에서 댓가를 목적으로 하지 않고 하는 행동이다. 이 '믿음의 행위'는 믿음을 가진 성도가 자발적으로 하는 것이며, 대가(삯, reward)를 받을 목적으로 하는 것이 아니다(롬 4:4-5, "일하는 자에게는 그 삯이 은혜로 여겨지지 아니하고 보수로[42] 여겨지거니와 일을 아니할지라도 경건하지 아니한 자를 의롭다 하시는 이를 믿는 자에게는 그의 믿음을 의로 여기시나니"). 율법을 지키지 않았는데도("일을 아니할지라도") "은혜로" "그의 믿음을 의로 여기시"고 "경건하지 아니한 자를 의롭다"고 선언해주신 것에 감사하여 믿음을 가진 성도가 하는 '믿음의 행위'(τό ἔργον τῆς πίστεω)는 대가를 목적으로 하는 일이 아니므로 봉사(service)다. 그러므로 "믿음의 역사"(믿음의 행위/믿음의 일)라는 말은 바울이 '율법의 행위'로 구원받는다고 주장하는 할례당, 복음을 믿지 않는 유대인들과 논쟁하면서 복음의 진리를 가르칠 때, 그가 결코 율법주의자(legalist)도 아니었고, 도덕무용론(antinomianism)을 주장한 것도 아니었다는 것을 보여주는 증거다.

"사랑의 수고"(ὁ κόπος τῆς ἀγάπης, labor of love)는 하나님 사랑, 이웃 사랑을 실천하기 위한 성도의 모든 노력이다. 복음이 가르치는 사랑은 사랑의 감정을 가지라는 것이 아니고, 사랑의 행동을 하라는 것이다. 데살로니가 교인들은 교회 안에서 서로를 향해 사랑의 행동을 하고 있었고, 더 나아가 그 일대의 모든 성도를 향해서도 그렇게 했다. 데살로니가전서 4:9-10에서 바울은 "형제 사랑에 관하여는 너희에게 쓸 것

---

42) "보수로 여겨지거니와"는 잘못된 번역이다. '오페일레마'(ὀφείλημα)는 '보수'가 아니라, '빚'(debt)이라는 뜻이다. '빚으로 여겨지거니와'로 번역하는 것이 맞다. 유대교인은 율법을 행한 그 행위로 구원받는다고 생각하므로, 자신이 받는 구원을 은혜로 여기지 않고, 오히려 자신이 당연히 하나님으로부터 받아야 할 '빚'으로 생각한다. 최후의 심판에서 자신을 채권자로, 하나님을 채무자로 여긴다.

이 없음은 너희들 자신이 하나님의 가르치심을 받아 <u>서로 사랑함이라</u> 너희가 <u>온 마게도냐 모든 형제에 대하여 과연 이것을 행하도다</u> 형제들아 권하노니 더욱 그렇게 행하고"라고 말한다. 성도들이 행한 사랑의 수고가 구체적으로 무엇인지 정확히 알 수는 없다. 아마도 구제와 관련 있을 것이다. 예루살렘교회가 유무상통(有無相通)했던 것처럼 데살로니가교회도 그렇게 했을 것이고, 더 나아가 다른 교회의 가난한 성도들을 도왔을 것이다. 고린도후서 8:1-4에서 바울은 아래와 같이 말한다.

고린도후서 8:1-4
[1]형제들아 하나님께서 <u>마게도냐 교회들</u>에게 주신 은혜를 우리가 너희에게 알리노니 [2]<u>환난의 많은 시련 가운데서</u> 그들의 넘치는 기쁨과 극심한 가난이 그들의 풍성한 연보를 넘치도록 하게 하였느니라 [3]내가 증언하노니 그들이 힘대로 할 뿐 아니라 힘에 지나도록 자원하여 [4]이 은혜와 성도 섬기는 일에 참여함에 대하여 <u>우리에게 간절히 구하니</u>

예루살렘교회를 위한 구제헌금에 적극적으로 참여하여 다른 교회에 모범을 보여준 마게도냐 교회들은 빌립보교회, 베뢰아교회, 데살로니가교회다. 그들은 가난한 성도들은 도움을 받으려 하기보다는 오히려 가난한 사람들을 도우려고 했다. 바울은 그들이 너무 가난하므로 다른 교회들에게 요구했던 것처럼(고전 16:1-4) 가난한 예루살렘 성도들을 위한 모금에 참여할 것을 요구하지 않았다. 후에 이 사실을 알게 된 마게도냐교회의 가난한 성도들은 자신들도 참여하게 해달라고 "우리에게 간절히 구했다." 바울은 성도들에게 무리하지 말고 "힘대로 할" 것을 부탁했지만, 그들은 "힘에 지나도록 자원"하여 헌금했다. 데살로니가교회 성도들은 "극심한 가난"에도 불구하고 "환난의 많은 시련 가운데서" "그들의 넘치는 기쁨"을 가지고 "풍성한 연보를 넘치도록" 했다.

데살로니가교회 성도들은 예루살렘교회의 가난한 성도들만 도운 것이 아니라, 자신의 교회 안에 있는 가난한 성도들도 구제했다. 데살로니가전서 5:14, "또 형제들아 너희를 권면하노니 게으른 자들을 권계하며 마음이 약한 자들을 격려하고 힘이 없는 자들을 붙들어 주며 모든 사람에게 오래 참으라"와 데살로니가후서 3:12, "이런 자들에게 우리가 명하고 주 예수 그리스도 안에서 권하기를 조용히 일하여 자기 양식을 먹으라 하노라"에서는 일하지 않는 게으른 자들에 대한 가르침이 나온다. 이렇게 일하지 않고 게으른 사람이 교회 안에 있는 이유는 교회의 도움만으로 살아가려는 사람들이 데살로니가교회 안에 있었기 때문이다. 이런 사람들이 있었다는 것 자체가 데살로니가교회에 출석만 하면 일하지 않아도 생계를 해결할 수 있을 정도로 그 교회가 구제를 잘하고 사랑이 넘치는 교회였다는 것을 보여주는 증거다. 이것이 바로 바울이 칭찬하는 "사랑의 수고"다.

"주 예수 그리스도에 대한 소망의 인내"는 데살로니가 교인들이 동료 시민들로부터 핍박을 당함에도 불구하고(살전 2:14, "너희도 너희 동족에게서 동일한 고난을 받았느니라"), 그들이 믿음을 버리지 않고(살전 3:6, "지금은 디모데가 너희에게로부터 와서 너희 믿음과 사랑의 기쁜 소식을 우리에게 전하고"), 미래의 소망을 갖고 핍박을 견디는 것을 가리킨다. 이 소망은 곧 주 예수의 재림에 대한 소망이다(1:10, "또 죽은 자들 가운데서 다시 살리신 그의 아들이 하늘로부터 강림하실 것을 너희가 어떻게 기다리는지를 말하니"). 지금은 핍박을 받아 교회도, 개개인의 성도도 어려운 상황이지만, 이런 고난의 시간을 견디게 하는 것은 그리스도의 재림과 그 이후에 이루어질 심판과 구원이다. 그때 하나님은 시시비비를 가려 모든 것을 되갚아주신다(to vindicate). 그때 성도들은 부활의 영광을 경험하게 되고(살전 4:16, "그리스도 안에서 죽은 자들이 먼저 일어나고"), 영광의 하나님 나라에 들어가게 된다(살전 4:17, "그리하여 우리가 항상 주와 함께 있으리라"). 소망은 인내를 통해서 이루어진다(롬 5:4, "인내는 연단을, 연단은 소망을 이루는 줄 앎이로다"). 고난을 견디는 인내를 통해 소망은 더 견고해지며, 소망이 없다면 그런 고난을 견디는 것이 의미 없을 것이다.

바울은 이 세 가지를 "끊임없이 기억"하면서 감사기도를 한다. '기억하다'(to remember)로 번역된 동사 '므네모뉴오'(μνημονεύω)는 3 절에서 사용되었다. 2절에서는 그 명사형 '므네이아'(μνεία, remembrance) 가 '하다'(to do)라는 뜻의 동사 '포이에오'(ποιέω)와 함께 사용되어, '기 억하다'라는 숙어적 표현으로 사용되었다. 2절("너희를 기억함은")과 3 절("끊임없이 기억함이니")에 각각 '기억하다'라는 말이 한 번씩 나오는 셈이다. 바울은 고린도에서 교회를 개척하면서, 데살로니가 성도들을 계 속 기억했다. 기도할 때마다 그들로 인해 감사기도를 주께 드린다.

1:4 하나님의 사랑하심을 받은 형제들아 너희를 택하심을 아노라

"사랑하심을 받은"(ἠγαπημένοι)과 "택하심"(ἐκλογή)은 둘 다 '선민(選民) 언어'(election language)다. '에가페메노이'(ἠγαπημένοι) 는 '사랑하다'라는 뜻의 동사 '아가파오'(ἀγαπάω)의 완료수동 분사 다. "택하심"(ἐκλογή, election)은 '선택하다'(to choose)라는 뜻의 동사(ἐκλέγομαι)의 명사형이다. 형용사형은 '엑크렉토스'(ἐκλεκτός) 고 뜻은 '선택받은'(chosen)이다. 동사형(ἐκλέγομαι)의 접두어 '엑 크'(ἐκ-)는 '밖으로'라는 뜻이고, '레고'(λέγω)는 '말하다'(to say) 혹은 '부르다'(to call)의 뜻이다. 동사형 '엑크레고마이'는 '밖으로 불러내 다'(to call out)라는 뜻에서 '선택하다'라는 의미를 갖게 되었다. 하나님 은 아브라함을 새로운 인류의 조상으로 선택하실 때에 그에게 "너는 너 의 고향과 친척과 아버지의 집을(ἐκ) 떠나(ἐξέρχομαι, '밖으로 나가다,' to go out) 내가 네게 보여 줄 땅으로 가라"(창 12:1)고 말씀하셨다. 그를 고향 밖으로(ἐκ, out of) 불러내신다(to call out). 하나님의 선택 (election)은 불러내시는 부름(calling)으로 나타난다. 하나님께서 아브 라함을 불러내셨듯이, 하나님은 데살로니가 성도들을 불러내셨다.

신명기 7:7-8, "여호와께서 너희를 기뻐하시고 너희를 택하심은 너 희가 다른 민족보다 수효가 많기 때문이 아니니라 너희는 오히려 모든 민 족 중에 가장 적으니라 여호와께서 다만 너희를 사랑하심으로 말미암아

··· 속량하셨나니"는 하나님께서 이스라엘을 선택하신 것은 그들을 사랑했기 때문이라고 말한다. 그러나 이것보다 더 중요한 구약성경 구절은 신명기 32:15, "그런데 **여수룬**이 **기름지매 발로 찼도다**···"와 신명기 33:5, "**여수룬**에 왕이 있었으니···," 신명기 33:26, "**여수룬**이여 하나님 같은 이가 없도다···," 이사야 44:2, "너를 만들고 너를 모태에서부터 지어 낸 너를 도와 줄 여호와가 이같이 말하노라 나의 종 야곱, 내가 택한 **여수룬**아 두려워하지 말라" 등이다. 이런 구절에서 하나님은 이스라엘을 "여수룬"(יְשֻׁרוּן)이라는 별명으로 부르신다. 70인역은 '여수룬'을 "사랑하심을 받은"(ἠγαπημένοι의 단수형 ἠγαπημένος)에 정관사를 붙여 '사랑하심을 받은 자'(ὁ ἠγαπημένος)로 번역했다.[43] 바울은 구약성경에서 이스라엘을 부를 때 사용한 호칭인 '사랑하심을 받은 자'(ὁ ἠγαπημένος)를 이방인들이 절대다수인(살전 1:9, "너희가 어떻게 우상을 버리고") 데살로니가 성도들에게 사용한다.

"사랑하심을 받은"(ἠγαπημένοι)은 완료수동태로 되어 있다. 능동으로 바꾸면 주어는 '하나님'이 된다. 이런 수동태를 신적 수동태(divine passive)라고 한다. 신적 수동태에는 '하나님'이라는 의미상의 주어가 숨겨져 있다. 데살로니가후서 2:13, "주께서 사랑하시는 형제들아"(ἀδελφοὶ ἠγαπημένοι ὑπὸ κυρίου)도 수동태이지만, 이 경우에는 '주에 의해서'(ὑπὸ κυρίου, by the Lord)가 '사랑하심을 받은'(ἠγαπημένοι) 뒤에 나오므로 의미상의 주어는 '주님'이라고 명시되어 있다. 두 경우 모두 완료형이므로 하나님께서 성도들을 '이미' 선택하셨고, 그 선택과 사랑이 '현재까지' 지속되고 있다는 뉘앙스가 있다.

신약성경을 사회학적 관점에서 연구하는 웨인 믹스(Wayne Meeks)는 "사랑하심을 받은"(ἠγαπημένοι)과 "택하심"(ἐκλογή) 같은 표현을 '소속 언어'(language of belonging)라고 부른다.[44] 이런 표현

---

43) 토머스 슈라이너, 『성경신학』(*The King in His Beauty*), 강대훈 역 (서울: 부흥과개혁사, 2016), 95.

44) Wayne A. Meeks, *The First Urban Christians: The Social World of the Apostle Paul* (New Haven: Yale University Press, 1983), 85.

은 그 집단이 스스로 자신들이 누구인가를 이해하는 집단 정체성(group identity)을 나타내고, 자신들의 우월성(superiority)을 표현한다. 이런 표현은 그 집단의 내적 결속력을 강화하고, 개인들에게는 자기 자신에 대한 자존감(self-esteem)을 높여준다. 교회는 처음부터 교회 밖의 사람들과 자신들을 분명하게 구분했기 때문에 강력한 공동체 의식(sense of community)을 갖고 있었다. '하나님의 사랑을 받은 자들'은 '하나님의 사랑을 받지 못한 자들'과 대조된다. '택하심을 받은 자들'은 '택하심을 받지 못한 자들'과 대조된다. 전자는 하나님의 구원을 받은 자들이고, 후자는 하나님의 무서운 심판을 받을 자들이다.

당시 교회는 자신을 이런 관점에서 바라보고 있었다. 자신을 제외한 모든 인류는 하나님의 심판을 받아 멸망할 사람들이고, 자신은 부활의 영광에 참여하여 죽지 않는 몸을 입어 영원한 생명을 누릴 사람들로 보았다. 초대교회가 매우 심한 핍박을 받으면서도 사라지지 않고, 끝까지 살아남을 수 있었던 에너지는 바로 이런 자기 이해(self-understanding)에서 나왔다. 교회의 이런 자기 이해는 복음에서 유래한다. 황제숭배를 포함하여 다른 모든 헬라 로마 종교가 결국 몰락하고 기독교 복음이 승리할 수 있었던 것은 교회가 이렇게 세상과 자신을 명확히 구분하고 자신이 누구인지 명확하게 이해하고 있었기 때문이다. 어떤 집단의 자기 이해는 그 집단의 지속과 생존에 직접적 관련이 있다.

바울은 "사랑하심을 받은"과 "택하심," 이 두 단어를 사용하여 데살로니가 성도가 박해당하는 것은 하나님이 그들을 버렸기 때문이 아니라, 하나님이 그들을 선택하셨고 사랑하고 계시기 때문이라고 말한다. 그들을 박해하는 사람들은 하나님이 선택하지도 않았고 사랑하지도 않는 사람들이다. 데살로니가 성도들이 하나님께 받은 선택과 사랑은 그들이 겪은 핍박과 고통을 능가한다. 양자를 비교하면 대변이 차변을 능가한다. 바울은 이런 선민언어를 사용함으로 그의 교인들의 마음을 위로하고, 용기를 주었다. 바울은 박해의 배후에 있는 하나님의 택하심을 안다. "아노라"로 번역된 단어(εἰδότες)는 '알다'라는 뜻의 동사 '오이다'(οἶδα)의 완료분사다. 완료시제이므로 '나는 이미 알고 있다'라는 뉘앙스가 있다.

데살로니가전서에서 바울은 자신의 교인들을 부를 때에 "형제" (ἀδελφός)라는 호칭으로 부른다(살전 1:4; 2:1, 9, 14, 17; 3:7; 4:1, 9, 10, 13; 5:1, 4, 12, 14, 25, 26, 27). 이 호칭은 그의 다른 서신에서도 나타난다(롬 1:13; 7:1, 4; 고전 1:10; 11, 26; 고후 1:8; 8:1; 갈 1:11; 3:15; 빌 1:12; 3:1, etc.). 이것은 그가 평소 그의 교회에서 이 단어들을 일상적으로 사용했다는 것을 보여준다. '형제/자매'를 이렇게 종교 집단 안에서 일상적 호칭으로 사용하는 것은 당시 헬라 종교에서는 발견되지 않는 현상이다. 하지만 유대인을 하나님의 자녀로 보고, 이스라엘을 하나님의 가정으로 간주하는 유대교에서는 동일한 현상이 발견된다. 그러므로 공동체 멤버를 '형제/자매'로 부르는 것은 바울에게서만 발견되는 독특한 현상은 아니다. 바울은 나름의 방식으로 형제라는 단어를 교회 개척에 사용한다. 바울이 가족관계에서 사용되는 언어(kinship language)를 교회 구성원을 상대로 사용하는 것은 바울이 교회를 개척할 때 가정(household)을 그 모델로 하는 공동체로 만들려고 했기 때문으로 보인다 (자세한 것은 보충설명 8, "형제 사랑이 교회 개척에 주는 사회학적 영향"을 보라).

1:5 이는 우리 복음이 너희에게 말로만 이른 것이 아니라 또한 능력과 성령과 큰 확신으로 된 것임이라 우리가 너희 가운데서 너희를 위하여 어떤 사람이 된 것은 너희가 아는 바와 같으니라

5절의 상반절은 '때문에'라는 뜻을 가진 접속사(ὅτι)로 시작한다. 개역성경은 이 접속사를 명확하게 번역하지 않는다. 제대로 번역하면 '이는 우리 복음이 너희에게 말로만 이른 것이 아니라 또한 능력과 성령과 큰 확신으로 된 것이기 때문이라'로 번역할 수 있다. 그렇다면 이 이유를 나타내는 접속사절은 어떤 주동사에 연결되는 것일까? 아마도 2절의 "우리가 너희 모두로 말미암아 항상 하나님께 감사하며 기도할 때"의

'감사하며 기도하다'라는 동사(εὐχαριστέω)에 연결되는 것으로 보는 것이 좋을 듯하다.[45] 왜 바울이 하나님께 감사하며 기도하는지 그 이유를 설명하는 것으로 보면 쉽게 연결이 된다.

"우리 복음"(τὸ εὐαγγέλιον ἡμῶν)은 바울에게서만 들을 수 있는 '바울 복음'(Paul's version of the gospel)이다. 이 표현은 다른 사도들이 전하는 복음과 바울이 전한 복음을 구분하는 효과가 있다. 바울 복음이 선포될 때 이적이 일어난 것은 그의 복음이 참복음이라는 것을 보여주었다. 데살로니가후서 2:14, "이를 위하여 우리의 복음으로 너희를 부르사 우리 주 예수 그리스도의 영광을 얻게 하려 하심이니라"의 "우리의 복음"은 정경(canon)에 해당하는 권위를 갖고 있다. "미혹"과 "거짓"(살후 2:11)에 빠지지 않으려면 성도들은 "말로나 우리의 편지로 가르침을 받은 전통을"(살후 2:15) 지켜야 한다. 바울 복음의 전승(παράδοσις, tradition)은 진리와 거짓을 분간하는 기준(rule)이 된다. 고린도후서 4:3의 "우리의 복음"은 '숨어서 부끄러운 일을 하며, 속임으로 행하며, 하나님의 말씀을 혼잡하게 하는'(고후 4:2) "거짓 사도"(고후 11:13)의 복음과 전혀 다른 복음이다. 갈라디아서 1:8, "우리가 너희에게 전한 복음"(ὃ εὐηγγελισάμεθα ὑμῖν)은 바울이 전한 '바울 복음'이고, 갈라디아서 1:9, "너희가 받은 것"(ὃ παρελάβετε)과 동일한 것이다. 고린도전서 15:1, "내가 너희에게 전한 복음"(τὸ εὐαγγέλιον ὃ εὐηγγελισάμην ὑμῖν)은 "너희가 받은 것"(ὃ παρελάβετε)과 동일한 것이다. 갈라디아서 1:11, "내가 전한 복음"(τό εὐαγγέλιον τὸ εὐαγγελισθὲν ὑπ' ἐμοῦ, 문자적으로 번역하면 '나에 의해 선포된 복음'), 2:2, "내가 이방 가운데서 전파하는 복음"(τό εὐαγγέλιον ὃ κηρύσσω ἐν τοῖς ἔθνεσιν)은 모두 할례당의 복음과 자신의 복음을 구분하기 위한 호칭이다. 로마서 2:16, 16:25의 "나의 복음"은 다른 사도들이 전하는 복음과 기본적인 내용은 같다. 하지만 "나의 복음"은 그 공통 복음을 바울이 해석하고 체계를 세운 복음이기 때문에 다른 사도들의 복음과 구분되는 '독특한'(unique) 복음이다.

---

45) Kim and Bruce, *1 & 2 Thessalonians*, 151.

이런 점에서 "우리 복음"은 바울에게서만 들을 수 있는 독특한 복음이다.

바울은 복음을 말로 전할 뿐만 아니라, **"능력과 성령과 큰 확신으로"** 복음을 증거했다. 예수께서 복음을 선포하실 때도 많은 이적을 행하셨듯이, 바울이 복음을 선포할 때도 많은 이적이 일어났다. 로마서 15:18-19, **"그리스도께서 이방인들을 순종하게 하기 위하여 나를 통하여 역사하신 것 외에는 내가 감히 말하지 아니하노라** <u>**그 일은 말과 행위로 표적과 기사의 능력으로 성령의 능력으로 이루어졌으며…**</u>"는 이점을 명확히 보여준다. 여기서 "표적"($\sigma\eta\mu\epsilon\hat{\iota}o\nu$), "기사"($\tau\acute{\epsilon}\rho\alpha\varsigma$), "능력"은($\delta\acute{\upsilon}\nu\alpha\mu\iota\varsigma$) 모두 이적(miracle)을 가리키는 말이다. 고린도후서 12:12, **"사도의 표가 된 것은 내가 너희 가운데서 모든 참음과 표적과 기사와 능력을 행한 것이라"**도 바울이 이적을 행했다는 것을 보여주는 증거다. "사도의 표" ($\tau\acute{\alpha}$ $\sigma\eta\mu\epsilon\hat{\iota}\alpha$ $\tauο\hat{\upsilon}$ $\acute{\alpha}\pi\sigma\tau\acute{o}\lambda\sigma\upsilon$) 즉, 사도의 진정성(authenticity)을 증명하는 표지(sign)는 두 가지다. 첫째는 "모든 참음" 즉, 모든 핍박과 환란을 견디고 인내하는 것이다. 둘째는 "표적과 기사와 능력" 즉, 이적이다.[46] 어떤 사도가 참사도인지, 혹은 거짓 사도인지 판단할 수 있는 표지는 인내와 이적이다. 바울은 이 두 가지 표지를 다 갖고 있으므로 자신이 참사도라고 주장한다. 갈라디아서 3:5, **"너희에게 성령을 주시고 너희 가운데서 능력을 행하시는 이의 일이 율법의 행위에서냐 혹은 듣고 믿음에서냐"**도 바울이 이적을 행했다는 것을 보여준다. 여기서 "능력"으로 번역된 '뒤

---

46) 구약성경에서 참 선지자와 거짓 선지자를 나누는 기준 중의 하나는 이적을 행할 수 있는가이다. 신명기 13:1, **"너희 중에 선지자나 꿈 꾸는 자가 일어나서 이적과 기사를 네게 보이고"**는 거짓 선지자에 대해 말한다. 여기에서 **"선지자"**와 **"꿈꾸는 자"**는 거짓 선지자다. 거짓 선지자는 하나님의 계시가 아닌 헛된 환상이나 꿈을 보고 자신이 선지자로 부름을 받았다고 착각한다. 만약 어느 날 선지자가 나타나 '하나님이 너희에게 이런 메시지를 전하라고 명하셨다'고 말한다면 청중은 그 선지자가 참 선지자인지 아니면 거짓 선지자인지 분간해야 한다. 청중은 먼저 그 선지자에게 이적을 행할 것을 요구할 수 있다. 물론 그가 이적을 행했다고 해서 바로 참 선지자로 판정되는 건 아니다(신 13:2, **"그가 네게 말한 그 이적과 기사가 이루어지고"**). 두 번째 관문이 남아 있다. 두 번째 관문은 그가 전하는 메시지를 듣고, 그 메시지가 율법의 내용과 합치하는지 모순되는지를 분간하는 것이다(신 13:2-3, **"너희가 알지 못하던 다른 신들을 우리가 따라 섬기자고 말할지라도 너는 그 선지자나 꿈 꾸는 자의 말을 청종하지 말라"**). 이 두 가지 단계를 통과하면 일단 거짓 선지자가 아니라고 판별할 수 있다.

나미스'(δύναμις)는 '이적'이란 뜻으로 사용되었다.

누가도 사도행전에서 바울이 이적을 행했다고 말한다. 구브로 섬에서 바울은 마술사 엘루마의 눈이 멀게 하고(행 13:6-12), 이고니온에서 그리스도는 바울과 바나바의 "손으로 표적과 기사를 행하게 하여 주사 자기 은혜의 말씀을 증언"하게 하셨다(행 14:3). 루스드라에서 걷지 못하는 사람을 고쳤고(행 14:8-10), 빌립보에서는 점치는 귀신 들린 여종에게서 귀신을 쫓아냈다(행 16:16-18). 사도행전 19:11-12에서 누가는 "하나님이 바울의 손으로 놀라운 능력을 행하게 하시니 심지어 사람들이 바울의 몸에서 손수건이나 앞치마를 가져다가 병든 사람에게 얹으면 그 병이 떠나고 악귀도 나가더라"라고 말한다. 에베소에서 바울은 삼층에서 떨어져 죽은 유두고를 다시 살렸다(행 20:9-12). 멜리데 섬에서 독사에 물렸지만 바울은 전혀 상함이 없었고(행 28:3-6), 열병과 이질에 걸린 보블리오의 아버지를 안수 기도하여 병을 고쳐주었다(행 28:7-10).

바울의 복음선포에 이적이 나타난 것은 믿지 않는 이방인의 눈에 그의 복음이 참된 것임을 보여주는 증거였다. 지금도 현대 문명과 떨어져 있는 선교지에서 선교사가 복음을 전할 때 적지 않은 이적이 일어나는 것도 같은 이유에서다. 고대 헬라 로마인들의 세계관에서 이적은 복음의 진정성을 보여주는 증거로 받아들여졌을 것이다. 주의할 점은 이적을 행하는 것 자체가 복음을 증거하는 것이 아니라는 점이다. 현대의 선교사들이 선교지에서 이적을 행할 때에도 복음을 증거하는 것과 함께 이적이 일어나야 개종이 일어난다. 복음 증거가 없는 이적은 그저 서커스 공연처럼 일회적인 관심에서 끝날 뿐, 어떤 구원의 역사도 일어나지 않는다.

바울의 전도와 교회 개척에서 이적은 매우 중요한 역할을 했다. 바울이 행한 이적은 청중들에게 "큰 확신으로"(ἐν πληροφορίᾳ πολλῇ) 작용했다. '확신'으로 번역된 단어(πληροφορία)는 '어떤 사람을 어떤 생각이나 확신으로 가득 채우다'(to fill one with any thought or conviction)라는 뜻을 가진 동사(πληροφορέω)의 명사형이다. 청중들은 바울의 이적을 보고 확신으로 가득 채워졌다. 데살로니가전서 2:13,

"너희가 우리에게 들은 바 하나님의 말씀을 받을 때에 사람의 말로 받지 아니하고 하나님의 말씀으로 받음이니"는 청중들이 바울의 복음을 인간에게서 온 메시지가 아니라, 하나님께로부터 온 메시지로 인식하고 받아들였음을 보여준다. 바울의 청중들이 이렇게 생각하게 된 것은 아마도 그의 이적 때문이었을 것이다.

바울이 하나님께 감사하며 기도하는(2절) 이유는 데살로니가에서 전도하며 교회를 개척할 때 성령의 능력으로 이적이 일어나 "큰 확신"을 가진 성도들이 생겨났기 때문이다. 이런 "능력과 성령과 큰 확신"이 없었다면 사역의 열매도 생겨나지 않았을 것이다. 이런 이적은 성령의 능력으로 일어나는 것이며, 그것은 하나님께서 하시는 일이다. 복음을 정확하게 설명하고 전하는 것은 바울이 할 수 있는 일이다. 자신이 할 수 있고, 또 해야만 하는 일을 바울이 할 때, 하나님은 그의 사역에 성령의 능력으로 기름을 부어주신다. 하나님과 더불어 동역(to co-work)할 때 바울의 사역은 열매를 맺는다.

로마서 15:16, "이 은혜는 곧 나로 이방인을 위하여 그리스도 예수의 일꾼이 되어 하나님의 복음의 제사장 직분을 하게 하사 이방인을 제물로 드리는 것이 성령 안에서 거룩하게 되어 받으실 만하게 하려 하심이라"도 같은 원리를 말한다. 바울은 하나님의 새 성전인 교회에서 제사장으로서 이방인을 제물로 바친다. 이방인이 하나님의 제물로 받기에 합당한 '거룩한 제물'이 되게 하는 것은 성령의 사역이다. 이방인 성도를 거룩하게 하는 것은 바울이 할 수 있는 일이 아니다. 그가 할 수 있는 일은 성도에게 복음을 전하고 말씀을 가르치는 것이다. 바울이 할 수 있고, 또 해야만 하는 일을 할 때 성령의 기름 부음이 그의 사역에 나타나 동물이 아닌 사람을 산채로 주께 제물로(롬 12:1, "너희 몸을 하나님이 기뻐하시는 거룩한 산 제물로 드리라") 바칠 수 있게 된다.

5절의 하반절 "우리가 너희 가운데서 너희를 위하여 어떠한 사람이 된 것은 너희 아는 바와 같으니라"는 바울이 기적을 일으킨 것과 연결되는 것이 아니라 6절의 내용과 연결된다. 바울, 실루아노, 디모데가 주를 본받는 사람이 되어 성도들이 그들을 보고 이 세 사람을 모범으로 삼아 그리스도를 본받는 사람이 될 수 있게 했다. "너희 가운데서"(ἐν ὑμῖν)는 바울 일행이 평소에 성도들과 물리적으로 매우 가까운 거리에 있었고 성도들이 그들을 충분히 관찰할 수 있었다는 것을 보여준다. "너희를 위하여"(δι᾽ ὑμᾶς, 'for the sake of you')는 바울 선교팀이 의도적으로 성도들이 그들을 볼 수 있게 해주어, 그리스도와 바울 일행을 본받게 하려 했다는 점을 보여준다. "어떠한 사람"은 대체 어떤 모습을 가리키는 것일까? 고난을 당하면서도 고난에 무릎 꿇지 않고 핍박을 견디면서 끝까지 복음을 가르치는 모습을 가리키는 것으로 보아야 한다. 왜냐하면 6절에서 환란 가운데에서 복음을 받아들인 것을 언급하고 있기 때문이다.

데살로니가 성도들은 이미 바울과 그의 동역자들이 '어떤 종류의 사람'인지 잘 '알고 있다'(οἴδατε, '알다'라는 뜻의 동사 οἶδα의 완료형). 바울이 데살로니가에 들어갈 당시의 모습은 2:1-2에 잘 나타나 있다. 데살로니가전서 2:1, "너희가 친히 아나니"에서도 바울은 데살로니가전서 1:5, "너희가 아는 바와 같으니라"에서 사용한 동일한 동사(οἴδατε)를 사용한다. 그들은 바울 선교팀이 그들에게 들어간 것을(τὴν εἴσοδον ἡμῶν τὴν πρὸς ὑμᾶς) 알고 있다. 여기어서 "들어간 것"으로 번역된 명사 '에이소도스'(εἴσοδος, entrance)는 '안으로'라는 뜻의 접두어 '에이스'(εἰς-)와 '길'(road)이라는 뜻의 명사 '호도스'(ὁδός)가 결합된 명사다. 데살로니가 성도들이 바울 선교팀이 그들에게 '진입'(進入)한 것을 알고 있다는 말은 진입 당시의 정황을 알고 있다는 뜻이다. 데살로니가전서 1:9, "우리가 어떻게 너희 가운데에 들어갔는지"(ὁποίαν εἴσοδον ἔσχομεν πρὸς ὑμᾶς)는 헬라어를 직역하면 '우리가 너희들에게로 어떤 종류의 진입을 했는지'로 할 수 있다. 바울이 데살로니가에 처음 도착해서 어떤 모습으로 사역을 시작했는지 데살로니가 성도들은 잘 알고 있다. "우리가 어떻게 너희 가운데에 들어갔는지"(살전 1:9)는 지금 "마게도냐와 아가야에만 들릴 뿐 아니라," "각처에 퍼졌으므로"(살전 1:8), 널리 알려진 사실이 되었다.

바울이 데살로니가에 진입하던 당시 정황은 데살로니가전서 2:2, "너희가 아는 바와 같이 우리가 먼저 빌립보에서 고난과 능욕을 당하였으나 우리 하나님을 힘입어 많은 싸움 중에 하나님의 복음을 너희에게 전하였노라"에 잘 표현되어 있다. 바울과 실라는 빌립보에서 "로마 사람인 우리가 받지도 못하고 행하지도 못할 풍속을 전한다"(행 16:21)는 고발을 당했다. 로마 빌립보의 고위 관리들은 정당한 재판 절차를 밟지도 않고 (행 16:37, "죄도 정하지 아니하고") "공중 앞에서"(행 16:37), "옷을 찢어 벗기고 매로 치라"(행 16:22)는 명령에 따라 많은 매를 맞고 옥에 갇혔다(행 16:23, "많이 친 후에 옥에 가두고"). 고린도후서 11:23에서 바울은 "옥에 갇히기도 더 많이 하고 매도 수없이 맞고 여러 번 죽을 뻔하였으니"라고 말하고, 25절에서는 "세 번 태장으로 맞고"라고 말한다. 빌립보에서 맞은 매가 바로 태장으로 맞은 세 번의 매 중의 하나일 것이다. 다음 날 그들이 로마 시민권자라는 것을 공개하자, 빌립보의 관리들은 재판도 없이 형벌을 가한 것에 대해 겁을 먹고(행 16:38, "바울이 이르되 로마 사람인 우리를 죄도 정하지 아니하고 공중 앞에서 때리고"), 빌립보 성을 떠나기를 간청했다. 누가는 바울뿐 아니라(행 22:27, "천부장이 와서 바울에게 말하되 네가 로마 시민이냐 내게 말하라 이르되 그러하다") 실라도 로마 시민권자였다고 말한다.

이 에피소드에서 이상한 점은 빌립보에서 매를 맞기 전 바울과 실라가 자신들이 로마 시민권자라는 것을 밝혔다면 재판 없이 매를 맞지 않았을 텐데 그들이 매를 맞기 전 로마시민권자라는 사실을 밝히지 않았다는 것이다. 왜 미리 로마시민권자라는 것을 밝히지 않았을까? 그들이 그렇게 하지 않은 이유는 아마도 빌립보 성도들에게 고난과 핍박을 견디는 모범을 보여주기 위해서였을 것으로 보인다. 바울은 항상 "너희 가운데서 너희를 위하여 어떠한 사람이"(살전 1:5) 될 것인지 심사숙고하는 사람이다.

빌립보서 1:27에서 우리는 바울이 빌립보에서 가르친 중요한 가르침 한 가지를 확인할 수 있다. 그것은 "너희는 그리스도의 복음에 합당하게 생활하라"(빌 1:27)는 것이다. '복음에 합당하게 생활하다'로 번역된 헬라어 동사는 '폴리튜오마이'(πολιτεύομαι)다. 이 동사의 명사형은 '폴리튜마'(πολίτευμα)다. 이 명사는 영어로는 '국가'라는 뜻의 명사인 commonwealth, 혹은 state로 번역되지만, 외국인들이나 군대에서 제대한 병사들의 집단 거주지(a colony of foreigners or relocated veterans)를 가리키기도 한다. '폴리튜마'는 자신이 소속된 정치·행정적 단위로서, 그 사람에게 정체성(identity)을 준다. 모든 사람은 자신의 폴리튜마에 충성을 바쳐야 한다. 빌립보서 3:20에서 바울은 "그러나 우리의 시민권은 하늘에 있는지라 거기로부터 구원하는 자 곧 주 예수 그리스도를 기다리노니"라고 말할 때 "시민권"으로 번역된 단어가 바로 '폴리튜마'다. 바울이 이 단어를 사용하는 이유는 빌립보 도시에 로마군대에서 복무하고 제대한 퇴역 군인들이 다수 거주했기 때문이다. 빌립보 시민들은 빌립보 시민권을 갖고 있으므로, 빌립보 도시가 그들의 폴리튜마다. 로마군대의 퇴역 군인들에게는 로마시민권을 주었으므로 빌립보에 살고 있는 로마 시민권자의 폴리튜마는 빌립보가 아니라 로마다.

그런데 그들이 바울을 만나 복음을 받아들이게 되었을 때 바울은 그들에게 '이제부터 너희가 속한 폴리튜마는 빌립보도 아니고, 로마도 아니고, 하늘에 있는 예루살렘이라'고 가르쳤다(갈 4:26, "오직 위에 있는 예루살렘은 자유자니 곧 우리 어머니라"; 참고, 히 12:22, "그러나 너희가 이른 곳은 시온 산과 살아 계신 하나님의 도성인 하늘의 예루살렘과 …"). 만약 바울이 '하늘의 예루살렘'이 그들의 폴리튜마라고 가르치지 않았다면 빌립보 성도들이 빌립보서 3:20을 이해할 수 없었을 것이다. 빌립보서 1:27, "너희는 그리스도의 복음에 합당하게 생활하라"는 하늘의 예루살렘에 속한 시민답게 살라는 말이다. 특히 우상숭배, 로마황제 숭배와 같이 우상과 황제를 예배하지 말고 그리스도와 하나님을 예배하라는 말이다. 그것 때문에 고난과 핍박을 당하게 된다면 두려워 말고(빌 1:28, "무슨 일에든지 대적하는 자들 때문에 두려워하지 아니하는 이 일을 듣고자 함이라") 온몸으로 고난을 받아들이라는 가르침이다(빌 1:29, "또한 그를 위하여 고난도 받게 하려 하심이라"), 빌립보서 1:30에서 바울은 그 고난을 "싸움"(ἀγών)이라고 부르면서 "너희에게도 그와 같은 싸움이 있으니 너희가 내 안에서 본 바요 이제도 내 안에서 듣는 바니라"고 말한다. '내가 그동안 고난과 핍박과 어떻게 싸워서 이겨왔는지 너희가 직접 봤고, 지금도 나의 고난에 대해 너희가 듣고 있는데, 이제는 너희 차례다'라고 말한다. 바울은 빌립보 성도들이 로마 군인들이 전쟁터에서 열과 오를 맞춰 서서 협력하여 싸우듯이 교회가 한 마음이 되어(빌 1:27, "한마음으로 서서 한 뜻으로") "복음의 신앙을 위하여 협력하"며 싸울 것을 기대한다.

빌립보에서 교회를 개척할 당시에 바울이 이런 가르침을 했다는 것은 의심의 여지가 없다. '폴리튜마'에 관한 가르침은 바울의 교회 개척용 가르침이었다 볼 수 있다. 그런 가르침을 하던 바울과 실라가 막상 자신들이 매질을 당하게 되었을 때 로마시민권을 내어놓으면서 고난을 피하는 모습을 과연 빌립보 성도들에게 보여주길 원했을까? 아마도 아닐 것이다. 오히려 이린 매질을 당하는 것을 빌립보 성도들을 위해 자신이 "어떠한 사람"(살전 1:5)인지를 보여주는 기회로 보았을 것이다. 놀라운 것은 빌립보에서 당한 고난이 데살로니가에 도착해 교회를 세웠을 때도 이곳의 성도들에게 동일한 교육적 효과를 주었다는 점이다.

사도행전에 따르면 바울은 빌립보를 떠나 데살로니가로 이동했다. 두 도시 사이의 거리가 약 150km고, 고대시대에 하루에 도보로 여행할 수 있는 거리를 25km라고 보면 약 한 주 후에 바울 일행은 데살로니가에 도착했을 것이다. 빌립보에서 태형을 당해 생긴 상처와 멍이 다 아물기에 일주일은 충분한 기간이 아니었을 것이다. 온몸이 멍투성이고 다리를 절뚝거리며 걸어오는 두 명의 외지인은 데살로니가 시민들의 눈에 쉽게 띄었을 것이다. 무슨 사유로 다쳤는지를 물었을 때 그들은 '복음 때문에' 이렇게 되었다고 말하면서 곧바로 복음이 무엇인지 설명하기 시작했을 것이다.

데살로니가 성도들과 바울의 첫 만남은 이렇게 시작되었고, 그 이후에도 그들은 바울과 실라가 복음 때문에 고난받는 모습을 보았을 것이다. 바울과 실라는 안식일에 데살로니가 회당에 들어가서 세 주간 동안 복음을 전했고(행 17:1-2), 그곳의 유대인들은 세 안식일이 지난 후에 바울의 복음은 유대교 회당이 허용할 수 없는 이단적인 잘못된 가르침이라고 판단했을 것이다(고전 1:23, "우리는 십자가에 못 박힌 그리스도를 전하니 유대인에게는 <u>거리끼는 것[σκάνδαλον]이요</u>”). 데살로니가 회당의 유대인들은 시장의 불량한 사람들을 동원해 소동을 일으키고(행 17:5), 야손의 집을 습격하여 바울을 잡으려고 할 정도로(행 17:5) 교회에 적대적이었다. 야손을 잡아 읍장(πολιτάρχης)에게 끌고 가 “**이 사람들이 다 가이사의 명을 거역하여 말하되 다른 임금 곧 예수라 하는 이가 있다 하더이다**”(행 17:6-7)라고 고발할 정도였다. 유대인들이 바울을 회당에서 추방하고 출입을 막은 이후 유대교 회당에서 열리는 법정에 고발하고 율법에 의해 유죄평결을 내리고, 채찍으로 때리는 태형(고후 11:24, “유대인들에게 사십에서 하나 감한 매를 다섯 번 맞았으며”)을 가했을 가능성이 적지 않다. 바울이 데살로니가에서 적어도 육 개월 머물렀다면, 유대인들에게 육 개월은 이런 법적 절차를 밟아 바울에게 태형을 주기에 충분한 시간이다. 데살로니가 성도들이 이런 모든 과정을 직접 듣고 보았다면, 그들은 바울이 그들을 위해 어떤 사람이 되었는지 충분히 관찰할 수 있었을 것이다. 그런 의미에서 바울은 “**우리가 너희 가운데서 너희를 위하여 어떤 사람이 된 것은 너희가 아는 바와 같으니라**”(살전 1:5)라고 말한다.

1:6 또 너희는 많은 환난 가운데서 성령의 기쁨으로 말씀을 받아 우리와 주를 본받은 자가 되었으니

데살로니가 성도들이 처음 복음을 받아들였을 때의 구체적인 정황을 정확히 알 수는 없지만, 바울은 그들이 “많은 환난 가운데서” “말씀을” 받았다고 말한다. 그들은 평안한 가운데 복음을 받아들인 게 아니라, 환란 가운데, 적대적인 상황에서 복음을 듣고 받아들였다. 그런 점에서 데살로니가교회는 다른 교회들 사이에 소문이 났고 믿는 자들의 본이 되었다(살전 1:7, “**그러므로 너희가 마게도냐와 아가야에 있는 모든 믿는 자의 본이 되었느니라**”). 데살로니가 사람들 눈에 복음을 받아들이면 핍박을 당한다는 것은 복음이 처음 데살로니가에 들어왔을 때부터 매우 명확하

게 보였다. 왜냐하면 바울과 그의 동역자들의 모습 자체가 그 점을 증거했기 때문이다. 데살로니가에 막 도착한 바울과 실라의 모습은 멋있는 모습으로 대중 앞에서 연설하는 모습이 아니었다. 복음 때문에 매를 맞았음에도 불구하고, "우리 하나님을 힘입어 많은 싸움 중에 하나님의 복음을 너희에게 말하는"(살전 2:2) 모습이었다. 그런데 그 모습은 "많은 환난 가운데서 성령의 기쁨으로 말씀을 받아 우리와 주를 본받은 자가"(살전 1:6) 된 데살로니가 성도들의 모습과 다르지 않다. 바울도, 데살로니가 성도들도, 모두 다 "능력과 성령과 큰 확신"으로, 그리고 "하나님을 힘입어 많은 싸움 중"(살전 2:2)에 고난을 견딤으로 그리스도를 닮은 사람이 되었다.

바울은 자신의 서신 여러 곳에서 '그리스도를 닮음' 혹은 '나를 닮음'(Imitation of Christ/me)에 대해서 말한다(고전 4:16; 11:1; 빌 2:5; 3:10, 17; 4:9; 살전 1:6-7; 살후 3:7, 9; 갈 4:12 참고).[47] 로마서에서는 이 주제가 전혀 등장하지 않는다. 그 이유는 로마교회의 성도들이 바울의 실제 모습을 목격한 적이 없었기 때문이다(롬 1:13, "형제들아 내가 여러 번 너희에게 가고자 한 것을 너희가 모르기를 원하지 아니하노니 … 지금까지 길이 막혔도다"). 그를 본 적도 없는 사람에게 '나를 닮으라'고 더 나아가 '그리스도를 닮으라'고 가르칠 수 없기 때문이다. 바울은 그리스도를 전혀 본 적도 없고, 알지도 못하는 사람들에게 자기 자신을 그리스도의 모습을 드러내는 매개인(媒介人, agent)으로 사용한다. 이것은 자기 자신의 모습과 그리스도의 모습을 일치시키지 않으면 불가능한 일이다. 그리스도를 닮으라는 명령과 자신을 닮으라는 명령은 두 개의 다른 명령이 아니라, 하나의 명령의 두 가지 다른 표현이다.

빌립보서 2:5절에서 바울은 그리스도를 닮을 것을 말한다. 빌립보

---

47) 이하의 내용은 바울의 교회 개척용 가르침 7번인 "그리스도와 우리를 닮으라는 권면"에 대한 분석이다. 이 가르침은 교회 개척용 가르침 4번인 "장래 고난에 대한 예고"와 연결되어 있다. 이 가르침에 대한 분석은 보충설명 7, "장래 고난에 대한 예고의 사회학적 효과, 교회 개척용 가르침 4 분석"을 보라. 바울은 복음을 믿으면 필연적으로 고난을 받게 된다는 것을 미리 예고했다. 고난이 닥치면 바울과 그의 동역자들처럼 온몸으로 고난을 받아들이고, 고난을 피하기 위해 배교하지 말라고 가르쳤다. 바울을 닮는 것, 그리스도를 닮는 것은 모두 고난을 견디고 인내하라는 가르침이다.

서 2:6-11의 찬송시에서 그리스도의 낮아짐을 말하면서 복음을 위해 자신의 낮아짐을 동시에 말한다. 죽음에 이르기까지 하나님의 뜻에 복종하는 그리스도의 모습은(빌 2:8, "죽기까지 복종하셨으니 곧 십자가에 죽으심이라") 곧 자신의 몸으로 "전제"를 드리는 자신의 모습과 일치된다(빌 2:17, "만일 너희 믿음의 제물과 섬김 위에 내가 나를 전제로 드릴지라도 나는 기뻐하고"). 갈라디아서 3:1에서 바울이 "어리석도다 갈라디아 사람들이아 예수 그리스도께서 십자가에 못박히신 것이 너희 눈앞에 밝히 보이거늘 누가 너희를 꾀더냐"고 말할 때, 이 말은 바울이 그리스도가 죽으신 모습을 말로 잘 묘사해 주었다는 의미보다는 갈라디아 교인들 앞에 바울이 자신의 몸으로 그리스도의 고난의 모습을 직접적으로 보여주었음을 상기시키는 것으로 보는 것이 옳다.[48]

이처럼 바울은 자신의 몸으로 그리스도의 고난의 모습을 직접 교인들에게 보여준다. 바울은 그들도 자신이 고난을 당하듯 복음을 위해서 고난받기를 두려워하지 말고 고난을 당연한 것으로 받아들이라는 의미로 '나를 닮으라' 혹은 '그리스도를 닮으라'는 말을 한 것으로 보인다. 만약 '그리스도를 닮음'을 그리스도의 심성(心性)과 인격을 닮는다는 뜻으로 해석하면 데살로니가전서에서는 문제가 생긴다. 데살로니가 도시에서 바울이 머문 기간이 6개월 정도라고 보았을 때, 데살로니가 성도들이 모두 6개월도 되지 않아 그리스도의 심성과 인격을 닮았다고 보아야 하기 때문이다. 아무리 성령의 도우심이 있다 해도 그리스도의 인격을 닮는데 6개월은 너무 짧은 기간이다. 그러므로 데살로니가전서 1:6의 '그리스도를 닮음'은 그리스도의 심성과 인격을 닮는 것으로 해석하면 곤란하고, 고난과 연결해서 해석하는 것이 맞다. 데살로니가 성도들이 믿음을 가진 기간이 비록 짧았지만, 바울이 고난을 견디었듯이, 또 그리스도께서 십자가에서 고난을 견디셨듯이, 데살로니가 성도들도 복음으로 인한 고난을 견디었다. 그런 의미에서 그들은 6개월도 안 되는 시간에 '그리스도와 바울을 닮은' 사람들이 되었다고 선언한다.

---

48) 이에 대한 자세한 설명은 김철홍, 『갈라디아서』의 3장 1절에 대한 주석을 보라.

데살로니가전서 2:14, "형제들아 너희가 그리스도 예수 안에서 유대에 있는 하나님의 교회들을 본받은 자 되었으니"에서 "본받은 자"(μιμητής, imitator)라는 말이 사용되었다. 이 단어는 1:6, "우리와 주를 본받은 자(μιμητής)가 되었으니"에서 사용된 동일한 단어다. 2장 14절에서 이 단어가 사용된 맥락은 '고난'이다. 유대의 성도들이 "유대인들에게 고난을 받음과 같이" 데살로니가 성도들도 "너희 동족에게서 동일한 고난을 받았"기 때문에 바울은 그들이 유대의 성도들을 본받은 자가 되었다고 말한다. 아마도 2:14의 고난은 사도행전 17:5-9의 사건을 전후로 발생한 고난일 것이다. 1장 6절, "너희는 많은 환난 가운데서 성령의 기쁨으로 말씀을 받아"의 "환난"(θλῖψις)은 그보다 앞서 바울이 데살로니가에 도착하여 처음 복음을 전할 때의 상황을 가리킨다. 그 환난의 구체적인 정황은 알 수 없다. 바울이 데살로니가전서 2:2에서 "많은 싸움 중에 하나님의 복음을 너희에게 전하였노라"고 말하므로 당시 바울도 성도들을 매우 적대적인 상황에서 복음을 전하고, 받아들였던 것 같다. 바울은 "우리 하나님을 힘입어"(살전 2:2) 복음을 전했고, 성도들은 "성령의 기쁨으로"(살전 1:6) "말씀을 받아"(살전 1:6, δεξάμενοι τὸν λόγον) 바울과 주를 본받은 자가 되었다.

그리스도를 닮으라는 명령을 고난의 배경에서 이해해야 하는 이유는 바울이 '나는 그리스도를 닮은 자가 되었다'라고 말할 때 그가 그리스도의 고난과 자신의 고난을 일치시키기(identify) 때문이다. 그리스도와 바울은 어떤 점에서 일치점이 있는 것일까? 그리스도와 바울의 인생을 비교하면 둘 사이에 일치점이 있음을 쉽게 알게 된다. 예수 그리스도는 원래 하나님과 같은 분으로 높고 높은 보좌 위에 계시던 분이시다(빌 2:6, "그는 근본 하나님의 본체시나"). 그러나 그리스도는 스스로 낮아지시되 종의 모습으로까지 낮아지셨다(빌 2:7, "오히려 자기를 비어 종의 형체를 가져 사람들과 같이 되었고"). 인간으로 태어나시되 율법 아래에 스스로 자신을 놓으셨다(갈 4:4, "때가 차매 하나님이 그 아들을 보내사 여자에게서 나게 하시고 율법 아래 나게 하신 것은"). 그렇게 한 목적은 "율법 아래 있는 자들을 속량하시고 우리로 아들의 명분을 얻게 하려"(갈 4:5)는 것이었다. 그 목적을 이루기 위해 그리스도는 죽음에 이르기까지 하나님의 뜻에 순종하셨다(빌 2:8, "자기를 낮추시고 <u>죽기까지 복종하셨으니 곧 십자가에 죽으심이라</u>"). 그래서 자신은 사망에 이르므로 사람들에게 생명을 주었다(고후 4:12, "그런즉 <u>사망은 우리 안에서 역사하고 생명은 너희 안에서 하느니라</u>").

바울도 그리스도와 마찬가지로, 본래 부유한 상류층 출신임에도 불구하고 스스로 자신을 낮추어 노예와 같은 수준으로 내려갔다. 바울이 태어나면서부터 로마시민권을 갖고 있었다는 것은(행 22:28, "천부장이 <u>대답하되 나는 돈을 많이 들여 이 시민권을 얻었노라 바울이 이르되 나는 나면서부터라 하니</u>") 그의 출신이 하류층이 아니라 상류층이라는 것을 암시한다.[49] 바울이 자신을 낮추어 스스로 노예의 수준으로 내려간 목적은 많은 사람을 구원하기 위한 것이었다(고전 9:19, "내가 모든 사람에게 자유하였으나 <u>스스로 모든 사람에게 종이 된 것은 더 많은 사람을 얻고자 함이라</u>"). 그리스도를 만난 바울은 율법 아래에 있는 사람이 아니었지만(고전 9:20 "율법 아래 있는 자들에게는 <u>내가 율법 아래 있지 아니하나</u>") 자신을 자발적으로 율법 아래에 놓았다. 그렇게 한 목적은 율법 아래에서 율법의 저주를 받은 사람들을 구원하기 위함이었다(고전 9:20, "율법 아래 있는 자 같이 된 것은 <u>율법 아래 있는 자들을 얻고자 함이요</u>"). 바울도 하나님의 뜻에 순종하되 죽기까지 순종하여 예수와 마찬가지로 피를 흘려 죽기까지 그리스도를 닮으려고 한다(빌 3:10, "내가 그리스도와 그 부활의 권능과 그 고난에 참예함을 알려하여 <u>그의 죽으심을 본받아</u>"). 그렇게 함으로 바울은 그리스도와 마찬가지로 많은 사람을 구원의 길로 인도한다(고전 9:22, "여러 사람에게 내가 여러 모양이 된 것은 <u>아무쪼록 몇몇 사람들을 구원코자 함이니</u>").

이처럼 바울과 그리스도 사이에 일관된 유형론적 유사성(typological similarity)이 발견된다. 바울의 사도적 삶의 여정이 지금까지 그리스도를 닮았고, 또 남은 인생도 그리스도의 삶의 발걸음을 그대로 따라갈 것

---

49) 바울이 천막을 만드는 수공업자로 산 것은 그의 집안이 원래 천막을 생산, 판매하는 사업에 종사했다는 것을 가리킨다. 그의 출신이 처음부터 수공업자라는 것을 지지하는 증거로 보기 어렵다.

이기 때문에, 그런 뜻에서 바울은 '내가 그리스도를 닮았다'고 주장한다 (고전 11:1, "내가 **그리스도를 본받는 자가 된 것 같이 너희는 나를 본받는 자가 되라**"). 우리는 이 말을 바울이 그리스도의 심성을 닮았다는 말로 해석하면 안 된다. 단순히 온유와 겸손 같은 심성을 닮았다는 뜻이 아니다. 바울은 그리스도가 자신을 낮추고 죽기까지 순종하여 사람들에게 구원을 주기 위해 몸과 생명을 내어준 것을 닮았다. 즉 그의 인생 자체가 그리스도와 같은 패턴의 삶을 산 것이다. 바울이 그의 성도들에게 '나를 닮으라' 혹은 '그리스도를 닮으라'고 말할 때 그는 이처럼 복음을 위해 자발적으로 자신을 낮추고, 희생하고, 목숨도 기쁨으로 내놓을 것을 가르친 것이다. 그래서 복음으로 인해 고난을 당해도 결코 배교하지 않고, 끝까지 믿음을 지킬 것을 요구한다. '나를 닮으라' 혹은 '그리스도를 닮으라'는 바울의 명령은 복음을 위해 고난받기를 두려워하지 말고 온몸으로 고난을 견디고 인내하라는 가르침이 포함되어 있다.

고린도전서 11:1에서 "내가 **그리스도를 본받는 자가 된 것 같이 너희는 나를 본받는 자가 되라**"고 말할 때에도 이 구절은 고난과 관련이 있다. 이 구절은 11장에 포함되어 있지만, 사실 우상숭배에 대해 말하는 10장의 결론이다. 우상숭배를 하지 말라는 가르침의 결론이 왜 '나를 본받으라'일까? 당시 고린도교회에서 우상숭배에 참여하려고 하는 사람들은 상류층 성도였을 가능성이 높다. 이들은 "**우상은 세상에 아무 것도 아니며 또한 하나님은 한 분밖에 없는 줄 아노라**"(고전 8:4)고 말하면서 자신들은 신에 대한 참된 지식을 갖고 있다고 주장한다(고전 8:1, "**우상의 제물에 대하여는 우리가 다 지식이 있는 줄을 아나**"). 그런데도 그들은 우상 신전에 가서 제사에 참여하고 그 제사 음식을 먹는 잔치(banquet)에 참여하려고 한다(고전 8:10, "**지식 있는 네가 우상의 집에 앉아 먹는 것을 누구든지 보면**"). 왜냐하면 그들이 우상 신전의 제사에 참여하지 않을 경우, 그들이 장차 복음으로 인해 핍박을 받게 될 것을 잘 알고 있기 때문이다. 하류층이 우상 신전 제사에 빠지는 것은 눈에 잘 띄지 않지만, 상류층의 경우 그들은 신전 제사에서 VIP이기 때문에 우상을 위한 제사와 만찬에서 VIP 석(席)에 앉는다. 그 자리가 계속 비어 있으면 사람들은 그 연유를 물을 것이다. 상류층이 복음을 믿어 우상을 신으로 여기지 않는 다는 사실을 알게 되면 핍박을 피할 수 없다. 그래서 고린도전서 10:13 에서 바울은 "사람이 감당할 시험 밖에는 너희가 당한 것이 없나니 오직 하나님은 미쁘사 너희가 감당하지 못할 시험 당함을 허락하지 아니하시고 시험 당할 즈음에 또한 피할 길을 내사 너희로 능히 감당하게 하시느니라" 고 말한다. 미리 겁먹고 도망가지 말라는 말이다. 우리는 이 구절과 고린 도전서 11:1의 '나를 닮으라'를 바울의 명령을 연결해서 읽어야 한다. 복음으로 인해 받는 고난을 피하려고 하지 말고 정면으로, 온몸으로 받 아들이라는 권면이다.

물론 '그리스도를 닮음'이라는 주제가 백 퍼센트 고난과 연결해서 만 해석해야 하는 건 아니다. 특정한 경우 예외가 있을 수 있다. 바울이 빌립보서 2:5에서 "너희 안에 이 마음을 품으라 곧 그리스도 예수의 마음 이니"라고 말할 때 바울이 그리스도의 심성을 닮을 것을 가르친 것은 맞 다. 예수 그리스도도 마태복음 11:29, "나는 마음이 온유하고 겸손하니 나의 멍에를 메고 내게 배우라 그러면 너희 마음이 쉼을 얻으리니"에서 자 신의 심성을 닮을 것을 가르치신다. '나를 따르라'(Follow me)는 그리스 도의 명령은(예, 막 1:16-18, "… 예수에서 가라사대 나를 따라 오너라 내 가 너희로 사람을 낚는 어부가 되게 하리라 하시니 곧 그물을 버려 두고 좇 으니라") 바울의 '나/그리스도를 닮으라'는 명령과 내용 면에서 가깝다. 예수는 제자들에게 집과 가족을 떠나 '나를 따르라' 명령하셨다. 예수를 좇아가는 것은 예수와 함께 24시간을 보내는 것이며, 예수의 말씀과 행 동 모두를 직접 보고 배우는 것이다. 예수와 함께 많은 시간을 보냄으로 그들은 자신도 모르게 예수를 닮게 된다. 바울은 헬라 도시에서 복음을 전하면서 성도들에게 집과 가족을 떠나 자신을 따라오라고 가르칠 수 없 었다. 그 대신 '그리스도를 닮으라'고 가르쳐 예수께서 의도하신 것을 그 대로 이룰 수 있었다. '그리스도를 닮으라'는 바울의 명령은 '나를 따르 라'는 예수 그리스도의 명령과 그 내용 면에서 사실상 같다. 예수는 제자 들이 자신을 닮기를 원하셨고, 바울은 그의 성도들이 자신과 그리스도를 닮을 것을 원했다.

　　‘그리스도를 닮음’이란 가르침에서 우리가 주의할 점 두 가지가 있다. 첫째로 그리스도를 닮는 것을 구원의 조건으로 보는 견해다. 그리스도를 닮는 것은 순간적으로 되지 않으므로 긴 과정(long process)로 보아야 한다. 만약 구원을 이런 긴 과정으로 보고, 변화(transformation)를 구원의 조건으로 본다면, 이것은 바울의 복음을 버리고 마틴 루터의 종교 개혁 이전 로마 가톨릭교회의 구원론으로 돌아가는 것이다. 개혁주의 구원론은 칭의와 성화를 날카롭게 구분하는 것이다. 반면 가톨릭교회의 구원론은 칭의와 성화를 동일시하고, 구원을 긴 과정으로 보는 것이다. 칭의와 성화를 동일시한다는 말은 개신교의 칭의를 부정하고, 성화를 구원으로 본다는 것이다. 그런 뜻에서 가톨릭교회에서는 justification을 번역할 때 ‘칭의’(稱義)라는 말 대신 ‘의화’(義化)라는 용어를 사용한다. 가톨릭교회는 성도가 실제로 의로운 사람으로 변화되어(transformed), ‘의롭다’는 선언을 받는 것으로 보기 때문이다. 반면에 개신교 전통은 ‘그리스도를 닮음’을 구원의 조건이 아니라, 구원의 결과로 본다.

　　둘째로 그리스도를 닮은 자가 되는 것은 궁극적으로 부활 때에 가능하다는 것이다. 성도가 생전에 자신의 결단과 노력을 통해 그리스도를 부분적으로 닮을 수는 있다. 하지만 그리스도를 완전히 닮은 자가 되는 것은 그리스도의 영광의 형상을 닮은 빛나는 부활의 몸을 입는 부활을 통해 가능하다(고후 3:18, “우리가 다 수건을 벗은 얼굴로 <u>거울을 보는 것 같이</u> 주의 영광을 보매 <u>저와 같은 형상으로 화하여</u> 영광으로 영광에 이르니 곧 주의 영으로 말미암음이니라”). 빌립보서 3:21에서 바울은 그리스도께서 하나님의 능력으로 “우리의 낮은 몸을 자기 영광의 몸의 형체와 같이 변하게 하시리라”고 말한다(롬 8:29, “그 아들의 형상을 본받게 하기 위하여 미리 정하셨으니”; 고전 15:49, “또한 하늘에 속한 이의 형상을 입으리라”). 부활이야말로 우리가 그리스도를 닮은 자가 되는 결정적 사건이 된다.

　　그러므로 ‘그리스도를 닮음’을 무조건 도덕적 변화를 말하는 것으로 이해할 필요는 없다. 그런데도 많은 신학자와 목회자는 ‘그리스도를 닮음’은 무조건 도덕적 변화를 가리키는 것으로만 해석하려는 경향이 있다. 신앙생활은 나의 자아가 완전히 죽어 사라져버리고, 예수 그리스도의 모습이 형성되고, 그 모습만 남게 되는 것을 목표로 한다(갈 2:20, "내가 그리스도와 함께 십자가에 못 박혔나니 그런즉 이제는 내가 사는 것이 아니요 오직 내 안에 그리스도께서 사시는 것이라"). 바울처럼 이런 단계에 도달하는 성도도 있지만, 대부분의 성도들은 이런 수준에 도달하지 못하고 죽는다. 신앙생활의 높은 목표를 제시하는 것은 필요하지만, 기독교인의 완전(Christian perfection)에 미달할 경우 구원받지 못한다고 가르치는 웨슬레(John Wesley)처럼 가르치면 종교 개혁의 전통에서 벗어나게 된다. 도달한 성도건, 도달하지 못한 성도건, 부활의 때에는 모두 그리스도를 닮은 자들이 된다. 그것은 인간의 결단과 노력이 아니라 하나님의 은혜로 주어지는 선물이다. 그러므로 그리스도를 닮음에 관한 가르침을 도덕적 변화만으로 해석하지 말고, 미래의 부활을 동시에 가리키는 것으로 해석하는 것이 좋다.

1:7 그러므로 너희가 마게도냐와 아가야에 있는 모든 믿는 자의 본이 되었느니라

바울이 마게도냐에 세운 교회 중 우리가 알고 있는 교회는 빌립보, 베뢰아, 데살로니가교회 등이다. 아가야 지방에는 고린도교회가 세워지는 중이었다. 데살로니가교회에 관한 소식들은 이 교회들에 널리 퍼져 그들에게 모범이 되었다. 당시 각 지역 교회들 사이에는 서로 의사소통을 할 수 있는 연락망(networking)이 있었던 것으로 보인다. 연락망이 없었다면 이런 일이 가능하지 않았을 것이다. 이런 연락망의 중심에는 바울이 있었다. 핸드폰, 이메일이 없던 그 시절에 바울은 어떻게 이런 연락망을 만들고 유지할 수 있었을까? 당시 교회들 사이에는 어떻게 서로 의사소통(communication)이 가능했을까?

당시 의사소통을 하는 방식은 첫째로 인편에 구두로 말을 전하는 것, 둘째로 편지로 소식을 전하는 것이 있었다. 물론 당시에는 우체국 서

비스가 없었기 때문에 편지를 전하려면 사람이 직접 들고 가서 전달해야만 했다. 당시 가장 빠른 교통수단은 배였다. 오늘날 항공기에 해당하는 빠른 원거리 여행 수단은 배였다. 당시 배로 여행하는 것은 얼마나 빨랐을까? 사도행전 28:13, "**거기서 돌려가서 레기온에 이르러 하루를 지낸 후 남풍이 일어나므로 이튿날 보디올에 이르러**"에 따르면 순풍일 경우에 뱃길로 여행하면 레기온(Rhegium)에서 보디올(Puteoli)까지 하룻길이다. 레기온은 이태리 반도 시실리에 있는 항구고 보디올은 로마에서 좀 떨어진 이태리 반도 서쪽에 있는 항구다. 두 도시 사이의 거리는 뱃길로 175마일(280 km)이고, 당시 배의 속도는 5노트(시속 9.2 km) 정도이므로, 여행 시간은 30시간 정도다. 하루 반(1½)이면 갈 수 있는 거리다. 물론 순풍이 아니고 역풍이면 배의 속도가 반 이상 느려지므로, 여행 시간은 배 이상 더 걸린다.

'오비스'(Orbis)에서 만든 The Stanford Geospatial Network Model of the Roman World 지도를 참고하면(https://orbis.stanford.edu/orbis2012/) 고대시대 로마에서 예루살렘까지 해로와 육로를 섞어 빠른 길로 가면 평균 21일 안에 도착한다고 한다.[50] 로마에서 알렉산드리아는 10-12일밖에 걸리지 않았다.[51] 우리가 생각하는 것보다 고대시대에 여행 속도는 그렇게 느리지 않았다. 당시 가장 멀리 떨어져 있던 교회인 예루살렘교회와 로마교회 사이의 왕래가 편도로 20일 정도밖에 걸리지 않았으므로, 다른 교회들 사이의 왕래는 더 짧은 시간 안에 이루어질 수 있었다. 그리스 반도 내부에 있던 교회들은 더 쉽게, 더 빨리 소식을 전하고 받을 수 있었다.

당시 여행은 오늘날보다 더 비용이 들고 시간이 들었지만 꾸준히 사람들이 도시와 도시 사이를 왕래한 이유는 물자의 이동 때문이다. 로

---

50) https://orbis.stanford.edu/orbis2012/에서 map gallery에 들어가면 여행 시간을 추정한 지도가 있다.

51) Lionel Casson(New York University), "Speed under Sail of Ancient Ships," at https://penelope.uchicago.edu/Thayer/E/Journals/TAPA/82/Speed_under_Sail_of_Ancient_Ships*.html을 참고하라. 이 논문에는 고대시대 작가들의 기록에 기초한 각 도시 간 당시 여행 거리와 시간에 대한 자료가 있다.

마시대에 해상과 육상으로 많은 물류가 이동하는 무역이 지속적으로 있었기 때문에 그 물류와 더불어 여행객들은 원하는 대로 여행을 할 수 있었다. 고린도전서 1:11에서 바울은 "글로에의 집 편으로 너희에 대한 말이 내게 들리니"라고 말한다. 바울이 들은 소식은 고린도교회에 내부 분열이 있다는 것이었다(고전 11:1, "곧 너희 가운데 분쟁이 있다는 것이라"). "글로에의 집 편으로"(ὑπὸ τῶν Χλόης)는 '글로에에게 소속된 사람들로부터'라는 뜻이다. '글로에에게 소속된 사람들'은 글로에의 직계 가족일 수도 있고, 글로에에게 소속된 노예들이거나, 글로에를 위해서 일하는 사람들일 수도 있다. 그 사람들은 고린도에서 에베소로 와서 바울을 만나 고린도교회의 상황을 이야기해주었다. 복수이므로 한 사람도 아니고 두 사람 이상의 사람들이다. 그 사람들은 왜 고린도에서 에베소로 왔을까? 바울에게 고린도교회에 관해 이야기해줄 목적으로 온 것은 아닐 것이다. 다른 용무로 에베소에 온 김에 바울을 만났을 것이다. 그들이 고린도에 온 목적은 아마도 글로에의 거래 업무를 위해 왔을 가능성이 크다.

요한계시록 18:11에는 로마에 상품을 팔던 무역업자, "땅의 상인들"이 나오며, 12-13절에는 그들이 취급하던 상품들의 목록이 나온다. 그것들은 "금과 은과 보석과 진주와 세마포와 자주 옷감과 비단과 붉은 옷감이요 각종 향목과 각종 상아 그릇이요 값진 나무와 구리와 철과 대리석으로 만든 각종 그릇이요 계피와 향료와 향과 향유와 유향과 포도주와 감람유와 고운 밀가루와 밀이요 소와 양과 말과 수레와 종들과 사람의 영혼들"이다. 각지에서 생산된 각종의 특산물들이 로마뿐만 아니라 당시의 대도시에도 공급, 판매되었다. 고린도는 당시 물류 유통의 중심지였으므로, 고린도에서 에베소로, 또 에베소에서 고린도로 많은 물류가 유통되었을 것이다. 이런 움직임으로 인해 이동하는 인편을 통해 구두로, 혹은 편지로 의사소통이 가능했다. 바울은 아침부터 해가 질 때까지 에베소 시장의 천막 만드는 작업장에서 일하면서도 고린도교회의 내부 사정에 대해 자세히 파악할 수 있었다.

당시 도시에는 여행객들이 돈을 주고 숙박할 수 있는 오늘날 같은 호텔이나 모텔과 유사한 시설(*hospitia, stabulae*)이 있었다. 당시 유대인들은 여행 시에 이런 시설을 이용하지 않고 각 도시에 있는 회당에 숙박했다. 바울은 아마도 성도들에게 여행할 때 각 지역 도시에 있는 교회에서 숙식을 해결하도록 가르쳤을 것이다. 당시 교회는 따로 건물이 없는 가정 교회였으므로, 자신의 집을 교회의 집회 장소로 제공하는 사람의 집을 찾아가면 그 사람이 자신의 집이나, 혹은 다른 성도의 집에서 머물 수 있도록 도와주었을 것이다. 바울이 세운 모든 교회의 성도들이 여행할 때마다 각 지역의 바울교회에서 숙박하면서 예배도 함께 드리고, 사람들과 만나 이야기하면서 그 교회 사정에 대해 들으면 나중에 바울에게 그 소식을 릴레이 하여 전달해주었을 것이다. 직접 만나서 전달할 수 있으면 그렇게 했을 것이고, 직접 전달하지 못하면 바울이 있는 도시로 가는 사람을 통해 전달했을 것이다.

바울은 천막을 만드는 가게에서 일하고 있었고, 천막을 찾는 고객은 (로마 군대를 제외하면) 주로 여행객들이었다. 비즈니스를 위해 원거리 여행을 일상적으로 하는 이런 상인들이 천막을 구입하거나 주문하기 위해 바울이 있는 가게를 찾아오면 바울은 그들에게 복음을 전했다. 복음을 받아들인 상인들은 여러 도시를 방문하고 각 도시에 있는 교회에서 숙박하면서 교회 사정을 듣고 여러 가지 경로로 바울에게 그 소식을 전해주었을 것이다. 그래서 바울은 작업장에 앉아 하루 중 대부분 시간을 보내면서도 자신이 개척한 교회를 포함하여 여러 교회의 소식들을 계속 들어 각 교회의 상황을 파악하고 있었을 것이다.

바울이 비록 지금 데살로니가를 떠나 다른 도시(고린도)에 와 있지만 그는 데살로니가교회에 대한 소식을 들어 알고 있다. 그 소식은 데살로니가교회에 대해 다른 교회의 성도들이 전해준 것이다. 그 소식에는 고난을 잘 견딘 데살로니가 성도들에 대한 다른 교회 성도들의 반응도 포함되어 있었다. 다른 교회 성도들은 신생 교회의 초신자인 데살로니가 성도들이 극심한 박해에도 불구하고(이점에 대해서는 서론의 '6. 데살로니가에서 교회를 개척한 바울'을 보라) 놀랍게도 성도들이 배교(背敎)하지 않고 믿음을 지켰다는 점에 감탄하였다. 그러므로 바울은 "너희가 마게도냐와 아가야에 있는 모든 믿는 자의 본이 되었느니라"고 성도들을 크게 칭찬한다. 데살로니가 성도들의 모습은 다른 모든 교회 성도들의 믿음의 모델, "본"(τύπος, model)이 되었다. 데살로니가에 박해가 일어난 시점과 바울이 편지를 쓰는 시점이 그리 많이 차이가 나지 않는데도, 상당히 짧은 시간에 데살로니가 성도들에 대한 소문이 바울의 귀에 도달했다. 이것은 당시 교회들 사이의 연락망이 상당히 잘 작동되고 있었다는 것을 보여준다.

"본"으로 번역된 단어(τύπος, model)는 데살로니가후서 3:9, "오직 스스로 너희에게 본(τύπος)을 보여 우리를 본받게 하려 함이니라"에서도 사용되었다. '본받다'로 번역된 동사(μιμέομαι, to imitate)와 '본'(τύπος)은 함께 짝을 이루어 사용되었다. 데살로니가전서 1장에서는 7절에서 '본'(τύπος)이, 6절에서는 '본받은 자'(μιμητής)가 사용되었다. 디모데전서 4:12, "오직 말과 행실과 사랑과 믿음과 정절에 있어서 믿는 자에게 본(τύπος)이 되어"에서도 '본'이 사용되었고, 디도서 2:7, "범사에 네 자신이 선한 일의 본(τύπος)을 보이며"에서도 '본'이라는 단어가 나온다. 바울이 데살로니가 성도들이 '하나의' "본"이 되었다고 말하는 것은 성도들 전체를 하나의 집단으로 보았다는 것을 보여준다.[52]

"믿는 자"는 '믿다'라는 동사(πιστεύω)의 현재분사 복수형(πιστεύοντες)이다. 정확한 번역은 '믿는 자들'이다. '믿다'에 목적어가 없는 것은 굳이 목적어를 밝히지 않아도 믿음의 대상이 분명하기 때문이다. 2장 10절, 13절에서도 '믿는 자들'(πιστεύοντες)이 나오며, 역시 목적어는 나타나지 않는다. 데살로니가전서 4:14, "우리가 예수께서 죽으셨다가 다시 살아나심을 믿을진대"에서 믿음의 목적어는 명사절이다. 믿음은 '예수가 죽으시고 다시 살아나셨다'라는 것을 믿는 것이다. 바울이 선포하는 복음이 예수의 죽음과 부활이므로(고전 15:3-4, "그리스도께서 우리 죄를 위하여 죽으시고 장사 지낸 바 되셨다가 성경대로 사흘 만에 다시 살아나사"; 살전 1:10, "또 죽은 자들 가운데서 다시 살리신 그의 아들이"),

---

52) Kim and Bruce, *1 & 2 Thessalonians*, 161.

성도들이 믿는 것은 바울의 복음을 믿는 것이다. 바울 복음의 핵심이 '예수의 죽음과 부활'이므로 믿음의 목적어는 '예수의 죽음과 부활'이다. 이것을 더 간략하게 줄이면 믿음의 목적어는 '예수'가 된다. 믿음은 곧 '예수를 믿는 것'이다.

"마게도냐와 아가야"는 그리스 반도에 있는 로마 행정 구역인 '성'(省, province)이다. 그리스 반도의 북쪽은 마게도냐(Macedonia)고, 남쪽은 아가야(Achaia) 성이다. 빌립보와 데살로니가는 마게도냐에 있고, 바울이 이 편지를 쓰고 있는 곳인 고린도는 아가야의 수도다. 데살로니가 성도들에 대한 이야기가 북쪽의 데살로니가에서 지금 바울이 있는 남쪽 아가야에 도달했고, 이들은 바울과 그리스도를 본받은 자들이 되었고, 이 두 지역에 있는 모든 성도의 본이 되었다.

데살로니가 성도들이 바울과 그리스도를 본받고, 또 모든 성도의 본이 될 수 있었던 이유는 그들이 핍박에도 불구하고 믿음을 지켰기 때문이다. 바울은 아테네에서 디모데를 다시 데살로니가로 돌려보내(살전 3:1-2, "우리만 아덴에 머물기를 좋게 생각하고 … 하나님의 일꾼인 디모데를 보내노니") 교회의 상황을 파악하게 했다. 디모데가 돌아와 그는 "너희 믿음과 사랑의 기쁜 소식을 우리에게"(살전 3:6) 전했다. 바울은 여기서 '기쁜 소식/복음을 전하다'라는 뜻의 동사 '유앙겔리조'(εὐαγγελίζω)를 사용한다. 디모데가 전하는 소식은 그들이 모진 박해에도 불구하고 믿음을 지켰다는 것이었다. 바울에게 그 소식은 실로 '복음/기쁜 소식'이었다. 그렇기에 데살로니가 성도들의 인내는 모든 사람의 본이 되었다.

1:8 주의 말씀이 너희에게로부터 마게도냐와 아가야에만 들릴 뿐 아니라 하나님을 향하는 너희 믿음의 소문이 각처에 퍼졌으므로 우리는 아무 말도 할 것이 없노라

데살로니가 성도들이 박해를 잘 견뎠다는 소식은 "주의 말씀"과

함께 퍼져나갔다. 데살로니가 성도들이 선교사들을 파송하지 않았는데도 "주의 말씀"이 전파되었다.[53] 여기에서 '들리다'로 번역된 동사 '엑쎄케오'(ἐξηχέω, ring out)는 '소리가 나다'라는 뜻의 동사 '에케오'(ἠχέω) 혹은 '에코'(ἠχώ)에 '밖으로'라는 뜻의 접두어 '에크'(ἐκ-)가 추가된 복합동사다. '에케오'의 명사형은 '에코스'(ἦχος)다. '소리를 반향하다' 혹은 '반향'으로 번역되는 영어단어가 echo가 이 단어에서 유래한다. 마치 종이 처서 종소리가 온 마을에 울려 나가듯이 '주의 말씀'이 "마게도냐와 아가야에" 일대에 퍼져나갔다는 것을 감각적으로 잘 표현해주는 동사다. "들릴 뿐 아니라"는 '울려 퍼져나갈 뿐 아니라'로 번역하는 것이 더 좋다. 주의 말씀이 빌립보교회, 베뢰아교회, 고린도교회에 울려 퍼져나갔다.

"주의 말씀"(ὁ λόγος τοῦ κυρίου)은 '퀴리오스'(κύριος, '주')를 의미상 주격으로 보면 '주가 하신 말씀'으로 해석할 수 있고, '퀴리오스'를 의미상 목적어로 보면 '주에 관한 말씀'으로 해석할 수도 있다. 전자는 예수가 하신 말씀을 제자들과 사도들이 암기하여 기억의 저장소에 저장해 놓고 성도들에게 전달해주는 '예수의 말씀 전승'이고, 후자는 예수의 생애, 죽음과 부활에 대한 신학적 해석이 들어간 '복음의 전승'이다. 이 복음의 전승은 다른 사도가 전해준 것이 아니라, 바울이 전해준 복음의 전승이다. 아마도 후자로 해석하는 것이 맞을 듯하다.

데살로니가후서 2:15, "그러므로 형제들아 굳건하게 서서 말로나 우리의 편지로 가르침을 받은 전통을 지키라"에서 바울이 말하는 "전통"(παράδοσις)이 바로 바울 복음의 전승이다. 데살로니가후서가 전서보다 먼저 보내진 편지로 보면, 데살로니가후서에서 바울이 지키라고 명령

---

53) 김세윤 교수는 데살로니가 교회가 핍박을 견뎌내자마자 대대적인 선교 활동을 시작했다고 해석한다. Kim and Bruce, *1 & 2 Thessalonians*, 164-5. 이 견해는 데살로니가 성도들이 믿기 시작한 지 길어야 6개월 정도밖에 되지 않은 성도들이라는 점을 깊이 고려하지 않은 해석이다. 그들이 믿음을 지킨 것만으로도 바울은 그들을 칭찬하고 있다. 신앙 경력이 매우 짧은데도 불구하고 강력한 핍박을 잘 견딘 것만으로도 데살로니가 성도들의 믿음의 소문은 널리 퍼지기에 충분한 이유가 되었을 것이다.

한 그 '전통'이 소문으로 바울의 귀에 들어온 것이다. 데살로니가 성도들은 바울 복음의 전승을 지켰다. 바울이 전한 '복음의 전승'이 바로 "주의 말씀"이고, 그의 십자가 복음이다. 그의 십자가 복음의 내용은 1:10에 자세히 소개되고 있다. 데살로니가교회에서 마치 샘에서 샘물이 흘러나오듯, 혹은 종소리가 울려 퍼지듯, 바울이 전한 십자가 복음이 퍼져나갔다. 박해에 관한 소문만 들려온 것이 아니라, 주의 복음이 함께 들려왔다. 그 소문은 바울이 현재 개척하고 있는 고린도교회에도 도달했다. 데살로니가 성도들이 핍박 가운데 무엇을 믿었고, 또 어떻게 그 고난을 이겨내었는지에 대한 소식도 동시에 그리스 반도 전체로 퍼져 나갔다. 데살로니가에서 발생한 핍박이 오히려 복음이 널리 퍼지는 역설적인 결과를 가져왔다.

바울은 "주의 말씀" 뿐만 아니라, "하나님을 향하는 너희 믿음의 소문"도 또한 데살로니가교회에서 나왔다고 말한다. '퍼지다'("퍼졌으므로")로 번역된 단어는 '밖으로 나가다'라는 뜻의 '엑쎌코마이'(ἐξέρχομαι, to go out) 동사다. 이 동사도 '밖으로'의 뜻을 가진 접두어 '에크'(ἐκ-)가 '가다'라는 뜻의 '에르코마이'(ἔρχομαι, to go/come)에 추가된 복합동사다. 하나님을 향한 데살로니가 성도들의 믿음의 내용이 무엇인지, 그 소문의 내용이 무엇인지에 대해서는 이어지는 9-10절에서 바울이 구체적으로 소개한다. 여기에서 중요한 것은 그 소문이 마게도냐와 아가야 뿐 아니라, "각처에"(ἐν παντὶ τόπῳ, in every place)까지 퍼졌다는 것이다. 그리스 반도를 넘어 멀리 다른 지역의 교회에도 전해졌다는 뜻이다.

데살로니가는 '비아 에그네시아'(*Via Egnetia*)라는 당시 중요 도로 위에 있는 도시였다.[54] 그리스 반도의 북부를 동서로 가로지르는 이 길의 서쪽 끝에서 배를 타고 이태리 반도로 가면 로마로 들어가는 '압피아 도로'(*Via Appia*)를 만나게 된다. 이 도로들을 통해 데살로니가 성도들에 관한 소문이 로마교회에도 도달했을까? 바울이 "각처에 퍼졌으므

---

54) 이 점에 대해서는 서론의 '1. 데살로니가 도시'에 있는 지도를 참고하라.

로”라고 말하고 있으므로, 이 '각처'에 로마로 포함되었을 가능성이 크다. 그 소문은 현재의 터키반도에 있는 교회들에도 물론 도달했을 것이고, 예루살렘교회에도 도달했을 것이다.

"하나님을 향하는 너희 믿음"(ἡ πίστις ὑμῶν ἡ πρὸς τὸν θεὸ)은 '하나님을 향한 너희의 믿음(faith)'으로 번역할 수도 있고, '하나님을 향한 너희의 신실함(faithfulness)'으로 번역할 수도 있다. 헬라어로 된 이 표현은 신약성경에서는 오직 이곳에서만 나타나며, 제4마카비서 15:24, 16:22에 동일한 표현이 등장한다. 제4마카비서 15:24에서는 7명의 아들이 차례대로 율법을 지키기 위해 순교한 어머니가 그들의 고문과 죽음을 '하나님을 향한 믿음/신실함 때문에' 무시했다는 말에 이 표현이 사용되었다. 제4마카비서 16:22에서는 그 어머니가 자신의 아들들을 향해 슬퍼하지 말고 '하나님을 향한 믿음/신실함'을 가져야 한다고 말할 때 사용되었다. 두 경우 모두 '피스티스'(πίστις)를 '하나님을 향한 신실함' 번역해도 어떤 문제도 없다. 그러나 만약 '믿음'으로 번역한다면, 그때 믿음은 하나님을 향한 어떤 믿음을 가리키는 것일까? 아마도 '죽은 자를 다시 살리시는 하나님을 향한 믿음'을 가리키는 것일 거다. 1장 10절, "죽은 자들 가운데서 다시 살리신 그의 아들"은 '하나님께서 그의 아들 예수를 죽은 자들 가운데서 다시 살리셨다'라는 신앙고백문을 포함하고 있다. "믿음의 소문"의 믿음은 곧 부활의 하나님을 향한 믿음으로 보아야 할 것이다.

"우리는 아무 말도 할 것이 없노라"는 '우리는 아무것도 말할 필요가 없다'라는 뜻이다. '필요'라는 뜻의 '크레이아'(χρεία, need)가 현재 개역성경에서는 명확하게 번역되지 않았다. '필요가 없다'라는 말이 번역에 들어가야 한다. 바울 일행이 어떤 것도 더 말할 필요가 없다는 것은 성도들을 칭찬하는 말이다. 데살로니가전서 4:9, "형제 사랑에 관하여는 너희에게 쓸 것이 없음은 너희들 자신이 하나님의 가르치심을 받아 서로 사랑함이라"에서도 '필요'라는 뜻의 '크레이아'(χρεία, need)가 사용되었다. 데살로니가전서 5:1, "형제들아 때와 시기에 관하여는 너희에게 쓸 것이 없음은"에서도 '필요'라는 뜻의 '크레이아'(χρεία, need)가 사용되었다. "너희에게 쓸 것이 없음"은 '너희에게 쓸 필요가 없다'는 말이다. 그들이 이미 형제 사랑을 잘 실천하고 있다는 것을 강조하면서 동시에 성도들을 칭찬하는 말이다. 데살로니가 성도들이 바울 복음의 전승을 잘 지키고 있고, 박해를 받으면서도 믿음을 잘 지켰고, 그들의 믿음의 소문이 온 세상에 널리 알려졌기 때문에 바울이 길게 부연하여 설명할 필요가 없다. 그러므로 바울은 9-10절에서 그 소문의 내용 즉, 성도들이 무엇을 믿고 있는지 그 믿음의 내용에 대해 간단하게 언급한다.

1:9 그들이 우리에 대하여 스스로 말하기를 우리가 어떻게 너희 가운데에 들어갔는지와 너희가 어떻게 우상을 버리고 하나님께로 돌아와서 살아 계시고 참되신 하나님을 섬기는지와

"그들"은 누구일까? 그들은 7절의 "마게도냐와 아가야에 있는 모든 믿는 자"로 볼 수 있다. 그들이 "우리에 대하여" 말하는 것을 바울도 들었다. 그가 들은 내용은 9-10절에 요약되어 소개된다. 그가 들은 것은 아래와 같다.

  1) 바울이 처음 데살로니가에 들어가 복음을 전할 때의 정황(9절)
  2) 데살로니가 사람들이 우상숭배에서 복음으로 개종한 것(9절)
  3) 데살로니가 성도들이 가진 주의 재림과 심판에 대한 신앙(10절)

"우리가 어떻게 너희 가운데 들어간 것"(ὁποίαν εἴσοδον ἔσχομεν πρὸς ὑμᾶς)은 바울 일행이 처음 데살로니가에 들어올 때 모습과 당시 정황이다. "어떻게"로 번역된 '호포이오스'(ὁποῖος)는 원래 '어떤 종류의'(what kind of)라는 뜻이다. '에이소도스'(εἴσοδος)는 '길'이라는 뜻의 '호도스'(ὁδός)와 '안으로'라는 뜻의 접두어 '에이스'(εἰς-)가 결합된 명사다. '에이소도스'(εἴσοδος)의 반대말은 '엑소도스'(ἔξοδος)다. 엑소도스는 '출애굽기'(Exodus) 책의 제목이기도 하고, '출구'(出口), '나감'으로 번역할 수도 있다. '에이소도스'(εἴσοδος)는 '입구,' '들어감'

으로 번역할 수 있다. 이 단어는 2:1, "형제들아 우리가 너희 가운데 <u>들어 간 것</u>(εἴσοδος)이 헛되지 않은 줄을 너희가 친히 아나니"에도 나온다. πρὸς ὑμᾶς를 '너희를 향해'(toward you)로 번역하지 않고 "너희 가운데"(among you)로 번역한 것은 좋은 번역이다. 다시 번역하면 '우리가 너희들 가운데 어떤 방식으로 들어갔는지'가 된다. '에이소도스'(εἴσοδος)는 '들어감'(entrance)이라는 뜻도 있지만, '받아들임'(acceptance)라는 뜻도 있다. 개역성경에서는 전자로 번역했지만, 후자로 보고 '우리가 너희들 가운데 어떻게 받아들여졌는지'르 번역할 수도 있다. 어느 쪽으로 하건 의미가 크게 달라지지는 않는다.

바울이 전해 들은 이야기에 데살로니가 선교 초기 바울 일행이 데살로니가 성도들 가운데로 어떻게 들어갔는지, 그 당시 정황이 포함된 것은 매우 특이한 일이다. 왜 그 이야기 속에 바울 일행이 데살로니가에 어떻게 들어왔는지가 포함돼있는 걸까? 아마도 바울이 들은 이야기에 데살로니가 성도들의 개종 이야기가 포함되어 있었기 때문일 것이다. 성도들이 바울 일행을 만나 복음을 받아들인 당시 정황을 포함하여 자신들이 무엇을, 어떻게 믿었는지 스토리로 설명하는(story telling) 일종의 신앙 간증이었을 것이다. 데살로니가전서 1:6, "너희는 많은 환난 가운데서 성령의 기쁨으로 말씀을 받아"는 당시 그들이 어떤 경험을 통해 복음을 믿게 되었는지 추측할 수 있게 해준다. 그들은 반대와 핍박을 경험하면서, 동시에 성령의 능력을 경험하면서 복음을 받아들이기로 결단했다. 데살로니가 성도들이 복음을 전도할 때 그들은 추상적 구원의 교리를 전하지 않았다. 신앙 간증 이야기 속에 복음의 핵심을 녹여내어 복음을 전했다.

그 이야기에는 아마도 바울과 실라가 빌립보에서 고난을 당한 후 상한 몸으로 도착하여, 데살로니가에서 어려움을 겪으면서 복음을 담대히 선포한 것도 포함되었을 것이다. 데살로니가전서 1:5, "우리가 너희 가운데서 너희를 위하여 어떤 사람이 된 것은"과 2:2, "너희가 아는 바와 같이 우리가 먼저 빌립보에서 고난과 능욕을 당하였으나 <u>우리 하나님을 힘입어 많은 싸움 중에</u> 하나님의 복음을 너희에게 전하였노라"에서 바울은 당시 상황을 구체적으로 회상한다. 이런 내용이 그들의 이야기에 포함되어 있었을 것이다.

"너희가 어떻게 우상을 버리고 하나님께로 돌아와서"는 데살로니가 교회가 이방인들을 중심으로 구성된 교회였음을 보여준다. 그들은 바울을 만나기 전까지 우상숭배를 하던 자들이었다. 누가는 사도행전에서 바울이 데살로니가 도착 후 첫 안식일에 회당에 들어가서 전도했고, 세 번의 안식일이 지난 후 회당에 있던 사람들 중 **"경건한 헬라인의 큰 무리와 적지 않은 귀부인"**(행 17:4)이 바울을 따라 나왔다고 말한다. 이들은 이방인들이다. 물론 그때 일부 유대인도 바울교회에 합류했을 수도 있지만, 그 수가 많지는 않았을 것이다. 사도행전은 데살로니가교회의 다수가 이방인이라고 말한다. 데살로니가전서 2:14, **"그들이 유대인들에게 고난을 받음과 같이 너희도 너희 동족에게서 동일한 고난을 받았느니라"**의 "동족"(συμφυλέτης)도 성도들이 이방인이라는 점을 지지한다.

데살로니가전서 1:9에서 바울은 개종을 'A에서 B로 돌아섬'(turning from A to B)으로 표현한다. 예배의 대상이 A에서 B로 바뀌는 것이 곧 개종이다. **"우상을 버리고 하나님께로 돌아와서"**는 그들이 우상숭배에서 돌아서서, 하나님을 예배하게 되었다고 말한다. '돌아서다'(ἐπιστρέφω)라는 동사는 개종을 묘사할 때 자주 사용된다(고후 3:16; 갈 4:9; 행 9:35; 11:24; 14:15; 15:19; 26:20). 고린도후서 3:16, **"그러나 언제든지 주께로 돌아가면 그 수건이 벗겨지리라"**에서 '돌아가다'로 번역된 동사도 '에피스트레포'(ἐπιστρέφω)다. '돌아가다,' '돌아오다'보다 '돌아서다'로 번역하는 것이 좋다. '에피스트레포'는 '걸어가는 방향을 180도 전환하다'(to turn back)라는 뜻이기 때문이다. '에피스트레포'에 해당하는 히브리어 단어는 '슙'(שׁוּב)이다. 예를 들면 예레미야 4:1, **"여호와께서 이르시되 이스라엘아 네가 돌아오려거든(שׁוּב) 내게로 돌아오라(שׁוּב)"**에서 두 번 사용되었다. 70인역 번역에서도 '에피스트레포'(ἐπιστρέφω)가 두 번 사용되었다. 갈라디아서 4:9, **"어찌하여 다시 약하고 천박한 초등학문으로 돌아가서 다시 그들에게 종 노릇 하려 하느냐"**에서 "돌아가서"로 번역된 단어도 '에피스트레포'다. 여기에서는 복음을 버리고 유대교로 돌아서는 것, 즉 배교를 가리킨다.

골로새서 1:13, "그가 우리를 <u>흑암의 권세에서</u> 건져내사 그의 사랑의 <u>아들의 나라로</u> 옮기셨으니"에서 바울은 개종을 A라는 영역에서 B라는 영역으로 옮겨가는 공간적 개념으로 설명한다. 개종은 '사탄이 다스리는 영역'에서 '그리스도께서 다스리는 영역'으로 이사하는 것이다. 우상의 뒤에는 악한 영이 있다(고전 10:20, "무릇 이방인이 제사하는 것은 귀신에게 하는 것이요 하나님께 제사하는 것이 아니니"). 우상을 섬기면 우상의 지배 아래 살게 된다. 갈라디아서 4:8-9, "너희가 <u>그 때에는</u> 하나님을 알지 못하여 본질상 하나님이 아닌 자들에게 종 노릇 하였더니 <u>이제는</u> 너희가 하나님을 알 뿐 아니라 더욱이 하나님이 아신 바 되었거늘…"에서 바울은 '그때는 … 이제는'(then … and now)이라는 개종 양식(conversion formula)을 사용하여 개종을 시간적 개념으로 표현한다. 이 개종 양식은 개종으로 인해 일어난 변화를 과거와 현재로 대조한다(롬 6:19, 21-22; 7:5-6; 11:30; 갈 1:23; 엡 2:12-12; 5:8; 골 1:21-22; 3:7-8; 몬 11).

"너희가 어떻게 우상을 버리고 하나님께로 돌아와서"의 "어떻게"(πῶς, how)는 데살로니가 성도들이 우상숭배를 버리고 복음으로 개종할 때의 정황을 가리킨다. 여기서 바울이 강조하는 것은 "어떻게"이다. 평생을 우상을 숭배하던 사람들이 극적으로 우상숭배를 중단하고 창조주 하나님에게로 돌아선 것 자체도 뉴스거리다. 그런데 그들은 "많은 환난 가운데서"(살전 1:6), "능력과 성령과 큰 확신"(살전 1:5)을 경험하면서, "빌립보에서 고난과 능욕을"(살전 2:2) 당한 바울이 "많은 싸움 중에 하나님의 복음을"(살전 2:2) 전할 때에 "성령의 기쁨으로"(살전 1:6) 우상숭배를 중단하고 복음을 받아들였다. 더 자세한 당시 정황을 알 수는 없지만, 데살로니가 성도들의 경험은 우리가 생각하는 것보다 더 극적이었을(dramatic) 것 같다.

"사시고 참되신 하나님을 섬기며"에서 '섬기다'(δουλεύω)는 '종이 되어 섬기다'라는 뜻이다. 전에는 우상의 종이 되어 우상을 섬겼지만, 이제는 하나님의 종이 되어 하나님을 섬기게 되었다. 과거에는 우상이

'주'(lord)였지만, 이제는 하나님이 '주님'(Lord)이 되셨다. '섬기다'는 히브리어로 '아바드'(עָבַד)다. 이 동사는 제사장이나 레위인이 성전에서 봉사하는 것을 표현할 때 사용되었다. 창세기 2:15, "에덴 동산에 두어 그것을 경작하며 지키게 하시고"에서 '경작하며'로 번역된 동사는 '아바드'(עָבַד)다. '경작하다'로 번역할 수도 있지만 '섬기다'로 번역할 수 있다. 하나님은 아담을 하나님의 성전인 에덴동산에서 하나님을 섬기는 제사장으로 임명하셨다. 아담이 범죄함으로 그는 제사장의 직분을 잃어버렸다. 예수 그리스도를 통해서 인간은 우상과 사탄을 섬기는 종에서 다시 하나님을 '섬기는' 제사장의 직분을 회복할 수 있게 된다.

데살로니가 성도들이 '살아계시고'(ζῶν, living) '참되신'(ἀληθινός, true) 하나님을 섬긴다는 말은 그들이 과거에 섬기던 우상은 '죽은'(νεκρός, dead) 신이고, '가짜/거짓된'(ψευδής, false) 신이라는 것을 알게 되었다는 말이다. 헬라인이나 로마인은 태어나면서부터 우상숭배를 한다. 그들이 우상숭배를 그만두는 것은 한국 사람이 김치를 먹지 않기로 하는 것보다 더 어려운 일일 것이다. 바울은 이방인들에게 우상은 생명이 없는 죽은 신이며, 진정한 하나님이 아닌 가짜 신이라는 것을 확신시켰다. 바울은 우상과 창조주 하나님에 대해 어떻게 설교했기에 그들이 우상숭배를 그만두고 하나님을 예배하게 만든 걸까?

바울이 헬라인 앞에서 우상과 하나님을 어떻게 비교하면서 설교했는지 설교 원고가 남아 있지는 않지만, 바울서신에는 그 내용을 추측할 수 있게 하는 본문들이 있다(예, 고전 8:4-7; 10:7-22; 12:2; 고후 6:14-7:1; 롬 1:18-32; 참고 고전 5:9-11; 6:9-10). 사도행전 17:22-31의 아테네 광장에서 한 설교도 좋은 참고가 된다. 고린도전서 8:4-7은 바울이 우상과 하나님을 비교할 때 천지창조와 연결해서 논증했다는 것을 암시한다.

고린도전서 8:4-7
⁴그러므로 우상의 제물을 먹는 일에 대하여는 우리가 <u>우상은 세상에 아무 것도 아니며 또한 하나님은 한 분밖에 없는 줄</u>

아노라 [5]비록 하늘에나 땅에나 신이라 불리는 자가 있어 <u>많은
신과 많은 주가 있으나</u> [6]그러나 우리에게는 <u>한 하나님 곧 아
버지가 계시니 만물이 그에게서 났고</u> 우리도 그를 위하여 있
고 또한 한 주 예수 그리스도께서 계시니 만물이 그로 말미암
고 우리도 그로 말미암아 있느니라

바울은 '만물이 한 하나님 곧 아버지로부터 났다'고 말한다. 반면
에 '우상은 이 세상 안에서 아무 것도 아니다'라고 말한다. 고린도전서
12:2, "너희가 이방인으로 있을 때에 <u>말 못하는 우상에게로 끄는 그대로
끌려 갔느니라</u>"는 우상이 말하지 못한다는 것을 강조한다. 특히 사도행
전 19:26, "<u>사람의 손으로 만든 것들은 신이 아니라</u>"는 바울의 설교의 핵
심인 듯하다. 이런 논증들은 사실 구약성경에 더 자세하게 나온다. 바울
은 구약성경에서 우상숭배를 비판하는 구절들을 다수 사용하면서 설교
했을 것으로 추측된다.

예레미야서는 이스라엘의 우상숭배를 아래와 같이 비판한다.

예레미야 10:3-9

[3]<u>여러 나라의 풍습은 헛된 것이니 삼림에서 벤 나무요 기술공
의 두 손이 도끼로 만든 것이라</u> [4]그들이 <u>은과 금으로 그것에 꾸
미고 못과 장도리로 그것을 든든히 하여 흔들리지 않게 하나니</u>
[5]그것이 둥근 기둥 같아서 <u>말도 못하며 걸어다니지도 못하므
로 사람이 메어야 하느니라</u> 그것이 그들에게 화를 주거나 복을
주지 못하나니 너희는 두려워하지 말라 하셨느니라 [8]그들은 다
무지하고 어리석은 것이니 <u>우상의 가르침은 나무뿐이라</u> [9]다시
스에서 가져온 은박과 우바스에서 가져온 금으로 꾸미되 <u>기술
공과 은장색의 손으로 만들었고 청색 자색 옷을 입었나니 이는
정교한 솜씨로 만든 것이거니와</u>

그들이 나무를 향하여 너는 나의 아버지라 하며 돌을 향하여 너는 나를 낳았다 하고 그들의 등을 내게로 돌리고 그들의 얼굴은 내게로 향하지 아니하다가 그들이 환난을 당할 때에는 이르기를 일어나 우리를 구원하소서 하리라

예레미아서의 이런 말씀들은 바울이 우상숭배를 어떻게 비판했는지, 그 내용을 예상할 수 있게 한다.

예레미야 10:14, "사람마다 어리석고 무식하도다 은장이마다 자기의 조각한 신상으로 말미암아 수치를 당하나니 이는 그가 부어 만든 우상은 거짓 것이요 그 속에 생기가 없음이라"에서 "우상은 거짓 것이요 그 속에 생기가 없음이라"($\psi\epsilon\upsilon\delta\tilde{\eta}$ $\dot{\epsilon}\chi\acute{\omega}\nu\epsilon\upsilon\sigma\alpha\nu$ $o\dot{\upsilon}\kappa$ $\ddot{\epsilon}\sigma\tau\iota\nu$ $\pi\nu\epsilon\tilde{\upsilon}\mu\alpha$ $\dot{\epsilon}\nu$ $\alpha\dot{\upsilon}\tauo\tilde{\iota}\varsigma$)를 70인역으로 읽으면 '그들이(은장이들)이 거짓을 부어만들었고(to cast), 그것들 안에는 영이 없다'라는 말이다. '우상은 거짓된 신이고, 죽은 신이다'라는 뜻이다. 이것은 데살로니가전서 1:9, "사시고 참되신 하나님"의 반대말 댓구다. 예레미아 10:10, "오직 여호와는 참 하나님이시요 살아 계신 하나님이시오"는 데살로니가전서 1:9, "사시고 참되신 하나님"으로 요약된다.

예레미야 2:11, "어느 나라가 그들의 신들을 신 아닌 것과 바꾼 일이 있느냐 그러나 나의 백성은 그의 영광을 무익한 것과 바꾸었도다"는 로마서 1:23, "썩어지지 아니하는 하나님의 영광을 썩어질 사람과 새와 짐승과 기어다니는 동물 모양의 우상으로 바꾸었느니라"와 내용이 같다. 시편 106:19-20, "그들이 호렙에서 송아지를 만들고 부어 만든 우상을 경배하여 자기 영광을 풀 먹는 소의 형상으로 바꾸었도다"도 이 말씀과 일맥상통한다. 인간에겐 하나님의 형상이 있고, '영광'이 있는데도, 자신에게 있는 신성(divinity)을 자각하지 못하고, 이스라엘은 소의 형상을 만들어 그것을 예배하는 어리석음을 저질렀다. 사람, 새, 짐승, 파충류의 형상을 한 우상은 영원하지 않지만, 하나님은 영원하시다.

시편 115편과 135편도 우상숭배를 비판한다.

시편 115:4-8

⁴그들의 우상들은 은과 금이요 사람이 손으로 만든 것이라 ⁵입이 있어도 말하지 못하며 눈이 있어도 보지 못하며 ⁶귀가 있어도 듣지 못하며 코가 있어도 냄새 맡지 못하며 ⁷손이 있어도 만지지 못하며 발이 있어도 걷지 못하며 목구멍이 있어도 작은 소리조차 내지 못하느니라 ⁸우상들을 만드는 자들과 그것을 의지하는 자들이 다 그와 같으리로다

시편 135:15-18

¹⁵열국의 우상은 은금이요 사람의 손으로 만든 것이라 ¹⁶입이 있어도 말하지 못하며 눈이 있어도 보지 못하며 ¹⁷귀가 있어도 듣지 못하며 그들의 입에는 아무 호흡도 없나니 ¹⁸그것을 만든 자와 그것을 의지하는 자가 다 그것과 같으리로다

우상을 숭배하면 우상처럼 된다("We become what we worship").⁵⁵⁾ 우상이 보지 못하고, 듣지 못하고, 말하지 못하고, 걷지 못하는 것처럼, 우상숭배를 하는 사람은 영적인 맹인, 귀머거리, 벙어리, 앉은뱅이가 된다(참고, 사 6:10, "이 백성의 마음을 둔하게 하며 그들의 귀가 막히고 그들의 눈이 감기게 하라"). 이사야 44:17-18도 같은 점을 말한다.

이사야 44:17-18

¹⁷그 나머지로 신상 곧 자기의 우상을 만들고 그 앞에 엎드려 경배하며 그것에게 기도하여 이르기를 너는 나의 신이니 나

---

55) "We become what we worship"은 영어권에서 흔히 하는 말인 "We are what we eat"를 패러디한 것이다. 그레고리 빌(Gregory Beale)의 책, 『성전 신학: 하나님의 임재와 교회의 선교적 사명』(강성열 옮김, 새물결플러스, 2014)의 영어 제목은 *We Become What We Worship: A Biblical Theology of Idolatry* (Downers Grove: Intervarsity Press, 2008)이다.

를 구원하라 하는도다 [18]그들이 알지도 못하고 깨닫지도 못
함은 그들의 눈이 가려서 보지 못하며 그들의 마음이 어두워
져서 깨닫지 못함이니라

눈, 귀, 입, 다리에만 문제가 생기는 게 아니라, 그들의 마음도 어두
워진다. 신명기 29:4, "그러나 깨닫는 마음과 보는 눈과 듣는 귀는 오늘까
지 여호와께서 너희에게 주지 아니하셨느니라"는 출애굽한 이스라엘 백
성의 문제도 사실 같은 문제라고 말한다. 로마서 11:8, "기록된 바 하나
님이 오늘까지 그들에게 혼미한 심령과 보지 못할 눈과 듣지 못할 귀를 주
셨다 함과 같으니라"에서 바울도 이 점에 동의한다. 이스라엘만 맹인이
된 것이 아니다. 이방인을 포함하여 모든 인류는 다 맹인, 귀머거리다.
"이 세상의 신이 믿지 아니하는 자들의 마음을 혼미하게 하여"(고후 4:4)
모든 사람은 "그리스도는 하나님의 형상"(고후 4:4)이라는 것을 깨닫지
못한다. 유대인들조차 "수건이 그 마음을" 덮어(고후 3:15) "구약을 읽을
때에 그 수건이 벗겨지지 아니하고" 있다(고후 3:14). 이방인이건 유대인
이건 그들의 감겨진 눈이 다시 열리고, 그들의 마음을 덮고 있는 수건이
벗겨지려면 "주께로 돌아가"야(고후 3:16; 참고 3:14) 한다. 그리스도에
게로 돌아서면 다시 볼 수 있게, 들을 수 있게, 말할 수 있게, 걸을 수 있
게 된다. 우상숭배에 대한 비판은 참된 하나님이 누구인지를 알려주는
것에서 시작하여 그들이 영적으로 장님, 귀머거리라는 것을 깨닫게 해준
다. 복음을 믿고 그리스도께 돌아서는 개종을 통해 그들은 새로운 삶으
로 나아갈 수 있다.

바울이 선포한 교회 개척용 가르침 중 첫 번째 가르침인 '강력한 유일신관'(Radical Monotheism)은 핍박을 견디는 성도를 만드는데 어떤 역할을 했을까? 한마디로 말해 우상숭배를 비판하여 그만두게 하고, 유일하신 창조주 하나님을 믿게 하는 것은 기존의 세계관을 무너뜨리고, 새로운 세계관을 갖게 하는 것이다. 세계관을 바꾸는 것은 어렵다. 바울은 어떻게 이 어려운 일을 할 수 있었을까? 그 방법은 기존의 세계관을 강하게 흔들어 무너뜨렸기 때문이다.

1. 다신교 사회의 종교생활

헬라-로마 시대는 다신교(polytheism) 사회였다. 다신교는 신이 다수, 즉 많이 있다는 뜻이지만, 다신교가 갖고 있는 더 중요한 함의는 한 명의 개인이 여러 신을 섬긴다는 점이다. 헬라-로마인에게 여러 신을 섬기는 것은 매우 자연스러운 일이었다. 오히려 단 하나의 신만 섬기는 것은 상당히 부자연스러운 일이었다. 그들에게 일신교(monotheism)는 무신론에 더 가까웠다. 여러 신을 섬김으로 얻을 수 있는 이득을 생각할 때 단 하나의 신만을 섬기는 것은 어리석은 일로 보였다.

다신교 사회에서 자유인은 어떤 신을 섬기고, 어떤 신을 섬기지 않을 것인지 자유롭게 선택할 수 있었다. 모든 신을 다 섬겨야 할 의무 같은 것은 없었다. 그렇다면 어떤 신을 섬길 것인지를 선택하는 기준은 무엇이었을까? 그것은 각자가 가진 필요(need)였다. 예를 들어 내가 몸이 아프면 병을 고쳐주는 신인 아스클레피우스(Asclepius)를 선택한다. 내가 뱃사공이면 바다를 다스리는 신인 포세이돈(Poseidon)을 섬긴다. 내가 대장장이면 불을 다스리는 신인 헤페스투스(Hephaestus)를 섬긴다.

각자가 가진 문제와 필요, 예를 들면 건강, 재물, 안전, 임신, 직업, 가족, 등에 따라 그런 문제를 해결해주고, 그런 필요를 채워줄 수 있는 신을 선택하면 된다. 신들도 각각 전문 분야가 정해져 있어서 내가 갖고 있는 문제와 필요에 따라 선택할 수 있는 신들이 있었다. 나에게 그 필요가 없어지고, 문제가 해결되고 나면 얼마든지 그 신을 섬기는 것을 중단할 수 있었다. 예를 들어, 아이를 갖기 원하는 여자가 임신과 출산을 도와주는 신을 섬기다가, 만약 아이를 충분히 낳아서 더는 아이를 갖고 싶지 않을 경우, 그 여자는 얼마든지 그 신을 섬기는 것을 중단할 수 있었다.

헬라-로마인들이 신과 종교를 선택하는 것은 마치 오늘날 우리가 슈퍼마켓에서 장을 보는 것과 유사하다. 만약 어떤 사람이 이사해서 다른 도시로 옮겨왔다고 가정하자. 그 도시의 중앙 도로를 따라 걸어가면 그 도시의 사람들이 섬기는 여러 신과 종교의 신전들이 줄지어 있다. 마치 슈퍼마켓에서 카트를 밀고 가면서 복도 좌우 선반에 있는 상품 중 내가 원하는 것을 골라서 카트에 담듯이, 그 사람은 새로 이사 온 도시에서 자신이 앞으로 어떤 신들을 섬길 것인지 결정하는 종교 쇼핑을 할 수 있다.

헬라 종교의 신과 신도 사이에 헌신(commitment)이나, 사랑 같은 것이 끼어들 여지는 없다. 신전에서 제물을 바치고 나면 그냥 집에 오면 된다. 헬라 종교의 신과 신도 사이의 관계는 상거래 관계와 비슷하다. 신도가 제물을 바치면, 신을 자신이 해주기로 되어 있는 것을 해주어야 한다. 만약 하지 않는다면 그 신은 신용을 잃어버리고, 신도는 그 신에게 제물을 바치지 않게 된다. 헬라 종교는 철저하게 제사 종교고, 일부 신비주의 종교를 제외하면, 제사 행위 외에 신도들 사이의 친교 모임, 교리를 배우는 모임 같은 것은 없다. '두껍아 두껍아 헌 집 줄게. 새 집 다오'라는 한국 동요의 가사처럼, 신도는 금전적으로 계산했을 때 값싼 것을 신에게 바치고, 큰 보상을 기다린다. 주어야 할 것을 주고, 내가 받아야 할 것을 기다린다. 신은 그 기대를 충족시켜 주어야 한다. 서로가 서로에게 주어야 할 것을 주고 받는 것은 상거래와 비슷하다.

어떤 도시에 새로운 종교가 들어오면 헬라인들은 어떻게 반응할까? 그들의 가장 기본적 반응은 호기심이다. 그들은 이 새로운 종교 혹은 신이 나에게 무엇을 해줄 수 있는지 알고 싶어 할 것이다. 만약 신이 자신에게 필요로 하는 것을 줄 수 있는 신이라면 그 사람은 그 종교를 받아들일 것이다. 그 사람이 이미 다섯 개의 신을 섬기고 있다면 그 새로운 신은 그가 섬기는 여섯 번째 신이 된다. 만약 바울이 기독교의 복음을 전할 때 그 헬라인이 그동안 섬기던 다섯 개의 신들을 계속 섬기면서 동시에 창조주 하나님을 섬기도록 했다면 기독교가 다른 헬라 종교들과 충돌하지 않고, 다른 종교들과 평화롭게 공존하는 포용적(inclusive) 종교가 되었을 것이다. 그리고 개종도 매우 쉬웠을 것이다. 다섯 개의 신을 섬기는 사람에게 하나님 혹은 예수 그리스도가 여섯 번째 신이 된다면 헬라인들은 큰 고민 없이 복음을 쉽게 받아들일 수 있었을 것이다.

그러나 바울의 복음은 강력한 유일신관을 갖고 있었다. 유대교, 이슬람교, 기독교가 공통적으로 가진 이 유일신관(monotheism)은 창조주 하나님을 제외한 모든 신을 다 죽은 신, 존재하지 않는 신으로 보거나, 그 신들 뒤에 악한 영이 있다고 본다(고전 10:20, "무릇 이방인이 제사하는 것은 귀신에게 하는 것이요 하나님께 제사하는 것이 아니니"; 신 32:17, "그들은 하나님께 제사하지 아니하고 귀신들에게 하였으니"). 다른 종교의 신을 참된 신으로 인정하지 않으므로, 이런 종교들은 절대로 여섯 번째 종교가 될 수가 없다. 그러므로 바울의 복음을 받아들이려면 한 가지 조건이 있다. 그 조건은 그 사람이 지금까지 믿어온 모든 신을 다 버려야 한다는 것이다. 두 번 다시 그 신들을 다시 섬기지 않아야 한다. 한 마디로 우상숭배를 하지 않아야 한다. 비유적으로 말하면 일단 자신의 쇼핑 카트에 담겨있는 모든 신, 모든 종교를 다 버려야 한다. 그리고 두 번 다시 그 카트에 다른 신과 종교를 담지 않기로 약속한 뒤에야 복음을 담을 수 있다.

바울 복음은 배타적(exclusive)이다. 그러나 바울 복음만 배타적인 것은 아니다. 유대교와 이슬람교 같이 강력한 유일신관을 갖고 있는 종교는 모두 다 배타적이다. 바울은 우상을 선택하건, 아니면 창조주 하나님을 선택하건, 둘 중 한 가지를 선택할 것을 요구한다. 십자가 복음을 받아들이려면 먼저 창조주 하나님을 먼저 받아들여야 한다. 우상숭배를 포기해야 한다. 바울은 이 문제에 대해 한 걸음도 양보하지 않는다. 바울은 포용주의(inclusivism)도 다원주의(pluralism)도 허용하지 않는다. 그렇다면 그 당시 헬라-로마인이 우상숭배를 중단하고 창조주 하나님만을 신으로 섬기는 것은 과연 손쉬운 일이었을까? 우리는 당시 우상숭배가 이방인들의 일상생활에 얼마나 깊이 들어와 있었는지 살펴볼 필요가 있다.

1) 헬라가정에서의 우상숭배

헬라 사회에서 모든 가정은 조상 대대로 섬겨온 가신(家神, household god)이 있었다. 아버지가 섬겨온 그 가신을 아들이 섬긴다. 여자는 결혼 전에는 아버지의 가신을 섬기다가 결혼하고 나면 남편이 섬기는 가신을 섬겨야 한다. 플루타크(Plutarch)가 남긴 글 중에 "신랑 신부에게 주는 충고"(Advice to Bride and Groom)라는 결혼식 축사가 있다.[56] 이 글에서 플루타크는 여자가 결혼하고 나면 남편의 친구들과 친하게 지내야 한다고 말한다. 남편의 친구 중 가장 중요한 친구는 남편이 섬기는 신이다. 아내는 그 신을 잘 섬겨야 한다. 여자는 결혼 전 아버지의 집에서 섬기던 신을 떠나야 한다. 그리고 다른 이상한 신들과 미신들이 집 안으로 들어오지 못하도록 앞문을 단단히 잠가야 한다고 말한다. 디오니시우스(Dionysius of Halicarnassus)는 『로마 고대사』(*Roman Antiquities*)에서 "결혼한 여자는 남편의 모든 소유물과 그의 신성한 종교적 의식을 같이 소유해야 한다"고 말한다.[57] 당시 단독 주택에는 하늘이 보이는 마당이 있었다. 그 마당 주위에 기둥을 세워 지붕을 얹은 이 부분을 라틴어로 '페리스틸리움;(*peristylium*, colonnaded garden)이라고 부른다. 보통 페리스틸리움의 한쪽에는 '라라리움'

---

56) Plutarch, *Plutarch: Moralia*, vol. 2, ed. and trans. Frank Cole Babbitt, (London: William Henemann, 1928), 311.

57) Dionysius of Halicarnassus, *Roman Antiquities*, Book II. 24. 2. trans. Earnest Cary (Cambridge: Harvard Univ. Press, 1937), 381.

(*lararium*, shrine)이라고 불리는 제단이 있었다. 이 제단에는 가신을 상징하는 형상이 있었고, 그 앞에는 제물을 바칠 수 있는 제단이 있었다. 집안의 안주인은 그 제단에 매일같이 제물을 바쳐야 했고, 모든 가솔(家率)은 가장이 정한 시간에 그 제단 앞에 모여 가신을 경배(devotion)했다.

만약 가정의 약자였던 부인, 미성년자인 자녀, 그 집안의 노예 등이 홀로 복음을 받아들이면 어떻게 될까? 가신을 섬기는 것은 우상숭배이므로 이런 가정의 제사에 참석하지 않는다면 어떻게 될까? 만약 그 가신 경배에 참여하지 않으면 가장은 아내, 자녀, 노예를 강제로 우상숭배에 참여하게 했을 것이다. 계속해서 거부할 경우 심한 핍박을 받게 될 것이다. 이런 문화적 배경 때문에 가장과 함께 복음을 받아들이지 않는 한, 아내, 미성년자인 자녀, 노예가 홀로 믿음을 지키기는 쉽지 않았다. 사도행전 10장에 나오는 고넬료의 개종처럼 가장이 복음을 받아들일 경우, 모든 가정의 구성원이 함께 세례를 받고 복음을 받아들이게 된다. 온 집안이 복음을 믿게 되면 가정에서 믿음 때문에 핍박을 받지 않아도 된다. 하지만 당시 가장(家長)의 의견을 거슬러 복음을 받아들이는 건 쉽지 않았다. 그것은 가장의 권위를 무시하고 그를 모욕하는 행위로 보였고 가신(家神) 예배에 참석하지 않는 것은 가정에서 핍박을 초래했다.

베드로전서 3:1-4

¹아내된 자들아 이와 같이 자기 남편에게 순복하라. 이는 혹 도를 순종치 않는 자라도 말로 말미암지 않고 그 아내의 행위로 말미암아 구원을 얻게 하려 함이니 ²너희의 두려워하며 정결한 행실을 봄이라 ³너희의 단장은 머리를 꾸미고 금을 차고 아름다운 옷을 입는 외모로 하지 말고 ⁴오직 마음에 숨은 사람을 온유하고 안정한 심령의 썩지 아니할 것으로 하라 이는 하나님 앞에 값진 것이니라

[18]사환들아 범사에 두려워함으로 주인들에게 순종하되 선하고 관용하는 자들에게만 아니라 또한 까다로운 자들에게도 그리하라 [19]부당하게 고난을 받아도 하나님을 생각함으로 슬픔을 참으면 이는 아름다우나 [20]죄가 있어 매를 맞고 참으면 무슨 칭찬이 있으리요 그러나 선을 행함으로 고난을 받고 참으면 이는 하나님 앞에 아름다우니라 [21]이를 위하여 너희가 부르심을 받았으니 그리스도도 너희를 위하여 고난을 받으사 너희에게 본을 끼쳐 그 자취를 따라오게 하려 하셨느니라

위의 베드로전서 본문에서 "아내"와 "사환"(노예, slave)을 향해서 권면하는 이유는 바로 이런 당시 가정의 상황 때문이다. 18절의 "사환들"은 '노예들' 혹은 '종들'로 번역해야 한다. 믿지 않는("도를 순종치 않는") 남편 때문에 믿는 아내는 핍박을 피할 수 없다. 베드로가 핍박받는 아내를 향해 "자기 남편에게 순복하라"고 말하는 이유는 그렇게 함으로 혹시라도 "그 아내의 행위로 말미암아 구원을 얻게 하려"는 것이다. 외모를 단장하는 것보다 "오직 마음에 숨은 사람을 온유하고 안정한 심령의 썩지 아니할 것으로" 단장하는 것도 남편의 구원을 위함이다.

믿음 때문에 믿지 않는 주인에게 고난을 당하는 노예를 향해 베드로는 "주인들에게 순종"하라고 말한다. 그들은 "부당하게 고난을" 당하지만, "하나님을 생각함으로 슬픔을 참으"라고 권면한다. 베드로는 믿음 때문에 "고난을 받고 참으면 이는 하나님 앞에 아름다우니라"고 말한다. 베드로는 "그리스도도 너희를 위하여 고난을 받으"셨고, 믿는 노예들을 위해 "본을 끼쳐 그 자취를 따라오게" 하셨다고 말한다.

사도행전 17:4절에 따르면 데살로니가 회당에서 한 바울의 설교에 "적지 않은 귀부인도 권함을 받고 바울과 실라를" 쫓았다. 만약 그들의 남편이 함께 복음을 받아들이지 않았다면 이 부인들의 가정에서는 머지않아 문제가 생겼을 것이다. 남편에게서 받는 박해는 육체적으로도 또 심리적으로도 가볍지 않았을 것이다.

고린도전서 7:10-16에서 바울은 불신자 남편과 사는 여자들이 마음대로 이혼하지 못하게 금한다(고전 7:10, "여자는 남편에게서 갈라서지 말고"). 왜 그들은 이혼하려고 할까? 한 마디로 심한 핍박 때문에 같이 살기가 힘들기 때문이다. 바울은 "결혼하지 아니한 자들과 과부들"이 결혼하지 않고 "나와 같이 그냥 지내는 것이 좋으니라"(고전 7:8)고 말한다. 결혼하는 것이 죄는 아니지만 "결혼하지 아니하는 자는 더 잘하는 것이니라"(고전 7:38)고 말한다. 믿지 않는 자와 결혼하면 핍박이 있기 때문이다(고전 7:28, "육신에 고난이 있으리니 나는 너희를 아끼노라").

원래 이혼은 허락할 수 없는 일이지만(고전 7:10-14), 믿지 않는 배우자가 이혼을 요구하면 이혼을 허락한다(고전 7:15, "혹 믿지 아니하는 자가 갈리거든 갈리게 하라"). 왜 그렇게 하는 것일까? 가정에서의 핍박 때문이다. 이 규정은 특별히 믿지 않는 남편에게 핍박을 받던 아내가 남편이 신앙을 이유로 이혼을 요구할 때 박해에서 벗어나게 해주었을 것이다. 28절에서 바울이 "이런 이들은 육신에 고난이 있으리니 <u>나는 너희를 아끼노라</u>"고 말하는 것은 믿지 않는 배우자와 결혼해서 고난을 당하는 것을 바울이 염려하기 때문이다. 모든 사람이 '자기처럼 되기를 원한다'고 말하는 것도 바울이 성도들을 '아끼기 때문이다.' 남편과 사별한 여자가 재혼할 수 있지만 바울은 "자기 뜻대로 시집 갈 것이나 주 안에서만 할 것이니라"(고전 7:39)고 말한다. 믿는 배우자를 만나야 결혼 후에 신앙 때문에 고난을 당하지 않기 때문이다.

바울은 불신자 남편과 사는 여자들이 남편이 이혼을 요구할 때까지는 이혼하지 못하게 한다. 아마도 당시 남편에게 핍박을 받는 아내는 심한 폭력 때문에 도망 나오고 싶은 마음이 없지 않았을 것이다. 그러나 교회는 이런 핍박에서 절대로 아내들이 도망 나오지 못하도록 한다. 자녀나 노예도 끝까지 핍박을 견디고, 끝까지 집을 나오지 못하게 한다. 왜 그렇게 할까? 고린도전서 7:16에서 바울은 "아내 된 자여 네가 남편을 구원할는지 어찌 알 수 있으며 남편 된 자여 네가 네 아내를 구원할는지 어찌 알 수 있으리요"라고 말한다. 끝까지 집에서 도망 나오지 않고 집에서 견디면, 핍박을 견디는 인내로 인하여 상대방이 복음을 믿게 될 수도 있다. 아무리 때리고 협박해도 우상숭배에 참여하지 않고, 그러면서도 남편, 아버지, 주인에게 좋은 모습을 보여주면 그들이 복음을 받아들일 가능성이 커진다.

이것은 별로 중요하지 않은 것처럼 보이지만 여기엔 매우 중요한 선교 원칙이 들어있다. 맥가브란(Donald A. McGavran)은 자신의 책, 『하나님의 선교전략』(영문제목, *Bridges of God,* 이광순 역, 한국장로교출판사, 1993년)에서 서구의 선교가 왜 아시아 아프리카의 전통사회에서 실패했는지를 분석한다. 그의 주장을 요약하면 실패의 이유는 선교사들이 선교지에 교회, 학교, 병원, 보육원 등을 포함한 선교 기지(mission station)를 건설하고 복음을 받아들인 사람들이 자신이 속한 전통사회, 가족을 떠나 선교 기지에 옮겨와 살게 해주고, 직장을 주었기 때문이다. 복음을 받아들인 사람들이 자신의 마을과 가족을 떠나 도시에 있는 선교 기지로 옮겨 와버리면 그 사람은 가족, 친척, 친구, 친지들과 관계가 끊겨버린다. 복음은 인간관계를 통해서 전달되는데, 선교 기지로 와서 살면 그 사람이 전도할 수 있는 통로를 다 잃어버린다. 전통사회에 복음이 들어가려면 그 사람이 핍박을 받으면서도 그 가족과 마을을 떠나지 않아야 한다. 그 사람이 고난을 견디면서 가족 안에 머물러 있으면 그 사람은 하나님의 구원이 도달하는 '하나님의 다리'(the bridge of God)가 될 수 있다.[58] 물론 바울이 이런 맥가브란의 이론을 알고 있었기 때문에 그렇게 가르친 것은 아니다. 하지만 현대의 전도, 선교 이론에서 관찰해보면 묘하게도 바울은 현대 이론이 가르치는 방향으로 이미 나아가고 있다.

2) 헬라 사회 생활에서의 우상숭배

당시 헬라인들은 크게 세 가지 영역에서 생활했다. 첫 번째 영역은 '폴리테이아'(*politeia*) 즉, 국가(도시국가)의 정치적 영역이다. 둘째 영역은 '오이코노미아'(*oikonomia*) 즉, 가정의 영역이다. 셋째 영역은 '코

---

58) 도날드 맥가브란, 『하나님의 선교전략』 이광순 역 (서울: 한국장로교출판사, 1993년).

이노니아'(*koinonia*)인데, 도시의 정치적인 영역과 가정의 영역 사이에 있는 영역을 가리킨다. 국가와 가정 사이에는 다양한 사회단체가 있었다. 이런 단체는 관(官)에서 만든 것이 아니고, 사적인 영역에 속한다. 개인이 사적으로 자유롭게 만들었다는 뜻에서 이런 단체를 '자발적 결사'(voluntary association)라고 부른다. 로마 사회가 공화정에서 황제가 다스리는 제정(帝政)으로 되고, 지중해의 모든 지역이 로마에 의해 정복되어 로마의 평화 시대가 시작하면서, 사회적 신분 상승의 가능성은 점점 더 줄어들었다. 정치적인 영역(*politeia*)에서 신분 상승의 기회가 줄어들고, 정치적 영역에서 시민의 활동이 이전보다 상대적으로 위축되면서 이런 자발적 결사(*koinonia*) 안에서 자신의 가치를 인정받고, 신분 상승 및 사회적 위신을 얻으려는 경향이 증가했다. 점차 코이노니아(*koinonia*)에 더 많은 사람이 참여하고, 그 영역이 넓어졌다.

자발적 결사(Voluntary Association)는 라틴어로는 '콜레기아'(*collegia*)라고 하며 영어로 '클럽'(club)이라고 부르기도 한다. 자발적 결사에는 다양한 종류가 있었다. 자발적 결사는 크게 i) 동종 직업 결사, ii) 동종 종교 결사, iii) 장례 결사, iv) 가정 결사, 네 가지로 분류된다. 이런 자발적 결사는 임원을 뽑고, 회비를 걷고, 내규를 만들고, 정기 모임을 가졌다. 정기 모임에는 먼저 자신들이 섬기는 신에게 제사를 드리고, 만찬을 먹었다. 회무 시간에는 결사 내외부의 문제들에 대해 토론하고 결정을 내렸다. 함께 날을 정해 어떤 신의 신전을 찾아가기도 했다. 회원이 죽으면 성대하게 장례식을 치루어 주었다.

a) 동종 직업 결사(Professional Association)

상인, 선원, 창고업, 빵 가게 주인, 목수, 대장장이 등등 같은 직업을 갖고 있는 사람들이 모여서 만든 단체다. 사도행전 19:24-25, "데메드리오라 하는 어떤 은장색이 아데미의 은감실을 만들어 직공들로 적지 않은 벌이는 하더니, 그가 그 직공들과 이러한 영업하는 자들을 모아 이르되"에서 그가 같은 영업을 하는 사람들을 모았다는 말은 '은장색(silversmith) 동종 직업 결사'를 소집했다는 뜻이다. 당시 에베소에는 은장색뿐 아니라 금장색(goldsmith), 동장색(bronzesmith) 등도 있었을 것이고, 이들 클럽은 은장색 클럽과 쉽게 연결되었을 것이므로, 상당히 많은 수의 사람들이 순식간에 집결했을 것이다. 에베소에서 바울을 공격한 사람들은 우상숭배와 관련된 물건들을 만들었다. "아데미의 은감실"은 아데미(Artemis) 여신의 신전을 작은 사이즈로 은을 사용하여 만든 것이다. 이런 작은 사이즈의 신전 모형은 개인이 구입하여 자신의 집에 두고 그 앞에 제물을 바치며, 그 앞에서 아데미 여신을 예배하는 용도로 사용된다. 이런 신전 모형은 은, 금, 동 등의 재료로 만드므로 금장색, 동장색도 은장색과 같은 이익을 누리고 있었을 것이다. 따라서 이들도 바울을 공격하는 일에 쉽게 합세했을 것이다.

이런 종류의 동종 직업 결사는 자신들의 고유의 섬기는 신이 따로 정해져 있었다. 선원들은 바다를 다스리는 신(포세이돈, Poseidon)을 섬기고, 대장장이는 불을 다스리는 신(헤페스투스, Hephaestus)를 섬긴다. 만약 어떤 회원이 바울의 복음을 받아들이면 모임에서 신을 섬기는 제사에 참여하지 않게 된다. 복음으로 개종하면 이런 모임을 통해서 형성된 기존의 인간관계가 파괴될 뿐 아니라, 결국 그 직업을 지속할 수 없게 된다. 한두 번 모임에 결석하는 것은 문제가 되지 않지만 계속 모임에 나오지 않고, 다른 회원들이 복음에 대해 알게 되고, 그가 자신들의 신을 죽은 신으로 여긴다는 것을 알게 되면 결국 모임에서 추방될 것이다. 그 모임에서 추방되면 결국 그 도시에서 자신의 직업을 계속 유지하면서 영업을 할 수 없게 된다.

결국 복음 때문에 경제활동에 문제가 생기며, 경제적 손실을 당하게 된다. 히브리서 10:32-34에서 "전날에 너희가 빛을 받은 후에 고난의 큰 싸움을 견디어 낸 것," "비방과 환난으로써 사람에게 구경거리" 된 것 뿐 아니라, "너희 소유를 빼앗기는 것도 기쁘게 당한 것은 더 낫고 영구한 소유가 있는 줄 앎이라"고 말할 때 "소유를 빼앗기는 것"이 이것에 해당한다.

b) 동종 종교 결사(Religious Association)

동종 종교 결사는 같은 종교를 믿는 사람들이 모여 만든 단체다. 특별히 이민자들이 고향에서 섬기던 신들을 계속 섬기기 위해 조직하는 경우가 많았다. 유대교의 회당도 종교 결사에 해당된다. 종교 결사는 다른 단체보다 종교적 성향을 노골적으로 띤다. 유대인의 경우 복음으로 개종하면 자동적으로 유대교 회당에서 탈퇴하게 되며, 회당을 중심으로 만들어진 인간관계가 깨어진다. 같은 고향 출신 동족과의 관계가 깨어지고 배척당하게 된다. 교회도 외부인들의 눈에는 일종의 종교 결사로 보였을 것이다.

c) 장례 결사(Burial Association)

죽으면 장례를 성대히 치뤄주기 위해 만든 자발적 결사다. 우리나라의 '상조회'와 유사하다. 회원들은 평소에 회비를 내어 적립한다. 살아있는 동안에는 상호 친목을 목적으로 한 달에 한 번씩 모임을 하고 만찬을 먹는다. 만약 복음을 받아들이면 이런 친교도 중단해야 한다. 왜냐하면, 모든 자발적 결사는 우상숭배를 하기 때문이다. 복음을 받아들이면 그동안 적립했던 돈도 다 무효가 되므로, 이런 손해를 감수해야 한다. 동족 직업 결사나, 종교 결사도 회원이 죽으면 장례를 성대하게 치뤄주므로 장례 결사의 역할을 한다.

d) 가정 결사(Household Association)

가정이 커서 소속원들(노예 및 자유인들)이 많은 경우에는 가정에서도 결사가 만들어진다. 가족 구성원들(household members)은 종교적인 의무도 함께 진다. 복음을 받아들이면 가정에서의 정상적인 종교활동에 참여할 수 없게 되고, 머지않아 다른 구성원들의 눈에 띄게 된다. 그러면 가정에서 박해와 소외가 시작된다

3) 도시국가 차원의 우상숭배

도시에 따라 자체적으로 섬기기로 결정한 도시의 수호신이 있었

다. 이런 경우 다른 우상숭배와 달리 모든 시민은 의무적으로 그 제사에 참여해야 했다. 예를 들어 에베소는 아데미 여신을 도시의 수호신으로 섬기고 있었다. 아데미 여신 제사는 에베소의 모든 시민이 참가해야 하는 시민적 제의(civic cult)가 된다(행 19:35, "서기장이 무리를 진정시키고 이르되 에베소 사람들아 에베소 시가 큰 아데미와 제우스에게서 내려온 우상의 신전지기가 된 줄을 누가 알지 못하겠느냐"). 데살로니가는 카브리우스신(Cabrius) 숭배를 시정부가 권장하고 있었다.

황제숭배도 일종의 시민적 제의(civic cult)였다. 아우구스투스 황제 때 황제를 위한 신전이 데살로니가에 이미 건설되었다. 다시 말해 바울이 데살로니가에 도착하기 이전부터 사람들은 황제숭배를 하고 있었다. 당시 황제숭배는 황제의 강요에 의해 하는 것이 아니라, 각 도시가 자발적으로 결정하여 시작했다.

데살로니가는 황제의 보호 아래 자유도시(free city)가 되면서 여러 특권이 주어졌다. 27년에 데살로니가에서 주조된 동전에는 제우스신의 두상 대신 로마 황제의 얼굴이 새겨져 있다. 데살로니가 시민들은 로마인들과 친밀한 관계를 갖기 위해 자발적으로 황제숭배에 참여했을 것이다. 황제숭배를 함으로써 로마인들과 더 활발한 무역 활동을 할 수 있었을 것이다. 다른 종교 제사와 달리 황제숭배는 모든 시민에게 참여할 의무가 있었다. 시민적 제의는 그 도시의 시민들을 하나로 묶는 사회적 응집력을 갖고 있었다. 이런 시민적 제의에 참여하지 않는 것은 동료 시민들에 대한 배반으로 여겨졌다. 시정부의 관리들은 로마 황제에 저항할 것을 권유하는 행동에 대해 자발적으로 감시하였을 것이다.

사도행전 17:6-7, "천하를 어지럽게 하던 이 사람들이 여기도 이르매 … 이 사람들이 다 가이사의 명을 거역하여 말하되 다른 임금 곧 예수라 하는 이가 있다 하더이다"는 당시 데살로니가에서 바울이 고발당할 때, 상당히 정치적인 이유로 고발당했음을 보여준다. 데살로니가전서 5:3, "저희가 평안하다 안전하다 할 그 때에 잉태된 여자에게 해산의 고통이 이름과 같이 멸망이 홀연히 저희에게 이르리니 결단코 피하지 못하리라"는 그런 고발이 전혀 근거가 없지 않다는 것을 보여준다. 이 말에는 바울이 로마제국을 노골적으로 비판한 내용이 포함되어 있기 때문이다. '평화와 안전'(peace and security)은 로마제국의 구호였다. 바울은 로마제국이 사회의 안전과 평화를 보장한다는 것을 비판했을 뿐 아니라, 제국이 심판을 받아 멸망할 것이라고 말했다.

데살로니가전서 4:15의 "강림"(παρουσία)은 황제나 황제를 대표하는 사람이 찾아오는 것을 나타내는 말이고, 4:17의 "영접"(ἀπάντησις)도 황제나 고위 관리가 왔을 때 이들을 영접하는 것을 나타낸다. 바울은 이런 단어들을 예수 그리스도에게 사용한다. 데살로니가전서 2:12에서 바울은 하나님이 "너희들을 그 자신의 왕국으로 너희들을 불렀다"고 말한다. 이것 역시 당시의 데살로니가에서는 황제에게 대항하는 말로 들렸을 것이다. 데살로니가후서 2:4, "그는 대적하는 자라 신이라고 불리는 모든 것과 숭배함을 받는 것에 대항하여 그 위에 자기를 높이고 하나님의 성전에 앉아 자기를 하나님이라고 내세우느니라"도 바울이 황제숭배를 노골적으로 비판한 것일 가능성이 크다. 데살로니가후서 2:5, "내가 너희와 함께 있을 때에 이 일을 너희에게 말한 것을 기억하지 못하느냐"는 4절이 교회 개척 당시에 바울이 한 말이라는 것을 보여준다. 바울이 4절에서 언급하는 인물이 사람이면, "하나님의 성전에 앉아 자기를 하나님이라고 내세우"는 사람은 아마도 로마 황제일 가능성이 크다.

바울 복음과 당시 데살로니가의 시민적 제의인 황제숭배가 충돌하는 것은 불가피했다. 복음을 받아들인 성도들은 황제숭배에 참여하지 않았고, 점차 동료 시민, 이웃들로부터 비난받고, 소외되고, 결국은 박해를 받게 되었다. 복음을 받아들이면 공적인 영역에서 더 이상 활동하기 어려워지고, 시민의 권리를 주장할 수 없게 되었다(빌 3:20, "오직 우리의 시민권은 하늘에 있는지라"). 데살로니가전서 1:6, "또 너희는 많은 환난 가운데서 성령의 기쁨으로 도를 받아"는 실제로 데살로니가 교인들은 처음 복음을 받아들일 때부터 박해를 받았지만, 그런데도 복음을 선택했음을 보여준다.

이처럼 당시 헬라인은 국가적 영역(*politeia*), 가정의 영역(*oikonomia,*) 국가와 가정 사이의 사회적 영역(*koinonia*), 이 세 가지 차원 속에서 살았고, 이 모든 영역이 다 우상숭배와 긴밀히 연결되어 있었다. 따라서 헬라인이 우상숭배를 중단하면, 국가, 사회, 가정에서 곧바로 핍박이 시작된다. 때문에 헬라인이 우상숭배를 중단하고 복음을 받아들이는 것은 매우 어려운 일이었다. 그런데도 바울은 우상숭배를 공격하여 우상숭배를 중단하게 했다(바울이 우상숭배를 비판하는 방식과 그 내용에 대해서는 1:9의 주석에서 이미 설명하였으니 참고할 것).

4) 강력한 유일신관을 가르쳤을 때 나타나는 사회학적 효과

그렇다면 바울이 강력한 유일신관을 그의 청중에게 가르쳤을 때 그 청중들에게 어떤 변화가 일어났을까? 강력한 유일신관에 관한 가르침은 어떤 사회학적 효과를 갖고 있었을까? 바울은 강력한 유일신관을 가르쳐 우상숭배는 잘못된 것이라는 깨달음을 주어 우상숭배를 중단하고 창조주 하나님을 참된 신으로 받아들이게 했을 것이다. 예수 그리스도의 십자가 복음을 받아들이기에 앞서 그들을 우상숭배로부터 돌아서게 하여 차후에 청중들이 십자가 복음으로 개종하게끔 그 첫걸음을 떼게 하였을 것이다.

우상숭배의 신학은 헬라 세계관의 뼈대를 이루고 있었다. 세계관이 고층 건물이라면 우상숭배의 신학은 그 고층 건물의 철골 구조에 해당한다. 그 건물을 무너뜨리려면 그 철골 구조를 쳐서 무너뜨려야 한다. 바울이 제일 먼저 강력한 유일신관을 가르친 것은 다름 아닌 헬라 세계관의 철골 구조를 쳐서 무너뜨리는 것이었다. 우상숭배를 그만두게 하는 것은 헬라식 관습, 사고방식, 세계관을 통째로 버리게 하는 효과를 가져왔다.

바울은 자신을 '무너뜨리는 사람'(demolition man)으로 보았다. 고린도후서 10:3-5에서 바울은 자신을 성벽을 무너뜨리는 군인으로 본다.

고린도후서 10:3-5
³우리가 육체에 있어 행하나 육체대로 싸우지 아니하노니

^{4}우리의 싸우는 병기는 육체에 속한 것이 아니요 오직 하나
님 앞에서 견고한 진을 <u>파하는</u> 강력이라 ^{5}모든 이론을 <u>파하</u>
<u>며</u> 하나님 아는 것을 대적하여 높아진 것을 다 <u>파하고</u> 모든
생각을 사로잡아 그리스도에게 복종케 하니

3절, "육체대로 싸우지"에서 바울은 '군대에서 복무하다'(στρατεύομαι)라는 동사를 사용한다. 4절에서 "병기"(ὅπλον)는 '무기'라는 뜻이고, '싸움'(στρατεία)은 전쟁터의 '전투'다. "싸우는 병기"(ὅπλα τῆς στρατείας)는 정확하게 번역하면 '전투 무기들'이다. "견고한 진"(ὀχύρωμα)은 성벽이 난공불락의 견고한 '요새'(要塞)라는 뜻이다. 5절의 "높아진 것"(ὕψωμα)은 '높은 탑'이다. 고대시대 성의 상단부에 있는 탑은 사방을 감시하는 관측소의 역할을 했고, 전시에는 지휘관이 적군과 아군을 한눈에 볼 수 있는 곳이다. '사르잡다'(αἰχμαλωτίζω)는 '포로로 생포하다'라는 말이다. 이런 언어들은 바울이 군사 메타포(military metaphor)를 사용하여 자신을 전쟁터의 전사(戰士)로 바라보고 있다는 것을 보여준다. 바울은 전쟁터에서 성(城)을 포위하고, 그 성을 공격하여 함락시키고, 성안의 주민을 포로로 사로잡아 자신이 섬기는 왕에게 끌고 가서 무릎을 꿇게 하는 장군과 같다. 바울은 이런 일이 곧 자신이 사도로서 하는 일, 사도적 소명이라고 생각한다.

바울은 4절에서 '파괴'라는 명사(καθαίρεσις)를 한 번 사용하고, '파괴하다'라는 동사(καθαιρέω)를 한 번 사용한다. 바울은 인간의 생각, 사상(λογισμός)을 견고한 요새에 비유한다. 바울은 요새와 같은 인간의 생각/사상을 파괴한다. 이때 바울이 사용하는 무기는 '육체적인' 것이 아니다. 칼, 창, 화살과 같은 무기가 아니라, "하나님의 능력"(δυνατὰ τῷ θεῷ)이다. 형용사(δυνατός)+여격 정관사+여격 명사로 된 이 부분을 영어로 번역하면 'powerful for the service of God'로 할 수 있다. 바울의 무기는 하나님을 섬기는 일에 매우 강력한 무기라고 말한 셈이다. 그렇다면 이 무기는 구체적으로 무엇일까? 로마서 1:16, "<u>이 복음은 모</u><u>든 믿는 자에게 구원을 주시는 하나님의 능력</u>(δύναμις, power)이 됨이라,"

고린도전서 1:18, "<u>십자가의 도</u>가 멸망하는 자들에게는 미련한 것이요 구원을 받는 우리에게는 <u>하나님의 능력</u>(δύναμις, power)이라"를 고려할 때 그 무기는 '복음'이다. 바울은 복음을 무기로 하여 사람들의 견고한 요새와 같은 생각과 사상을 무너뜨린다. 바울은 자신을 성벽과 성 위의 탑을 무너뜨리는 병사로 본다. 4절을 다시 번역하면 '우리의 싸움의 무기들은 육체적인(σαρκικός) 무기가 아니라, 견고한 요새를 파괴하기 위해 하나님을 섬기는 강력한 무기인데, 인간의 생각/사상(λογισμός, thought or reasoning, 思想)을 파괴한다'로 할 수 있다.

성벽 위에는 관측을 위한 높은 탑(high watchtower)이 버티고 서 있다. "높아진 것"(ὕψωμα ἐπαιρόμενον)은 성벽 상단에 '솟아오른 높은 탑'이다. 이 탑은 "하나님을 아는 것에 대적하여 높아진"(ἐπαιρόμενον κατὰ τῆς γνώσεως τοῦ θεοῦ) 탑이다. 헬라어로 '하나님의 지식'(ἡ γνῶσις θεοῦ)은 '하나님에 관한 지식,' 혹은 '하나님을 알게 하는 것'으로 번역할 수 있다. '하나님에 관한 지식' 혹은 '하나님을 알게 하는 것'은 복음이다. 그러므로 하나님의 지식에 대항하는 것은 곧 복음에 대항하는 것이다. 높아져 있다는 것은 인간의 교만(hybris)을 상징한다. 바울이 하나님에 대한 지식을 전하면 사람들이 복음을 쉽게 받아들이지 않는다. 오히려 자기 자신을 높이면서 복음을 우습게 보고 거부한다. 이것이 인간의 교만이다. 5절을 다시 번역하면 '하나님을 아는 지식에 대항하여 솟아오른 모든 높은 탑을 파괴하고, 모든 생각을 사로잡아 그리스도에게 복종시킨다'로 할 수 있다.

아테네에서 바울의 복음을 듣고 조롱한 에피쿠로스와 스토아 철학자들(행 17:18)이 보여준 것이 바로 그런 교만이다.

> **사도행전 17:18**, 어떤 <u>에피쿠로스와 스토아 철학자들</u>도 바울과 쟁론할새 어떤 사람은 이르되 이 <u>말쟁이</u>가 무슨 말을 하고자 하느냐 하고 어떤 사람은 이르되 이방 신들을 전하는 사람인가보다 하니 이는 바울이 예수와 부활을 전하기 때문이러라

사도행전 17:32, 그들이 죽은 자의 부활을 듣고 <u>어떤 사람은 조롱도 하고</u> 어떤 사람은 이 일에 대하여 네 말을 다시 듣겠다 하니

"말쟁이"는 헬라어로 '스페르모로고스'(σπερμολόγος)다. '씨앗'(σπέρμα)과 '말씀'(λόγος)이 만나서 만들어진 이 단어는 마치 새가 작은 씨앗을 쪼아 먹듯이, 단편적 지식을 여기저기서 주워듣고 그것을 대단한 지식인 양 이야기하며 지식인 행세를 하는 사람을 비꼬아 부르는 말이다. 철학자들은 높은 탑처럼 자신을 높이고 복음을 깔보는 인간의 교만(hybris)을 보여준다. 고린도전서 1:23에서 복음이 "이방인에게"(여격)는 "미련한 것"이라고 말하는 이유는 이방인들이 복음에 대한 반응이 대체로 '미련한 말'이었기 때문이다. 이방인 대부분은 복음을 듣고, 복음을 '미련한 것'(foolishness)이라고 비웃었다. 헬라인이 믿는 신(神)들은 모두 초능력자(superhuman)임에 반해, 바울이 전하는 신(神)은 로마인들에게 체포되어 무기력하게 십자가에서 잔혹한 죽음을 당했기 때문이다. 헬라인 중 복음을 가장 많이 비웃고, 바울에게 도전하는 사람은 헬라 문화의 최고 지식인으로 자처하는 사람들이었다. 헬라 철학자와 수사학 전문가(orator)들이었다.

고린도전서 1:20, <u>지혜 있는 자가</u> 어디 있느냐 <u>선비가</u> 어디 있느냐 이 세대에 <u>변론가가</u> 어디 있느냐 하나님께서 <u>이 세상의 지혜를</u> 미련하게 하신 것이 아니냐

"지혜 있는 자"(σοφός), "선비/서기장"(γραμματεύς), "변론가"(συζητητής)는 헬라-로마 사회에서 최고의 고등교육을 받은 사람들이다. 사도행전 19:35, "<u>서기장</u>(γραμματεύς)이 무리를 진정시키고 이르되"에서 '그람마튜스'(γραμματεύς)는 '서기장'으로 번역되었지만, 복음서에서는 '서기관'으로 번역되었다. '선비'보다는 '서기관' 혹은 '서기장'으로 번역하는 것이 좋다. 이들은 "이 세상의 지혜"(고전 1:20-21)를 대변한다. 헬라 사회의 최고의 지성인들은 헬라 문화를 수호하는 사람들이다. 자신이 속한 사회

의 세계관을 적극적으로 방어하기 위해 바울과 맞서 논쟁한다. 그들은 견고한 진을 방어하기 위해 관측탑 위에 올라가서 항전(抗戰)하는 지휘관과 같은 역할을 한다. 바울은 복음으로 그들의 교만과 생각을 다 무너뜨린다. 성을 공격하는 부대가 돌 대포를 던져서 탑을 무너뜨리듯이, 바울은 그들의 교만한 생각을 다 무너뜨린다. 바울은 "모든 생각"을 사로잡는다. 사람들의 마음속에 있는 모든 '생각'(νόημα, mind or thought)을 사로잡아, "그리스도에게 복종케" 한다. 마치 전쟁에서 승리한 장군이 포로들을 잡아 자신이 섬기는 왕에게로 끌고 가서 그 앞에 무릎을 꿇게 하는 것과 같다.

바울의 전도는 헬라인의 세계관을 무너뜨리는 것에서 시작한다. 그의 전도는 파괴 후 건설이다. 기존의 세계관을 파괴는커녕 건드리지도 않고 내버려 둔 채 '예수 천당 불신 지옥'만을 외치는 방식의 전도가 아니다. 바울의 전도는 기존의 세계관이 건물이라면 그 건물을 부수고, 복음의 새로운 세계관, 가치관으로 새롭게 세우는 것이다. 그래서 바울은 A라는 사람이 A'가 되는 약한 개종(weak conversion)이 아니라 A라는 사람이 죽어 이 세상에서 사라지고 B라는 사람으로 새로 태어나는 강력한 개종(strong conversion)을 만들어낸다. 전도할 때 그 사람에게 현재의 세계관이 잘못되어 있다는 것을 확신시켜 그것을 무너뜨리면 이런 강력한 개종이 일어날 수 있다. 그런 종류의 사람은 과거와 철저하게 단절된다. 파괴가 있었기 때문에 그 사람이 우상숭배로 돌아갈 가능성이 매우 작다. 그런 사람은 복음 때문에 핍박을 받는다 할지라도, 그가 배교할 가능성은 매우 작다. 여기에 바로 바울이 매우 짧은 시간에 핍박을 이기는 성도를 만들어 낸 첫 번째 비결이 있다.

우리도 전도할 때 같은 방법을 사용할 수 있다. 오늘날 한국사회의 세계관을 지탱하는 뼈대는 무엇인가? 우리는 이 질문을 먼저 던져야 한다. 그리고 이 뼈대를 어떻게 하면 빨리 철저하게 부술 수 있는지를 연구해야 한다. 만약 오늘날의 세계관을 지탱하는 게 물질주의라면, 바울이 우상숭배를 비판하여 헬라 세계관을 무너뜨렸듯이, 우리도 물질주의를 비판하여 한국인의 세계관, 가치관을 무너뜨려야 한다. 이때 우리가 사용할 수 있는 가장 강력한 무기는 무엇일까? 아마도 복음의 종말론, 즉 죽음과 심판에 관한 가르침일 것이다. 보편 종말보다 개인 종말이 더 강력한 효과가 있을 것이다. 인생에는 끝이 있다는 사실은 사람들이 돈의 가치를 다른 관점에서 보게 만든다. 인간은 죽음이라는 안경을 쓰고, 죽음이라는 렌즈를 통해서 자신과 세상을 바라보게 될 때, 비로소 자신의 인생에서 무엇이 중요하고, 무엇이 중요하지 않은지를 깨닫게 된다. 과거에는 물질이 절대적 가치를 갖고 있었다면, 죽음을 직시한 후에는 물질에 대해 상대적인 가치만을 갖게 될 것이다.

피터 버거의 종교사회학에서 개종은 한마디로 하나의 세계를 떠나 다른 세계로 옮겨가는 것이다. 개종하지 않은 헬라인은 여전히 A라는 세계 속에서 살고 있다. 바울은 이들을 B라는 세계로 옮겨놓기 위해서 제일 먼저 그들을 A라는 세계로부터 분리하여 떼어내야 한다. 교회를 개척하기 위해서, 불신자를 신자로 만들기 위해서, 제일 먼저 해야 할 일은 무엇일까? 그것은 바로 불신자들로 하여금 그들이 현재 살고 있는 세계, 즉 주관적으로 지각된 현실(Subjectively Conceived Reality)이 잘못된 것임을 깨닫게 해서, 그들을 그 세계로부터 분리하는 일이다.[59] 이 분리가 일어나려면 그 세계를 구성하고 있는 요소들 중 가장 중요하고, 인간의 삶을 가장 복합적으로 얽어매고 있는 연결고리를 끊어야 한다. 헬라 사회에서 그것은 헬라 종교다. 성경적 표현으로 바꾸면 우상숭배다. 바울은 복음의 다른 어떤 메시지보다 앞서, 강력한 유일신관을 가장 먼저 선포하였다. 헬라인들을 그들의 세계관으로부터 일단 분리하지 않으면 전도도, 교회 개척도 불가능하기 때문이다.

---

59) 이 점에 대해서는 Peter L. Berger and Thomas Luckmann, *The Social Construction of Reality: A Treatise in the Sociology of Knowledge* (New York: Doubleday, 1966), 119-150을 보라.

1:10 또 죽은 자들 가운데서 다시 살리신 그의 아들이 하늘로부터 강림하실 것을 너희가 어떻게 기다리는지를 말하니 이는 장래의 노하심에서 우리를 건지시는 예수시니라

10절에서도 바울은 "그들"(9절)이 전하는 소문의 내용을 소개한다. 9절에서는 유일신 하나님에 관한 메시지였다면, 10절에서는 예수 그리스도에 관한 메시지다. 10절에는 "예수"라는 이름이 나온다. 예수는 누구인가? "그의 아들," 즉 '하나님의 아들'이다. "죽은 자들 가운데서"는 하나님의 아들 예수가 십자가에서 죽었다는 것을 말한다. 예수는 왜 십자가에서 죽어야 했나? "장래의 노하심에서 우리를 건지시"기 위해서다. "장래의 노하심에서"(ἐκ τῆς ὀργῆς τῆς ἐρχομένης)는 '다가오는 (하나님의) 진노로부터'로 번역하는 게 더 좋다. '에르코마이'(ἔρχομαι, '오다')의 현재분사인 '에르코메노스'(ἐρχόμενος)는 '다가오는'이란 뜻이며, 하나님의 진노가 곧 임박했다는 긴급성을 나타낸다. "건지시는"으로 번역된 '뤼오마이'(ῥύομαι)는 '구원하다'라는 뜻이다. 예수는 다가오고 있는 하나님의 진노로부터 우리를 구원하신다. 그는 우리를 구원하시는 구원자다. 종말의 심판에서 죄인은 하나님의 진노를 직접 당하게 된다. 그것이 바로 죄에 대한 형벌이다. 그러나 예수의 죽음으로 성도들은 그 하나님의 진노를 경험하지 않아도 되게 되었다.

"다시 살리신"은 하나님께서 십자가에서 죽은 예수를 다시 살리셨다는 뜻이다. 바울은 예수의 죽음과 부활을 동시에 말한다. 고린도전서 15:3-4, "내가 받은 것을 먼저 너희에게 전하였노니 이는 <u>성경대로 그리스도께서 우리 죄를 위하여 죽으시고 장사 지낸 바 되셨다가 성경대로 사흘 만에 다시 살아나사</u>"는 바울이 전한 복음이 곧 "성경대로 그리스도께서 우리 죄를 위하여 죽으시고 장사 지낸 바 되셨다가 성경대로 사흘 만에 다시 살아나"셨다는 것이라고 말한다. 초대교회의 사도들로부터 바울이 전달받아 고린도 성도들에게 전달해준 복음의 핵심은 예수의 1) 죽으심, 2) 장사되심, 3) 다시 살아나심, 이 세 가지다. 그중에서 두 번째 것을 생략하면 예수의 죽음과 부활 두 가지만 남는다. 바울이 하나님으로부터

직접 "예수 그리스도의 계시"(갈 1:12)를 통해 받은 복음은 바로 이 예수의 죽음과 부활에 관한 복음이었다. 바울은 예수가 '우리의 죄를 위해 죽으셨고, 부활하셨다'는 십자가 복음을 전했다. 십자가 복음의 핵심 단어는 죽음과 부활이다.

그 예수는 "하늘로부터 강림"하신다. 십자가에서 죽고 부활하신 예수는 하늘로 올라가셔서 하나님 보좌 우편에 앉아 계신다(롬 8:34; 고전 15:25; 엡 1:20; 골 3:1; ; 참고, 마 22:44; 26:64; 막 12:36; 14:62; 16:19; 눅 20:42 이하: 22:69; 행 2:34 이하; 히 1:3, 13; 8:1; 10:12 이하). 예수는 임박한 미래에 강림하신다. 십자가 복음에는 예수 그리스도께서 종말에 강림하신다는 것이 포함되어 있다(살전 4:16, "**주께서 호령과 천사장의 소리와 하나님의 나팔 소리로 친히 하늘로부터 강림하시리니**"). 데살로니가전서 1:10의 헬라어 본문에는 '강림하다'라는 동사(καταβαίνω, '내려오다')나 명사(παρευσία, 파루시아는 πάρειμι의 명사형/πάρειμι, '함께 있다')는 사용되지 않았다. ἀναμένειν τὸν υἱὸν αὐτοῦ ἐκ τῶν οὐρανῶν를 9절의 "**어떻게**"(πῶς)와 연결하여 번역하면 '하늘로부터 (오시는) 그의 아들을 어떻게 기다리는지'로 번역할 수 있다.

'하늘로부터 오는 그의 아들'은 다니엘서 7:13, "**인자 같은 이가 하늘 구름을 타고 와서**"를 연상하게 한다. 바울은 예수를 다니엘서 7:13의 '인자 같은 이'와 같은 분으로 본다. 고린도전서 15:47, "**둘째 사람은 하늘에서 나셨느니라**"(ὁ δεύτερος ἄνθρωπος ἐξ οὐρανοῦ)에서 둘째 아담은 곧 다니엘서 7:13의 '인자'(Son of Man)다. 고린도전서 15:48-49의 "**하늘에 속한 이**"(ὁ ἐπουράνιος)도 다름 아닌 인자다. 바울은 인자와 예수 그리스도를 같은 분으로 본다. 그리스도는 원래부터 하늘에 계셨고, 지금도 하늘에 계시고, 앞으로 하늘로부터 다시 오신다.

10절에는 바울의 십자가 복음이 잘 요약되어 있다. 그는 '하나님의 아들 예수는 우리를 다가오는 하나님의 진노로부터 구원하기 위해 십자가에서 죽으셨고, 부활하셨고, 머지않아 하늘로부터 오셔서 세상을 심판하신다'라고 가르쳤다. 데살로니가 성도들은 바울의 복음을 그대로 믿었고, 그들이 믿은 복음을 그대로 선포했다. 그래서 바울의 귀에 자신이 전했던 십자가 복음이 다시 들려왔다. 그들에게서 '울려 나온'(ἐξήχηται, 살전 1:8, 원형은 ἐξηχέω, to sound forth, resound, '반향하다') "주의 말씀"(살전 1:8)은 바로 그가 전한 십자가 복음이었다.

10절에 나오는 바울의 십자가 복음에는 그의 '속죄론'(atonement theory)이 잘 나타나 있다. 바울의 속죄론의 핵심은 1) 진노의 해소(propitiation), 2) 대체(substitution), 이 두 가지다. propitiation을 영어로 풀어 설명하면 appeasement of God's wrath(하나님의 진노를 누그러뜨림)이다. 하나님의 진노는 인간의 죄에 대한 의로우신 하나님의 정당한 반응이다. 만약 하나님께서 인간의 죄에 진노하지 않고, 아무런 반응도 보이지 않는다면, 하나님은 의로우신 분이 아니다. 죄를 지은 인간은 궁극적으로 하나님의 진노를 경험하게 된다. 만약 인간이 하나님의 진노를 직접 경험하게 된다면 그 결과는 멸망이다(출 32:10, "그런즉 내가 하는 대로 두라 내가 <u>그들에게 진노하여 그들을 진멸하고</u>").

레위기의 속죄 제사 규정은 죄로 인한 하나님의 진노를 인간이 경험하지 않고, 피할 수 있게 해준다. 레위기는 죄인이 하나님께 속죄 제물을 바치면 하나님의 진노가 해소된다고 말한다. 레위기에서 '속죄하다'로 번역된 히브리어 동사는 '카파르'(כָּפַר)다. 이 동사의 기본 뜻은 '덮다'(to cover)이지만, '피엘'(Piel)형이 되면 '진노를 없애다'(to pacify, propitiate)라는 뜻이 된다. '속죄하다'(to make atonement for)와 '진노를 없애다'(to propitiate)는 같은 뜻이다. 하나님의 진노를 없애는 것이 곧 속죄하는 것이다. 70인역 레위기에서 '카파르'(כָּפַר)의 피엘형은 일관되게 '엑실라스코마이'(ἐξιλάσκομαι, to make atonement, to propitiate) 동사로 번역된다. 개역성경은 '속죄하다'로 번역했고, 그 뜻은 '하나님의 진노를 해소하다'라는 뜻이다. 레위기에서 '엑실라스코마이'(ἐξιλάσκομαι) 동사가 사용되는 구절을 일부 살펴보면 아래와 같다.

레위기 4:20, 그 송아지를 속죄제의 수송아지에게 한 것 같이 할지
며 제사장이 그것으로 회중을 위하여 <u>속죄한즉</u>(ἐξιλάσκομαι)

그들이 사함을 받으리라

레위기 4:31, 그 모든 기름을 화목제물의 기름을 떼어낸 것 같이 떼어내 제단 위에서 불살라 여호와께 향기롭게 할지니 제사장이 그를 위하여 속죄한즉(ἐξιλάσκομαι) 그가 사함을 받으리라

레위기 4:35, 그 모든 기름을 화목제 어린 양의 기름을 떼낸 것 같이 떼내어 제단 위 여호와의 화제물 위에서 불사를지니 이같이 제사장이 그가 범한 죄에 대하여 그를 위하여 속죄한즉(ἐξιλάσκομαι) 그가 사함을 받으리라

레위기 5:6, 그 잘못으로 말미암아 여호와께 속죄제(περὶ τῆς ἁμαρτίας)를 드리되 양 떼의 암컷 어린 양이나 염소를 끌어다가 속죄제를 드릴 것이요 제사장은 그의 허물을 위하여 속죄할지니라(ἐξιλάσκομαι)

레위기 5:10, 그 다음 것은 규례대로 번제를 드릴지니 제사장이 그의 잘못을 위하여(περὶ τῆς ἁμαρτίας αὐτου) 속죄한즉(ἐξιλάσκομαι) 그가 사함을 받으리라(ἀφεθήσεται; '용서하다'라는 뜻의 ἀφίημι의 수동태)

레위기 6:7, 제사장은 여호와 앞에서 그를 위하여 속죄한즉(ἐξιλάσκομαι) 그는 무슨 허물이든지 사함을 받으리라

레위기 6:30, 그러나 피를 가지고 회막에 들어가 성소에서 속죄하게 한(ἐξιλάσκομαι) 속죄제(περὶ τῆς ἁμαρτίας) 제물의 고기는 먹지 못할지니 불사를지니라

'속죄하다'(ἐξιλάσκομαι) 라는 동사와 '속죄 제물'(περὶ τῆς ἁμαρτίας) 이란 명사가 함께 사용되는 것을 눈여겨보아야 한다. 주의할 점은 '하마르티아'(ἁμαρτίας)와 '하타아트'(חַטָּאת)가 둘 다 '죄'라는 뜻의 명사지만, 동시에 '속죄 제물'이라는 뜻도 갖고 있다는 점이다. '페리 테스 하마르티아스'(περὶ τῆς ἁμαρτίας)는 전치사 구이지만, 관용적으로 명사로 사용된다. 히브리어 본문에서 '르핫타아트'(לְחַטָּאת)가 전치사 구이지만, 명사로 사용되는 것과 똑같다. 속죄 제물의 헬라어 표현은 여러 형태가 있다. 기본형은 '페리 테스 하마르티아스'(περὶ τῆς ἁμαρτίας)다. περὶ ἁμαρτίας만 써도 속죄 제물이 되고, 앞에 중성관사 τό를 붙여서 τό περὶ τῆς ἁμαρτίας로 해도 '속죄 제물'의 뜻이 된다. 물론 '하마르티아'(ἁμαρτία)만 써도 속죄 제물이란 뜻으로 사용할 수 있다.

레위기 16장의 대속죄일에 관한 규정에서도 '속죄하다'(ἐξιλάσκομαι)라는 동사가 아래와 같이 사용된다. 아래의 구절들은 모두 다 하나님의 진노를 해소하는 제물에 관한 규정이다.

> 레위기 16:10, 아사셀을 위하여 제비 뽑은 염소는 산 채로 여호와 앞에 두었다가 그것으로 속죄하고(ἐξιλάσκομαι) 아사셀을 위하여 광야로 보낼지니라

> 레위기 16:16-18,
> ¹⁶곧 이스라엘 자손의 부정과 그들이 범한 모든 죄로 말미암아 지성소를 위하여 속죄하고(ἐξιλάσκομαι) 또 그들의 부정한 중에 있는 회막을 위하여 그같이 할 것이요 ¹⁷그가 지성소에 속죄하러(ἐξιλάσκομαι) 들어가서 자기와 그의 집안과 이스라엘 온 회중을 위하여 속죄하고(ἐξιλάσκομαι) 나오기까지는 누구든지 회막에 있지 못할 것이며 ¹⁸그는 여호와 앞 제단으로 나와서 그것을 위하여 속죄할지니(ἐξιλάσκομαι) 곧 그 수송아지의 피와 염소의 피를 가져다가 제단 귀퉁이 뿔들에 바르고

레위기 16:24-34

²⁴거룩한 곳에서 물로 그의 몸을 씻고 자기 옷을 입고 나와서 자기의 번제와 백성의 번제를 드려 자기와 백성을 위하여 속죄하고(ἐξιλάσκομαι) ³⁰이 날에 너희를 위하여 속죄하여(ἐξιλάσκομαι) 너희를 정결하게 하리니 너희의 모든 죄에서 너희가 여호와 앞에 정결하리라 ³³지성소를 속죄하며(ἐξιλάσκομαι) 회막과 제단을 속죄하고 또 제사장들과 백성의 회중을 위하여 속죄할지니(ἐξιλάσκομαι) ³⁴이는 너희가 영원히 지킬 규례라 이스라엘 자손의 모든 죄를 위하여 일 년에 한 번 속죄할 것이니라(ἐξιλάσκομαι) 아론이 여호와께서 모세에게 명령하신 대로 행하니라

레위기 17:11, 육체의 생명은 피에 있음이라 내가 이 피를 너희에게 주어 제단에 뿌려 너희의 생명을 위하여 속죄하게 하였나니(ἐξιλάσκομαι) 생명이 피에 있으므로 피가 죄를 속하느니라(ἐξιλάσκομαι)

민수기 29:11, 속죄제와 상번제와 그 소제와 그 전제 외에 숫염소 한 마리를 속죄제로 드릴 것이니라 (περὶ ἁμαρτίας ἐξιλάσασθαι)

민수기 25:11-13에서 '속죄하다'(ἐξιλάσκομαι) 동사는 하나님의 진노와 함께 사용되며, '속죄'가 곧 하나님의 진노를 해소하는 것임을 잘 보여준다.

민수기 25:11-13

¹¹제사장 아론의 손자 엘르아살의 아들 비느하스가 내 질투심으로 질투하여 이스라엘 자손 중에서 내 노를 돌이켜서 내 질투심으로 그들을 소멸하지 않게 하였도다 … ¹³그와 그의 후손에게 영원한

제사장 직분의 언약이라 그가 그의 하나님을 위하여 질투
하여 이스라엘 자손을 <u>속죄하였음이니라</u>(ἐξιλάσκομαι)

　　"내 노를 돌이켜서"에서 '돌이키다'로 번역된 헬라어 동사는 '카타
파우오'(καταπαύω)다. 이 동사의 뜻은 '진정시키다'(to lay to rest)
혹은 '종식시키다'(to put an end to)라는 뜻이다. '카타파우오'는 강세
의 접두어 'κατα-'를 '파우오'(παύω)에 붙여서 만든 동사다. '파우
오'(παύω)의 뜻은 '중단시키다'(to make to cease)이다. 그러므로 '카
타파우오'(καταπαύω) '중단'의 뜻이 더 강조된 동사다. '완전히 중단시
키다' 정도의 뜻이다. 비느하스가 하나님의 심판에도 불구하고 음행을
하는 이스라엘 남자와 미디안 여자를 죽임으로 하나님의 진노는 '완전
히 중단되었다.' 하나님의 진노가 완전히 중단되게 하는 것이 '속죄하는
것'이다. 민수기 25:4, "여호와의 진노가 이스라엘에게서 떠나리라"도
11절의 "내 노를 돌이켜서"와 같은 개념인데, 4절에서는 '아포스트레
포' (ἀποστρέφω)가 사용되었다. 이 동사의 뜻은 타동사면 '돌이키
다'(to turn back), '떠나가게 하다'(to put to flight)이고, 자동사면 '떠
나가다'(to turn away)이다. 여기서는 자동사로 사용되었다. 이 동사는
'카타파우오'(καταπαύω)와 마찬가지의 뜻으로 사용되었다. 둘 다 하나
님의 진노가 사라지는 것을 묘사하는 동사다.

　　레위기의 '속죄하다'(ἐξιλάσκομαι) 동사의 용법이 중요한 이유는
로마서 3:25, "이 예수를 하나님이 그의 피로써 믿음으로 말미암는 <u>화목
제물</u>(ἰλαστήριον)로 세우셨으니"에서 이 동사의 명사형인 '힐라스테리
온'이 사용되고 있기 때문이다. "화목제물"로 번역된 단어는 헬라어로
'힐라스테리온'(ἰλαστήριον)이라는 단어다. 이 단어는 70인역 구약성
서에서 '속죄소/시은소(施恩所)'(mercy seat)라는 뜻으로 주로 사용되
었다(27번 사용 중에 21번은 속죄소로 사용됨). 레위기 16:2, "성소의
휘장 안 법궤 위 속죄소(ἰλαστήριον) 앞에 아무 때나 들어오지 말라"에
서 속죄소는 법궤의 상단 부분을 가리킨다. 히브리서 9:5, "그 위에 <u>속죄
소</u>(ἰλαστήριον)를 덮는 영광의 그룹들이 있으니"에서도 '힐라스테리온'

은 속죄소의 뜻으로 사용되었다. 법궤의 상단 부분에 양쪽으로 그룹이 날개를 펴고 있고, 그 사이에 하나님이 앉아 계신다고 생각한다. 하나님이 앉아 계시는 그 자리가 바로 '속죄소'다. 일 년에 한 번씩 돌아오는 대속죄일에 대제사장은 제물의 피를 지성소 안에 있는 속죄소 앞에 뿌린다(레 16:14, "그는 또 수송아지의 피를 가져다가 손가락으로 <u>속죄소</u> 동쪽에 뿌리고 또 손가락으로 <u>그 피를 속죄소 앞에 일곱 번 뿌릴 것이며</u>"). 또 수송아지 와 염소의 피도 뿌린다.

> 레위기 16:18-19
> [18]그는 여호와 앞 제단으로 나와서 그것을 위하여 속죄할지니 곧 <u>그 수송아지의 피와 염소의 피를</u> 가져다가 제단 귀퉁이 뿔들에 바르고 [19]또 손가락으로 <u>그 피를 그 위에 일곱 번 뿌려</u> 이스라엘 자손의 부정에서 제단을 성결하게 할 것이요

또 다른 염소인 '아사셀' 염소는 광야로 보내는데, 이때 이 염소는 백성들의 죄를 지고 간다. 인간의 죄를 어깨에 짊어진 염소는 광야 먼 곳으로 보내어져, 백성들의 죄를 진중에서 제거한다. 여기에서 사용된 '나사'(נָשָׂא, to bear)라는 동사는 '어깨에 짊어지다'라는 뜻이다. 속죄 제물이 백성들의 죄를 '담당한다'는 말은 속죄 제물이 백성들의 죄를 '어깨에 짊어지고' 인간 대신 희생된다는 뜻이다. 여기에서 나타나는 중요한 개념은 '대신/대체'(substitution)이란 개념이다. 속죄 제물이 우리를 '대신하여'(in place of) 혹은 우리를 '위하여'(on behalf of) 죽는다.

> 레위기 16:22. 염소가 <u>그들의 모든 불의를 지고</u>(נָשָׂא, to bear) 접근하기 어려운 땅에 이르거든 그는 그 염소를 광야에 놓을지니라

> 레위기 10:17. 이 <u>속죄제물</u>은 지극히 거룩하거늘 너희가 어찌하여 거룩한 곳에서 먹지 아니하였느냐 <u>이는 너희로 회중의</u>

<u>죄를 담당하여</u>(to bear, נָשָׂא) 그들을 위하여 여호와 앞에 속
죄하게 하려고 너희에게 주신 것이니라

고난받는 주의 종의 노래인 이사야 53:11에서는 주의 종이 많은
사람의 죄를 어깨에 짊어진다고 말한다. 이때 사용된 동사는 '나사'(נָשָׂא,
to bear)다. 이사야 53:4, 11에서는 동의어인 '사발'(סָבַל, to carry, bear)
이 사용되었다.

이사야 53:12, 그가 <u>많은 사람의 죄를 담당하며</u>(נָשָׂא, to bear)
범죄자를 위하여 기도하였느니라

이사야 53:4, 그는 실로 <u>우리의 질고를 지고</u>(סָבַל, to carry,
bear) 우리의 슬픔을 당하였거늘 우리는 생각하기를 그는 징
벌을 받아 하나님에 맞으며 고난을 당한다 하였노라

이사야 53:11, 그가 자기 영혼의 수고한 것을 보고 만족하게 여
길 것이라 나의 의로운 종이 자기 지식으로 많은 사람을 의롭
게 하며 또 <u>그들의 죄악을 친히 담당하리로다</u>(סָבַל, to carry,
bear)

이사야 53:6, "<u>우리 모두의 죄악을 그에게 담당시키셨도다</u>"에서는
'파가'(פָּגַע)라는 동사가 사용되었다. 그 뜻은 '떨어지게 하다'(to cause
to fall)이다. '우리의 죄가 그에게 떨어지게 했다'라는 말이다. '나사'
(נָשָׂא, to bear) 혹은 '사발'(סָבַל, to carry, bear)과 동사는 다르지만, 문장
의 뜻은 사실상 동일하다. 주의 종의 어깨에 우리의 죄가 떨어져, 그가
짊어졌다.

이사야 53:6, 우리는 다 양 같아서 그릇 행하여 각기 제 길로 갔거늘 여
호와께서는 <u>우리 모두의 죄악을 그에게 담당시키셨도다</u>(פָּגַע, to cause

to fall)

그러므로 "예수를 … 하나님이 … **화목제물로 세우셨으니**"는 '예수를 … 하나님이 … 속죄소/시은소로 세우셨으니'로 번역할 수도 있다. 이런 해석법은 고대교회에서 오랫동안 사용됐고, 현재도 그렇게 해석할 것을 주장하는 학자들이 있다. 하지만 현대의 다수의 학자는 이 해석법을 채용하지 않는다. 그 이유는 "**화목제물로 세우셨으니**"의 동사 '프로티떼미'(προτίθημι)의 뜻이 '공개적으로 보여주다'(to set forth/display publicly)라는 뜻이기 때문이다. 예수를 대중에게 폐쇄된 지성소의 속죄소로 해석하면 이 동사의 뜻과 앞뒤가 맞지 않다. 또 예수를 속죄소라는 '장소'로 보는 것도 아무래도 어색하다. 그러나 이것보다 더 중요한 이유는 '힐라스테리온'이라는 단어가 세속 헬라어에서 사용된 용법 때문이다.

세속 헬라어 문헌에서 이 단어와 파생어들은 '신의 분노를 잠재우다'(to propitiate, appease God's wrath)라는 뜻으로 사용되었다. 헬라인들은 우상숭배의 맥락에서 명사형 '힐라스테리온'(ίλαστήριον)과 또 다른 명사형인 '힐라스모스'(ίλασμός)를 '신의 분노를 달래는 재물'이란 뜻으로, 동사형 '힐라스코마이'(ίλάσκομαι)는 '신의 분노를 달래다'라는 뜻으로 사용했다. 접두어 'ἐκ-'를 붙여 만든 '엑실라스코마이'(ἐξιλάσκομαι) 동사와 그 동사의 파생어로 명사형, '엑실라시스'(ἐξίλασις) 혹은 '엑실라스모스'(ἐξιλασμός, propitiation, atonement), ἐξίλασμα (propitiatory offering) 등도 같은 뜻으로 사용되었다. 세속 헬라어에서 이런 단어들은 제의적 의미로 사용되고 있었다. 헬라인/로마인은 '힐라스테리온'이라는 단어를 들었을 때 즉각적으로 예수의 죽음을 제물로 이해했을 것이다. 바울도 이점을 알고 있었으므로 로마서 3:25에서 이 단어를 '하나님의 진노를 해소하는 제물'의 뜻으로 사용했을 것이다. 그러므로 '화목제물'이라는 현재 개역개정판 한글 번역은 '힐라스테리온'이 갖고 있는 의미를 제대로 전달하지 못한다. '하나님의 진노를 잠재우기 위한 제물'로 번역한다면 원래의 의미를 전달할 수 있다. 요한일서에서 '힐라스모스'(ίλασμός)는 아래와 같이 두 번 사용되며, '힐라스테리온'

(ἱλαστήριον)과 마찬가지 뜻으로 사용되었다. 이 경우에도 '화목제물'보다는 '하나님의 진노를 잠재우기 위한 제물'로 번역하는 것이 더 낫다. 아니면 차라리 '속죄제물'로 번역하는 것도 더 나은 선택이다.

> 요한일서 2:2, 그는 우리 죄를 위한 <u>화목제물</u>(ἱλασμός)이니 우리만 위할 뿐 아니요 온 세상의 죄를 위하심이라

> 요한일서 4:10, 사랑은 여기 있으니 우리가 하나님을 사랑한 것이 아니요 하나님이 우리를 사랑하사 우리 죄를 속하기 위하여 <u>화목제물</u>(ἱλασμός)로 그 아들을 보내셨음이라

신구약 성경에서 죄의 용서는 속죄의 제물이 인간의 죄를 대신해서(substitution) 죽음으로 하나님의 진노가 해소되었기(propitiation, appeasement of God's wrath) 때문에 죄를 용서받게 된 것이다. 하나님께서 아무런 이유 없이 인간이 지은 죄를 없애주셔서(expiation, removal of sin) 용서받은 것이 아니다. propitiation이 있었기 때문에 그 결과로 expiation이 생겨난 것이다. 속죄 제물이 죽어 하나님의 진노가 해소된 것을 언급하지 않고 그냥 하나님께서 예수의 죽음을 보시고, 우리의 죄를 용서하셨다고 설명하는 것은 속죄에 대한 올바른 설명법이 아니다.

로마서 1:18-3:20의 중심 주제는 인간의 죄에 대한 하나님의 진노다. '진노'는 네 번(롬 1:18; 2:5, 8; 3:5), 심판은 그 이상 언급되고 있다(롬 2:2, 3, 5, 12, 16; 3:6, 7). 속죄와 하나님의 진노 사이에는 떼려야 뗄 수 없는 개념의 연결고리가 있다. 로마서 3:25에서 바울은 "**하나님이 그의 피로써…화목제물로 세우셨으니**"라고 말한다. 왜 바울은 여기에서 '예수의 피'를 언급하는 것일까? 왜냐하면 그리스도의 피가 하나님의 진노를 해소(propitiation of God's wrath)하기 때문이다. 이 점은 로마서 5:9, "그러면 이제 우리가 <u>그의 피로 말미암아 의롭다 하심을 받았으니</u> 더욱 <u>그로 말미암아 진노하심에서 구원을 받을 것이니</u>"에도 분명하게 나타

나고 있다. 바울은 그리스도의 피를 통하여 우리가 하나님의 '진노로부터의 구원'을 받았다고 말한다. 그리스도의 피와 진노/형벌로부터의 구원이 직접 연결되어 있다. 그러므로 로마서 3:25, "예수를 … **하나님이 … 화목제물로 세우셨으니**"는 '예수를 … 하나님이 … 자신의 진노를 해소하는 제물로 세우셨으니'로 번역하는 것이 가장 정확한 번역이다.

구원을 '하나님의 진노로부터의 구원'으로 보고, 진노의 개념과 그리스도의 죽음을 연결하는 바울의 속죄론은 데살로니가전서 5:9-10에서도 확인된다.

> 데살로니가전서 5:9-10
> [9]하나님이 우리를 세우심은 <u>노하심에 이르게 하심이 아니요</u>
> <u>오직 우리 주 예수 그리스도로 말미암아 구원을 받게 하심이</u>
> <u>라</u> [10]<u>예수께서 우리를 위하여 죽으사</u> 우리로 하여금 깨어 있
> 든지 자든지 자기와 함께 살게 하려 하셨느니라

"**예수께서 우리를 위하여 죽으**"심으로(살전 5:10) 우리는 하나님의 진노에 도달하지 않게 되었다(살전 5:9, "**노하심에 이르게 하심이 아니요**"). 여기에서도 '하나님의 진노'가 언급된다. 그것이 바로 우리가 "**우리 주 예수 그리스도로 말미암아**"(살전 5:9) 받은 구원이다.

바울은 예수께서 우리를 위해 죽으셨고, 그 결과로 우리가 하나님의 진노를 면하고 구원을 받을 수 있게 되었다고 매우 명확하게 구원을 설명한다. 이것은 갈라디아서나 로마서에서 바울이 말하는 구원론과 다르지 않다.

예수는 하나님의 대행자(agent)로서(롬 5:8-11; 8:3, 32; 갈 2:20, 4:4이하; 고전 15:24-28), 만물을 심판하고 복종시키기 위해 "**하늘로부터 강림**"하신다. 이러한 바울의 종말론은 그의 사역의 후반부에 만들어진 것이 아니라 애초부터 그의 복음의 핵심에 있었다. 이 재림의 시기는 알 수 없다. 재림은 먼 훗날일 수도 있지만 내일일 수도 있다. 재

림은 임박한 것이다.

종말을 도적이 오는 것에 비유한 것은 마태복음 24:43(눅 12:39)을 상기시킨다. 바울은 예수의 전승을 전해 받아, 이것을 전달하고 있는 것으로 보인다.

마태복음 24:42-44
[42]그러므로 깨어 있으라 어느 날에 너희 주가 임할는지 너희가 알지 못함이니라 [43]너희도 아는 바니 만일 집 주인이 도둑이 어느 시각에 올 줄을 알았더라면 깨어 있어 그 집을 뚫지 못하게 하였으리라 [44]이러므로 너희도 준비하고 있으라 생각하지 않은 때에 인자가 오리라

임박한 종말에 대한 가르침은 핍박을 당한 교회의 성도들에게 큰 위로의 메시지가 된다. 왜냐하면 하나님의 심판을 통해 성도들은 구원을, 교회를 핍박한 자들은 심판을 받아, 하나님의 시시비비를 가려주심(vindication)을 곧 경험하게 될 것이기 때문이다.

바울은 예수의 죽음과 부활을 가르쳤다. 예수의 죽음과 부활은 바울 복음의 핵심이면서 바울의 교회 개척용 가르침의 핵심이다.

근거 본문:

데살로니가전서 1:10, 또 죽은 자들 가운데서 다시 살리신 그의 아들이 하늘로부터 강림하심을 기다린다고 말하니 이는 장래 노하심에서 우리를 건지시는 예수시니라

데살로니가전서 4:14, 우리가 예수의 죽었다가 다시 사심을 믿을진대 이와 같이 예수 안에서 자는 자들도 하나님이 그와 함께 데리고 오시리라

데살로니가전서 5:9-10, [9]하나님께서 우리를 세우심은 노하심에 이르게 하심이 아니요 오직 우리 주 예수 그리스도로 말미암아 구원을 받게 하심이라 [10]예수께서 우리를 위하여 죽으사 우리로 하여금 깨어 있든지 자든지 자기와 함께 살게 하려 하셨느니라

바울은 데살로니가에서 이신칭의의 복음을 가르쳤다. 그는 예수의 십자가 죽음과 부활, 그가 우리의 죄를 위해 우리 대신 죽으셨다는 것, 그의 죽음으로 인해 최후의 심판 때에 하나님의 진노를 피할 수 있게 되었다는 것, 믿음으로 구원을 받는다는 것을 가르쳤다. 데살로니가전서 4:14, "우리가 예수의 죽었다가 다시 사심을 믿을진대"는 바울이 예수의 죽음과 부활에 관한 복음을 선포했음을 분명히 보여준다. "믿을진대"($\pi\iota\sigma\tau\epsilon\upsilon o\mu\epsilon\nu$, '우리가 믿는다')는 바울이 십자가 복음을 믿을 것을 요구했음을 보여준다. 예수의 죽음과 부활, 그리고 우리가 얻게 되는 영

원한 생명에 관한 바울의 복음을 '우리가 믿어야' 구원을 얻을 수 있기 때문이다. 데살로니가전서 4:14에서 사용된 동사 '피스튜오'(πιστεύω)는 '신실함'이 아니라, 그리스도의 죽음과 부활의 복음을 '믿음으로' 구원받는다는 점을 명확하게 보여준다.

바울의 청중 중에 창조주 하나님을 받아들이고 우상숭배를 그만둔 사람들은 곧이어 인간의 죄를 향한 하나님의 진노에 대해 듣게 되었을 것이다. 종말이 언제 올지 모르는 상황에서 그들은 하나님의 심판에 대해 두려움을 갖게 되었을 것이다. 바울은 이때 하나님의 진노를 피할 수 있는 구원의 길을 소개했을 것이다. 그것은 곧 예수 그리스도의 십자가 죽음과 부활, 그는 믿음으로 얻을 수 있는 구원이다.

그의 청중들이 우상숭배를 그만둠으로 그들의 세계관이 무너져 버린 뒤 바울은 십자가 복음을 가르쳐 그들을 새로운 존재로 태어나게 했다. 십자가 복음이 없었다면 우상숭배를 버린 그의 청중들은 그저 기존의 세계관이 무너진, 무정부 상태에 빠졌을 것이다. 하지만 십자가 복음은 그들이 새로운 세계관을 가진 새로운 존재로 태어나게 했다. 물론 복음을 믿은 다음 날 바로 새로운 세계관이 생겨나는 것을 아니었겠지만, 복음 안에서 계속 성장함으로 복음의 세계관, 가치관이 점차 건설되었을 것이다. 강력한 유일신관에서 시작된 개종은 예수의 죽음과 부활의 메시지에서 완성된다.

세계관을 바뀌어 복음 안에서 새로운 존재로 태어난다는 것을 잘 보여주는 본문으로 로마서 6:3-9이 있다. 이 본문은 세례식과 관련된 본문이다. 여기에서 바울은 죽음, 매장, 부활을 설명하되, 그리스도와 함께 죽고, 함께 묻히고, 함께 부활한다고 말한다. 로마서 6:3, "**무릇 그리스도 예수와 합하여 세례를 받은 우리는 그의 죽으심과 합하여 세례를 받은 줄을 알지 못하느냐**"에서 "그리스도 예수와 합하여"(εἰς χριστὸν Ἰησοῦν)는 영어성경에서는 'into Christ Jesus'로 번역된다. 우리 말로 번역하면 '그리스도 예수에게로 세례받았다'로 번역하는 것이 좋다. 이 말은 세례를 통해 우리의 소속이 그리스도에게로 옮겨졌음을 암시한다. 마태복음 28:19, "**그러므로 너희는 가서 모든 민족을 제자로 삼아 아버지와**

아들과 성령의 이름으로 세례를 베풀고"에서도 "이름으로"(εἰς τὸ ὄνομα, into the name of)에서도 전치사 '에이스'(εἰς)가 사용되었다. 마찬가지로 소속이 변경됨을 가리킨다.

"그의 죽으심과 합하여 세례를 받은"은 그리스도가 십자가에서 죽으실 때 우리도 그와 함께 죽었다는 말이다. 왜 그리스도가 죽었을 때 나도 함께 죽었다는 걸까? 그의 죽음이 나와 무슨 상관이 있는 걸까? 이 질문에 대한 통상적인 대답은 그리스도가 우리의 연합적 대표가 되시기 때문이라는 것이다. 그리스도가 인류의 연합적 대표이므로 그가 죽었을 때 우리도 그와 함께 죽었다고 보는 것이다. 이것보다 더 좋은 설명은 십자가의 예수가 걸려 있는 그 자리에 원래 '내'가 걸려 있어야 했다고 보는 것이다. 하나님의 진노를 원래 '내'가 받았어야 한다. 이것을 깨닫게 되면 십자가에 달린 예수의 모습 위에 십자가에 달려있는 나의 모습이 겹쳐 보이게 된다. 예수 그리스도와 내가 십자가에 함께 달려있는 것을 보게되는 순간 그리스도의 죽음은 곧 나의 죽음이 된다. 갈라디아서 2:20에서 바울이 "내가 그리스도와 함께 십자가에 못 박혔나니 그런즉 이제는 내가 사는 것이 아니요 오직 내 안에 그리스도께서 사시는 것이라"고 말할 수 있는 이유는 바울이 자신이 가르치는 속죄론을 단순히 이론이 아니라, 자신에게 실제적으로 적용했기 때문이다.

로마서 6:4, "그러므로 우리가 그의 죽으심과 합하여 세례를 받음으로 그와 함께 장사되었나니"는 내가 예수 그리스도를 알고 믿게 될 때, '과거의 나'는 그리스도 안에서 죽어서 없어진다고 말한다. '과거의 나'는 땅에 묻혀 장사되었다. '과거의 나'와 '현재의 나'는 완전히 결별하게 된다. 세례식은 마치 그리스도가 십자가에서 죽었듯이 과거의 나도 십자가에서 죽어 땅에 묻혔음을 재현하는 예식이다. 세례식은 나의 옛 사람의 장례식이다. 로마서 6:4에서 바울은 또 "이는 아버지의 영광으로 말미암아 그리스도를 죽은 자 가운데서 살리심과 같이 우리로 또한 새 생명 가운데서 행하게 하려 함이라"고 말한다. 십자가에서 죽으신 그리스도가 땅에 묻히고 사흘 뒤에 부활하셨듯이 과거의 나는 죽어 땅에 묻혀 이 세상에서 사라지고 새로운 내가 부활하듯이 태어난다. '새로 태어난

나'는 내가 만든 '나'가 아니라, 하나님께서 새로 창조하신 '나'다. 세례식은 나의 새 사람의 생일 축하식이 된다. 고린도후서 5:17, "**그런즉 누구든지 그리스도 안에 있으면 새로운 피조물이라 이전 것은 지나갔으니 보라 새 것이 되었도다**"는 바울이 그리스도를 만난 뒤 얼마나 철저한 변화가 그에게 일어났는지를 보여준다. 여기에서 일어나는 변화는 세계관, 가치관, 인생관, 물질관, 결혼관, 가족관, 도덕관 등 그 사람의 삶의 뼈대를 구성하고 있는 모든 과거의 잘못된 것들이 다 무너지고, 복음이 가르치는 세계관, 가치관, 인생관, 물질관, 결혼관, 가족관, 도덕관이 그 사람 안에서 새롭게 형성되는 것이다.

물론 이것은 예수를 믿게 되어 나에게 일어난 변화를 가리키며 이것을 우리는 '영적 부활'이라고 부른다. 그러나 그것이 다가 아니다. 최후의 심판 때에 하나님은 그리스도 안에 있는 성도들을 다시 살리실 것이다. 이것을 우리는 '몸의 부활'이라고 부른다. 우리의 몸이 새로운 모습으로 부활하는 것은 하나님의 천지창조에 비견할 수 있는 새 창조이며, 우리는 아담과 구분되는 새로운 피조물로 다시 태어나게 된다. 세례식은 우리의 영적 부활만을 가리키는 것이 아니다. 세례식은 미래의 몸의 부활을 함께 가리키는 예식이다. 로마서 6:5, "**만일 우리가 그의 죽으심과 같은 모양으로 연합한 자가 되었으면 또한 그의 부활과 같은 모양으로 연합한 자도 되리라**"는 우리가 "**그의 죽으심과 같은 모양**"으로 그리스도와 함께 죽었다고 말한다. 우리는 세례를 통해 그의 죽음에 연결되었고, 앞으로 미래에 "**그의 부활과 같은 모양으로**" 부활하게 될 것이다. 그리스도의 영광의 부활의 몸과 같은 모습으로 다시 태어나게 된다.

로마서 6:6에서 바울은 "**우리의 옛 사람이 예수와 함께 십자가에 못 박힌 것은 죄의 몸이 죽어 다시는 우리가 죄에게 종 노릇 하지**" 않게 된다고 말한다. 과거의 내가 십자가의 예수와 함께 죽었으므로 성도들의 몸은 더 이상 죄의 영향력 아래에 있지 않다. 이제는 더 이상 죄의 "종"이 아니다. "죄의 몸이 죽어"는 '죄가 지배하는 몸'이 죽었다는 뜻이다. 타락 이후 아담과 하와가 죄와 죽음의 세력의 지배 아래 살아가게 되었지만, 이제 우리는 죄와 죽음의 세력의 지배에서 벗어났다. 이런 사람은 "죄에서 벗어나 의롭다 하심을 얻었"다(롬 6:7). 이런 사람은 "사망이 다시 그를 주장하지 못"한다(롬 6:9).

　　예수의 죽음과 부활은 나의 죽음과 부활이라고 바울은 가르쳤다. 이런 가르침은 복음을 믿고 개종하는 사람에게 강력한 개종이 일어나게 되었다. 이런 개종은 가치관과 세계관의 변화를 가져온다. 이런 변화를 바울은 죽음-매장-부활로 설명한다. 예수의 죽음과 부활의 복음은 칭의와 구원을 주는 것에서 끝나지 않고, 성도의 가치관을 바꾸되 죽음과 부활에 비견될 수 있을 정도의 변화를 일으킨다. 그래서 성도가 죄의 지배에서 벗어나 생명의 지배를 받게 된다. 이런 가치관의 변화가 일어난 성도는 가치관의 변화가 별로 일어나지 않은 성도와 비교했을 때 핍박과 환란이 닥쳤을 경우 믿음을 지킬 가능성이 훨씬 더 크다. 고난 가운데에서 믿음을 지키는 것은 믿음의 기간이 결정하는 것이 아니라, 그에게 일어난 변화가 얼마나 크냐에 달려 있다. 아무리 신앙생활을 오래한 성도들이라 하더라도, 그에게 가치관과 세계관의 변화가 별로 일어나지 않았다면 핍박과 환란을 견디지 못할 가능성이 크다. 중요한 것은 초신자냐 아니냐가 아니라 성도들이 복음을 믿고 개종할 때 얼마나 큰 변화가 일어났느냐. 가치관과 세계관이 강력하게 바뀐 성도는 핍박과 환란을 견딜 가능성이 크다. 그래서 데살로니가교회 성도들이 초신자들로 구성된 교회였지만 핍박을 견디고 승리한 것이다.

바울은 임박한 그리스도의 재림을 가르쳤다. 바울은 주의 재림의 날을 "주의 날"이라 불렀고, 주의 날은 마치 "밤에 도적 같이" 올 거라고 가르쳤다. 근거 본문은 아래와 같다.

근거 본문:

데살로니가전서 1:10, 또 죽은 자들 가운데서 다시 살리신 <u>그의 아들이 하늘로부터 강림하심을 기다린다고 말하니</u> 이는 장래 노하심에서 우리를 건지시는 예수시니라

데살로니가전서 5:1-2, 형제들아 때와 시기에 관하여는 너희에게 쓸 것이 없음은 주의 날이 밤에 도적 같이 이를 줄을 <u>너희 자신이 자세히 앎이라</u>

데살로니가후서 1:7-10, [7]환난을 받는 너희에게는 우리와 함께 안식으로 갚으시는 것이 하나님의 공의시니 주 예수께서 <u>자기의 능력의 천사들과 함께 하늘로부터 불꽃 가운데에 나타나실 때에</u> [8]하나님을 모르는 자들과 우리 주 예수의 복음에 복종하지 않는 자들에게 형벌을 내리시리니 [9]이런 자들은 주의 얼굴과 그의 힘의 영광을 떠나 영원한 멸망의 형벌을 받으리로다 [10]<u>그 날에 그가 강림하사</u> 그의 성도들에게서 영광을 받으시고 모든 믿는 자들에게서 놀랍게 여김을 얻으시리니 이는 우리의 증거가 너희에게 믿어졌음이라

데살로니가후서 2:1, 형제들아 우리가 너희에게 구하는 것은 우리 주 예수 그리스도의 강림하심과 우리가 그 앞에 모임에 관하여

학자들은 데살로니가전서를 연구할 때 이 서신에 나타난 종말론에 관심을 많이 가졌다. 바울은 4:13-5:11에서 적지 않은 지면을 종말에 관한 가르침에 할애한다. 그러나 이것이 바울이 교회를 개척할 때 종말론을 가르치지 않았다는 것을 의미하지는 않는다. 위의 본문에서 나타나듯이 바울은 분명히 종말에 대해 가르쳤다.

바울은 "그 날에 그가 강림"하신다고 가르쳤다. 그날에 "하나님을 모르는 자들과 우리 주 예수의 복음에 복종하지 않는 자들에게 형벌"이 있을 것이라고 가르쳤다. 그 형벌은 "주의 얼굴과 그의 힘의 영광을 떠나 영원한 멸망"을 경험하는 것이다. 또 믿음을 지켜 "환난을 받는" 성도들에게는 "안식으로 갚으"실 것을 가르쳤다. 바울은 그리스도가 강림하실 때 살아 있는 성도들이 그리스도 앞에 모이게 될 것이라고 가르쳤다(살후 2:1, "우리 주 예수 그리스도의 강림하심과 우리가 그 앞에 모임(ἐπισυναγωγή)"). 바울은 그리스도의 재림, 즉 종말을 가르쳤다. 종말에 대한 가르침의 핵심은 무엇보다드 하나님의 심판이다.

임박한 심판, 임박한 종말에 대한 바울의 가르침은 그의 청중에게 어떤 사회학적 영향을 주었을까? 우선 청중이 우상숭배를 버리고 개종하는 데에 큰 영향을 주었을 것이다. 아무리 우상이 헛된 것이고 살아계신 하나님이 계시다는 것을 이해하더라도, 헬라인이 우상숭배를 버리고 복음으로 개종하는 것은 결코 쉽지 않다. 우상숭배를 그만두면 그들이 지불해야 할 대가(기존 사회관계, 인간관계의 파괴와 핍박)가 크기 때문에 우상숭배를 중단하는 것은 쉬운 결단이 아니다. 만약 우상숭배를 포기했을 때 아무런 이득이 없다면 청중들이 쉽게 자신들의 종교들을 포기하고 하나님께로 자신들의 충성(loyalty)를 이동하려고 하지 않을 것이다. 그들이 지불해야 할 대가가 크지만 그렇게 했을 때 그들이 얻게 되는 이득이 무엇인지를 가르침으로써 그들의 결단을 좀 더 쉽게 만들고, 그들의 결단을 재촉할 수 있다. 바울은 채찍과 당근을 함께 썼다. 부활과 재림에 대한 가르침은 복음으로 개종하고 교회에 가입했을 때, 그들이 얻게 되는 이득(그것이 비록 당장 주어지는 것이 아니라 미래에 주어지는 것이지만)이 무엇인지 설명해 준다.

그들이 개종을 결심하게 되는 과정에서 종말의 심판에 대한 바울의 가르침이 그들의 결심을 촉진시켰을 것이다. 오늘날 우리가 전도할 때 대부분의 대상자는 복음을 소개받아도 가부간에 즉각 결정하지 않고, 믿을 것인지 믿지 않을 것인지 '천천히 생각해 보겠다' 혹은 '나중에 결정하겠다'고 반응하는 수가 많다. 그런 반응은 결국 복음을 수용하지 않고, 결정을 보류하고 결국 불신앙의 상태에 머물게 한다. 바울은 임박한 종말과 심판에 대해 말하기 때문에 이런 임박한 종말과 심판에 관한 메시지는 사람들의 마음에 무거운 압박감(pressure)을 준다. 그들이 복음을 받아들이든지 아니면 거부하든지, 양자 간에 한 가지를 선택하게 만든다. 그들은 선택을 무작정 미래로 연기할 수 없다. 종말이 도적같이(살전 5:2, 4) 임할 것이기 때문이다. 종말을 도적이 오는 것에 비유한 것은 마태복음 24:43(//누가복음 12:39)을 상기시킨다. 바울은 종말에 관한 예수 전승을 전달받았고, 이것을 전달하고 있는 것으로 보인다. 그들이 복음을 받아들이지 않으면 종말의 심판 때에 하나님의 진노(wrath)가 그들 위에 내린다. 심판과 하나님의 노하심은 그들이 두려움을 느끼게 한다.

여기서 우리가 기억할 것은 바울이 하나님의 진노와 심판을 가르칠 때 하나님께서 복음을 받아들인 사람들을 멸망에서 건져내신다는 것도 동시에 가르쳤다는 것이다. 바울의 복음은 임박한 심판에서 끝나는 것이 아니라, 심판과 동시에 그 하나님의 심판을 피할 수 있는 길을 가르쳐준다. 예수가 우리의 죄로 인한 하나님의 진노와 심판에서 그들을 구원하기 위해 십자가에서 죽으셨다는 것을 가르친다. 예수가 심판의 주로서 재림하시므로 예수를 믿는 자들은 심판에 대해 두려움을 가질 필요가 전혀 없다. 바울의 메시지는 나쁜 소식뿐 아니라, 좋은 소식(복음)을 동시에 제시한다.

종말의 심판에 관한 메시지는 사람들의 머리 위에 무거운 압박감(pressure)을 주어, 그들이 양자 간에 택일하도록 하고, 복음을 받아들이는 결정을 하도록 유도한다. 구원을 받을 수 있는 유일한 길은 자신들의 우상숭배 문화에서 떨어져나와 새로운 공동체에 가입하는 것밖에 없다.

전도할 때 그리스도의 죽음과 부활과 저림에 대해 먼저 말하는 것이 아니라, 우상숭배를 비판하고 그래서 그들이 죄인이라는 것을 말하고, 종말에 하나님의 심판이 있다는 것을 말한 뒤에 사람들의 마음속에 "그럼 우리가 어떻게 하면 좋으냐?"라는 질문이 생겨날 때 예수 그리스도의 죽음과 부활과 재림에 대해 설명한다. 그렇게 했을 때 효과가 가장 크다. 임박한 종말과 재림에 관한 메시지는 첫 번째 메시지 강력한 유일신관에 관한 메시지를 더 강화하여 (reinforce) 개종을 촉진하는 역할을 한다.

그러나 이것이 다가 아니다. 종말과 심판에 관한 메시지는 이보다 그 중요성이 못지않은 또 다른 기능을 갖고 있었다. 종말과 심판에 관한 가르침은 박해 상황에서 개종자들이 다시 과거로 돌아가는 것을 방지하는 효과가 있었다. 데살로니가 성도들은 종말에 있을 하나님의 진노와 심판에 대해 잘 알고 있었기 때문에 상당히 강력한 박해를 당하는 상황에서도 복음을 포기하지 않았다. 배교는 삶과 죽음을 가르는 선택이며, 과거로 돌아가면 지금은 편할지 모르나, 결국은 멸망의 길에 불과하다. 삶을 선택하려면 교회 안에 남아 있어야 희망이 있다. 교회를 핍박하는 사람들에게는 하나님의 진노와 심판이 곧 임하고, 지금 핍박받는 성도들을 하나님은 그리스도와 함께 영화롭게 하신다. 그러므로 종말론은 개종한 사람들이 박해 상황에서 교회 안에서 계속 남아 있도록 묶어주는 역할을 하였다. 일종의 위기관리(crisis maintenance)로서, 현재 경계선을 다시 넘어 과거로 돌아가려는 것을 저지하는 효과를 갖고 있었다. 결국 종말론은 배교는 삶과 죽음을 가르는 선택이며, 과거로 돌아가면 지금은 편할지 모르나, 결국은 멸망의 길에 불과함을 지적한다. 삶을 선택하려면 교회 안에 남아 있어야 희망이 있다는 것이다. 데살로니가 성도들이 비록 6개월밖에 믿지 않았지만 박해를 견디어낼 수 있었던 것은 바울이 그들에게 종말, 심판, 그리스도의 재림에 대해 잘 가르쳤기 때문이다. 종말에 관한 가르침은 박해받는 교회어 가장 큰 위로를 준다. 이것은 오늘날에도 마찬가지다. 바울이 가르친 종말에 관한 메시지는 박해당하는 성도에게 큰 위로를 준다.

¹⁷그 후에 우리 살아 남은 자들도 그들과 함께 구름 속으로 끌어 올려 공중에서 주를 영접하게 하시리니 그리하여 우리가 항상 주와 함께 있으리라 ¹⁸그러므로 이러한 말로 서로 위로하라

그렇다면 바울이 이미 개종한 사람들에게 지금 다시 종말에 대해서 강조하는 이유는 무엇인가? 먼저 바울이 데살로니가전서에서 종말에 대해서 가르치게 된 배경을 살펴볼 필요가 있다. 바울은 데살로니가전서에서 자신의 종말에 대한 가르침을 보충하고 있고, 이런 보충설명은 데살로니가 교인들이 제기한 질문에 대한 대답이었다(살전 4:13, "자는 자들에 관하여는"은 아마도 교인들의 질문에 대답하는 것으로 보인다). 교인들이 제기한 질문은 "주의 재림 때에 믿다가 이미 죽은 사람은 어떻게 되는가? 주의 영광에 참여할 수 있는가?"였다. 바울은 평소에 주께서 재림하실 날이 곧 임박한 것으로 설교했다. 성도들과 바울은 모두 자신들이 살아 있는 동안에 재림이 있을 것으로 믿었을 것이다. 그런데 이때 성도들 중의 일부가 죽게 되었고, 이에 따라 성도들이 죽은 형제들에 대해서 질문을 한 것이다. 만약 바울이 데살로니가에 있을 때 죽은 사람들이 있었다면 이런 문제에 대한 대답은 즉각 주어졌을 것이고, 누군가가 죽음을 예상하고 있었다면(예, 질병), 이 문제에 대한 질문, 대답이 이미 있었을 것이다. 이 죽음은 예상하지 못한 것이었고, 이것은 아마도 그 당시에 발생한 박해 때문에 성도들 가운데에 순교자가 발생했을 가능성을 암시하고 있다. 바울이 현재 구원을 받은 공동체가 제기한 질문에 짧게 대답하고, 다른 주제로 넘어가지 않고, 이미 질문에 대답을 다 한 뒤에(살전 4:18절이 대답의 끝), 길게 부연 설명을 하면서 살전 5:1-11절에서는 그들이 누구인지를 길게 설명하는 이유는 무엇일까? 그것은 아마도 데살로니가 교회가 핍박이라는 위기 상황에서 내부에 동요가 생겨날 것을 염려했기 때문일 것이다.

바울은 데살로니가전서 2:14절에서 "너희도 너희 나라 사람들에게

동일한 것(고난)을 받았느니라"고 말한다. 이것은 핍박이 이미 시작되었다는 것을 암시한다. 바울은 아테네에 혼자 남기로 하고 디모데를 다시 데살로니가로 보내는데, 그 목적은 "**누구든지 이 여러 환난 중에 요동치 않게 하려 함이다**"(살전 3:3)였다. 만약 교회가 이 환란을 이기지 못하면, "**우리의 수고가 헛되게**"(살전 3:5)되고, 교회는 무너지게 된다. 다행히 디모데가 전한 소식은 바울을 위로하는 믿음의 소식 (살전 3:7)이었고, 그들은 "주안에 굳게" 서 있다는 소식(살전 3:8)이었다. 바울은 "**소망의 인내**"를 가진 그들을 위해 하나님에게 쉬지않고 기도한다 (살전 1:3). 그러나 교인 중에는 여전히 "마음이 약한 자들"과 "힘이 없는 자들"(살전 5:14)이 있었고, 이들이 끝까지 견디지 못할 가능성이 열려 있었다.

바울은 현재의 고난과 장래의 영광을 설명하기 위해 교회 안과 밖을 강한 대조로 만들어 보여준다. 바울은 일련의 "separation language" (분리언어)들을 사용하여 이런 대조를 만들어낸다.

1) 데살로니가전서 4:13에서 바울은 "**소망 없는 다른 이**"와 "**자는 자들**"을 대조한다. 비록 죽어 잠들어 있다 하더라도, 이들은 소망이 있는 자들이며, 지금 박해를 가하는 외부인들은 소망이 없다고 말한다. 왜냐하면 그들은 복음을 거부했기 때문이다. 그들은 "**하나님의 진노**" 아래 놓여 있지만, 성도들은 구원을 받도록 되어 있다(살전 1:10). 바울은 이것을 암시할 뿐 아니라, 5:9에서는 분명히 지적한다. "**하나님이 우리를 세우심은 노하심에 이르게 하심이 아니요, 도직 우리 주 예수 그리스도로 말미암아 구원을 얻게 하신 것이라.**" 이렇게 함으로 그는 인류를 구원의 소망이 있는 그룹과 없는 그룹으로 나눈다. 이 구분의 선은 교회 안과 교회 밖을 구분하는 선과 일치한다.

2) 데살로니가전서 5:4-5에서 바울은 "**어둠**"과 "**빛**"/ "**낮**"과 "**밤**"의 대조를 만든다. 성도들은 낮과 빛의 영역에 믿지 않는 자들은 밤과 어둠의 영역에 있다. 이 두 그룹 사이에는 회색지대가 없다. 인류는 두 개의 그룹으로 나누어져 있다. 빛의 영역을 떠나는 것은 곧 어둠의 영역으

로 귀속됨을 나타낸다. 그러므로 박해로 인해 교회를 떠나는 성도는 멸
망으로 운명지워진다.

　　3) 데살로니가전서 5:6에서 바울은 "술취해 자는 사람"과 "제 정신
으로 깨어있는 사람"을 대조한다. 성도들은 제정신으로 깨어 있고, 나머
지 인류는 술에 취해 잠들어 있다. 술취함은 디오니수스 축제를 지칭하
는 것으로 과거의 이교도 문화에서 그들이 즐겼던 모든 우상숭배와 관련
된 것들, 그때의 쾌락들로 돌아가는 것과 교회 안에 남아 있는 것을 대조
하는 것이다.

　　바울은 이러한 분리언어(separation language)들을 아마도 복음
을 전할 때부터 이미 사용하기 시작했을 가능성이 매우 크며, 결국 이런
언어의 사용은 개종자들이 자신들의 이교적 환경에서 분리하고, 그 이후
에는 계속해서 교회에 남아 있도록 묶어두는 효과가 있었다. 바울은 개
종이라는 사회화 과정을 이러한 분리언어(separation language)들을
사용함으로써 달성했다.[60]

　　사회학적 효과 요약: 우상숭배의 금지가 사람들을 기존 사회관계
에서 분리해 내는 개종의 첫 단계이고, 이 우상숭배를 그만두겠다는 결
단은 그들이 지불해야 할 대가(기존 사회관계, 인간관계의 파괴)가 크기
때문에 쉬운 결단이 아니다. 그러므로 바울은 그들이 지불해야 할 대가
가 크지만, 그렇게 했을 때 그들이 얻게 되는 이득이 무엇인지를 가르침
으로써 그들의 결단을 좀 더 쉽게하고, 그들의 결단을 재촉할 수 있었다.
소위 말해 부정과 긍정을, 채찍과 당근을 함께 쓰는 것이다. 부활과 재림
에 대한 가르침은 개종자들에게 개종하고 교회에 가입했을 때, 그들이
얻게 되는 이득 (그것이 비록 당장 주어지는 것이 아니라 미래에 주어지
는 것이지만)이 무엇인지 설명해 주었다. 또한 박해 상황에서 개종자들
이 다시 과거로 돌아가는 것을 방지하는 효과가 있었다.

------

60) 분리언어에 대해서는 데살로니가전서 5:4-8의 설명을 보라

2.
바울의 데살로니가에서의 목회
(2:1-12)

데살로니가전서를 연구하는 학자들은 데살로니가전서 2:1-12의 해석을 둘러싸고 오랜 논쟁을 해왔다. 논쟁의 핵심은 바울이 이 단원에서 특정 그룹의 사람들을 강하게 비판하고, 그들과 논쟁을 하면서 자신을 변호(*apologia*)하고 있는 것인지, 아니면 논쟁의 상대도 없고, 자기변호도 아닌 도덕적 호소(moral exhortations)인지의 여부다. 전통적인 견해는 바울이 특정 그룹과 논쟁을 하고 있다는 것이다. 바울이 심각한 비판과 공격을 받았고, 이런 공격에 대해 자신을 변호하고 있다는 것이다. 말허비(Abraham J. Malherbe)가 1987년에 *Paul and the Thessalonians: The Philosophic Tradition of Pastoral Care* (Philadelphia: Fortress Press, 1987)을 출판하면서 전통적 해석에 대한 반대가 본격적으로 시작되었다. 말허비는 데살로니가전서 2:1-12에서 바울이 사용하는 용어와 헬라 도덕 철학자들이 사용하던 용어가 유사하다는 것을 주장하면서, 이 문단을 바울의 변호(*apologia*)로 보지 말고 일반적 '가르침'(*paraenesis*, '권면하다'라는 뜻의 헬라어 동사 παραινέω 의 명사형)으로 보아야 한다고 주장했다. 이런 말허비의 주장에 적지 않은 학자들이 동조하고 있다. 과연 이 문단에서 바울은 적대적이지 않은, 편안한 상황에서 철학자처럼 자신의 가르침을 주고 있는 것일까? 아니면 바울과 그의 복음을 비난하는 자들과 치열한 논쟁을 벌이고 있는 것일까?

바울은 데살로니가전서 2:3, 5에서 '플라네'(πλάνη, 거짓, deceit), '아카따르씨아'(ἀκαθαρσία, 부정함, uncleanness), '돌로스'(δόλος, 속임수, trickery), '콜라케이아'(κολακεία, 아첨, flattery), '플레오넥씨아'(πλεονεξία, 탐욕, greed)와 같은 단어를 사용한다. 이런 공격적인 단어를

사용하면서 단순한 가르침을 주고 있는 것으로 보기는 어렵다. 윌리암 호버리(William Horbury)는 바울이 거짓 선지자로 고발당하고 있었고, 이런 공격에 반박하고 있다고 본다.[61] 말허비는 그의 데살로니가주석에서 호버리의 제안을 거부하지만 왜 거부하는지 분명한 이유를 밝히지 않는다.[62] 이 주제에 대한 논쟁은 현재 진행 중이며 Karl P. Donfried and Johannes Beutler, eds. *The Thessalonians Debate: Methodological Discord or Methodological Synthesis* (Grand Rapids/Cambridge: Eerdmans, 2000)에서 그 논쟁의 구체적인 내용을 찾아볼 수 있다.

2:1 형제들아 우리가 너희 가운데 들어간 것이 헛되지 않은 줄을 너희가 친히 아나니

데살로니가전서 1:5에서 바울은 "**우리가 너희 가운데서 너희를 위하여 어떤 사람이 된 것**"을 상기시켰고, 1:9에서는 "**우리가 어떻게 너희 가운데에 들어갔는지**" 소문이 났다고 말한 바가 있다. 2:1-2에서 바울은 데살로니가에 처음 들어올 때의 정황에 대해서 다시 말한다. 왜 바울은 편지의 앞부분에서 자신이 데살로니가에 들어온 것(εἴσοδος, entrance)에 대해 이렇게 반복해서 말하는 걸까? 그 이유는 자신과 데살로니가 성도들 상호 간에 일체감을 만들어내기 위해서라고 볼 수 있다. 바울을 비판하고 그의 복음을 공격하는 세력들 진영으로 그의 성도들이 넘어가지 않도록, 자신이 옳고 상대방이 틀렸다는 것을 앞으로 주장할 것이다. 그 주장에 앞서 데살로니가 성도들과 자신이 먼저 감정적

---

61) William Horbury, "1 Thessalonians 2:3 as Rebutting the Charge of False Prophecy," *JTS* 33 (1982), 492-508; reprinted in W. Horbury, *Jews and Christians: In Contact and Controversy* (Edinburgh: T&T Clark, 1998), 111-26. 샌드니스(Karl Olav Sandnes)는 호버리(Horbury)의 주장을 그의 책에서 발전시킨다. Karl Olav Sandnes, *Paul: One of the Prophets?* (WUNT 43; Tübingen: J. C. B. Mohr Siebeck, 1991), 185-223.

62) Malherbe, *Thessalonians*, 139.

으로 하나가 되어야 설득의 가능성이 더 커진다. 바울은 자신이 '너희들에게로 들어갔다'고 말한다. 'τὴν εἴσοδον ἡμῶν τὴν πρὸς ὑμᾶς'은 문자적으로 번역하면 '우리가 너희들에게로 들어감'이다. 주어는 '너희들'이고 동사는 '알다'이므로 '너희들은 우리가 너희들에게로 들어감을 안다'로 번역할 수 있다. 이어서 바울은 '알다'의 목적어 절에서 '그것이 헛되지 않았다는 것도 안다'라고 말한다.

바울은 자신이 데살로니가에 온 것이 헛되지 않았다고 말한다. 바울이 '헛되다'(κενός, empty, vain)라는 형용사를 사용하는 구절들(고전 15:10, 58; 고후 6:1; 갈 2:2; 빌 2:16; 살전 3:5)을 보면 신앙이나 교회가 무너질 위기와 연결해서 이 형용사를 사용하고 있다는 것을 알 수 있다. 데살로니가전서 3:5, "이는 혹 시험하는 자가 너희를 시험하여 우리 수고를 헛되게 할까 함이니"에서 바울은 "시험하는 자가" 그의 사역의 열매를 무위로 돌릴까 봐 걱정한다. 시험하는 자는 사탄이다. 여기서 바울이 '헛되다'(κενός, empty) 혹은 '헛되지 않다'를 구분하는 기준은 무엇일까? 아마도 그 기준은 교회가 박해를 받고 거짓 교사들이 등장해서 성도들을 유혹할 때 그들이 믿음을 지키고 견디어낼 수 있느냐? 혹은 반대로 성도들이 복음을 버리고 배교하느냐? 그 여부다.[63]

---

63) 이사야 49:4, "나는 말하기를 내가 헛되이 수고하였으며 무익하게 공연히 내 힘을 다하였다"와 65:23, "그들의 수고가 헛되지 않겠고 그들이 생산한 것이 재난을 당하지 아니하리니"와 같은 말씀이 데살로니가전서 2:1에 반영되어 있다고 보는 견해가 있다. Kim and Bruce, *Thessalonians, 191*. 하지만 이것을 지나친 추측으로 보인다. 이사야 49:4은 '주의 종'이 하나님의 뜻에 순종하지만 그가 오히려 고난을 당하고 죽임을 당할 것이라는 것을 전제한다(사 53:7-10). 하나님이 후에 그를 높이셔서(사 52:13, "보라 내 종이 형통하리니 받들어 높이 들려서 지극히 존귀하게 되리라") 그의 억울함을 풀어주신다(to vindicate)는 뜻이다. 이사야 49:4, "참으로 나에 대한 판단이 여호와께 있고 나의 보응이 나의 하나님께 있느니라," 50:7, "내가 수치를 당하지 아니할 줄 아노라," 50:8-9, "나를 의롭다 하시는 이가 가까이 계시니 나와 다툴 자가 누구냐 나와 함께 설지어다 나의 대적이 누구냐 내게 가까이 나아올지어다 보라 주 여호와께서 나를 도우시리니 나를 정죄할 자 누구냐" 등은 하나님께서 주의 종에 대한 평가를 역전시켜주실 거라고 말한다. 바울이 주의 종의 노래들을 자신과 또 모든 성도에 관한 것으로 해석하는 것은 사실이다(롬 8:31-34). 바울이 자신의 사역이 무위로 돌아갈 것을 염려하는 것은 그가 현재 겪고 있는 교회 생존의 문제였다. 바울이 이사야서의 몇 구절을 염두에 두고 데살로니가전서 2:1에서 그런 말을 하는 거라고 생각하는 것은 바울의 상황과 심정을 너무 느긋하게 관조하는 것이다.

고린도전서 3:12-15에서 바울은 하나님이 사역자의 공적을 시험하신다고 말한다(고전 3:13, "각 사람의 공적이 어떠한 것을 시험할 것임이라"). 시험의 방법은 불로 시험하는 것이다(고전 3:13, "그 날이 공적을 밝히리니 이는 불로 나타내고"). 각 사도의 공적(고전 3:13, "각 사람의 공적"), 즉 교회가 "그대로 있으면 상을 받고"(고전 3:14), "그 공적이 불타면 해를"(고전 3:15) 받게 된다. 하나님께서 불로 교회를 시험하신다는 말은 교회가 심각한 핍박을 받게 한다는 말이다(벧전 4:12, "사랑하는 자들아 너희를 연단하려고 오는 불 시험을 이상한 일 당하는 것 같이 이상히 여기지 말고"). 교회가 불에 타 무너지지 않으려면, 즉 교회가 심한 핍박을 받고도 교회가 계속 서 있으려면 처음부터 교회를 세울 때 불에 타지 않는 재료, 즉 "금이나 은이나 보석"(고전 3:12)으로 지어야 한다. 가연성 재료인 "나무나 풀이나 짚으로"(고전 3:12) 지으면 교회는 불 시험을 이기지 못한다. 교회가 불시험으로 인해 불에 타서 없어지듯 교회가 무너지면 '그의 달린 것이 헛되게' 된다. 바울은 어떤 재료로 교회를 지어야 한다고 생각했을까? 아마도 "예수 그리스도와 그가 십자가에 못 박히신 것"(고전 2:2) 즉, 십자가 복음으로 교회를 지어야 심한 핍박을 견디는 교회를 하나님의 새 성전으로 세울 수 있다고 생각했을 것이다.

2:2 너희가 아는 바와 같이 우리가 먼저 빌립보에서 고난과 능욕을 당하였으나 우리 하나님을 힘입어 많은 싸움 중에 하나님의 복음을 너희에게 전하였노라

'먼저 고난을 당하다'로 번역된 동사(προπάσχω, to suffer previously)는 '고난을 겪다'라는 뜻의 동사 '파스코'(πάσχω)에 접두어 '프로'(προ-)가 추가되어 있는 형태다. 이때 접두어 '프로'는 공간('앞에')이 아니라 시간('앞서서')의 뜻이다. '능욕하다'로 번역된 동사(ὑβρίζω)는 '모욕하다'(to insult)라는 뜻이다. 바울이 빌립보에서 당한

고난은 사도행전 16:19-24, 35-39을 참고해야 한다. 바울은 빌립보에서 "로마 사람인 우리가 받지도 못하고 행하지도 못할 풍속을 전한다"(행 16:21)는 고발을 당하여, 적법한 재판 절차를 거치지도 않은 채, 관리들의 "옷을 찢어 벗기고 매로 치라"(행 16:22)는 명령으로 매를 맞고 감옥에 갇혔다. 바울은 빌립보에서 당한 고난으로 인해 육체적, 정신적으로 더 심약하여질 수 있었지만, "하나님을 힘입어"(ἐπαρρησιασάμεθα ἐν τῷ θεῷ, '하나님 안에서 담대하게 되어') 복음을 전했다.

'담대하게 말하다'라는 뜻의 동사 '파레시아조마이'(παρρησιάζομαι, to have courage, to speak freely)는 '파레시아'(παρρησία, outspokenness)의 동사형이다. '파레시아'는 '모든'이라는 뜻의 '파스'(πᾶς, all)에 '흐르다/말하다'라는 뜻의 '레오'(ῥέω, to flow, to speak) 동사가 결합되어 생겨난 단어다. '파레시아'는 '모든 것을 물이 흘러가듯이 거리낌 없이 말함'이란 뜻이다. '파레시아조마이'(παρρησιάζομαι) 동사는 에베소서 6:20, "이 일을 위하여 내가 쇠사슬에 매인 사신이 된 것은 나로 이 일에 당연히 할 말을 담대히 하게 하려 하심이라"에서 사용되었다. 바나바는 바울이 다메섹 경험 직후 "다메섹에서 그가 어떻게 예수의 이름으로 담대히 말하였는지를"(행 9:27)를 예루살렘의 제자들에게 증거했다. 이 말이 틀리지 않다면 '파레시아'(παρρησία)는 바울의 최초의 사도적 사역을 하는 그의 태도를 보여주는 단어다. 그는 자신이 해야 할 모든 말을 거침없이 두려움 없이 다 말했다(행 13:46, "바울과 바나바가 담대히 말하여 이르되"; "두 사도가 오래 있어 주를 힘입어 담대히 말하니";19:8, "바울이 회당에 들어가 석 달 동안 담대히 하나님 나라에 관하여 강론하며 권면하되"). 바울은 고린도후서 3:12, "우리가 이같은 소망이 있으므로 담대히 말하노니," 빌립보서 1:20, "지금도 전과 같이 온전히 담대하여"에서 '파레시아'(παρρησία)를 사용한다.

"많은 싸움 중에"(ἐν πολλῷ ἀγῶνι)는 '많은 반대를 무릅쓰고'라는 뜻이다. 바울이 의미하는 "싸움"(ἀγών, struggle, fight)은 심리적인 싸움이 아니라, 심리적이고 물리적인 싸움이었을 것이다. 데살로니가 교인들은 "많은 환란 가운데서"(살전 1:6에서) 복음을 받아들였다. 바울도 많은 반대를 무릅쓰고 복음을 전했다. 왜 바울이 복음을 전할 때 그가 많은 갈등과 반대를 경험해야 했을까? 도대체 누가, 어떤 이유로 바울의 십자가 복음에 반대한 것일까? 오늘날 우리가 복음을 전할 때는 그런 경험을 할 수 없지만, 그 시대에는 어떤 이유로 바울에게 그런 어려움이 생겨났을까? 바로 십자가 복음이 유대교와 헬라 종교와 충돌하기 때문이다.

바울은 고린도전서 2:2, "내가 너희 중에서 예수 그리스도와 그가 십자가에 못 박히신 것 외에는 아무 것도 알지 아니하기로 작정하였음이라"에서 자신은 오직 십자가 복음만 전하기로 굳게 결심하고 있었다고 말한다. 십자가 복음은 유대교의 입장에서는 오늘날의 '이단'에 해당하는 것이었다. 유대교의 최고 법정인 산헤드린에서 정식 재판을 받고, 유죄 판결을 받아 형벌로는 사형을 받아 십자가에서 처형당해 죽은 중죄인인 나사렛 예수를 예배할 뿐 아니라(신 13:2, "너희가 알지 못하던 다른 신들을 우리가 따라 섬기자고 말할지라도"; 신 13:6-7), 그를 하나님과 동등한 분으로 주장했다(빌 2:6, "그는 근본 하나님의 본체시나 하나님과 동등됨을 취할 것으로 여기지 아니하시고"). 신명기 13:10, "그는 애굽 땅 종 되었던 집에서 너를 인도하여 내신 네 하나님 여호와에게서 너를 꾀어 떠나게 하려 한 자이니 너는 돌로 쳐죽이라"에 따르면 유대인들은 십자가 복음을 전하는 바울을 죽이지 않으면 율법을 어기게 된다. 십자가 복음을 전하면서 유대교와 충돌을 하지 않기를 기대한다면 그것은 헛된 꿈이다. 고린도전서 1:23, "우리는 십자가에 못 박힌 그리스도를 전하니 유대인에게는 거리끼는 것이요"에 따르면 십자가 복음은 유대인에게는 "거리끼는 것"(σκάνδαλον)이다. 대부분의 영어 성경은 'a stumbling block'(걸려넘어지게 하는 돌뿌리)이라고 번역하지만 '스칸달론'(σκάνδαλον)에는 '배교로 인도하는 거짓된 가르침'(a false teaching leading to apostasy)라는 뜻도 있다. 그러므로 바울이 말하는 "싸움"은 첫 번째로 유대교 회당과의 갈등이라고 볼 수 있다.

고린도전서 1:23에서 복음은 "이방인에게는 미련한 것"이라고 말한다. 이방인의 세계관에서 볼 때 복음은 이해하기 힘든 '헛소리'(μωρία, foolishness)로 들린다. 다신교 사회에서 받아들이기 힘든 일신론을 가르쳐 모든 신을 다 존재하지 않는 거짓 신으로 만들어 버린다. 복음이 가정에서, 사회단체에서, 도시 전체에서 우상숭배와 충돌하고, 특히 황제 숭배와 같은 시민 제의와는 충돌하지 않을 방법은 없다.[64] 그러므로 바울이 말하는 "싸움"은 두 번째로 도시의 이방인 문화적, 정치적 지도자들과의 갈등이라고 볼 수 있다. 이런 갈등은 유대인들이 도시의 이방인 지도자들에게 바울을 정치적 문화적 이유로 고발할 때, 더 크게 증폭되었다. 사도행전 17장은 데살로니가에서 일어난 일이 바로 그런 것이었음을 보여준다. 데살로니가의 유대인들이 "가이사의 명을 거역하여 말하되 다른 임금 곧 예수라 하는 이가 있다 하더이다"(행 17:7)라고 고발하자 "읍장"(πολιτάρχης, 행 17:8)이 놀라 교회를 핍박하기 시작했다.

2:3 우리의 권면은 간사함이나 부정에서 난 것이 아니요 속임수로 하는 것도 아니라

"권면"으로 번역된 단어는 '파라클레시스'(παράκλησις)다. 이 단어는 '위로,' '호소,' '권면' 등으로 번역되지만, 여기에서는 '복음'이란 뜻으로 사용된 것으로 보인다. 바울은 그 동사형인 '파라칼레오'(παρακαλέω)와 그 명사형 '파라클레시스'(παράκλησις)를 매우 선호하여 그의 서신에서 자주 사용한다. 예를 들어, 고린도후서 1:3-7에서만 그는 동사형을 4번, 명사형을 6번 사용한다. 5절 안에서 10번이나 사용한다. 바울이 이렇게 이 단어들에 매료된 이유는 아마도 이사야서 때문인 것 같다. '파라칼레오'는 히브리어 동사 '나함'(נחם)에 해당한다. 둘 다 '위로하다'라는 뜻이다. '나함'(נחם)은 이사야 1:24, 12:1, 22:4, 40:1, 49:13, 51:3, 12, 52:9; 54:11, 57:6, 61:2, 66:13 등에서 사용되었다. 로마서 12:1, "그러므로 형제들아 내가 하나님의 모든 자비하심으로 <u>너희를 권하노니</u> 너희 몸을 하나님이 기뻐하시는 거룩한 산 제물로 드리라

---

64) 이 점에 관해서는 보충설명 2, "강력한 유일신관(Radical Monotheism), 교회 개척용 가르침 1" 분석"을 보라.

…,” 고린도전서 4:16, “**그러므로 내가 너희에게 권하노니 너희는 나를 본받는 자가 되라**,” 데살로니가전서 5:14, “**또 형제들아 너희를 권면하노니 게으른 자들을 권계하며** …,” 등과 같은 구절에서 ‘권하다’로 번역된 동사는 ‘파라칼레오’(παρακαλέω)다. 바울이 ‘명령하다’라는 동사를 자주 쓰지 않고, ‘권하다,’ ‘위로하다’라는 뜻을 가진 ‘파라칼레오’(παρακαλέω) 동사를 자주 쓰는 것은 아마도 이런 이사야서의 내용과 관련이 깊다고 보인다.

그중 이사야 40:1, “**너희의 하나님이 이르시되 너희는 위로하라**(παρακαλέω) **내 백성을 위로하라**(παρακαλέω)”를 바울은 자신에게 주어진 소명으로 보았을 가능성이 크다. 왜냐하면 그 명령을 받은 선지자들은 40:9, “**아름다운 소식을 시온에 전하는**(εὐαγγελίζομαι) **자여 너는 높은 산에 오르라 아름다운 소식을 예루살렘에 전하는**(εὐαγγελίζομαι) **자여**”에서 나타나듯이 아름다운 소식 즉, ‘복음을 전하여’(εὐαγγελίζομαι) 주의 백성을 위로하라는 명령을 받기 때문이다. 그러므로 이사야 40장의 맥락에서 ‘위로하다’(παρακαλέω)는 ‘복음을 전하다’(εὐαγγελίζομαι)와 동의어다. 그렇다면 명사형인 ‘파라클레시스’(παράκλησις)는 ‘복음’인 ‘유앙겔리온’(εὐαγγέλιον)과 동의어가 된다. 이런 관점에서 보면 데살로니가전서 2:3의 “**권면**”(παράκλησις)은 2:2의 “**하나님의 복음**”(εὐαγγέλιον τοῦ θεοῦ)과 동의어다. 그러므로 3절의 앞 부분 “**우리의 권면**” (ἡ παράκλησις ἡμῶν)은 ‘우리의 복음’으로 해석할 수 있고, 또 그렇게 하는 것이 옳다고 보인다.

3절에서 바울은 “간사함,” “부정,” “속임수,” 이 세 단어를 부정적으로 사용한다. 이 세 단어는 바울을 공격하던 사람들이 바울을 공격할 때 사용했던 단어였을 것이다. 바울은 먼저 자신의 복음이 “간사함”에서 유래하는 것이 아니라(οὐκ ἐκ πλάνης)고 말한다. ‘간사함’으로 번역된 ‘플라네’(πλάνη)는 ‘거짓’(deceit)이라는 뜻이다. 전치사 ‘엑크’(ἐκ, from, out of)는 ‘유래’(origin)를 나타내는 전치사다. 70인역 헬라어 구약성경에서 ‘플라네’(πλάνη)와 그 파생어들은 일반적으로 ‘하나님의 계시된 뜻을 어김, 그리고 특히 우상숭배를 조장하는 것’(transgression of the revealed will of God and mcre specifically for instigation of idolatry)이란 뜻으로 사용되었고, 거짓 선지자(신 13:6; 렘 23:13, 32; cf. 사 31:20, 21; 41:29) 혹은 신실하지 못한 통치자들 (왕하 21:9//2 Chr 33:9)에 대해 사용되었다.[65]

'플라네'의 동사형은 '플라나오'(πλανάω)다. 뜻은 '속이다, 미혹하다'(to deceive)이다. 마태복음 24:11, "거짓 선지자가 많이 일어나 많은 사람을 <u>미혹하겠으며</u>(πλανάω)"에서는 '미혹하다'로 번역되었다(마 24:4, 24). 이 구절은 '플라나오' 동사가 어떤 뜻으로 사용되는지 매우 잘 보여준다. 이 동사는 '거짓 선지자'와 함께 자주 사용된다. 요한복음 7:12, "어떤 사람은 좋은 사람이라 하며 어떤 사람은 아니라 무리를 미혹한다 하나"에서 "좋은 사람"은 '참 선지자'라는 뜻이다. '무리를 미혹하는 사람'은 '거짓 선지자'다(요 7:12; 요일 2:26; 3:7; 계 2:20; 12:9; 13:14; 19:20; 20:3, 8, 10). 이 동사(πλανάω)는 하나님의 백성들을 잘못된 길로 인도한다는 뜻으로 사용되었고, 특별히 거짓 선지자들에 대해 묘사할 때 사용되었다(미 3:4; 렘 23:13, 32; 겔 14:11).[66]

'미혹하는 자'라는 뜻을 가진 명사형 '플라노스'(πλάνος)는 마태복음 27:63, "주여 저 <u>속이던 자</u>(πλάνος)가 살아 있을 때에 말하되"에서 예수에 대해 사용되었다. 또 다음 구절인 마태복음 27:64, "후의 <u>속임</u>(πλάνη)이 전보다 더 클까 하나이다"에서 '플라네'(πλάνη)도 사용되었다. 이것은 산헤드린이 예수를 고발, 처형할 때 기본적으로 예수를 '거짓 선지자' 혹은 '거짓 메시아'로 보았다는 것을 보여준다. 요한이서 7절, "<u>미혹하는 자</u>(πλάνος)가 세상에 많이 나왔나니 이는 예수 그리스도께서 육체로 오심을 부인하는 자라 이런 자가 <u>미혹하는 자</u>(πλάνος)요 적그리스도니"에서도 '플라노스'(πλάνος)는 두 번 사용되었다. 고린도후서 6:8에서 바울은 "우리는 <u>속이는 자</u>(πλάνοι) 같으나 참되고(ἀληθεῖς)"라고 말한다. 이 부분은 '우리는 거짓 선지자(혹은 거짓 사도) 같으나 참 선지자(혹은 참 사도)다'로 다시 번역할 수 있다. 바울은 평소에 '미혹하는

---

65) Herbert Braun, "πλανάω, κτλ," *TDNT* 6:233.
66) Sandnes, *Paul—One of the Prophets?*, 203.

자'(πλάνος)라는 공격을 받았다. 이 단어는 유대교 회당에서는 '거짓 선지자'라는 뜻이 되고, 교회에서는 '거짓 사도'라는 뜻이 된다.

'플라노스'(πλάνος)가 형용사로 사용된 경우도 있다. *Testament of Twelve Patriarchs*에는 진리의(ἀληθεῖς) 영과 속이는(πλάνος) 영에 대한 대조가 나온다(*T. Sim.* 3:1; *T. Jud.* 14:8; 20:1, 5; cf. *T. Reub.* 2:1-2; 3:2, 7; *T. Sim.* 6:6). 진리의 영을 가진 사람은 참 선지자고, 속이는 영을 가진 사람은 거짓 선지자다. 바울이 3절에서 "간사함"(πλάνη), 즉 '거짓,' '미혹'이란 단어를 사용하는 것 자체가 그가 지금 도덕적 가르침을 주는 게 아니라, 자신의 복음에 대해 적극적으로 변호하고 (apologize) 있다는 것을 지지한다. 바울은 자신의 복음이 '거짓으로부터 유래하지 않는다'라고 말한다. 이 말을 뒤집으면 누군가가 '바울의 복음은 거짓으로부터 유래한다'라고 공격했다는 뜻이다. 이런 공격은 결국 바울의 복음은 악한 영, 즉 사탄으로부터 온 것이라는 주장이다.

열왕기상 22:22-23에 따르면 거짓 선지자는 그 안에 "거짓말하는 영"(רוּחַ שֶׁקֶר, πνεῦμα ψευδὲς, 직역하면 '속임의 영')을 갖고 있다. 요한일서 4:1, "사랑하는 자들아 영을 다 믿지 말고 오직 영들이 하나님께 속하였나 분별하라 많은 거짓 선지자가 세상에 나왔음이라"도 거짓 선지자가 갖고 있는 영이 하나님으로부터 온 영인지 아닌지를 분별하라고 말한다. 디모데전서 4:1의 "어떤 사람들이 믿음에서 떠나 미혹케 하는 영과 귀신의 가르침을 좇으리라"는 거짓 선지자들에 대한 경고다. 디모데전서 4:2의 "거짓말하는 자들"(ψευδολόγοι)은 바로 거짓 선지자, 거짓 사도, 거짓 선생이다. 이들은 "미혹케 하는 영"에(πνεύμασιν πλάνοις) 귀를 기울인다. 그러므로 바울의 복음이 거짓에서 유래한다는 말은, 바울이 속이는 자, 즉 거짓 선지자, 거짓 사도라는 공격이다. 데살로니가전서 2:3-12에서 바울이 헬라 철학자들처럼 도덕적 가르침(paraenesis)을 하고 있다는 말허비(Malherbe)의 주장[67]은 3절의 첫 단어에서부터 파

---

67) 말허비는 데살로니가전서에서 바울이 그를 향한 고발에 대항하여 방어하고 있다고 볼 수 있는 어떤 증거도 없다고 말한다. "There is no evidence in the letter to suggest that Paul's rehearsal of his dealing with the Thessalonians is

산해버린다.

3절에서 바울이 부정적 의미로 사용하는 두 번째 단어는 "부정"(ἀκαθαρσία, uncleanness), 즉 '더러움'이다. 바울은 자신의 복음이 '더러움에서 유래하지 않는다'(οὐδὲ ἐξ ἀκαθαρσίας)라고 주장한다. 여기에서 대체 '더러움'은 구체적으로 무슨 뜻일까? 바울이 그의 서신에서 '아카따르시아'(ἀκαθαρσία)를 사용할 때 대부분 '윤리적 부정'의 뜻으로 사용한다 (롬 1:24; 6:19; 살전 4:7; 갈 5:19; 고후 6:17; 12:21; 골 3:5; 엡 4:19; 5:3, 5). 그래서 많은 학자는 '정직하지 못함,' 혹은 '순수하지 못한 동기'로 번역하지만 이런 해석은 별로 설득력이 없다. 왜냐하면 5절에서 "탐심의 탈을 쓰지 아니한 것을 하나님이 증언하시느니라"고 말하기 때문이다. 만약 불순한 동기나 금전적 이득을 노리고 복음을 전한 것이라는 고발에 대해 바울이 5절에서 분명하게 반박하고 있으므로 3절에서 비슷한 내용을 중복하여 말했을 것 같지는 않다. 이 대목에서 우리는 이 단어의 사용법이 바울 자신의 용법이 아니라, 그의 적대자들의 용법일 가능성이 크다는 것을 기억해야 한다. 바울은 그의 신학적 적(敵)이 하는 말을 인용하면서 동시에 자신을 변호한다.

여기서 "부정"은 '부정한 영'(unclean spirit)을 염두에 둔 말일 가능성이 크다.[68] '아카따르시아'(ἀκαθαρσία)의 형용사인 '아카따르토스'

a defense against charges that had been brought against him or that he suspected might be leveled at him." Abraham Malherbe, *Paul and the Thessalonians: The Philosophical Tradition of Pastoral Care* (Philadelphia: Fortress, 1987), 74; 말허비가 쓴 논문 "'Gentle as a Nurse'" in *NovT* 12 (1970), 이후로 그의 주장이 점차 학계에 받아들이기 시작했다. 그는 견유학파 철학자들 (Cynic philosophers)이 사용하는 단어와 바울이 사용하는 단어가 유사하다는 것을 근거로 데살로니가전서 2:1-12는 도덕적 가르침(paraenesis)의 한 형태라고 주장했다. 그 후 말허비는 또 다른 논문 "Exhortation in First Thessalonians," *NovT* 25 (1983): 238-56을 썼다. *Paul and the Thessalonians; Moral Exhortation, A Greco-Roman Sourcebook* (LEC 4; Philadelphia: Westminster Press, 1986), "'Pastoral Care' in the Thessalonian Church." *NTS* 36 (1990): 375-91에서 자신의 주장을 계속 확대했고 그의 데살로니가전후서 주석 *The Letters to the Thessalonians: A New Translation with Introduction and Commentary* (AB 32B; New York/London: Doubleday, 2000)에서 도 자신의 주장을 강화했다.
68) Horbury, "1 Thessalonians 2:3," 492-508; reprinted in W. Horbury,

(ἀκάθαρτος, unclean, 더러운)는 신약성경에서 ‘영’의 뜻을 갖고 있는 ‘프뉴마’(πνεῦμα) 함께 ‘더러운 영’이란 용어로 사용된 용례가 많다(마 10:1; 12:43; 막 1:23, 26f; 3:11, 30; 5:2, 8, 13; 6:7; 7:25; 9:25; 눅 4:36; 6:18; 8:29; 9:42; 11:24; 행 5:16; 8:7; 계 16:13; 18:2; 참고 슥 13:2; *T. Ben.* 5:2). 예를 들어 마태복음 12:43, “**더러운 귀신**이 사람에게서 나갔을 때에 물 없는 곳으로 다니며 쉬기를 구하되 쉴 곳을 얻지 못하고”에서 “더러운 귀신”(ἀκάθαρτον πνεῦμα)은 ‘부정한 영’(unclean spirit)이다.

복음서를 보면 예수는 “**바알세불이 지폈다**”(Βεελζεβοὺλ ἔχει, 직역하면 ‘그가 바알세불을 가지고 있다’; 막 3:22)라는 공격을 받았다. 마가복음 3:30, “**더러운 귀신이 들렸다**”(πνεῦμα ἀκάθαρτον ἔχει, 직역하면 ‘더러운 영을 가지고 있다’)는 “**바알세불이 지폈다**”와 같은 뜻이다. 예수를 대적하던 자들은 예수를 거짓 선지자로 공격할 때, 그가 행한 이적은 부정한 영에 사로잡혀 악한 영의 능력을 힘입어 행한 것이라고 공격했다.[69] 그 공격의 핵심에는 ‘부정한 영’이 있었다. 거짓 선지자 논쟁이나 거짓 사도 논쟁에서는 이처럼 영적 정체성(spiritual identity)을 둘러싼 공방(攻防)이 나타난다.

바울도 비슷한 공격을 받았다. 고린도후서 5:13, “**우리가 만일 미쳤어도**”(εἴτε γὰρ ἐξέστημεν)는 바울을 공격하는 사람들이 ‘바울은 미쳤다’고 공격했다는 것을 반영한다. 여기서 바울은 ‘엑시스테미’(ἐξίστημι)라는 동사를 사용한다. 이 동사는 ‘서다’(to stand)라는 뜻의 ‘히스테미’(ἵστημι)에 ‘바깥에’(outside)라는 뜻의 접두어 ‘엑크’(ἐκ)가 붙어 있다. 직역하면 ‘바깥에 서다’라는 뜻이다. 이 단어는 ‘평소의 자신에서 벗어난 상태’(a state of being beside oneself), 즉 ‘제정신이 아닌 상태’

Jews and Christians: In Contact and Controversy (Edinburgh: T&T Clark, 1998), 111-26; Sandnes, *Paul—One of the Prophets?*, 185-223.

69) 거짓의 영들은 벨리알(Beliar)의 도구다(*T. Sim.* 2:7; *T. Jud.* 19:4). *Sibylline Oracles* 3.66에서 벨리알은 죽은 자를 일으키고 많은 표적을 행한다고 말하고, 3.69는 벨리알이 선택받은 히브리인들, 많은 신실한 자들을 미혹한다고 말한다. *Ascension of Isaiah* 4:10과 2-6도 벨리알이 이적을 행한다고 말한다.

를 나타낸다. 그런 뜻에서 '미치다'로 번역한다. 이 동사의 명사형 '엑스타시스'(ἔκστασις, ecstacy, 황홀경)는 사도행전 22:17, "후에 내가 예루살렘으로 돌아와서 성전에서 기도할 때에 **황홀한 중에**(ἐν ἐκστάσει) **보매**"에서 사용되었다. 황홀경에 빠져있는 상태를 묘사한다. 바울이 고린도후서 12:2-4절에서 셋째 하늘에 다녀온 경험을 말할 때 그는 "**몸 안에 있었는지 몸 밖에 있었는지 나는 모르거니와 하나님은 아시느니라**"고 두 번이나 말한다. 바로 이 '황홀경'에 빠진 상태를 말한다. 바울이 황홀경에 빠져 환상을 보는 경험(ecstatic experience)과 바울이 미쳤다는 고발은 밀접히 연결되어 있다. 고린도후서 11:23, "**정신없는 말을 하거니와**"(παραφρονῶν λαλῶ)는 바울을 '파라프로니아'(παραφρονία, 정신이상) 상태에 있다고 고발한 것으로 보인다.[70] '정신없는'으로 번역된 '파라프로네오'(παραφρονέω) 동사는 '엑시스테미'(ἐξίστημι)와 동의어로 '자신의 옆에 있다'(to beside oneself), 즉 미쳤다는 뜻이다. 그 명사형 '파라프로니아'(παραφρονία)는 '정신이상(madness insanity)이라는 뜻이다. 마가복음 3:21, "**예수의 친족들이 듣고 그를 붙들러 나오니 이는 그가 미쳤다 함일러라**"는 예수를 반대하는 자들이 '예수가 미쳤다'(ἐξέστη)고 공격했다는 것을 보여준다. 바울을 공격할 때 사용한 '엑시스테미'(ἐξίστημι)를 예수를 공격할 때에도 사용하는 것은 예수와 바울을 거짓 선지자, 거짓 사도로 공격했기 때문이다. 예수와 바울, 둘 다 더러운 영, 악한 영에 사로잡혔다는 뜻으로 '미쳤다'라는 공격을 받았다. 스가랴 13:2, "**거짓 선지자와 더러운 귀신을 이 땅에서 떠나게 할 것이라**"는 거짓 선지자와 더러운 영(τὸ πνεῦμα τὸ ἀκάθαρτον)이 긴밀히 연결되어 있다고 말한다.

그러므로 바울이 미쳤다는 그의 적대자들의 공격은 단순히 그가 정신이 이상하다는 정도를 넘어서 바울이 더러운 영에 사로잡혔다는 강력한 공격이다. 더러운 영은 곧 '마귀'다. 바울을 공격하는 사람들은 '바울의 복음은 더러운 영, 즉 마귀에게서 온 것이다'라고 주장했고, 바울은 아

---

70) 더 자세한 것은 김철홍, "바울은 제정신이 아니다?(고후 11:23): 바울의 영적 근원에 대한 논쟁," 『장신논단』 32 (2008년). 11-43을 보라.

니라고 말한다. 바울이 ‘자신의 복음은 거짓에서 유래하지 않았다’고 말하는 것과 ‘나의 복음은 더러움에서 유래하지도 않았다’고 말하는 것은 같은 주장을 두 가지로 달리 표현한 것이다. 거짓과 더러움은 둘 다 동일한 그룹의 사람들이 바울을 공격하기 위해 사용한 단어로 보아야 한다.

바울을 공격하던 사람들이 사용한 세 번째 단어는 “속임수”다. ‘속임수’로 번역된 단어는 ‘돌로스’(δόλος)다. 형용사가 명사적 용법으로 사용된 것이다. 이 형용사의 뜻은 ‘교묘하고 눈에 띄지 않는 방식으로 속여 이득을 취하는’(taking advantage through craft and underhanded methods)이란 뜻이다(롬 1:29; 고후 12:16; 살전 2:3; cf. 마 26:4; 막 7:22; 12:14; 14:1; 요 1:47; 행 13:10; 벧전 2:1, 22; 3:10). 그 동사형 ‘돌로오’(δολόω)는 ‘가장하다’(to beguile), ‘덫을 놓아 잡다’(to ensnare)라는 뜻이다. 또 다른 동사형 ‘돌리오오’(δολιόω)는 ‘속이다’(to deceive)라는 뜻이다(롬 3:13). ‘돌리오오’의 명사형 ‘돌리오테스’(δολιότης)는 ‘거짓’(deceit)이고, 그 형용사 ‘돌리오스’(δόλιος)는 ‘속이는’(deceitful)이란 뜻이다. 민수기 25:18, “이는 그들이 <u>속임수로</u>(ἐν δολιότητι) 너희를 대적하되 … 너희를 <u>유혹하였음이니라</u>(δολιοῦσιν)”에서 “속임수로”의 뜻으로 사용된 ‘ἐν δολιότητι’는 데살로니가전서 2:3의 “속임수로”로 번역된 ‘ἐν δόλῳ’와 사실상 같은 뜻이다. 이사야 53:9, “그는 강포를 행하지 아니하였고 그의 입에 거짓이 없었으나”에서 거짓은 헬라어로는 ‘돌로스’(δόλος)다.[71] 사도행전 13:10에서 바울은 마술사 엘루마를 향해 “모든 <u>거짓</u>과 악행이 가득한(πλήρης παντὸς δόλου καὶ πάσης ῥαδιουργίας) 자요 마귀의 자식이요”라고 말한다. 여기에서 ‘돌로스’(δόλος)가 사용되었고, “악행”으로 번역된 ‘라디우르기아’(ῥαδιουργία)도 ‘거짓’(deceit)이란 뜻이다.

고린도후서 4:2, “이에 숨은 부끄러움의 일을 버리고 속임으로 행하지 아니하며 하나님의 말씀을 혼잡하게 하지 아니하고”에서 바울은 ‘나는 속임으로(ἐν πανουργίᾳ) 행하지 않았다’ 그리고 ‘나는 하나님의 말씀을

---

71) Horbury, “1 Thessalonians 2:3,” 123.

혼잡하게(δολόω) 하지 않았다'라고 말한다. '돌로오'(δολόω)와 '판우르기아'(πανουργία) 같은 단어들은 거짓 선지자들과의 논쟁에서 사용되던 전형적인 용어다. '판우르기아'(πανουργία)는 '속임'(deceit)이란 뜻이며, 사도행전 13:10의 '라디우르기아'(ῥαδιουργία)와 비슷한 말이다. '돌로오'(δολόω)는 '혼잡하게 하다, 섞다'(to adulterate, 불순물을 섞다)라는 뜻으로 사용된다. 이 동사는 포도주를 파는 사람이 포도주에 물을 섞어 속여서 파는 것과 관련이 있다. '돌로오'는 고린도후서 2:17, "우리는 수많은 사람들처럼 하나님의 말씀을 <u>혼잡하게 하지</u> 아니하고"에서 '혼잡하게 하다'로 번역된 '카펠류오'(καπηλεύω)와 동의어다. "수많은 사람들"은 고린도후서 11:13의 "거짓 사도들"(ψευδαπόστολοι)과 같은 그룹의 사람들이다. 이들은 복음에 복음이 아닌 것을 섞어 복음을 왜곡한다.[72] 거짓 사도들은 "속이는 일꾼"(ἐργάται δόλιοι, deceitful workers)이다. 고린도후서 12:16, "하여간 어떤 이의 말이 내가 너희에게 짐을 지우지는 아니하였을지라도 교활한 자(πανοῦργος)가 되어 너희를 속임수로(δόλῳ) 취하였다 하니"에서도 '판우르고스'(πανοῦργος, cunning)와 '돌로스'(δόλος)가 사용되었다. 이런 단어들이 사용되는 구절들은 모두 바울이 거짓 선지자로 공격받았다는 증거다(딤전 6:5, 10; cf. *Did* 11:6; *Herm. Man.* 11:12).

"우리의 권면은 간사함이나 부정에서 난 것이 아니요"에서는 전치사 '엑크'(ἐκ)가 사용되어 바울 복음의 '유래'(origin)에 관한 방어를 했다. "우리의 권면은 … 속임수로 하는 것도 아니라"에서 "속임수로"(ἐν δόλῳ)에서 전치사 '엔'(ἐν)이 사용되었다. 여기에서 전치사 '엔'(ἐν)은 수단(means)을 나타낸다. 바울의 복음은 '속임수'(trickery)를 전도의 수단으로 하지 않는다. 바울은 교묘한 말로 사람을 속이면서 복음을 전하지 않는다는 주장이다. 바울이 이런 말을 하는 것은 누군가가 '바울은 교묘한 속임수로 사람을 속여 자신의 메시지를 받아들이게 한다'는 공격을 했기 때문이다. 그래서 바울도 이런 말을 하는 것이다. 바울은 지금

---

72) 자세한 것은 김철홍, 『참사도 참복음: 설교를 위한 고린도후서 연구』 (서울: 한국성서학연구소, 2016)의 2:17절 주석을 참고하라.

중립적이고 평안한 상태에서 도덕적 가르침(paraenesis)을 가르치는 것이 아니라, 매우 적대적인 환경 속에서 자신에 대한 강력한 공격에 대항하여 자기변호의 차원에서 방어(apologetic defense)를 하고 있다.

2:4 오직 하나님께 옳게 여기심을 입어 복음을 위탁 받았으니 우리가 이와 같이 말함은 사람을 기쁘게 하려 함이 아니요 오직 우리 마음을 감찰하시는 하나님을 기쁘시게 하려 함이라

　　"하나님의 옳게 여기심을 입어"에서 바울은 '시험하다'(to put to the test)라는 뜻을 갖고 있는 '도키마조'(δοκιμάζω) 동사를 사용한다. '우리는 하나님께 시험을 받았고 그 시험을 통과하였다'라는 뜻이다. 하나님께서는 바울이 사도로서 자격이 있는지 없는지 테스트하셨고, 바울은 그 테스트를 통과했다. 바울이 지금 '도키마조'(δοκιμάζω) 동사를 사용하는 이유는 이 동사가 거짓 선지자, 거짓 사도 논쟁에서 중요한 역할을 하기 때문이다. 이 동사의 형용사는 '도키모스'(δόκιμος, true, authentic)고 그 반대말은 '아도키모스'(ἀδόκιμος, disqualified)다. 금반지를 진품(眞品)인지 가품(假品, 짝퉁)인지 감정을 했을 때 100%의 순금이라고 판명이 되면, '도키모스'(δόκιμος)라고 판정하고, 합금(合金)이라고 판정이 되면 '아도키모스'(ἀδόκιμος)라고 판정한다.

　　만약 감정사가 하나님이시고, 감정 대상이 선지자라면 '도키모스'는 참 선지자, '아도키모스'는 거짓 선지자라는 판정에 사용되는 전문용어다. 데살로니가전서 2:4에서 '도키마조' 동사가 사용되고, 자신이 하나님의 테스트를 통과했다고 말하는 것은, 바울이 자신을 '도키모스'(δόκιμος)라고 주장하는 것이다. 반대로 바울을 공격하는 사람들은 바울이 '아도키모스'(ἀδόκιμος)라고, 즉 거짓 선지자, 거짓 사도라고 주장했을 것이다. 그들이 그런 주장을 하지 않았다면 바울이 지금 굳이 데살로니가전서 2:4에서 '도키마조' 동사를 사용하지 않았을 것이다. '도키마조' 동사는 지금 바울이 이런 심각한 논쟁을 하고 있다는 것을 보여주는 증

거다.

고린도후서 10:18, "옳다 인정함을 받는 자는 자기를 칭찬하는 자가 아니요 오직 주께서 칭찬하시는 자니라"에서 "옳다 인정함을 받는 자"는 '도키모스'(δόκιμος)를 번역한 것이다. 바울은 거짓사도와의 논쟁에서 자신을 참 사도로, '도키모스'로 주장한다. 고린도후서 13:5, "너희는 믿음 안에 있는가 너희 자신을 시험하고(πειράζετε) 너희 자신을 확증하라(δοκιμάζετε) 예수 그리스도께서 너희 안에 계신 줄을 너희가 스스로 알지 못하느냐 그렇지 않으면 너희는 버림 받은 자(ἀδόκιμοί)니라"에서 '페이라조'(πειράζω, to test, 시험하다)와 '도키마조'(δοκιμάζω, to put to test, 시험하다)는 사실상 동의어다. "버림 받은 자"는 '아도키모스'(ἀδόκιμος)를 번역한 것이다. 가품으로 판명되면 버림을 받듯이 테스트를 통과하지 못한 성도들은 하나님의 버림을 받는다. 고린도후서 13:6, "우리가 버림 받은 자 되지 아니한 것을 너희가 알기를 내가 바라고"에서 바울은 자신이 "버림받은 자" 즉, '아도키모스'(ἀδόκιμος)가 아니라고 말한다. 이 말은 자신이 '거짓 사도'가 아니라는 주장이다. 고린도후서 13:7, "이는 우리가 옳은 자임을 나타내고자 함이 아니라 오직 우리는 버림 받은 자 같을 지라도 너희는 선을 행하게 하고자 함이라"에서 "옳은 자"는 '도키모스'(δόκιμος), "버림 받은 자"는 '아도키모스'(ἀδόκιμος)다. 바울은 자신이 거짓 사도처럼 보이지만 사실은 참 사도라는 것을 알아야 한다고 말한다. 고린도후서에서 이렇게 '도키마조'와 그 파생어들이 많이 사용되는 것은 바울이 거짓사도와 논쟁을 하기 때문이고, 그 논쟁에서 이 단어들이 바울과 그를 대적하는 자들 사이에서 자주 사용되었기 때문이다.

바울은 하나님의 테스트를 통과하여 참 사도로 인정을 받아 "복음을 위탁 받았"다. '위탁하다'로 번역된 동사는 '피스튜오'(πιστεύω)다. '피스튜오'는 '믿다'(to believe)라는 뜻도 있지만 '위탁하다'(to entrust)라는 뜻도 있다. 직역하면 '복음이 우리에게 위탁되었다'(πιστευθῆναι τὸ εὐαγγέλιον)로 번역할 수 있고, 문장은 신적 수동형(divine passive)으로 되어 있다. 능동태 문장으로 바꾸면 '하나님이 복음을 우리에게 위탁하셨다'가 된다.

　　"우리 마음을 감찰하시는 하나님"에서 '감찰하다'로 번역된 동사도 '도키마조'(δοκιμάζω)다. 여기에서 "감찰하시는"(δοκιμάζοντι)은 현재 분사다. 분사의 시제가 현재이므로 계속, 반복의 뉘앙스가 있다. 하나님은 사도의 마음을 계속 반복하여 시험하신다(to put to the test). 하나님은 사람의 마음을 시험하신다(시 7:9; 17:3; 렘 11:20; 12:3; 17:9). 특별히 선지자와 사도들의 경우 하나님은 지속적으로 그들의 마음을 계속 분별하신다(δοκιμάζω, to discern). 바울은 "하나님을 힘입어 많은 싸움 중에"(살전 2:2) 그에게 위탁된 복음을 데살로니가 사람들에게 전했다. 그가 이렇게 한 것은 "사람을 기쁘게 하려 함이" 아니라, "하나님을 기쁘시게 하려" 함이다. 바울은 갈라디아서 1:10에서 비슷한 말을 한다; "이제 내가 사람들에게 좋게 하랴 하나님께 좋게 하랴 사람들에게 기쁨을 구하랴 내가 지금까지 사람들의 기쁨을 구하였다면 그리스도의 종이 아니니라." 갈라디아서에서 바울은 할례당과 대결한다. 바울은 할례와 율법 없이, 믿음으로 구원받는 복음을 전함으로 하나님을 기쁘게 한다. 하지만 할례당은 '바울이 할례의 폐지를 주장하므로 하나님을 기쁘게 하는 게 아니라 사람을 기쁘게 한다'고 주장한다. 바울이 갈라디아에서 당한 것과 비슷한 고발을 데살로니가에서도 당했을 가능성이 있다. 아마도 그런 이유로 데살로니가 2:4에서 자신이 '사람을 기쁘게 하는 게 아니라 하나님을 기쁘게 한다'는 말을 하는 것으로 보인다. 4절의 내용도 역시 바울이 철학자처럼 윤리적 가르침(paraenesis)을 하는 것이 아니다. 바울은 지금 거짓 선지자, 혹은 거짓 사도 논쟁에서 사용되는 전문 용어를 사용하면서 자신에 대한 공격에 대항하여 자기변호(self-defense)를 하고 있다.

2:5 너희도 알거니와 우리가 아무 때에도 아첨하는 말이나 탐심의 탈을 쓰지 아니한 것을 하나님이 증언하시느니라

　　"너희도 알거니와"는 데살로니가 성도들을 바울의 편에 서게 하는

장치다. 데살로니가전서 2:1, "너희가 친히 아나니"와 2:2, "너희가 아는 바와 같이"도 역시 과거의 기억을 되살려주어 바울이 하는 말이 옳다는 점을 상기시킨다. 데살로니가 성도들이 그동안 바울이 그들과 함께 있을 때 어떻게 행하고 살았는지 직접 본 증인이기 때문에 바울은 그들 스스로 잘 생각해보고 올바로 판단하라고 주문한다. 바울은 하나님을 자신의 증인으로 소환한다("하나님이 증언하시느니라"). 바울은 드물게 자신의 주장을 강하게 지지하기 위해 하나님을 증인으로 내세운다(롬 1:9; 고후 1:23; 빌 1:8). 이것은 그 당시 바울을 향한 상당히 강력한 공격이 있었다는 점을 보여주는 증거다.

5절에서 바울은 "아첨하는 말"과 "탐심의 탈," 이 두 가지를 부정한다. "아첨하는 말이나"(ἐν λόγῳ κολακείας)는 '아첨하는 말로'라는 뜻이다. 바울은 '아첨하는 말로' 복음을 전하지 않았다. 여기에서 사용된 명사 '콜라케이아'(κολακεία)는 신약성경에서 단 한 번 사용되었다. 개역성경에서는 '아첨'(flattery)으로 번역되었다. 그 동사형 '콜라큐오'(κολακεύω)는 신약성경에서는 사용되지 않았다. 유대교 외경인 *Testament of Joseph* 4:1, "Often, therefore, <u>did she flatter me with words</u> as a holy man, and guilefully in her talk praise my chastity before her husband, while desiring to ensnare me when we were alone"에서 사용되었다. 보디발의 아내가 요셉을 유혹할 때 그녀는 '콜라큐오'했다고 말한다. 이때 '콜라큐오'는 '유혹하다'(to entice)라는 뜻으로 사용되었다. '아첨의 말'은 '유혹의 말'로 해석하는 것이 데살로니가전서 2:2-5의 맥락에서 더 잘 어울린다. 바울이 지금 그의 논적(論敵)과 논쟁을 하는 중이고, 그의 논적이 한 말을 인용하면서 반박하고 있는 것이라면, 그의 논적이 '바울이 듣기 좋은 말로 바울이 아첨했다'고 공격했을 가능성보다 '바울이 유혹의 말로 그의 청중을 잘못된 길로 끌고 갔다'고 공격했을 가능성이 더 크다.

"탐심의 탈을 쓰지 아니한 것"(οὔτε ἐν προφάσει πλεονεξίας)에서 "탐심"으로 번역된 '플레오넥씨아'(πλεονεξία)의 동사형 '플레오넥테오'(πλεονεκτέω, to exploit)는 고린도후서 7:2, "우리는 아무에게도 불의를 행하지(ἀδικέω) 않고 아무에게도 해롭게 하지(φθείρω) 않고 아무에게서도 속여 빼앗은(πλεονεκτέω) 일이 없노라"에서 '속여 빼앗다'라는 뜻으로 사용되었다. 고린도후서 12:18, "내가 디도를 권하고 함께 한 형제를 보내었으니 디도가 너희의 이득을 취하더냐(πλεονεκτέω)"에서도 '플레오넥테오' 동사가 사용되었다. 바울은 자신도, 자신의 동역자 디도도, 성도들에게서 재물을 탈취한 바가 없다고 말한다. 같은 어근에서 파생된 명사 '플레오넥테스'(πλεονέκτης, a greedy person)는 '탐욕을 가진 자'라는 뜻으로, 고린도전서 5:10, 6:10, 에베소서 5:5에서 사용되는데, 모두 죄인들의 목록 가운데 등장한다. 아마도 바울을 공격한 사람들은 바울을 성도들의 주머니를 털어내는 '플레오넥테스'(πλεονέκτης)라고 공격했을 것이다.

"탈"로 번역된 '프로파시스'(πρόφασις)는 마가복음 12:40, "그들은 과부의 가산을 삼키며 외식으로(προφάσει) 길게 기도하는 자니"에서 사용되었다. "외식으로"는 내면에 있는 행동의 동기를 감추기 위해 하는 외적 행동을 지적하는 말이다. 바울을 공격하는 사람들은 '바울이 복음을 전하는 내면의 동기는 탐심인데, 그것을 감추기 위해 겉으로는 다른 말과 행동을 한다'고 공격했을 것으로 추측된다. 이런 공격 패턴은 사실 구약성경의 거짓 선지자 논쟁에서도 쉽게 발견된다. 거짓 선지자는 금전적 이득을 목적으로 선지자 노릇을 한다(사 56:11; 렘 6:13; 8:10; 겔 22:25; 미 3:5, 11; 참고 사 57:17). 이사야 56:11은 선지자들에 대해 매우 험한 비판을 한다: "이 개들은 탐욕이 심하여 족한 줄을 알지 못하는 자들이요 그들은 몰지각한 목자들이라 다 제 길로 돌아가며 사람마다 자기 이익만 추구하며." 에스겔 22:25은 "그 가운데에서 선지자들의 반역함이 우는 사자가 음식물을 움킴 같았도다 그들이 사람의 영혼을 삼켰으며 재산과 보물을 탈취하며 과부를 그 가운데에 많게 하였으며"라고 말한다. 선지자들이 재물뿐만 아니라 사람의 영혼까지 삼켰다는 건 매우 심각한 고발이다.

그러므로 바울을 향해 탐심의 탈을 쓴 자라고 비난한 것은 바울을 거짓 선지자 혹은 거짓 사도로 공격한 것으로 볼 수 있다. 바울은 심지어 사례비도 받지 않았는데(고전 9:12, 15, 18) 왜 바울을 탐심을 가진 자라고 공격을 받았을까? 이런 고발의 빌미를 준 것은 아마도 예루살렘교회의 가난한 성도들을 위한 모금이었을 것이다(갈 2:10; 고후 8-9장; 롬 15:). 바울은 이 헌금이 신학적으로 중요하다고 보아(롬 15:25-28) 열심히 진행했지만, 이것 때문에 많은 오해와 공격을 당했다. 고린도후서 12:16, "하여간 어떤 이의 말이 내가 너희에게 짐을 지우지는 아니하였을 지라도 교활한 자가 되어 너희를 속임수로 취하였다 하니"에서 '내가 너희에게 짐을 지우지 않았다'는 말은 바울이 사례비를 받지 않았다는 뜻이다. 거짓 사도들은 바울을 "교활한 자"(πανοῦργος)라고 공격을 하고 바울이 "속임수로"(δόλῳ) 고린도 성도들에게서 '금전적 이득을 취했다'(ἔλαβον)고 주장했다. 그들은 바울이 푼돈(사례비)은 받지 않으면서 목돈(예루살렘교회를 위한 헌금)을 챙기려 한다고 공격했을 것이다. 이런 공격은 바울을 매우 곤란하게 했을 것이다. 고린도후서 8-9장에서 바울이 예루살렘교회의 가난한 성도들을 위한 헌금에 관해 길게 설명하는 것도 이런 공격이 그를 많이 괴롭혔다는 점을 반영한다.

고린도후서 12:14-15, "어린 아이가 부모를 위하여 재물을 저축하는 것이 아니요 부모가 어린 아이를 위하여 하느니라 내가 너희 영혼을 위하여 크게 기뻐하므로 재물을 사용하고 또 내 자신까지도 내어 주리니"는 자신이 탐심의 탈을 쓰고 돈을 착복하는 것이 아니라, 자신이 스스로 비용을 들여가면서 사역을 했고, 돈뿐만 아니라 자신의 생명조차도 성도들을 위해서 내어줄 것이라고 말한다. 이런 반응은 데살로니가전서 2:6-12에서 바울이 말하는 것과 상당히 유사하다. 데살로니가전서 2:6-7에서 바울은 자신이 사례비를 받지 않은 것을 말하고("사람에게서는 영광을 구하지 아니하였노라 우리는 그리스도의 사도로서 마땅히 권위를 주장할 수 있으나"), 2:7, 11에서 자신을 부모로, 성도들을 자녀라고 부르고("유모가 자기 자녀를 기름과 같이 하였으니"; "아버지가 자기 자녀에게 하듯"), 2:8에서 자신의 생명도 내어줄 수 있다고 말한다("하나님의 복음뿐 아니라 우리의 목숨까지도 너희에게 주기를 기뻐함은"). 바울이 2:9에서 "너희 아무에게도 폐를 끼치지 아니하려고 밤낮으로 일하면서 너희에게 하나님의 복음을 전하였노라”는 말을 하는 이유도 바울을 ‘탐심의 탈을 쓴 자’로 공격하기 때문이다. 데살로니가전서 2:6-9은 2:5의 “탐심의 탈을 쓰지 아니한 것을 하나님이 증언하시느니라”의 부연 설명이라고 볼 수 있다.

바울은 자신이 탐심의 탈을 쓰고 데살로니가 성도들에게 접근하여 그들로부터 금전적 이득을 얻어내려 했다는 공격에 대해 그 공격은 사실이 아니라고 말한다. 데살로니가 성도들 자신이 그 증인이라고 말한다. 5절에서 바울이 반박하는 내용은 3절과 4절의 연장선 위에 있다. 5절에서 우리가 발견하는 바울에 대한 악의적 고발은 3-4절에서 우리가 발견하는 공격과 일관성 있는 공격이다. 데살로니가전서 2:3-12에서 바울은 일반적인 철학적 교훈(paraenesis)을 가르치는 것이 아니라 자기를 향한 공격에 대항하여 자기변호를 하고 있다.

2:6 또한 우리는 너희에게서든지 다른 이에게서든지 사람에게서는 영광을 구하지 아니하였노라

바울이 “영광을 구하지 아니하였노라”고 말할 때 “영광”(δόξα, glory)은 무슨 뜻일까? 사도로서 받아야 할 ‘영광’을 추구하지 않았다는 말일까? 7절에서 “우리는 그리스도의 사도로서 마땅히 권위를 주장할 수 있으나”고 말하고 있고, 이 말은 사도로서 마땅히 요구할 수 있는 ‘사례비’를 받지 않았다는 뜻이므로 6절의 “영광”은 재물과 관련된 개념이라고 추측할 수 있다.

‘영광’으로 번역된 헬라어 ‘독사’(δόξα, glory)에 해당하는 히브리어 단어는 ‘카봇’(כָּבוֹד)이다. ‘카봇’의 기본적인 사전적 뜻은 ‘영광’이지만, ‘풍부’(abundance), ‘재물’(riches)이라는 뜻도 있다. 예를 들어 이사야 61:6, “오직 너희는 여호와의 제사장이라 일컬음을 받을 것이라 사람들이 너희를 우리 하나님의 봉사자라 할 것이며 너희가 이방 나라들의 <u>재물</u>을 먹으며 그들의 <u>영광</u>을 얻어 자랑할 것이니라”에서 “재물”(חַיִל)과 “영

광"(כָּבוֹד)은 동의어로 사용되고 있다. 주의 종(the Servant of the Lord)이 기름 부음을 받아 "가난한 자에게 아름다운 소식을 전하게"(사 61:1)될 때 이스라엘은 "여호와의 제사장"(ἱερεῖς κυρίου, priests of the Lord), "하나님의 봉사자"(λειτουργοὶ θεοῦ, servants of God)의 직분을 회복하게 된다. 그때 하나님이 제사장과 성전에서 섬기는 자들은 이방인의 "재물"을 누리게 된다(사 61:6). 이사야 60:5은 "그 때에 네가 보고 기쁜 빛을 내며 네 마음이 놀라고 또 화창하리니 이는 <u>바다의 부가</u> 네게로 돌아오며 <u>이방 나라들의 재물이</u> 네게로 옴이라"고 말한다. 바울은 이 구절의 '너'를 자신을 포함한 '새 이스라엘'로 보았을 것이고, 새 이스라엘인 교회의 사도들은 이 재물을 누릴 수 있는 자격이 있다고 보았을 것이다.

이사야 61:5의 "제사장"(ἱερεῖς), "봉사자"(λειτουργοὶ)의 개념이 로마서 15:16, "이 은혜는 곧 나로 <u>이방인을 위하여 그리스도 예수의 일꾼이</u> 되어 하나님의 복음의 <u>제사장 직분을 하게</u> 하사 <u>이방인을 제물로 드리는 것이</u> 성령 안에서 거룩하게 되어 받으실 만하게 하려 하심이라"에 나온다. "일꾼"으로 번역된 '레이투르고스'(λειτουργός)는 70인역 구약성경에서 성전에서 섬기는 자들을 가리킨다. "제사장 직분을 하다"에서 사용된 동사 '히에루르게오'(ἱερουργέω)는 헬라어 구약성경에는 나타나지 않지만 요세푸스(Josephus)와 필로(Philo)의 글에서 '제물을 바치다'(to offer sacrifice)라는 뜻으로 사용되고, 그 명사형은 '히에류스'(ἱερεύς, priest), 즉 '제사장'이다. "이방인을 제물로 드리는 것"(ἡ προσφορὰ τῶν ἐθνῶν)이란 말을 하고 있으므로(사 66:20, "그들이 <u>너희 모든 형제를</u> 뭇 나라에서 나의 성산 예루살렘으로 말과 수레와 교자와 노새와 낙타에 태워다가 여호와께 <u>예물로 드릴 것이요</u>"), 바울은 자신을 제사장(ἱερεύς, priest)으로 보고 있음이 분명하다.

고린도전서 9:13, "성전의 일을 하는 이들은 성전에서 나는 것을 먹으며 제단에서 섬기는 이들은 제단과 함께 나누는 것을 너희가 알지 못하느냐"에서도 바울은 자신을 성전에서 일하는 사람에 비유한다. 율법에 따르면 바울은 벤야민 지파 출신으로서(롬 11:1, 빌 3:5; 행 13:21) 제사장도 레위인도 될 수 없다. 하지만 새 언약이 이미 세워졌으므로 바울은 하나님이 새 성전인 교회에서 자신이 제사장의 직무를 하고 있다고 주장한다. 이사야 66:21, "**나는 그 가운데에서 택하여 제사장과 레위인을 삼으리라 여호와의 말이니라**"는 하나님께서 종말에 시온산에 모인 선택받은 유대인과 이방인 중에서 제사장과 레위인을 세우신다고 말하므로, 바울의 주장은 설득력이 있다. 이렇게 이사야 61:6의 "제사장"(ἱερεῖς)과 "봉사자"(λειτουργοί) 개념이 로마서 15:16에 함께 나오는 것은 우연이 아니다.

놀랍게도 이사야 66:11-12은 종말의 때에 하나님의 백성을 낳고 길러, 시온산의 역할, 어머니의 역할을 하는 주의 종에게 이방인들의 재물이 넘치게 하시겠다고 말한다.

> [11]너희가 젖을 빠는 것 같이 그 위로하는 품에서 만족하겠고 젖을 넉넉히 빤 것 같이 <u>그 영광의 풍성함(מִזִּיז כְּבוֹדָהּ)</u>으로 말미암아 즐거워하리라 [12]여호와께서 이와 같이 말씀하시되 보라 내가 그에게 평강을 강 같이, 그에게 <u>뭇 나라의 영광(כְּבוֹד גּוֹיִם)</u>을 넘치는 시내 같이 주리니 너희가 그 성읍의 젖을 빨 것이며 너희가 옆에 안기며 그 무릎에서 놀 것이라 (이사야 66:11-12)

"그 영광의 풍성함"과 "뭇 나라의 영광"에서 '영광'(כָּבוֹד)은 '재물'이라는 뜻으로 사용되었다. 바울은 자기 자신이 아기를 낳는 산모(産母, 갈 4:19), 젖을 먹여 키우는 아기엄마(乳母, 고전 3:2; 살 2:7)의 역할을 하여 이사야 66:7-13에 계시된 종말의 하나님의 백성을 낳고 키우는 시온산의 역할을 한다고 보았다.[73] 그러므로 고린도전서 9:4에서 "**우리가 먹고 마실 권리가 없겠느냐**"라고 말할 때 바울은 사도적 권리의 근거로 고린도전서 9:14에 나오는 주의 명령, "**복음 전하는 자들이 복음으로 말미암아 살리라**"만을 염두에 둔 것이 아니었다. 바울은 이사야 61:5-6,

---

73) 이 점에 관한 더 자세한 논의는 김철홍, 『갈라디아서』, 328-40을 보라.

66:11-12과 같은 구절들에 나타나는 '영광'을 염두에 두고 있었을 것이다.

바울은 "너희에게서든지 다른 이에게서든지 사람에게서는" 영광을 구하지 않았다고 말한다. 사람에게서는 재물을 구하지 않았다는 말이다. 뒤집어서 말하면 '오직 하나님에게만 재물을 구했다'는 주장이다. 빌립보 성도들이 바울이 감옥에 갇혔을 때 에바브로디도 편에 헌금을 보내 바울을 도와주었다(빌 2:25, "너희 사자로 내가 쓸 것을 돕는 자라"). 그가 가져온 헌금을 바울이 받을 때 그는 이것을 자신에게 준 것이 아니라, 그들이 하나님께 바친 제물로 본다(빌 4:18, "에바브로디도 편에 너희가 준 것을 받으므로 내가 풍족하니 이는 받으실 만한 향기로운 제물이요 하나님을 기쁘시게 한 것이라"). 그는 이 헌금을 받으면서도 "내가 선물을 구함이 아니요"(빌 4:17)라고 말한다. 바울은 하나님께서 자신에게 필요한 재물을 주시는 것으로 보았기 때문에 '사람에게서 영광을 구하지 않았다'고 말할 수 있다. 고린도후서 11:8-9에서 바울은 자신이 고린도교회를 개척할 당시 "마게도냐에서 온 형제들이 나의 부족한 것을 보충하였음"(고후 11:9)과 "내가 너희를 섬기기 위하여 다른 여러 교회에서 비용을 받은 것"을 인정한다. 이 경우도 바울은 그들의 지원금은 하나님께 바친 헌물로 본다. 그가 이런 지원을 요청한 바가 없음에도 빌립보교회를 비롯한(빌 4:15-16) 마게도냐 교회들이 자발적으로 모금하여 가져다주었을 것이다.

사람에게서 그가 도움을 받은 것을 인정하는 것은 아마도 로마서 16:1-2에 등장하는 "뵈뵈"의 경우가 유일하다고 보인다. 이 자매를 바울은 "여러 사람과 나의 보호자"라고 부른다. "보호자"로 번역된 '프로스타티스'(προστάτις)는 '후원자'(patron)란 뜻이다. 뵈뵈는 바울에게 재정적 지원을 했을 것이다. 헬라 문화에서 후원자-피후원자(patron-client) 관계는 갑과 을의 관계다. 바울이 자신을 스스로 을의 위치에 놓는 것이기 때문에 바울은 이런 관계에 들어가는 것을 피했을 것이다. 바울은 성도와 자신의 관계를 부모와 자녀의 관계로 설정해 놓았다. 바울이 교회에서 사례비를 받지 않은 것은 결국 교회에서 유력한 사람의 재정적 지원을 받는 것이기 때문에 그 사람과 바울의 관계가 부모와 자녀 관계가 아니라, 갑을 관계로 되어버릴 수 있다. 그러므로 바울이 뵈뵈를 자신의 후원자로 소개하는 것은 매우 특이한 일이다. 아마도 뵈뵈는 바울이 도움을 구해서가 아니라, 스스로 자원하여 바울을 후원했고, 바울에게 '갑질'을 하지 않았기 때문에 바울이 그녀를 후원자로 인정한 것으로 보인다.

바울이 사도로서 그의 성도들에게 경제적인 요구를 할 수 있었다. 구약성경 이사야서의 예언은 그런 요구를 정당화한다. 또 그리스도도 사도들이 그런 요구를 하라고 명령하셨다(고전 9:14, "복음 전하는 자들이 복음으로 말미암아 살리라"). 하지만 바울은 사도로서 주장할 수 있는 권리를 주장하지 않았다(고전 9:3-18). 바울이 2:6에서 "우리는 너희에게서든지 다른 이에게서든지 사람에게서는 영광을 구하지 아니하였노라"는 말을 하는 이유는 바울이 금전적 이득을 목적으로 일하는 가짜 일꾼이라는 주장(살전 2:5, "탐심의 탈")에 대해 자기변호를 하기 위해서다. 바울은 '내가 돈을 착복할 거라고 주장하지만 그것은 사실이 아니다. 나는 사도로서 정당한 권리도 요구하지도 않았다'라고 말한다.

2:7 우리는 그리스도의 사도로서 마땅히 권위를 주장할 수 있으나 도리어 너희 가운데서 유순한 자가 되어 유모가 자기 자녀를 기름과 같이 하였으니

"마땅히 권위를 주장할 수 있으나"(δυνάμενοι ἐν βάρει εἶναι)를 직역하면 '무거움이 될 수 있었지만'이다. 여기에서 사용된 명사 '바로스'(βάρος)는 '무게'(weight), '짐'(burden)이라는 뜻이다. 이 대목에서 '바로스'는 교회의 재정적 짐, 부담이라는 뜻이다. 앞의 6절에서 사용된 '영광'(δόξα)에 해당하는 히브리어 단어 '카봇'(כָּבוֹד)의 동사형은 형용동사 '카베드'(כָּבֵד)고, 뜻은 '무겁다'(to be heavy), '부유하다'(to be rich)이다. 창세기 13:2, "아브람에게 가축과 은과 금이 풍부하였더라"에서

'풍부하다'로 번역된 동사는 '카베드'(כָּבֵד)다. '카베드'(כָּבֵד)는 '부담이 되다'(to be burdensome)라는 뜻도 있다. '권위를 주장하다'로 번역된 헬라어 구(ἐν βάρει εἶναι)의 뜻도 '브담이 되다'라는 뜻이다. 바울은 자신이 교회를 향해 자신의 생활 비용을 책임지는 재정적 부담을 지라고 요구할 수 있었다. 바로 앞 절인 데살로니가전서 2:6의 "**사람에게서는 영광을 구하지 아니하였노라**"의 "**영광**"(δόξα)과 2:7의 '권위를 주장하다'(ἐν βάρει εἶναι)의 '바로스'(βάρος, 권위)는 서로 연결된 개념이다. '바로스'(βάρος)는 갈라디아서 6:2, "**너희가 짐**(βάρος)**을 서로 지라 그리하여 그리스도의 법을 성취하라**"에서도 사용되었고, "**짐**"으로 번역되었다. 갈라디아서 6:5, "**각각 자기의 짐을 질 것이라**"에서는 '(짐을) 지다'라는 뜻의 동사 '바스타조'(βαστάζω, to carry, bear)가 사용되었다. 이 동사는 '물건을 나르다'라는 기본 뜻을 갖고 있다. 이 동사는 갈라디아서 6:2에서도 사용되었고, 동사의 목적어는 '바로스'(βάρος)다. 이 둘이 함께 사용되면 '짐을 지다'의 뜻이고, 여기에서 '짐'(βάρος)은 재정적 부담을 가리킨다.

갈라디아서 6:2-10은 모두 교회에서 모든 성도는 자신의 경제적 능력에 상관없이 각자 자신의 능력에 맞는 범위 내에서 교회의 재정을 책임져야 한다는 것을 말한다. 재정적 책임은 첫째, 교회에서 가르치는 자들의 생계를 책임지는 것이다(갈 6:7, "**가르침을 받는 자는 말씀을 가르치는 자와 모든 좋은 것을 함께 하라**"). 둘째, 교회 안과 밖의 가난한 자들을 구제하라는 것이다(갈 6:10, "**모든 이에게 착한 일을 하되 더욱 믿음의 가정들에게 할지니라**"). 열심히 헌금하여 재물을 심으면, 심는 만큼 거두게 된다(갈 6:7-9).[74] 그러므로 갈라디아서 6:2, "**그리스도의 법을 성취하라**"는 '그리스도의 율법(νόμος)을 지키라'는 뜻이 아니다. 바울신학의 새 관점을 주장하는 학자들은 이 구절을 근거로 바울이 '행위를 통해 구원받는 칭의론'을 주장했다고 주장하지만, 그런 학자들은 갈라디아서 6:1-10을 자세히 다시 읽어보기 바란다. 바울이 말하는 '그리스도의

---

74) 더 자세한 논의는 김철홍, 『갈라디아서』, 418-29.

율법'은 아마도 고린도전서 9:14, "복음 전하는 자들이 복음으로 말미암아 살리라"는 그리스도의 명령을 가리키는 것으로 보인다.

고린도후서 12:16, "하여간 어떤 이의 말이 내가 너희에게 짐을 지우지는 아니하였을지라도 교활한 자가 되어 너희를 속임수로 취하였다 하니"에서 '너희에게 짐을 지우다'에서 사용된 동사는 '카타바레오'(κατα βαρέω)다. '바로스'(βάρος)의 동사형, '바레오'(βαρέω, to weigh down, '무게로 짓누르다')동사에 접두어 '카타'(κατα-)가 추가되어 만들어진 동사다. 뜻은 '부담을 지우다'(to burden)이다. "교활한 자가 되어 너희를 속임수로 취하였다"는 바울을 향한 공격이다. 바울이 '속이는 자'(πανοῦργος, a cunning one)고, 고린도 성도를 속여 그들의 재물을 취했다는 공격이다. '짐'이라는 뜻의 명사형 '바로스'(βάρος), '(짐을) 지다'라는 뜻의 동사 '바스타조'(βαστάζω, to carry, bear), '부담을 지우다'(to burden)라는 뜻의 '카타바레오'(καταβαρέω), 모두 교회의 재정과 재물에 관련된 단어다. 그러므로 "마땅히 권위를 주장할 수 있으나"(δυνάμενοι ἐν βάρει εἶναι)를 해석할 때 '교회를 향한 재정적 부담'을 요구할 사도적 권리(ἐξουσία, apostolic right)를 언급한 것으로 해석해야 한다.

"그리스도의 사도"에서 "사도"(ἀπόστολος)는 부활하신 그리스도를 직접 만나고, 그리스도로부터 직접 복음을 전하라는 명령을 받은 사람이다(고전 9:1; 15:8; 갈 1:12-17). 바울은 다메섹 경험을 통해 이 두 가지 기준이 모두 충족되어 있다. 그러므로 바울은 사도로서 사례비를 요구할 수 있는 권리가 있었다. 하지만 그는 그 권리를 사용하지 않았다. 그 이유는 "그리스도의 복음에 아무 장애가 없게 하려"(고전 9:12)는 것이었다. 그는 데살로니가 성도들에게 "유순한 자"가 되었다. 그러나 적지 않은 영어 성경에서는 "유순한 자" 대신 '어린 아이'로 번역한다. 왜냐하면 "유순한 자"에 해당하는 헬라어는 '네피오이'(νήπιοι)고, 이 단어의 뜻은 '유아'(infant)이기 때문이다. 현재 가장 최신의 Nestle-Aland 헬라어 성경 28판에서는 바울이 사용한 단어가 '네피오이'(νήπιοι)라고 본다.

　　하지만 다른 유력한 헬라어 사본들(시내산 사본 ℵ, 알렉산드리아 사본 A 등)에는 이 단어가 '에피오이'(ἤπιοι)로 되어 있고, 이 단어의 뜻은 '유순한'(gentle)이다. 그렇다면 왜 이런 문제가 발생하는 것일까? 고대시대에는 양피지에 글을 쓸 때 지면을 절약하기 위해 띄어쓰기를 전혀 하지 않았다. '네피오이'(νήπιοι)의 앞 단어는 '에게네떼멘'(ἐγενήθημεν)이란 단어인데, 이 단어들이 연속으로 사용되면 ἐγενήθημεν νήπιοι가 된다. 앞 단어의 끝 글자도 '닌'(ν)이고 다음 단어의 첫 글자도 '닌'(ν)이다. 만약 바울이 사용한 단어가 '에피오이'(ἤπιοι)라면 띄어 쓰기를 할 경우 ἐγενήθημεν ἤπιοι가 되지만 띄어쓰기를 하지 않으면 ἐγενήθημενήπιοι 가 된다. 이 부분을 필사해서 복사본을 만들 때 필사자는 무의식적으로 '닌'(ν)을 하나 더 써넣는 오류를 범할 수 있다. 왜냐하면 '네피오이'(νήπιοι, 어린아이들)라는 헬라어 단어가 이미 있기 때문이다. 후대에 띄어쓰기를 사용하게 되어 이 붙어 있는 단어들을 분리할 때 실수로 '닌'(ν)을 하나 더 써넣는 오류를 범했을 수도 있다.

　　현대 학자 중 '에피오이'(ἤπιοι) 대신 '네피오이'(νήπιοι)가 원래의 단어라고 보는 사람들은 데살로니가전서 2:17, "형제들아 우리가 잠시 너희를 <u>떠난 것은</u> 얼굴이요 마음은 아니니 너희 얼굴 보기를 열정으로 더욱 힘썼노라"를 그 근거로 제시한다. 여기서 '떠나다'로 번역된 동사는 '아포르파니조'(ἀπορφανίζω)다. 이 동사는 '분리'의 뜻을 가진 접두어 '아포'(ἀπο-)에 '오르파니조'(ὀρφανίζω, '고아로 만들다,' to make orphan)가 만나서 생겨난 동사다. 그 명사형 '오르파노스'(ὀρφανός)는 '고아'라는 뜻이며, 영어 단어 orphan(고아)은 이 단어에서 유래한다. 개역성경에서 "떠난 것은"으로 번역된 것은 '아포르파니조'(ἀπορφανίζω)의 과거 수동 분사(ἀπορφανισθέντες)다. 직역하면 '부모와 떨어져 고아가 된'이란 뜻이다. 이곳에서는 마치 데살로니가 성도들이 부모고, 바울 일행이 자녀인 것처럼 표현되어 있다. 바울이 부모를 잃은 고아가 되었다고 말하므로, 2:7에서도 '에피오이'(ἤπιοι, gentle, 부드러운)가 아니라 '네피오이'(νήπιοι, infants, 어린아이들)로 읽는 것이 옳다고 본다. "너희 가운데서 유순한 자가 되어"가 아니라, '너희 가운데서 <u>어린아</u>

의가 되어'로 본문을 확정해야 한다고 주장한다.

그러나 이런 본문 비평(textual criticism)을 통해 '우리가 고아가 되었다'로 본문을 확정하면, 그다음 이어지는 "유모가 자기 자녀를 기름과 같이 하였으니"와 전혀 앞뒤가 맞지 않게 된다. 바울이 '고아'고, 또 그가 '어린아이'라면 왜 또 갑자기 자신을 "유모"(τροφός, nurse, 젖먹이 엄마)라 말하는지 설명하기 어렵다. 바울이 자신을 어린아이, 고아로 비유하는 것도 수사적 표현이고, 유모에 비유하는 것도 수사적 표현이다. 이런 식으로 보면 바울의 수사가 일관성 없이 갈팡질팡하는 것처럼 보이게 된다. 2:17에서 바울이 '아포르파니조'(ἀπορφανίζω) 동사의 과거 수동 분사형(ἀπορφανισθέντες)을 사용한 이유는 무엇일까? 바울은 자신과 데살로니가교회가 부모-자식 관계처럼 매우 긴밀한 관계였다는 점이다. 또 바울은 그 성도들과 분리되기를 원하지 않았지만, 반강제로 분리되어 자신이 고아처럼 되었고, 자신이 피해자라고 말하려는 의도로 그런 표현을 사용한 것으로 볼 수 있다. 반드시 바울이 자신을 어린아이라고 단정적으로 말한 것으로 볼 필요는 없다.

바울은 평소에 자신을 부모로, 특별히 아기를 낳고(갈 4:19), 젖먹이를 키우는 어머니(고전 3:2)에 자신을 비유한다. 이런 점을 전혀 고려하지 않고 단순히 2:17의 과거 수동분사 하나를 근거로 하여 '에피오이'(ἤπιοι, gentle) 대신 '네피오이'(νήπιοι, infants)로 원문을 확정하는 Nestle-Aland 헬라어 성경 26판, 27판, 28판의 본문 결정은 바울신학 전체를 제대로 이해 못 하는 본문 비평 전문가들의 미숙한 결정이라고 보인다. 다행히 한글 개역성경은 Nestle-Aland 25판 이전의 원문인 '에피오이'(ἤπιοι, gentle)를 고수하고 있다. 29판에서는 이 점이 수정되길 기대한다.

"유순한"(ἤπιοι, gentle)은 남성적 특성이 아니라 여성적 특성이다. 그러므로 이 형용사는 그 뒤에 나오는 "유모"(τροφός, nurse, 젖먹이 엄마)와 쉽게 연결된다. 여기에서 '유모'란 남의 자녀에게 젖을 먹이는 여자가 아니라, 자기 아기에게 젖을 먹이는 아기 엄마로 보는 것이 좋다. 왜냐하면 바울이 "자기 자녀를 기름과 같이"(θάλπῃ τὰ ἑαυτῆς τέκνα,

182

caring for her own children)라고 말하기 때문이다. '기르다'로 번역된 헬라어 동사는 '딸포'(θάλπω)다. 이 동사는 '따뜻하게 하다'(to warm) 혹은 '안다'(to cherish)란 뜻이다. "기름과 같이 하였으니"는 '끌어안는 것처럼 하였으니'로 번역할 수 있다. '에피오이,' '트로포스,' '딸포' 등은 모두 여성과 관련이 깊은 단어들이다.

바울은 평소 목회자로서 엄한 아버지의 얼굴로 목회한 것이 아니라(고전 4:21, "내가 매를 가지고 너희에게 나아가랴") 부드러운 어머니의 얼굴로 목회했다(고전 4:21, "사랑과 온유한 마음으로 나아가랴"). 물론 바울이 자신을 아버지에 비유도 하고(고전 4:4, "그리스도 안에서 일만 스승(παιδαγωγός)이 있으되 아비(πατήρ)는 많지 아니하니 그리스도 예수 안에서 복음으로써 내가 너희를 낳았음이라"; 고후 12:14-15; 몬 10), 데살로니가전서 2:11, "아버지가 자기 자녀에게 하듯 권면하고 위로하고 경계하노니"에서도 자신을 아버지로 묘사하지만, 잊지 말아야 할 것은 바울이 어머니의 얼굴도 갖고 있고(갈 4:19; 고전 3:2; 살전 2:7), 이 모든 것은 이사야 66:7-13의 내용에 그 근거를 갖고 있다는 점이다.[75] 바울은 이사야서의 예언의 빛 아래 자신의 다메섹 소명을 복음으로 하나님의 백성을 '낳고, 젖을 먹여 키우는 것'으로 이해했다. 이런 여성 메타포를 사도적 소명과 연결시키는 것은 이사야서 전체에 등장하는 불임과 출산이 하나님의 심판과 구원의 메타포로 나타나기 때문이다.[76]

2:8 우리가 이같이 너희를 사모하여 하나님의 복음뿐 아니라 우리의 목숨까지도 너희에게 주기를 기뻐함은 너희가 우리의 사랑하는 자 됨이라

'사모하다'(ὁμείρομαι, to long for)는 따뜻한 감정이 담긴 동사다. 바울은 여기서 적극적으로 자신의 감정을 드러낸다.[77] 데살로니가 교인

---

75) 더 자세한 논의는 김철홍, 『갈라디아서』, 328-40을 보라.
76) 이점에 대해서는 김철홍, 『갈라디아서』, 331-35의 보충설명 18, "불임과 출산: 하나님의 심판과 구원"을 보라.

들이 어려움 가운데에서도 복음을 선택했고, 바울은 이들에 대해 어머니가 자식을 향해 갖는 깊은 사랑의 감정을 갖게 되었다. 바울이 성도들을 향해 갖고 있는 감정은 빌립보서 1:8, "그리스도의 심장으로 너희 무리를 얼마나 사모하는지 하나님이 내 증인이시니라"에서도 잘 드러난다.

"우리 목숨까지 너희에게 주기를 즐겨 함은"에서 '즐겨하다'로 번역된 동사 '유도케오'(εὐδοκέω)는 '기뻐하다'(to be pleased)라는 뜻도 있지만 '결심하다'(to determine)이란 뜻도 있다. 그러므로 "즐겨 함은"보다 '마음먹은 것은'이 더 좋은 번역이다. 여기서 "목숨"(ψυχή)은 단순히 '생명'이란 뜻을 넘어서, 자신의 시간, 에너지, 건강 등을 모두 합한 것이다. 바울은 자신의 모든 것을 성도들에게 주기로 마음먹었다. 고린도후서 12:14에서 바울은 "내가 구하는 것은 너희의 재물이 아니요 오직 너희니라 어린 아이가 부모를 위하여 재물을 저축하는 것이 아니요 부모가 어린 아이를 위하여 하느니라"고 말한다. 이 말도 자신이 금전적 이득을 구하는 거짓 선지자, 거짓 사도라는 공격에 대한 방어다. 다음 절인 고린도후서 12:15에서 바울은 "내가 너희 영혼을 위하여 크게 기뻐하므로 재물을 사용하고 또 내 자신까지도 내어 주리니 너희를 더욱 사랑할수록 나는 사랑을 덜 받겠느냐"고 말한다. '내 자신까지도 내어주겠다'와 데살로니가전서 2:8의 '나의 목숨까지 너희에게 주기로 마음 먹었다'는 거의 같은 말이다. "너희를 더욱 사랑할수록"(고후 12:15)과 "너희가 우리의 사랑하는 자 됨이라"(살 2:8)도 같은 뜻이다.

왜 고린도후서 12:15과 데살로니가전서 2:8 양쪽에 이런 비슷한 내용이 나오는 걸까? 그 이유는 고린도후서 전체가 거짓 사도 논쟁으로 되어 있고, 데살로니가전서 2:3-12도 거짓 선지자, 거짓 사도 논쟁이기 때문이다. 바울이 비슷한 공격을 받기 때문에, 비슷한 방어용 변호가 나오는 것이다. 고린도후서가 바울의 평범한 도덕적 가르침(ethical

---

77) 김세윤은 이 동사의 뜻이 이 문맥에 맞지 않는다고 보고, 이 동사를 '이별하다'(to be separated from)로 해석한다. Kim and Bruce, *1 & 2 Thessalonians*, 215-16. 아마도 데살로니가전서 2:17의 '아포르파니조'(ἀπορφανίζω) 동사 때문에 그렇게 보는 듯하다. 하지만 현재의 문맥에서 '호메이로마이'(ὁμείρομαι) 동사를 '사모하다'(to long for)로 해석하는 것은 문맥에 잘 맞는다.

paraenesis)가 아닌 것처럼 데살로니가전서 2:3-12도 평범한 도덕적 가
르침으로 볼 수 없다.

바울은 데살로니가교회가 박해를 당하기 전에 그 도시를 떠나 지
금 그 도시에 없다. 만약 그들 중 일부가 목숨을 잃을 정도의 박해였다면
(살전 4:13, "형제들아 자는 자들에 관하여는"), 바울의 부재에 대한 여러
가지 비난이 생길 수도 있는 상황이다. 바울은 자신이 책임감 없는
(irresponsible) 사도가 아니고, 자신이 그들을 버린 것이 아님을 알리고
싶었을 것이다. 그래서 "너희가 우리의 사랑하는 자 됨이라"는 말로 그들
을 향한 자신의 사랑을 표현한다.

2:9 형제들아 우리의 수고와 애쓴 것을 너희가 기억하리니 너희 아무에
게도 폐를 끼치지 아니하려고 밤낮으로 일하면서 너희에게 하나님의 복
음을 전하였노라

"수고와 애쓴 것"은 작업장에서 노등한 것을 가리킨다. '수고'로 번
역된 '코포스'(κόπος)는 '강도가 센 노동'(hard labor)이란 뜻이다. '애
쓴 것'으로 번역된 '목크또스'(μόχθος)는 '노동의 고통'(painfulness of
labor)란 뜻이다. 둘 다 정신노동이 아니라 육체노동의 어려움을 가리킨
다. 이 두 단어는 바울서신에서 짝을 이루어 종종 등장한다(고후 11:27,
"수고하며 애쓰고"; 살후 3:8, "수고하고 애써"). 바울은 "아무에게도 폐
를 끼치지 아니하려고" 자신의 숙식(lodge and food)을 스스로 해결하
기 위해 작업장에서 노동하면서 복음을 전했다. '폐를 끼치다'고 번역된
동사 '에피바레오'(ἐπιβαρέω)는 '짐이 되다'(to be a burden to) '무게
로 누르다'(to weigh down)라는 뜻이다. 이 동사는 데살로니가후서 3:8,
"누구에게서든지 음식을 값없이 먹지 않고 오직 수고하고 애써 주야로 일
함은 너희 아무에게도 폐를 끼치지 아니하려 함이니(τὸ μὴ ἐπιβαρῆσαί)"
에서도 사용되었다. 이 동사는 고린도후서 12:16, "내가 너희에게 짐
을 지우지는 아니하였을지라도"에서 '짐을 지우다'(to burden) 혹은

'짐이 되다'(to be a burden to) 라는 뜻으로 사용된 동사 '카타바레오' (καταβαρέω)와 동의어다. 고린도후서 11:9, "너희에게 <u>폐를 끼치지 않</u> <u>기 위하여</u>"에서 '짐이 되지 않는'(not burdensome)이란 뜻으로 사용된 형용사 '아바레스'(ἀβαρής)도 이 동사들과 동일한 어근(root)을 갖고 있다. 명사형 '바로스'(βάρος)는 갈라디아서 6:2, "너희가 <u>짐을 서로 지</u> <u>라 그리하여 그리스도의 법을 성취하라</u>"에서 '짐'이란 뜻으로 사용되었 다. 이런 용어들은 다 교회의 사역을 유지하기 위한 재정적 부담을 가리 킨다.

사도행전 18:3, "생업이 같으므로 함께 살며 일을 하니 <u>그 생업은</u> <u>천막을 만드는 것이더라</u>"에 따르면 바울은 고린도에서 브리스길라와 아 굴라를 만나 함께 거주하며 일했다. 그들의 직종은 천막 만드는 것이었 다. 고린도전서 4:12, "또 수고하여 <u>친히 손으로 일을 하며</u>"에서는 바울 자신의 입으로 자신이 손을 사용하여 일하는 수공업자라고 말한다.

"밤"은 해가 없는 시간이고 "낮"은 해가 있는 시간이다. 당시 평균 노동시간은 해가 있는 낮 동안이다. 해가 져서 어두워지면 불을 밝혀야 하고, 호롱불을 켜기 위한 기름은 값이 비싸서 주문량이 많이 밀려 있지 않다면 밤에 일할 필요는 없다. 그러므로 "<u>밤과 낮으로 일하면서</u>"는 해가 있는 시간은 물론이고 때로는 해가 없는 밤에도 일했다는 뜻이다. 그렇 게 보면 바울은 당시 평균 노동시간보다 더 긴 시간 동안 노동한 셈이다. "<u>일하면서</u>"는 '일하다'의 뜻의 동사 '에르가조마이'(ἐργάζομαι, to work)의 현재분사(ἐργαζόμενοι, present participle)를 번역한 것이 다. 현재분사가 사용된 이런 분사구문에서, 현재분사는 시간, 목적, 이유, 결과 등의 다양한 뜻을 나타내지만, 이 구절에서는 행동의 동시 발생(부 대 상황)을 나타낸다. "<u>일하면서</u> 너희에게 하나님의 복음을 전하였노라" 는 두 가지 동작, 즉 '일하는 동작'과 '복음을 전하는 동작'이 동시에 발 생했음을 말한다.

186

바울은 하루 중 대부분 시간을 작업장에서 보냈고, 작업장에서 교회를 개척했다. 바울은 낮에는 작업장에서 일하고, 퇴근 후 저녁 시간을 이용해서 복음을 전했을까? 본문은 그렇지 않다고 말한다. 바울은 퇴근 후에 전도한 것이 아니라, 근무 시간에 노동하면서 전도했다. 그렇다면 어떻게 이런 일이 가능했을까?

이런 일이 가능한 첫 번째 이유는 천막 만드는 작업장이 소음이 크게 나지 않았기 때문이다. 천막을 만드는 작업장은 석공들이나 대장장이가 일하는 곳처럼 소음이 심하지 않았기 때문에 일을 하면서 대화를 나누는 것이 가능했다. 당시 천막은 가죽을 잘라 바느질로 이어 붙여 만들었다. 천막기술자들은 보통 천막 이외에도 허리띠, 신발처럼 가죽 조각을 사용해 만들 수 있는 다양한 물건들을 만들었다. 작업 도구는 가죽을 자르는 두 가지 칼(날이 직선으로 된 칼과 곡선으로 생긴 칼), 가죽에 구멍을 뚫는데 필요한 송곳, 바늘, 실 외에 앞치마 등이었다. 사도행전 19:12에 따르면 에베소에서 사람들이 "바울의 몸에서 손수건과 앞치마를 가져다가 병든 사람에게 얹으면 그 병이 떠나가고 악귀도 나갔다"고 한다. 바울이 앞치마를 갖고 있었던 것은 앞치마가 수공업자의 작업 도구 중 하나였기 때문이다. 작업 도구가 무겁지 않고 가벼웠기 때문에 갖고 다니는 게 수월했다. 앞치마에 각종 작업 도구를 놓고 말아서 묶어버리면 여행을 출발할 수 있었다.

시장(market) 골목 좌우에는 가게(store, 라틴어로 *taberna*)가 있

---

78) 아래의 내용에 대해서는 Ronald F. Hock, *The Social Context of Paul's Ministry: Tentmaking and Apostleship* (Philadelphia: Fortress Press, 1980)을 참고하라. 절판된 이 책의 번역본은 R. F.호크, 『바울선교의 사회적 상황』, 전경연 역 (신약연구시리즈 5; 서울: 대한기독교서회, 1984).

었다. 서기 79년에 베스비우스(Vesuvius) 화산의 폭발로 인해 화산재로 덮였다가 도시 전체가 발굴된 로마 시대의 도시, 폼페이(Pompeii) 발굴지에 가보면 시장이 도시의 중앙에 형성되어 있고, 길가 좌우로 각종 가게가 촘촘히 있는 것을 볼 수 있다. 그런 가게 뒤에는 작업장(workshop)이 있었다. 당시 가게에서 파는 물건은 공장에서 대량 생산한 것이 아니라, 수공업자들이 작업장에서 만든 것이다. 수공업자들은 작업장에서 물건을 만들고, 그 앞의 가게에서는 물건을 진열해 판다. 텐트의 경우는 아마 주문을 받은 뒤에 물건을 제작했을 것이다. 텐트를 주문하는 사람의 필요, 용도, 예산에 맞게 맞춤 제작을 해야 하기 때문이다.

가게들 위 이 층에는 거주 공간이 있었다. 아래층에는 가게가 있고, 이 층에는 숙소가 있는 이런 건물을 라틴어로 '인술라'(*insula*)라고 부른다. 인술라는 오늘날 용어로 번역한다면 '주상복합건물'로 번역할 수 있다. 주거와 상업 활동이 한 건물에서 다 이루어지기 때문이다. 작업장은 평균 6명에서 12명 정도가 함께 일할 수 있는 정도의 크기였고, 노예와 자유인 수공업자들이 함께 일을 했다. 수공업자들은 일당을 받으며 일하지만, 노예들은 당연히 일당을 받지 않는다. 가게 주인은 수공업 기술이 있는 노예를 사오거나, 기술이 없는 노예에게 기술을 가르쳐 상품을 만들게 했다.

당시 수공업자가 하루 일해서 받는 일당은 얼마였을까? 오늘날의 시세로 환산하기 쉽지 않지만, 하루 세끼 밥을 사서 먹을 수 있는 정도의 액수라고 말할 수 있다. 당시 가옥은 단독 주택(house)과 '인술라,' 두 가지로 나눌 수 있다. 단독 주택에는 부엌이 있었지만, 인술라에는 대부분 부엌이 없었다. 부엌에서 음식을 만들려면 불을 사용해야 하는데, 화재의 위험이 커서 건물주가 건물을 지을 때 아예 부엌을 만들지 않는 경우가 많았다. 당시 건물은 벽돌, 돌, 나무를 사용해 지었는데, 나무에 불이 붙어 화재가 발생하면 옆 건물로 쉽게 불이 옮겨붙었다. 건물과 건물 사이의 간격이 좁아 거의 다닥다닥 붙어 있기 때문이다. 그래서 대부분의 인술라 거주자들, 즉 하층민들은 밥을 사서 먹어야 했다. 길거리에는 오늘날의 식당(restaurant)과 같은 가게도 있었지만, 일종의 패스트 푸드를 파는 노점상도 있었다. 솥을 걸어 놓고 밑에 불을 땔 수 있는 간단한 시설만 있으면 길가에서 오늘날 중동 사람들이 먹는 케밥(kebab)과 유사한 형태의 음식을 사 먹을 수 있었다(물론 오늘날의 케밥보다 그 질은 훨씬 더 못했을 것이다).

바울과 실라, 디모데는 아마도 음식을 사서 먹어야 했을 것이다. 하루 일당이 음식을 세 번 정도 사서 먹으면 없어지는 액수였고, 그들은 식비 외에도 방세(rent)도 내고, 다음 여행을 위한 뱃삯, 식비 등도 미리 저축하고, 기타 비용도 해결해야 했기 때문에 하루 세 끼를 먹는 것은 불가능했을 것이다. 고린도전서 4:11-12, "**바로 이 시각까지 우리가 주리고 목마르며 헐벗고 매맞으며 정처가 없고 또 수고하여 친히 손으로 일을 하며 모욕을 당한즉 축복하고 박해를 받은즉 참고**"에서 바울 일행이 배가 고프고, 목마르고, 옷도 제대로 못 입었다고 말하는 것은 단순한 수사(rhetoric)가 아니다. 고린도전서는 에베소에서 쓴 것이고, 주어가 복수이므로 바울과 동역자들은 에베소에서도 작업장에서 일한 것이 분명하다. 고린도후서 11:27, "**또 수고하며 애쓰고 여러 번 자지 못하고 주리며 목마르고 여러 번 굶고 춥고 헐벗었노라**"에서 바울이 잠을 자지 못한 것은 철야 기도한 것이 아니다. 밤샘 작업 때문에 못 잤다고 말하는 거다. 주렸다는 말도 그가 금식 기도했다는 것이 아니라, 실제 밥을 먹지 못했다는 말이다. 옷도 계절에 맞추어 입지 못했고, 여행 중 노상에서 잠을 자는 등 추운 밤을 보냈다.

바울의 이런 처지는 사실 그와 함께 작업장에서 일하는 노예들의 처지와 비교할 때 노예들의 처지보다 더 못하다. 노예의 경우 주인이 하루 세 끼 식사를 무료로 제공하고, 옷도 계절에 맞게 입혀주고, 방세를 내지 않아도 편하게 집에서 잘 수 있다. 자유롭게 여행하고 돌아다닐 수 있는 것을 제외한다면, 바울의 처지는 함께 일하는 노예들보다 더 낫다고 말할 수 없다. 예수를 만나기 전 바울은 유복한 가정 출신이었을 것으로 추측된다. 바울은 당시 유대교 안에서 최고의 교육을 받았고(행 22:3) 그의 아버지는 그에게 그런 교육 기회를 제공할 수 있는 재정적 능력이 있는 로마 시민권자였다(행 22:27-28). 로마 시민권자였던 바울의 아버지가 하층민이었을 가능성은 거의 없다. 빌립보서 3:4, "**그러나 나도 육체를 신뢰할 만하며 만일 누구든지 다른 이가 육체를 신뢰할 것이 있는 줄로 생각하면 나는 더욱 그러하다**"고 말할 때 자신의 출신 성분과 성취(achievement)를 자랑한다. 그는 예루살렘에 있는 동년배 중 가장 미래가 유망한 젊은 차세대 지도자였다(갈 1:14, "**내가 내 동족 중 여러 연갑자보다 유대교를 지나치게 믿어**").

하지만 부활한 예수를 만난 뒤 그는 각 도시를 전전하면서 시장의 좁은 작업장에서 이른 새벽부터 해질 때까지 노예들과 함께 앉아 노동하면서, 노예만도 못한 생활조건 속에서 살았다. 고린도전서 9:19, "**내가 모든 사람에게서 자유로우나 스스로 모든 사람에게 종이 된 것은 더 많은 사람을 얻고자 함이라**"에서 그는 '자유인'(ἐλεύθερος)이었지만, 복음을 위해 '자신을 노예로 만들었다'(ἐμαυτὸν ἐδούλωσα)고 말한다. 이 말은 절대 과장이 아니다. 바울은 실제 노예보다 못한 삶을 살았다. 바울은 처음부터 노예와 같은 등급의 낮은 신분이 아니었기 때문에, 다시 말해 상류층이었기 때문에, 자신을 스스로 낮추어 노예의 수준으로 내려갔다고 말할 수 있다. 만약 바울이 하층민이었다면 이런 말을 하지 않았을 것이다.

바울은 도시에 정착하자마자 취직했을 것이고, 작업장에서 함께 일하게 된 수공업자들과 노예들에게 제일 먼저 복음을 전했을 것이다. 하루 12시간 이상 좁은 공간에서 바울과 함께 일하는 사람들에게 바울이 복음을 전했을 때, 그들 중 누구도 끝까지 복음을 받아들이지 않고 버티기가 쉽지 않았을 것이다. 안식일이 되면 회당에 가서 전도했을 것이지만, 몇 주 되지 않아 회당에서 출입을 금지했을 것이므로, 회당에서 전도하는 것은 한계가 있었다. 바울이 교회를 개척할 때 최초로 교회에 들어오는 사람들은 수공업자, 노예, 회당에서 넘어온 '하나님을 경외하는' 이방인, 그리고 소수의 유대인이었을 것이다. 초기 단계에서는 수공업자와 노예들의 비율이 높았을 것이고, 점차 시간이 가면서 수공업자와 노예들의 비율이 낮아졌을 것이다. 데살로니가후서 3:12에서 "**조용히 일하여 자기 양식을 먹으라 하노라**"고 말하고, 데살로니가전서 4:11, "**또**

너희에게 명한 것 같이 조용히 자기 일을 하고 <u>너희 손으로 일하기를 힘쓰</u>
<u>라</u>”고 말하는 이유는 당시 데살로니가교회가 아직 개척 초기 단계였고,
따라서 하루 벌어 하루 먹고 사는 수공업자의 비율이 상대적으로 높았기
때문으로 볼 수 있다.

　　가정교회가 생겨 정기적으로 예배를 드리게 되면 교회 예배에 새
신자가 초청되어 온다. 당시 예배는 모두 저녁 예배였다. 당시는 오늘날
처럼 일요일(Sunday)이 휴일이 아니었다. 월요일부터 일요일까지 쉬는
날은 없었고, 오직 축제 때에만 휴일이 있었다. 일하는 사람들이 퇴근한
뒤에라야 예배에 참석할 수 있었으므로 주일에도 저녁 시간에 예배를 드
렸다. 지역에 따라 차이가 있었겠지만 대체로 일주일에 두 번 혹은 세 번
정도 가정교회 예배를 드렸다. 이 예배에서는 주의 만찬을 먹었고, 그 만
찬은 실제 음식을 먹는 식사였다. 주의 만찬을 먹을 때 바울은 최후의 만
찬 전승을 사용하여(고전 11:23-24), ‘이 떡은 주의 몸이고, 이 잔은 주
의 피다’라고 말했을 것이다. 예배에 처음 참석한 사람은 예배 후에 바울
에게 왜 그 떡과 잔이 누구의 몸과 피라고 말하는지, 바울이 ‘주’라고 부
르는 예수가 어떤 분인지 질문했을 것이다. 복음에 관심을 표현하면서
더 많은 이야기를 듣기 원하는 사람들에게 바울은 내일 그가 일하는 작
업장으로 오라고 했을 것이다. 오늘날 어떤 일류 강사가 강의를 더 듣고
싶으면 내일 자신이 일하는 공장으로 오라고 말한다면 그곳으로 찾아갈
사람은 거의 없을 것이다. 하지만 당시 헬라 철학자 중에는 작업장을 자
신의 교실(classroom)로 사용하는 사람들이 없지 않았다. 헬라인들에게
는 바울이 작업장에서 강의하고 가르치는 것은 문화적으로 매우 자연스
러운 일이었다.

　　당시 헬라 철학자가 자신의 생계를 유지하는 방법은 아래와 같은
네 가지였다.

　1) 강의 수업료를 받는 것
　2) 부유한 가정의 가정교사로 들어가는 것
　3) 길에서 구걸하는 것
　4) 직접 직업을 갖고 노동하는 것

이 네 가지 방법 중 1번과 2번은 다수의 철학자가 따르는 방법이었고, 3번과 4번은 소수의 철학자만이 따르는 방법이었다. 3번과 4번의 방법을 따르는 소수의 철학자들은 자신의 철학을 돈을 받고 팔거나, 부유한 가정의 가정교사가 되어 월급날 월급을 받기 위해 줄을 서서 기다리는 철학자들을 비난했다. 바울은 사도였지만 믿지 않는 헬라인의 눈에 그는 떠돌이(itinerant) 철학자로 보였을 것이다. 바울이 전하는 복음을 처음에는 철학자의 가르침이라고 생각하고 듣는 경우가 많았을 것이다. 그러므로 바울이 천막 노동을 하는 수공업자로 살아가는 모습을 보았을 때 헬라인들은 바울을 4번에 해당하는 철학자로 생각했을 것이다. 그래서 바울이 자신의 작업장으로 오라고 말할 때 그곳에서 그의 가르침을 배우는 것을 자연스럽게 여겼을 것이다.

많은 사람이 앞치마를 두르고 자신의 작업대에 앉아 가죽을 자르고, 바느질로 이으면서, 작업장에서 하루 대부분 시간을 보냈던 바울이 도대체 어떻게 복음을 전하고 또 교회를 개척할 수 있었던 것일까 의아하게 생각한다. 바울은 손으로 일을 하면서, 일대일(一對一)로 대화하면서 전도할 수 있었다. 시간에 제한을 받지 않고 장시간 대화가 가능했다. 전도 대상자와 오늘 이야기를 다 못 마치면 내일 다시 그 사람이 작업장으로 찾아오기만 하면 얼마든지 전도할 수 있었다. 일대일 대화는 바울이 사용했던 가장 기본적 복음 전도 패턴이었다. 바울이 강단에 서서(행 19:9, "두란노 서원에서 날마다 강론하니라"), 혹은 길거리에서 연설을 하면서(행 17:17, "장터에서는 날마다 만나는 사람들과 변론하니") 복음을 전한 것은 오히려 예외적인 경우였다. 바울이 전도하여 교회를 개척하는 기본적인 방법은 작업장에서 일하면서 복음을 전한 것이다. 데살로니가전서 2:11, "너희도 아는 바와 같이 우리가 너희 각 사람에게 아비가 자기 자녀에게 하듯 권면하고 위로하고 경계하노니"에서 "너희 각 사람"은 영어로 'each one of you'이며, 헬라어 표현(ἕνα ἕκαστον ὑμῶν)도 이와 상응한다. 바울은 일대다(一對多)가 아니라 한 사람, 한 사람에게 전도하고 가르쳤다.

바울은 천막을 주문하러 온 고객들에게 전도했다. 천막을 구입하

는 고객들은 주로 군대와 장거리 무역을 하는 상인들이었다. 로마서 16
장을 보면 한 번도 방문한 적이 없는 로마교회에 바울이 알고 있는 사람
들이 다수 있다. 바울은 이런 사람들을 어디서 어떻게 만났을까? 바울은
한 도시에 교회를 개척하고 있으면서도, 다른 도시에 있는 자신의 교회
내부 상황을 잘 파악하고 있었다. 원거리에 떨어져 있는 바울이 어떻게
그것을 알 수 있었을까? 그에게는 지중해 일대의 도시와 도시를 연결하
는 연결망(networking)이 있었다. 연결망을 통해 바울은 멀리 떨어진
곳에 있는 교회의 내부 사정을 모니터링 할 수 있었다. 바울은 이런 연결
망을 어떻게 만들 수 있었을까? 아마도 도시와 도시 사이를 부지런히 이
동하면서 장사하는 사람들을 많이 전도했기 때문일 것이다. 바울이 그런
사람들을 만나 전도한 곳은 아마도 그의 작업장이었을 것이다. 장거리
무역을 하는 상인들은 매우 이동성(mobility)이 강한 장점이 있었기 때
문에 이들을 통해 지중해 지방 여러 곳을 연결하는 연결망(networking)
을 구축할 수 있었을 것이다.

천막 주문이 없어서 작업이 없는 날에 바울은 어떻게 했을까? 아
마도 작업장에 누워 잠을 청하지는 않았을 것이다. 그는 시장 골목에 있
는 다른 가게, 그 가게 뒤에 있는 작업장을 찾아가 그곳에서 일하는 사람
들과 대화하면서 전도했을 것이다. 시장 자체가 낮에 그 도시에서 가장
인구가 가장 많이 밀집하는 곳이므로 그가 전도 대상자를 찾는 것은 그
리 어렵지 않았을 것이다. 바울은 시장 근처에 있는 광장(forum)으로 가
기만 해도 많은 사람을 쉽게 만날 수 있었을 것이다.

헬라식 단독 주택은 창문을 크게 만들지 않았다. 햇볕이 들어오면
집안이 쉽게 더워지기 때문이다. 그래서 해가 떠도 집안이 어두웠다. 어
두운 집 안에서 소일거리가 없으므로 모든 시민은 직장이 있건 없건, 아
침에 기상한 뒤 집 밖으로 나가는 것이 보통이었다. 사람들이 모이는 곳
은 시장 옆, 도시 중앙에 있는 광장이었다. 그곳에 모여 삼삼오오 모여
하루 대부분 시간을 보냈다. 헬라 도시는 크기가 오늘날 서울의 한 동
(洞) 정도의 크기이거나, 크더라도 구(區)보다는 훨씬 작았기 때문에 그
곳에 태어나 몇십 년을 살면 대부분 서로 얼굴과 이름을 아는 경우가 많

았다. 고대 도시는 '사회'(society, Gesellshaft)라기 보다는 '공동체'(community, Gemeinshaft)에 더 가까웠다. 그 도시의 토박이인지, 외지인인지 한눈에 쉽게 구분이 되므로, 외지에서 새로 온 사람의 이야기를 듣는 것을 좋아했다. 그의 여행 이야기, 그들이 가볼 수 없는 먼 곳에 사는 사람들의 이야기, 특히 배를 타고 가다가 조난된 이야기 같은 것은 많은 사람의 관심을 끌었다. 사도행전 17:21, "모든 아덴 사람과 거기서 나그네 된 외국인들이 가장 새로운 것을 말하고 듣는 것 이외에는 달리 시간을 쓰지 않음이더라"는 당시 낮에 도시 광장에서 외지에서 온 사람의 이야기 듣기를 즐겨한 헬라인들의 일상을 잘 보여준다.

사도행전 27:1-44에 기록된 해상 조난에 대한 기록은 당시 사람들이 가장 좋아하던 종류의 이야기였다. 바울이 고린도후서를 쓰던 시점을 기준으로 이미 "세 번 파선하고 일 주야를 깊은 바다에서 지냈으"므로, 자신의 조난 경험을 이야기하면서 사람들과 대화를 쉽게 시작할 수 있었을 것이다. 바울이 자신의 다메섹 경험을 포함하여 자신의 체험을 이야기하면서 쉽게 복음으로 이야기의 주제를 바꾸었을 것이고, 예수 그리스도에 대한 복음을 이야기했을 것이다. 사도행전 17장에 기록된 바울의 아레오바고 연설을 듣고 헬라인 청중들은 다양한 반응을 했다. "죽은 자의 부활을 듣고 어떤 사람은 조롱도 하고 어떤 사람은 이 일에 대하여 네 말을 다시 듣겠다"(행 17:32)고 반응했다. 또 "아레오바고 관리 디오누시오와 다마리라 하는 여자와 또 다른 사람들"(행 17:34)이 바울의 복음을 믿었다. 그 중 "네 말을 다시 듣겠다"고 반응한 사람들과 바울은 다음날 만나 계속 이야기를 이어갔을 것이다. 물론 아테네에서는 취직을 하지 않았기 때문에 작업장에서 만나지는 않았겠지만, 만약 데살로니가에서 비슷한 상황이 발생했다면 자신의 작업장 위치를 알려주고, 그리로 오라고 말했을 것이다.

바울의 선교에는 원칙이 있었다. 예를 들어 이미 교회가 세워진 곳에는 복음을 전하지 않는다는 것은 바울 선교의 원칙이다(롬 15:20, "또 내가 그리스도의 이름을 부르는 곳에는 복음을 전하지 않기를 힘썼노니 이는 남의 터 위에 건축하지 아니하려 함이라"). 고린도후서 11:7에서 바울은 "나를 낮추어 하나님의 복음을 값없디 너희에게" 전했다고 말한다. 그 것은 "아무에게도 누를 끼치지 아니"(고후 11:9) 하려는 의도였다. "내가 모든 일에 너희에게 폐를 끼치지 않기 위하여 스스로 조심하였고 또 조심 하리라"고 말하므로 노동하면서 스스로 생계를 유지하면서 복음을 전하 는 것도 바울의 일관된 선교 원칙이라고 볼 수 있다.

바울이 자비량(自備糧) 선교의 원칙을 지킨 이유는 고린도전서 9:1-18과 고린도후서 11:7-9에 잘 나타나 있다. 바울이 자비량 선교를 한 이유는 첫째로, 청중이 복음을 믿고 받아들이는데 아무런 장애도 없 도록 하기 위해서다. 고린도전서 9:12에서 바울은 "우리가 이 권리를 쓰 지 아니하고 범사에 참는 것은 그리스도의 복음에 아무 장애가 없게 하려 함이로다"라고 말한다. 만약 어떤 복음을 믿는 수공업자가 믿지 않는 친 구를 가정교회의 저녁 예배에 초청할 때, 그 예배가 만찬이 있는 예배라 고 말하면 그 초청을 거절할 수공업자는 거의 없을 것이다. 수공업자의 입장에서 만찬을 먹는다는 것은 큰 특혜이기 때문이다. 만찬은 상류층의 문화였기 때문이다. 자신의 일당으로 음식을 사서 먹지 않아도 되고, 훨 씬 더 좋은 음식을 먹을 수 있다. 그러나 바울이라는 사람이 그 자리에서 가르침을 준다고 말하면 초청을 받은 사람은 바울을 철학자로 여기므로 곧바로 수업료가 얼마인지 물어볼 것이다. 대부분의 수공업자는 돈을 지 불하고 철학을 배울 재정적 여유가 없으므로 초청에 불응할 가능성이 크 다. 그러나 이때 초청한 친구가 '그 사람은 수공업자로 일하면서 자신의 생계를 해결하는 철학자다'라고 대답하고 바울의 강의는 '무료'라고 말 해주면 아무 부담 없이 가정교회의 예배에 참석하게 된다. 만약 청중들 이 바울의 복음을 받아들인 결과 그의 선교팀에게 숙식을 제공해야 한다 면 그것은 수업료를 내는 것과 다름이 없게 된다. 청중이 복음을 받아들 이는데 재정적 부담을 갖게 된다. 바울이 자비량 선교를 하는 이유는 이 런 복음의 장애 요인을 사전에 제거하여 사람들이 재정적 부담 없이 복 음을 듣게 하려는 것이다.

둘째로, 바울이 자비량으로 선교한 것은 하나님께 상을 받기 위해 서다. 고린도전서 9:15, "그러나 내가 이것을 하나도 쓰지 아니하였고 또

이 말을 쓰는 것은 내게 이같이 하여 달라는 것이 아니라 내가 차라리 죽을 지언정 누구든지 내 자랑하는 것을 헛된 데로 돌리지 못하게 하리라"에서 바울은 교회에 생계비를 요구할 수 있는 사도적 권리가 있지만, 한 번도 그것을 사용한 적이 없다고 말한다. 또 그렇게 하는 이유는 그것이 그의 '자랑'이 되기 때문이라고 말한다. 고린도전서 9:18, "그런즉 내 상이 무엇이냐 내가 복음을 전할 때에 값없이 전하고 복음으로 말미암아 내게 있는 권리를 다 쓰지 아니하는 이것이로다"에서 바울은 왜 그가 자비량 선교원칙을 지키는지 그 의도를 설명한다. 바울은 만일 자신이 자원하여 일하는 자(volunteer)라면 복음의 사역에 대한 상을 받을 것이지만, 자신은 자원봉사자가 아니라, 사도로 부름을 받았기 때문에 하나님께 상을 받지 못한다고 생각한다(고전 9:17, "내가 내 자의로 이것을 행하면 상을 얻으려니와 내가 자의로 아니한다 할지라도 나는 사명을 받았노라"). 그렇다면 바울은 어떻게 해야 하나님께 상을 받을 수 있을까? 바울은 사도로서 자신이 갖고 있는 권리를 쓰지 않고 복음을 전해 더 많은 사람에게 복음을 전하면 하나님께 상을 받을 수 있다고 생각한다.

셋째로, 바울은 값없이 받은 복음을 값없이 전하기 위해 노동하면서 복음을 전했다고 볼 수 있다. 예수 그리스도를 통해 주시는 구원은 어떤 가격이 있는 것이 아니다. '무료로'(롬 3:24, "값없이"[δωρεὰν], 직역하면 '선물로') 주시는 것이다. 고린도후서 11:7, "하나님의 복음을 값없이 너희에게 전함으로 죄를 지었느냐"에서 "값없이"(δωρεὰν)는 로마서 3:24, "하나님의 은혜로 값 없이 의롭다 하심을 얻은 자 되었느니라"의 "값없이"(δωρεὰν)와 동일한 단어다. 하나님의 은혜로 '무료로 의롭다 하심'을 얻었으므로, 바울도 자신의 복음을 '무료로' 전한다. 바울이 복음을 전하는 방식은 아무런 대가 없이 은혜로 구원을 주시는 복음의 내용과 일치한다. 바울은 돈을 목적으로 가르치는 헬라 철학자와 자신을 구분했고, 그의 복음은 헬라 철학이 아니라는 것을 보여주었다.

넷째로, 바울은 헬라 문화의 '후원자-피후원자'(patron-client) 관계에서 벗어나기 위해 자비량으로 선교했다. 후원자는 부유한 귀족이고, 피후원자는 가난한 평민이다. 바울이 교회에서 생계비를 지원받으면 결국 그 돈은 교회의 부유한 성도의 주머니에서 나오는 돈을 받는 셈이 된다. 신앙심이 깊지 않은 부유한 성도는 자신을 후원자로, 바울을 피후원자로 여기에 된다. 후원자-피후원자 관계는 갑-을 관계였기 때문에 바울은 피후원자의 입장이 되길 원하지 않았다. 교회 안의 부유한 성도가 교회에서 갑으로 행동하면서 바울을 을로 취급하기 시작하면 자신을 부모로, 그리고 성도를 자녀로 설정한 것이 무위로 돌아가기 때문이다. 아버지로서 그가 갖고 있는 권위(authority)에 손상이 간다. 물론 바울서신에 이런 내용이 나오지는 않지만, 바울은 이런 점도 고려했을 것으로 추측된다.

다섯째로, 바울이 자비량으로 선교한 것은 그가 일하는 작업장이 당시 낮에 인구가 집중되는 시장의 가운데 있고, 광장의 옆에 있기 때문이다. 헬라인들은 해가 뜨면 집 밖으로 다 나왔기 때문에 바울이 가가호호(家家戶戶)를 방문하면서 전도하려고 해도 할 수 없었다. 전도는 사람들이 있는 곳에 가야 할 수 있다. 당시 헬라 도시에서 바울이 전도를 하려면 인구가 집중된 시장과 광장 근처로 가야 했다. 전도자가 있는 곳으로 불신자를 오라고 하는 것보다, 전도자가 불신자들이 있는 곳으로 가야 한다. 바울은 당시 불신자들이 가장 많이 밀집된 곳인 시장과 광장 근처에서 하루 대부분 시간을 보내면서 전도했고, 이것은 매우 효과적인 전도 전략이었다. 물론 이런 이유도 바울이 그의 서신에서 설명하지는 않는다. 하지만 우리가 사후적으로 바울의 행동을 분석하면 그의 자비량 선교가 왜 효과적이었는지 설명할 수 있다. 바울 역시 이런 점을 염두에 두었을 것이다.

바울의 자비량 선교는 종종 그의 사도권을 의심하는 자들의 공격과 비난의 빌미를 주기도 했다. 고린도전서 9:3-4, "나를 비판하는 자들에게 변명할 것이 이것이니 우리가 먹고 마실 권리가 없겠느냐"는 바울이 바울의 사도적 권리를 사용하지 않는 것 때문에 바울을 비판하는 사람들이 있었다는 것을 알려준다. 고린도후서 11:7에서는 "내가 너희를 높이려고 나를 낮추어 하나님의 복음을 값없이 너희에게 전함으로 죄를 지었느냐"고 바울이 반문한다. 바울이 사례비를 받지 않고 복음 전한 것이 왜

'죄'가 되는지 의아하게 생각할 수 있다. 헬라인들의 입장에서 보았을 때 바울은 철학자로 보이고, 그가 생계를 해결하는 방법은 당시 철학자 중 오직 소수만이 취하는 방법이었다. 다수 의견은 수업료를 받거나, 부유한 가정의 가정교사로 일하는 것이었다. 다수 의견을 따르는 철학자들이 소수 의견을 따르는 철학자들을 비난할 때 '그들이 돈을 받지 않는 것은 그들이 가르치는 철학이 형편없는 것이기 때문이다. 제대로 실력을 갖춘 철학자라면 당연히 떳떳하게 자신의 가르침의 댓가를 요구한다'라고 비난했다. 아마도 고린도교회의 상류층 성도 중 바울이 사례비를 받지 않는 것을 놓고 다수 의견을 따르는 철학자가 비판하는 것과 동일한 방식으로 바울을 비판하는 사람이 있었을 가능성이 크다. 바울이 다른 사도들이나 헬라 철학자들처럼 떳떳하게 자신의 가르침의 대가를 요구하지 않은 것은 바울이 삼류 철학자, 삼류 사도라는 증거라고 공격했을 것이다. 이런 공격을 받으면서도 바울은 위와 같은 다섯 가지의 이유로 자비량 선교의 원칙을 지켰다.

2:10 우리가 너희 믿는 자들을 향하여 어떻게 거룩하고 옳고 흠 없이 행하였는지에 대하여 너희가 증인이요 하나님도 그러하시도다

바울 복음은 '간사함'(거짓), '부정'(더러움, 더러운 영)에서 유래한 것이며(살전 2:3), '속임수'에 의한 것이고(살전 2:3), 바울은 '아첨'(유혹의 말)으로 사람을 속이고(살전 2:5), '탐심'(탐욕)이 그의 사역의 동기라는(살전 2:5) 공격을 받았다. 이에 맞서 바울은 자신과 동역자들이 "거룩하고 옳고 흠 없이" 행했다고 주장한다. 여기에서 사용된 세 개의 부사(adverb) 중 첫 번째 단어(ὁσίως)의 형용사인 '호시오스'(ὅσιος)는 '신과의 관계에서 아무런 잘못이 없는'(being without fault relative to deity)라는 뜻이다. 디모데전서 2:8, "그러므로 각처에서 남자들이 분노와 다툼이 없이 <u>거룩한</u>(ὅσιος) 손을 들어 기도하기를 원하노라"에서 '거룩한'으로 번역되었고, 디도서 1:8, "오직 <u>나그네를 대접하며</u> 선행을 좋

아하며 신중하며 의로우며 거룩하며(ὅσιος) 절제하며"에서 '거룩하며'로 번역되었다.

그 명사형 '호시오테스'(ὁσιότης)는 '거룩함'이란 뜻으로서 세 개의 부사 중 두 번째 단어(δικαίως)의 명사형인 '디카이오쒸네'(δικαιοσύνη)와 함께 사용된 경우가 신약성경에 두 번 나온다(눅 1:75, "종신토록 주의 앞에서 성결과 의로 두려움이 없이 섬기게 하리라"; 엡 4:25, "하나님을 따라 의와 진리의 거룩함으로 지으심을 받은 새 사람을 입으라"). 요한계시록 16:5, "전에도 계셨고 지금도 계신 거룩하신 이여 이렇게 심판하시니 의로우시도다"에서는 형용사형이 함께 나온다. 거룩과 의로움이 함께 짝을 이루어 같이 등장하는 것은 두 가지 개념이 서로 연결되어 있기 때문이다.

세 번째 부사 '아멤프토스'(ἀμέμπτως)는 '흠이 없게' (blamelessly)란 뜻이다. 이 단어는 데살로니가전서 3:13, "우리 주 예수에서 그의 모든 성도와 함께 강림하실 때에 하나님 우리 아버지 앞에서 거룩함에 흠이 없게(ἀμέμπτως) 하시기를 원하노라"와 5:23, "너희의 온 영과 혼과 몸이 우리 주 예수 그리스도께서 강림하실 때에 흠 없게(ἀμέμπτως) 보전되기를 원하노라"에서도 사용된다. 그리스도의 강림 후에 열릴 최후의 심판에서 '흠이 없다'는 말은 '고발당할 사안이 없다'는 뜻이다. 그 형용사형인 '아멤프토스'(ἄμεμπτος)는 빌립보서 3:6, "율법의 의로는 흠이 없는 자(ἄμεμπτος)라"에서 '흠이 없는'이란 뜻으로 사용되었다. 그 반대말은 접두어가 빠진 '멤프토스'(μεμπτός)다. '비난받아 마땅한' (blameworthy)란 뜻이다. 동사형은 '멤포마이'(μέμφομαι)이며, 그 뜻은 '비난받아 마땅한 사람으로 보아, 책임을 그에게로 넘기다'(to impute as blameworthy)이다.

바울은 자신이 얼마나 부당한 공격을 받고 있는지에 대해 항변하면서 "너희가 증인이요 하나님도 그러하시도다"라고 말한다. 데살로니가 성도들이 바울의 변호하는 내용의 목격자고 증인이다. 그리고 하나님도 목격자로서 증인(witness)이 되신다. 5절에서도 바울은 "너희도 알거니와 … 하나님이 증언하시느니라"고 말한 바가 있는데, 10절에서도 비슷한 말을 한다. 11절의 "너희도 아는 바와 같이"도 마찬가지 효과를 갖고 있다. 바울은 성도들이 직접 경험한 것을 상기시키면서 자신의 무죄를 주장한다. 바울이 하나님을 증인으로 언급하는 것은("하나님도 그러하시도다") 바울을 공격하는 사람들의 비판이 성도들에게 설득력 있게 들릴 수 있었기 때문이다. 잘못되면 바울의 사역이 물거품으로 돌아갈 수도 있는 심각한 상황이었을 것이다.

2:11 너희도 아는 바와 같이 우리가 너희 각 사람에게 아버지가 자기 자녀에게 하듯 권면하고 위로하고 경계하노니

"너희 각 사람에게"(ἕνα ἕκαστον ὑμῶν)는 영어로는 'each one of you'다. 바울이 전도하는 방식은 일대다(一對多)가 아니라 일대일(一對一)이다. 바울은 다수의 대상을 놓고 설교하기보다 일대일로 전도했다. 그는 작업장에 앉아 한 편으로는 손으로 일을 하면서, 다른 한 편으로는 그를 찾아오거나, 만나게 된 한 사람, 한 사람에게 전도하고 말씀을 가르쳤다. 이런 일대일 전도는 가장 효과적인 전도방법이다. 왜냐하면 이 방법은 '인격적'(personal) 방법이기 때문이다. '비인격적'(impersonal) 전도방법은 사람과 사람이 직접 만나 인간관계를 형성하지 않기 때문에 비효율적이다. 비인격적 전도방법은 노방 전도, 문서 전도, 대규모 집회 전도, TV 전도, 등이다. 이런 방식으로는 사람과 사람이 인격적 인간관계(personal relationship)를 형성할 수 없다(이 문제에 대한 더 자세한 설명은 아래의 보충설명 6, "인격적 관계 형성과 복음 증거"를 보라).

"(너희를) 권면하고 위로하고 경계하노니"(παρακαλοῦντες ὑμᾶς καὶ παραμυθούμενοι καὶ μαρτυρόμενοι)는 헬라어 본문에서는 12절에 포함되어 있지만 개역개정판 번역에서는 11절에 포함되었다. '권면하다'(παρακαλέω)는 바울이 즐겨 사용하는 동사다. '위로하다,' '호소하다'라는 뜻도 있다. '위로하다'로 번역된 동사(παραμυθέομαι)

200

는 '파라칼레오'(παρακαλέω)와 동의어로 볼 수 있다. 두 동사 사이에 의미상의 차이를 확연히 구분하기 어렵다. '파라뮈떼오마이' (παραμυθέομαι)의 명사형 '파라뮈띠아'(παραμυθία)는 고린도전서 14:3, "그러나 예언하는 자는 사람에게 말하여 덕을 세우며 <u>권면하며</u>(παράκλησις) <u>위로하는 것</u>(παραμυθία)이요"에서 '권면하다'의 명사형인 '파라클레시스'(παράκλησις)와 함께 사용되었다.

바울은 "아버지가 자기 자녀에게 하듯"(ὡς πατὴρ τέκνα ἑαυτοῦ) 성도들을 가르쳤다. 고대 헬라 사회에서 아버지는 자녀 교육의 책임을 지고 있었다. 바울은 마치 아버지가 자녀 한 명 한 명을 가르치듯 그렇게 가르쳤다. 바울은 자신을 아버지로, 성도들을 자신의 자녀로 관계를 설정했다(고전 4:14-15; 고후 6:13; 12:14-15; 몬 10). 그렇게 함으로 그는 헬라 사회에서 아버지가 자녀를 향해 갖는 권위(authority)를 가질 수 있었다.[79] 바울은 아버지가 그 어린 자녀에게 이야기하듯 성도들에게 위로하고 권면한다. '권면하다'와 '위로하다' 이 두 단어는 목회자로서 바울의 스타일을 엿보게 한다. 바울은 명령하거나 지시하지 않고, 부모의 입장에서 권면하고(호소하고) 위로한다(달랜다). 왜 그는 명령하지 않고 호소할까? 그 이유는 아마도 바울은 자신이 이사야 40:1, "너희의 하나님이 이르시되 너희는 위로하라 내 백성을 위로하라"에서 하나님이 부르시는 선지자가 바로 자신이라고 생각하기 때문인 것 같다. 하나님은 그 선지자를 향해 '권면하라'(호소하라, 위로하라)라는 동사를 소명으로 주신다. 이사야 66:13, "어머니가 자식을 위로함 같이 내가 너희를 위로할 것인즉 너희가 예루살렘에서 위로를 받으리니"는 어떤 선지자가 어머니가 되어 자식인 하나님의 백성을 위로할 것인데, 그 위로는 바로 하나님이 그의 백성을 위로하시는 것이라고 말한다. 바울은 자신이 바로 그 선지자라고 보기 때문에 '위로하다'라는 단어를 자주 사용한다.[80]

'경계하다'로 번역된 동사(μαρτύρομαι)는 '증언하다'(to testify,

---

79) 이 점에 관한 더 자세한 논의는 김철홍, 『갈라디아서』, 보충설명 17, "바울의 아버지 메타포(metaphor) 사용과 그 의도," 326-27볼 보라.
80) 이 점에 대해서는 김철홍, 『갈라디아서』, 336-40을 보라.

bear witness)라는 뜻이다. 그 명사형 '마르튀스'(μάρτυς)는 '증인'(witness)이라는 뜻이다. 바울은 무엇을 '증언'할까? 그가 증언하는 것은 곧 복음이라고 볼 수 있다. 이 복음에 대해서 바울은 직접 보고 들었다. 증인은 자신이 보고 들을 것을 증언하는 것이다. 바울의 다메섹 경험은 이사야 6:1-13에 나오는 천상의 회의에 이사야가 참석하여 선지자로 부름받고 전할 메시지를 받는 경험과 유사한 경험이었다고 추측된다.[81] 바울은 자신이 복음을 사람으로부터 받은 것이 아니라, 하나님으로부터 직접 받았다고 주장한다(갈 1:12, "이는 내가 사람에게서 받은 것도 아니요 배운 것도 아니요 오직 예수 그리스도의 계시로 말미암은 것이라"). 그가 말하는 계시는 아마도 고린도후서 12:2-4에서 말하는 "셋째 하늘"에 다녀온 경험과 유사한 경험이었을 것이다. 바울은 하나님의 보좌 앞에서 직접 그가 보고 들은 것, 즉 예수 그리스도의 십자가 복음을 '증언한다.' 그러나 여기 11절(헬라어 성경에서는 12절)에서 바울이 증언하는 내용은 좀 더 좁은 범위의 메시지다. 그 증언의 내용은 12절에 나온다.

---

81) 이점에 대해서는 김철홍, 『갈라디아서』, 15-16, 보충설명 1, "사도와 선지자 사이의 유사성"을 보라.

1. 인간관계의 필요성

전도할 때 가장 좋은 방법은 인간관계를 기초로 한 인격적 전도(personal evangelism)다.[82] 만약 복음이 물이고, 그 물을 내가 누군가에게 전해주기 원한다면 그 사람과 나 사이에 그 물을 전달할 수 있는 파이프가 있어야 한다. 물을 전달해줄 수 있는 파이프가 없는데도 물을 전달해 줄 수 있다고 생각하면 망상이다. 이 파이프에 해당되는 것이 바로 인간관계다. 복음을 어떤 사람에게 전달하려면 그 사람과 나 사이에 인간관계가 먼저 형성되어 있어야 한다. 사람과 사람 사이에 인간관계를 만드는 것은 적지 않은 시간과 노력이 필요하다. 전도의 성공률을 높이려면 인간관계의 깊이가 깊을수록 더 좋다. 친밀함(intimacy)이 높을수록 전도에 더 유리하다. 친밀함과 더불어 신뢰성(credibility)도 전도에서 중요한 지표다. 그 사람과 나 사이에 서로 깊은 신뢰 관계가 있다면, 전도에 매우 유리한 환경이 된다. 내가 하는 말을 상대방이 항상 사실로 믿고 받아들인다면 얼마나 전도가 쉬워질지 상상해보라.

모든 사람에게는 이미 친밀하면서도 서로 신뢰하는 인간관계를 맺고 살아가는 사람들이 주변에 있다. 가장 대표적인 그런 인간관계는 가족관계다. 가족보다 더 가까운 인간관계는 없다. 가족관계 다음은 친구관계다. 친구는 오랜 기간 우정으로 맺어져 서로 아끼고 신뢰하는 관계 속에 있다. 다음으로 가까운 인간관계는 가족의 친구, 친구의 가족이다. 원래 전도는 이미 존재하는 인간관계를 활용할 때 절대적으로 유리하다. 존재하지 않는 인간관계를 만드는 것보다 이미 존재하는 인간관계를 활

---

82) 이 점에 대해서는 보충설명 1, "전도와 교회 개척에서 팀(team)의 중요성"을 보라

용하는 것이 절대적으로 효과적이다. 전도 대상자를 결정할 때 가족, 친구, 친구의 가족, 가족의 친구 순서로, 이미 인간관계가 형성되어 있는 사람을 선택하는 것이 효과적이다. 인간관계를 새로 만들려면 시간과 노력이 많이 걸리기 때문이다.

사도행전에서 바울이 바나바와 함께 첫 번째 선교여행을 갈 때 그들의 첫 번째 행선지는 구브로 섬이었다(행 13:4, "두 사람이 성령의 보내심을 받아 실루기아에 내려가 거기서 배 타고 구브로에 가서"). 왜 그들은 다른 곳을 가지 않고 구브로 섬으로 갔을까? 물론 "성령의 보내심을 받아"서 그리로 갔다고 대답할 것이다. 그럼 왜 성령은 그들을 다른 곳으로 인도하지 않고 구브로 섬으로 보내셨을까? 구브로 섬이 바나바의 고향이었기 때문일 것이다(행 4:36, "구브로에서 난 레위족 사람이 있으니 이름은 요셉이라 사도들이 일컬어 바나바라(번역하면 위로의 아들이라) 하니"). 구브로 섬(현재의 싸이프러스 섬)에 가면 바나바의 가족, 친척, 친구들이 있어서 그들에게 복음을 전할 수 있다. 또 그들의 인간관계를 통해 만날 수 있는 많은 사람이 구브로에 있었다. 구브로에 가면 새로 인간관계를 만들지 않고도, 이미 존재하는 인간관계를 통해 곧바로 복음을 전하는 것이 가능했다.

다메섹 경험 직후 바울은 아라비아로 선교하러 갔다(갈 1:17, "예루살렘으로 가지 아니하고 아라비아로 갔다가 다시 다메섹으로 돌아갔노라"; 고후 11:32, "다메섹에서 아레다 왕의 고관이 나를 잡으려고 다메섹 성을 지켰으나"). 삼 년 후 바울은 예루살렘에 돌아와 베드로와 함께 보름을 보내고(갈 1:18, "그 후 삼 년 만에 내가 게바를 방문하려고 예루살렘에 올라가서 그와 함께 십오 일을 머무는 동안") 그 후 곧바로 길리기아로 갔다. 갈라디아서 1:21에서 "그 후에 내가 수리아와 길리기아 지방에 이르렀으나"고 말할 때, 수리아에 간 것은 나중에 바나바를 만나 안디옥 교회에 간 것을 가리킨다(행 11:25-26, "바나바가 사울을 찾으러 다소에 가서 만나매 안디옥에 데리고 와서"). 그러므로 예루살렘을 떠난 바울이 간 곳은 길리기아다. 왜 바울은 다른 곳으로 가지 않고 길리기아로 갔을까? 길리기아의 수도인 다소(Tarsus)가 바로 바울의 고향이기 때문이다

(행 9:11, "**다소 사람 사울이라 하는 사람을 찾으라**"; 행 22:3, "**나는 유대 인으로 길리기아 다소에서 났고 이 성에서 자라**"). 다소에 가면 바울의 가족, 친척, 친구 등이 있기 때문이다. 다소는 이미 인간관계가 형성되어 있는 곳이었으므로, 다소에 가면 곧바로 그 인간관계라는 파이프 라인을 통해 복음이라는 생명수를 전달할 수 있다.

2. 인간관계 확장의 필요성

누구든 전도에 진심이라면 제일 먼저 자신의 가족, 친척, 친구에게 복음을 전하는 것을 가장 먼저 시도해야 한다. 친척의 친구, 친구의 가족처럼 나와 그 사람 사이에 직접적인 인간관계가 맺어진 사이가 아닌 사람에게 전도하려면 나의 친척, 혹은 내가 알고 있는 그의 친구와 팀을 이루어 두 사람이 그 한 사람을 대상으로 전도해야 한다. 이 경우에도 만나자마자 복음을 전하려고 하면 안 되고 제일 먼저 그 사람과 나 사이에 신뢰할 수 있는 인간관계, 친밀한 인간관계를 먼저 만들기 위해 노력해야 한다. 인격적 인간관계(personal relationship)없이 인격적 전도(personal evangelism)를 할 수 없기 때문이다. 그러므로 성도는 평소에 좋은 인간관계를 유지할 뿐 아니라, 새로 인간관계를 많이 만들어가도록 노력해야 한다. 일터에서 함께 일하는 동료, 평소에 알고 지내는 거래처 직원, 내가 단골로 사용하는 편의점, 식당, 세탁소, 정육점 등의 주인과도 평소에 가깝게 지내는 것이 습관이 되어야 한다. 나의 정상적이고 반복적인 생활 패턴에서 만나는 모든 사람과 사무적 관계가 아니라, 인격적 관계를 만들기 위해 노력해야 한다. 나의 유익을 의해서가 아니라 그 사람의 영적 유익과 구원을 위해서 그렇게 해야 한다.

더 나아가 우리는 새로운 인간관계를 만들기 위해 우리의 정상적이고 반복적인 생활 패턴에서 벗어날 필요도 있다. 내가 지금까지 해본 적이 없는 일을 해보면서 지금까지 만난 적이 없는 새로운 종류의 사람들을 만날 수 있다. 예를 들어 취미 활동을 하면서 취미 클럽에 가입하거나, 스포츠를 하면서 운동 클럽에 가입할 수 있다. 그곳에서 사람들을 만나기 위해서 억지로 클럽에 가입하는 것이 아니라, 자신의 취미, 운동을 위해서 가입하면 새로운 사람을 만날 수 있다. 때로는 기존의 클럽을 그만두고 다른 클럽에 가입할 수도 있고, 기존의 클럽을 유지하면서 새로운 클럽에 가입할 수도 있다. 그동안 가지 않았던 동창회에 가는 것도 한 가지 방법이다. 예전의 학교 친구들을 만나 다시 가깝게 지낼 수 있는 친구를 찾아낼 수 있다. 신앙생활을 오래 하다 보면 점차 주변에 믿지 않는 사람은 없어지고, 믿는 사람들만 많아지는 경향이 있다. 신앙생활의 경력이 오래되면 오래될수록 새로운 인간관계를 만들기 위해 더 노력해야 전도할 수 있는 사람이 생겨난다. 반대로 신앙생활을 시작한 지 얼마 안 되는 사람은 그 주변에 믿지 않는 사람들이 여전히 많이 있고, 믿는 사람들의 숫자는 아직 그리 많지 않다. 그러므로 전도를 계획할 때 믿은 지 오래된 사람들로 전도팀을 만드는 것은 그리 현명한 방법이 아니다. 세 사람이 한 팀이 되어 전도할 때 세 사람 중 적어도 한 사람은 믿은 지 얼마 안 되는 초신자가 팀에 들어오는 것이 필요하다. 그래야 전도 대상자를 쉽게 물색할 수 있다.

3. 전도팀의 필요성과 운영방법

보충설명 1, "전도와 교회 개척에서 팀(team)의 중요성"에서 설명한 것처럼 전도할 때 혼자 일대일(一對一)로 하는 것보다 팀을 만들어 일대다(一對多)로 전도하는 것이 더 효과적이다. 교회에는 여러 가지 종류의 사역팀(ministry team)이 있다. 친교를 목적으로 하는 팀, 훈련을 받기 위해 조직된 팀, 성경공부를 위한 팀, 교회 안과 밖에서 봉사를 하기 위해 만든 팀, 예배를 준비하는 팀 등 여러 팀이 있다. 이런 팀들은 대부분의 교회에 많이 있지만 전도를 위한 팀을 갖고 있는 교회는 많지 않다. 전도팀을 만드는 방법은 어렵지 않다. 모든 교회에는 평균 10% 내외로 전도에 특별한 관심과 은사를 갖고 있는 사람들이 있다. 전체 회중이 300명이면, 전도에 열정을 갖고 있는 30명 정도의 성도가 있다. 문제는 30명이 누구인지 파악도 안 된 상태에서 전도팀을 만들지 않고, 각자 혼자서 전도를 하고 있다는 점이다. 당연히 이 경우 30명이 지속적으로 전도하고 끊임없이 성과를 올리기가 쉽지 않다. 만약 30명으로 세 명을 한 조로 하는 전도팀을 만든다면 10개의 전도팀을 만들 수 있다. 최근에 세례를 받은 초신자들 중 복음 전도에 열정을 갖고 있는 사람을 추가하면 더 많은 수의 전도팀을 구성할 수 있다.

3인 1조로 구성된 전도팀은 전도 대상자 한 명을 선택한다. 가능한 한 이미 형성된 인간관계가 있는 사람을 전도 대상자로 선정한다. 3인 중 한 명의 가족, 친척, 친구 중에서 선정하거나, 클럽 활동을 통해 알게 된 사람을 선정한다. 만약 3인 중 두 사람이 알고 있는 사람이라면 매우 좋은 전도 대상자가 된다. 전도 대상자가 결정되면 세 사람이 함께 그 사람을 만날 수 있는 기회를 만든다. 예를 들어, 전도 대상자가 맛집 탐방을 좋아한다면 4명이 함께 맛집 탐방을 간다. 서로 소개도 하고, 밥도 먹고, 커피도 마시면서 대화를 통해 가까워질 수 있도록 노력한다. 이런 만남을 2-3차례 한 뒤에는 4명이 만나는 것을 앞으로 정기적으로 할 수 있도록 유도한다. 맛집 탐방을 계속하면서, 영화도 보러 가고, 드라이브도 나가면서 가능한 한 정기적으로 만남을 유지하는 것이 중요하다.

이런 만남을 통해 전도 대상자가 갖고 있는 가치관, 인생관에 대해 파악할 수 있다. 그가 무엇에 관심을 갖고 있는지, 혹은 그가 어떤 문제를 갖고 있는지 알 수 있다. 그가 인생에서 중요하게 생각하고 있는 것이 무엇인지, 그의 인생의 목표가 무엇인지를 알면 후에 복음을 증거할 때 어떤 방향으로 복음을 증거하면 좋은 지 아이디어를 얻게 된다. 직장 문제, 가정 문제, 자녀 교육 문제, 질병, 건강 등 문제가 같다면 깊이 있는 대화로 나아갈 수 있다. 전도를 잘 하려면 전도 대상자의 시각에 맞추어 복음을 전해야 한다. 이것을 수용자 중심적 전도(receiver-oriented evangelism)라고 부른다. 복음은 하나이지만, 복음을 듣는 사람은 각각 다양한 상황 속에 있다. 그러므로 전도 대상자의 입장과 눈높이에 맞추어 복음을 소개하는 것이 필요하다. 나의 입장이 아니라, 상대방의 입장에서 생각하고 말하는 것이 필요하다. 그 사람의 고민과 필요를 주께서 어떻게 도와주실 수 있는지 설명해주면 마음의 문을 열고 복음에 귀를 기울이게 된다.

전도에 성공하려면 몇 가지 중요한 조건이 있다. 첫 번째는 전도자와 전도 대상자 사이에 상호작용(interaction)이 자주 일어나야 한다. 자주 일어날수록 유리하다. 최소한 1주일에 1번 정도는 만남을 지속해야 한다. 만남을 정기적으로(on regular basis) 갖는 것이 필요하다. 만약 1주일에 한 번 만나기가 어렵고 2주에 한 번 만나는 것이라면, 전도팀의 세 사람이 계획을 짜서 다시 만나기 전까지 2주 동안 세 사람이 순번을 정해 주중에 SNS, 카톡(kakao talk), 전화 통화를 하고, 한 사람씩 돌아가면서 그 사람과 만나 커피도 마시고, 밥도 같이 먹으면서 관계를 잘 관리해야 한다. 두 번째는 만났을 때 대화 시간이 너무 짧으면 안 된다. 서로 충분히 안부도 묻고, 자녀와 직장 등 여러 가지 신상의 이야기도 나누면서 즐거운 시간을 가져야 한다. 한 번에 2-3시간 정도면 이상적이다. 세 번째는 대화가 끊어지지 않으면서 서로 말하고 듣는 시간이 되어야 한다. 한쪽만 강의하는 식으로 하면 안 된다. 밀도가 있는 상호작용(intensive interaction)이 있어야 한다. 양쪽이 주거니 받거니 하면서 대화가 쉬지 않고 진행되어야 한다. 위의 내용을 정리하면 만남이 정기적으로 이루어지면서, 만날 때마다 충분히 사귀는 시간이 할애되고, 상호 간에 대화가 끊어지지 않고 밀도 있게 잘 이루어져야 한다.

담임목사 혹은 부교역자 중 한 사람은 반드시 교회 안에 있는 전도팀을 잘 관리해야 한다. 각 전도팀 안에서 세 사람 중 한 사람을 팀장으로 임명하고 그 사람과 정기적으로 연락하면서 전도 진행 상황을 파악하고 있어야 한다. 만약 교회 안에 10개의 전도팀이 있다면 가끔 전체가 모여 각 팀별로 진행되는 상황을 공유하고, 서로 도울 수 있는 일이 있다면 지원해준다. 전도에 난관이 생기면 어떻게 극복할 것인지 의견을 나눈다. 함께 기도하면서 전도에 힘을 모아야 한다.

4. 효과적 복음 증거의 방법인 신앙 간증

만남의 횟수가 늘어나면서 점차 속마음의 이야기도 할 수 있을 정도로 어느 정도 관계가 가까워지면 종교, 삶과 죽음, 사후 세계 등과 같은 주제를 갖고 대화를 나눈다. 가치관과 세계관에 대한 이야기, 즉 직업관, 결혼관, 자녀 교육에 대한 관점, 물질에 대한 관점 등에 대해 이야기하면서 자신의 잘못된 관점이 복음으로 인해 변화된 것에 대해 이야기한다. 사람과 사람이 서로 인격적 관계를 맺고 대화하면서 전도할 때 가장 효과적인 전도의 메시지는 '내가 경험한 하나님,' '그리스도를 믿게 된 개인적 계기와 결단,' '믿고 난 뒤 나에게 일어난 변화'와 같이 신앙 간증을 하는 것이다. 많은 사람이 '나의 개인적 신앙 이야기'를 말하는 것이 매우 훌륭한 복음 전도의 수단이 되지 않는다고 생각한다. 그러나 그것은 사실이 아니다. 전도 폭발 프로그램이나, 사영리(四靈理)[83]를 제시하는 것이 효과적인 전도 방법이라고 오해한다. 전도 폭발 전도나, 사영리 전도에도 전도자의 신앙 간증이 포함될 수 있고, 또 포함되어 있다. 하지만 이런 전도법은 신앙 간증 외에 구원의 교리를 설명하는 것에 초점이 맞추어져 있고, 그 내용을 확신시키려고 시도한다. 이런 방식의 전도는 이미 복음에 일면식이 있는 명목적 신자들에게는 효과적인 방법이 되지만, 복음에 아무런 사전 지식도 없거나 반기독교적 태도를 갖고 있는 사람에게는 효과가 떨어진다.

개인적 신앙 체험은 가까운 관계가 아니면 말하기 어렵다, 자신의 은밀한 죄와 잘못에 대해서도 말할 수 있다면 그것은 매우 가까운 관계라는 반증이다. 복음으로 인해 어떻게 그 죄를 극복했는지, 자신의 잘못을 깨닫고 지금은 어떻게 살아가고 있는지를 말하는 것보다 더 강력한

---

83) 사영리는 복음의 주요 내용을 아래와 같은 네 가지 원리로 간단히 정리한 것이다. 1) "하나님은 당신을 사랑하시며 당신을 위한 놀라운 계획을 가지고 계십니다." 2) "인간은 죄에 빠져 하나님과 분리되었습니다. 그 결과로, 우리의 삶을 향한 하나님의 놀라운 계획을 알 수 없게 되었습니다." 3) "예수 그리스도만이 우리 죄를 위한 하나님의 유일한 길입니다. 우리는 예수 그리스도를 통해서만 죄 사함을 받을 수 있고, 하나님과의 올바른 관계를 회복할 수 있습니다." 4) "우리는 예수 그리스도를 구세주로 영접해야 합니다. 그러면 우리는 구원을 선물로 받을 뿐만 아니라 우리 각 사람을 향한 하나님의 놀라운 사랑을 알게 됩니다." 이렇게 네 가지 원리를 하나씩 설명한 뒤 그리스도를 구주로 영접하는 기도를 한다. 오늘날 사영리 훈련에 이 외의 다른 내용이 많이 추가되었지만, 이 네 가지는 여전히 유지되고 있다.

복음 전도 방법은 없다. 사도행전에서 바울의 다메섹 경험을 9장에서 이미 자세히 보고했음에도 불구하고 22:2-21과 26:2-23에서 다메섹 경험을 두 번이나 더 자세히 기록하는 이유는 무엇인가? 22장과 26장에서 바울은 법정에서 피고로서 자신을 변호하는 맥락에서 다메섹 경험을 언급한다. 초대교회 시절 성도들은 법정에서 피고의 입장에서 자신을 변호하는 것을 다수의 청중을 상대로 복음을 증거하는 기회로 여겼다. 마태복음 10:18-20(막 11:9-11; 눅 21:12-15)에는 이런 말씀이 있다.

> ¹⁸또 너희가 나로 말미암아 총독들과 임금들 앞에 끌려 가리니 이는 그들과 이방인들에게 증거가 되게 하려 하심이라 ¹⁹너희를 넘겨 줄 때에 <u>어떻게 또는 무엇을 말할까 염려하지 말라</u> 그 때에 너희에게 할 말을 주시리니 ²⁰말하는 이는 너희가 아니라 너희 속에서 말씀하시는 이 곧 너희 아버지의 성령이시니라

"총독들과 임금들 앞에 **끌려**"가는 것은 재판정에 고발당하는 것이다. "그들과 이방인들에게 증거가 되게"한다는 재판정에 끌려갔을 때 피고로서 복음을 증거해야 한다는 말이다. "무엇을 말할까 염려하지 말라"는 성도들이 이런 상황이 발생했을 때 어떻게 복음을 증거할지 지나칠 정도로 걱정하므로 미리 지나치게 걱정하지 말라는 권고다. "말하는 이는 너희가 아니라 너희 속에서 말씀하시는 이 곧 너희 아버지의 성령이시니라"는 말로 걱정하는 성도들을 위로하신다.

바울이 법정에서 자신을 변호할 때 그의 변호는 '나는 무죄다'를 주장하는데 초점이 있지 않다. 바울은 '내가 고발당한 것은 복음이란 것 때문이다. 복음은 무엇인가? 복음이란 바로 이것이다'에 초점을 맞춘다. 자신을 변호하긴 하지만, 변호하는 방식이 다르다. 그는 복음을 설명함으로 자신의 무죄를 주장했다. 복음을 설명할 때 바울은 자신의 다메섹 경험을 중심으로 설명한다. 법정에서만 그렇게 한 것은 아닐 것이다. 그가 회당에서 설교할 때에도 다메섹 경험에 대해 이야기했을 것이다. 바

울과 바나바가 첫 번째 선교여행을 떠나 비시디아 안디옥에 도착했을 때 그들은 유대교 회당에 들어가 복음을 증거한다(행 13:14, "비시디아 안디옥에 이르러 안식일에 회당에 들어가 앉으니라"). 그때 그들은 예수의 죽음과 부활을 증거하면서 "이 사람을 힘입어 믿는 자마다 의롭다 하심을 얻는 이것"(행 13:39), 즉 이신칭의의 복음을 증거한다. 다음 안식일에 바울은 "주께서 이같이 우리에게 명하시되 내가 너를 이방의 빛으로 삼아 너로 땅 끝까지 구원하게 하리라 하셨느니라"(행 13:47)고 말한다. 이 구절은 바울이 이방인 선교의 소명을 받은 다메섹 경험을 회상한 것이다. 이것은 갈라디아서 1:16, "그의 아들을 이방에 전하기 위하여 그를 내 속에 나타내시기를 기뻐하셨을 때에"와 내용이 일치한다. 바울이 비시디아 안디옥 회당에서 복음을 증거할 때에도 그가 다메섹 경험을 언급했다는 것을 보여준다.

신앙 간증으로 복음을 증거할 때 요령은 '믿음을 갖기 이전의 나'와 '믿음을 갖고 난 이후의 나'를 강력하게 대조하는 것이다. 1970년대 한국교회가 급속히 성장할 때, '심령대부흥회'를 많이 했다. 당시 부흥사 중에는 과거 불량배로 살다가 감옥에서 예수를 믿고 후에 목회자가 된 사람들이 꽤 많이 있었다. 그들이 부흥회에서 복음을 전도하는 방법은 예수 믿기 전에 자신이 얼마나 형편없는 죄인이었는지를 먼저 말하고, 그다음 예수 믿고 지금 어떤 사람으로 변화되었는지 말하는 것이다. 그 설교 중 압권은 회개하는 과정이다. 눈물로 회개하면서 가슴을 치고 참회했던 이야기를 들으면서 그때 많은 사람이 회개하고 복음으로 돌아섰다. 자신이 예수를 믿기 전에 생각했던 것, 행했던 것을 예수 믿고 난 뒤의 생각과 행동과 강력하게 대조하면서 간증하는 것은 매우 유효한 전도 방법이다. 만약 그런 이야기까지 할 수 있게 된다면 그 사람과 나 사이의 관계는 매우 가까운 관계가 된 것이다. 개인적 체험을 말하는 것은 원래 가까운 관계에서만 할 수 있는 것이다.

5. 교회로 초청하기

전도팀에 속한 세 사람이 이렇게 한 전도 대상자를 향해 이렇게 자신의 신앙 체험까지 이야기하게 되면, 그 사람에게 강력하게 복음을 믿을 것을 권유할 수 있는 단계에 도달한 셈이다. 이 대목에서 복음을 믿을 것을 요구하고, 결단을 시키려고 너무 무리하게 밀어붙이면 안 된다. 극히 예외적으로 그렇게 할 수도 있지만, 믿음의 결단은 시간을 좀 더 두고 진행하는 것이 좋다. 이 단계에서 해야 하는 것은 교회로 초청하는 것이다. 다음 주일에 세 사람이 다니고 있는 교회 예배에 초청하는 것이다. 세 사람과 충분히 가까워지고 세 사람이 믿음을 갖게 된 계기와 신앙 경험에 대해 들은 전도 대상자는 복음에 대해 관심을 갖게 된다. 당장 복음을 믿고 세례받으라는 것이 아니라, 교회에 나와 예배에 참석하면서 복음에 대해 점차 배워나가고, 장차 복음을 믿을 것인지 혹은 믿지 않은 것인지, 그 결정은 천천히 해도 된다고 말하는 것이 좋다. 일단 교회에 초청하는 것이 중요하고, 교회에 나오기 시작하면 믿음을 갖게 될 가능성은 매우 커진다.

많은 전도 프로그램이 고려하지 않는 실수는 교회를 그 중심에 놓지 않는 것이다. 모든 종류의 종교적 개종은 한 개인이 어떤 종교 집단에 가입하는 것이다. 교회에 가입하지 않고 기독교 복음을 받아들일 수 없다. 무교회주의는 이론일 뿐이다. 교회 생활을 하지 않으면서 신앙을 유지하는 것은 불가능하다. 그러므로 전도 초기에 반드시 우리는 불신자를 먼저 교회로 인도하여 교회에 가입시켜야 한다. 초기에 교회에 와서 안정적으로 정착하는 것은 매우 중요하다. 설혹 결단을 시켰다 하더라도 교회에 성공적으로 정착하지 못하면 그 사람은 곧 믿음을 버리고 떠나가 버린다. 교회에 초청할 때에는 미리 담임목사나 담당 교역자와 협의하여 좋은 날짜를 골라서 초청한다.

담임목사는 처음 교회에 출석한 전도 대상자에게 좋은 첫인상을 주어야 한다. 전도팀은 이 사람이 교회에 적응하고 정착할 때까지 계속해서 만남을 유지해야 한다. 이 사람이 세례를 받을 때까지 관심을 유지해야 한다. 교회 안에서는 이 사람이 교회에 정착할 것을 도와주는 성도들을 따로 선발하여 이제는 교회 모임 안으로 인도한다. 지역 교구 조직에 가입하거나, 새 신자 성경공부에 가입하거나, 같은 나이 또래 모임에 가입시키거나, 어떤 형태로건 두 개 이상의 모임에 가입하도록 유도한다. 신앙생활은 혼자 하는 것이 아니다. 여러 사람이 함께 공동체를 이루어, 그 안에서 해야 한다. 그런 과정을 통해 교회에 정착하게 되면 복음을 믿고 세례 받게 될 가능성은 매우 높아진다.

6. 통일교의 전도 방법과 현대 전도학의 탄생

중요한 원칙은 '전도해서 교회에 데리고 오지 말고, 교회에 데리고 와서 전도하라'는 것이다. 한국에서 시작된 이단인 통일교는 1950년대 말부터 미국에 선교사를 파송했다. 1959년 첫 번째 선교사 김영운(Kim, Young Oon)이 정착한 곳은 켈리포니아주 북부 해안에 있는 소도시였다. 이화여대 종교학 교수였던 그녀가 미극에 와서 가장 먼저 한 것은 아파트 건물(apartment complex)을 통째로 구입한 것이었다. 켈리포니아 소도시의 미국식 아파트는 보통 1층 혹은 2층짜리 건물로서 한 건물에 약 6-10개의 아파트 가구가 있는 건물이다. 그녀는 자신의 아파트에 살면서 전도를 시작했다. 기억할 것은 통일교는 매우 초기부터 공동생활을 하는 공동체를 만들어 전도하는 방식을 사용했다는 점이다. 이때 그녀가 사용한 전도 방식은 전도를 해서 자신의 아파트로 데려온 것이 아니라 전도 대상자를 자신의 아파트 건물로 데리고 와 함께 생활하면서 전도하는 것이었다.

이 방식은 놀라울 정도로 효과적인 전도 방식이었고, 짧은 시간에 교세를 크게 늘려갈 수 있었다. 후에 종교사회학자들의 연구를 통해 그 이유가 밝혀졌다. 그 이유를 간단히 설명하자면, 1) 전도 대상자를 다른 모든 사회적 관계로부터 고립시키고, 2) 전도자와 매일 적지 않은 시간을 함께 보내며 밀도 있는 상호작용(intense interaction)을 할 수 있고, 3) 정기적인 만남을 매일같이 할 수 있다는 것이다. 특히 가족과 친구들로부터 완전히 고립(isolation)시킬 수 있어서 마치 '캡슐에 집어넣는 것'(encapsulation) 같은 상태를 만드는데, 이것은 전도와 개종에서 매우 이상적인 환경이 된다. 아무도 그 과정을 방해할 수 없기 때문이다. 보통 전도에서 가장 큰 장애는 전도 대상자의 믿지 않는 가족이나 친구가 복음을 받아들이는 것을 반대하고 방해하는 것이다. 그러나 그 사람을 자신이 사는 아파트에 들어와 살게 하면 이 문제는 간단히 해결된다. 우리는 전도 대상자와 만남을 정기적으로 하기 위해 많은 노력을 해야 하고, 일주일에 한 번 만날 수 있으면 다행으로 생각한다. 하지만 통일교는 매일 몇 시간씩 만날 수 있다. 공동생활을 하면서 함께 예배하고 신앙교육을 받아 짧은 시간에 매우 강력한 개종(strong conversion)을 진행할 수 있었다.

미국에서 통일교 선교가 성공적으로 진행됨에 따라 미국 전역으로 통일교 교회가 퍼져나갔다. 통일교의 성장은 곧 미국 사회에 큰 문제를 일으켰다. 통일교에 가입한 고등학생, 대학생들이 자신의 집에서 가출하여 행방불명이 되었고, 얼마 후 시내의 길거리에서 꽃이나 초콜릿을 팔고 있었기 때문이다. 부모들이 수소문하여 겨우 길거리에서 물건을 팔고 있는 자녀들을 찾았을 때 그들은 집으로 돌아가기를 거부했다. 부모들은 자녀들이 살고 있는 통일교 소굴로 가서 그들을 설득하다가 어떤 부모는 거기서 통일교 전도를 받고 그 공동체에 가입하는 일도 생겼다. 1960년대부터 미국 사회에서 평소에 볼 수 없었던 이런 새로운 사회적 현상이 생기자 미국의 언론에서는 이것을 사회 문제로 보고 집중적으로 보도하기 시작했다. 한국에서 온 새로운 이단(cult)에 왜 미국 사람들이 빠져드는지 의아하게 생각했다.

통일교가 미국의 사회 문제가 되자 제일 먼저 관심을 가진 사람들은 종교사회학자들이었다. 사실 미국에서는 종교 사회학자들이 연구할 수 있는 새로운 종교 현상이 없었던 차에 통일교는 매우 흥미로운 종교 현상이었다. 갑자기 멀쩡한 사람이 집을 떠나 공동체에 가입하고, 길거리에서 꽃과 초콜릿을 팔고 있는 것은 누가 봐도 이해하기 힘든 현상이었다. 로프랜드(John Franklin Lofland)를 필두로 하여 1960년대부터 사회학자들이 통일교 공동체에 들어가 함께 먹고 자면서 '참여 관찰법'(participant observation)을 사용해 통일교의 개종(conversion) 현상을 깊이 연구하기 시작했다. 그들은 앞을 다투어 그 연구 결과를 논문과 책으로 발표하기 시작했다. 로프랜드는 버클리 캘리포니아 대학 박사학위 졸업논문으로 자신의 연구를 써서 출판했고, 1966년에 *Doomsday Cult: A Study of Conversion, Proselytization, and Maintenance of Faith* (Englewood Cliffs, N.J.: Prentice-Hall 1966) 이란 제목으로 책이 출간되었다.

로프랜드 외에도 많은 종교 사회학자들이 통일교의 전도와 개종에 대해 연구하고 논문과 책을 발표하면서 학자들 사이에 토론이 시작되었다. 토론의 주제는 '개종'이었다. 개종이란 무엇인가? 개종은 왜 일어나는가? 개종을 촉진하는 요소와 방해하는 요소는 무엇인가? 개종에는 어떤 종류가 있으며, 어떻게 분류하는가? 개종의 필요 충분 조건은 무엇인가? 개종은 어떤 단계를 거쳐 발생하는가? 이런 질문에 학자들이 각자 주장을 내놓고 1970-80년 대에 왕성한 토론이 진행되었다. 1980년대 말에 이르면 위의 질문들에 대한 학자들의 의견에 합의(scholarly consensus)가 생겨났다. 개종을 비교적 손쉽게 할 수 있는 방법은 물론, 개종을 둘러싼 다양한 변수와 그것들을 컨트롤 할 수 있는 방법들도 제시되었다. 이런 종교 사회학자들의 연구는 전도를 위해 사용될 수 있는 유용한 지식을 줄 수 있기에 신학교의 실천신학 교수들이 이런 연구들을 읽고 교회에 적용할 수 있는 것들을 골라내어(screening) 현대의 전도학이 탄생하게 되었다.

현대의 전도학의 대표적인 학자는 샌프란시스코 신학교의 교수로 있었던 루이스 람보(Lewis R. Rambo)다. 그의 책, *Understanding Religious Conversion* (New Haven and London: Yale University Press, 1995)은 종교적 개종을 7단계로 구분하는 통합적 모델을 제시한다. 그 7단계는 아래와 같다.

1) 배경 (Context, 개종을 촉진 혹은 방해하는 요소들)
2) 위기 (Crisis, 개인적, 사회적, 복합적 위기)

3) 추구 (Quest, 잠재적 개종자가 목적을 갖고 진리를 추구함)

4) 대면 (Encounter, 새로운 종교적 선택지를 발견)

5) 상호작용 (Interaction, 새로운 종교적 선택과 상당 기간 경험을 가짐)

6) 헌신 (Commitment, 새로운 종교적 현실을 받아들임)

7) 결과 (Consequences, 헌신의 결과 믿음과 행동과 정체성에 변화가 옴)

그의 책은 현대 전도학의 대표적인 책이다. 현대 전도학은 전도지 만드는 법 정도를 가르치던 과거 전도학과는 다르다. 현대 전도학은 사회학 70%, 인류학 20%, 심리학 10% 정도의 비율로 구성되어 있다. 사회과학을 기초로 한 전도학은 오늘날 교회에 복음 전도에 대한 중요한 도움을 줄 수 있다.

7. 현대 전도학이 주는 전도의 지혜

현대 전도학은 교회의 전도와 선교에 많은 도움을 줄 수 있다. 현대 전도학의 연구에 따르면 인간관계 중심 전도가 가장 효과적이다. 일대일 전도보다는 일대다(一對多) 전도가 더 효과적이다. 그러므로 교회에서 성도들 각자 개인에게 전도를 맡겨 놓는 것보다 전도팀을 만들어 전도하는 것이 지혜롭다. 전도팀은 그 대상자의 주변에 교회를 이미 다니고 있는 사람이 있는지를 조사, 확인한다. 만약 그의 가족, 친구 중에 그 사람에게 전도하기를 원하는 사람이 있으면 함께 협동하고, 협동하기 어려운 경우에도 계속 의사소통을 하면서 전도에 대해 협의한다. 그런 사람은 분명히 전도에 있어서 촉진요소(catalyst)가 된다. 동시에 그 사람 주변에 전도에 걸림돌이 되는 사람이 있는지도 확인한다. 예를 들어, 그의 가족 중에 독실한 불교 신자가 있다면 그 불교 신자인 가족은 전도 대상자가 복음을 받아들이는 것에 반대하고 방해할 것이다. 이런 사람은 분명 전도에 방해요소(hindrance)가 된다. 전도를 촉진하는 요소와 방해하는 요소에는 사람뿐 아니라, 그 사람의 과거 경험이나 현재 환경도 포함된다. 예를 들어 전도 대상자가 과거에 교회를 다닌 경험이 있는데,

그때 교회에서 부정적 경험을 했다면 그것은 전도에 방해요소가 된다. 가족 중 한 사람이 이단에 빠져서 온 가족이 고생한 경험을 한 사람은 교회가 이단이 아님에도 불구하고, 교회에 부정적 인식을 갖는 경우가 많다. 심지어 부부를 대상으로 전도할 때 한 사람이 다른 사람의 개종을 방해할 수도 있다. 이런 경우에는 부부를 동시에 전도하지 말고, 두 사람을 따로 따로 전도하는 것이 해결책이다. 한 명을 먼저 결신시키고, 그 사람의 도움을 받으면서 나머지 한 사람을 결신시키는 것이 두 사람을 동시에 전도하려는 것보다 훨씬 더 수월하다. 이처럼 전도를 방해하는 요소는 초기에 빨리 파악하고 해결해야 한다. 방해요소를 초기에 최대한 제거하고, 촉진요소는 처음부터 잘 활용할 수 있으면 전도의 성공률이 높아진다.

전도학에서는 모든 종류의 위기는 전도의 기회라고 말한다. 인생에서 발생하는 각종의 위기, 예를 들면 재정적 위기, 건강의 위기, 인간관계의 위기, 결혼, 자녀 교육의 위기, 실직 등, 모든 종류의 위기는 개종을 촉진시키는 요인이 된다. 예를 들어 건강한 사람보다는 병원 중환자실에 입원한 말기 암 환자에게 복음을 전해 개종시킬 확률이 더 높다. 위기 속에 있는 사람을 선정해서 전도하면 성공률이 더 높다. 그러나 위기 상황에 있지 않은 사람에게 전도하는 것을 포기할 필요는 없다. 왜냐하면 복음은 그 사람에게 위기를 만들어내기 때문이다. 복음은 종말과 하나님의 심판에 대해 말하기 때문이다. 바울이 전도를 할 때 그가 제일 먼저 유일신 하나님과 종말의 심판에 대해 건저 말한다. 다가오는 종말의 심판은 이 세상에서 아무리 성공적인 삶을 살아가는 사람이라 하더라도, 그 사람의 삶이 위기에 있다는 것을 깨닫게 한다. 바울과의 대면(encounter)은 위기(crisis)를 만들어낸다.

2:12 이는 너희를 부르사 자기 나라와 영광에 이르게 하시는 하나님께 합당히 행하게 하려 함이라

12절은 11절의 "경계하노니"(μαρτύρομαι, '증언하다')의 목적을 설명한다. 그러므로 '~하게 하려고 경계하였다'로 번역해야 한다. "너희를 부르사 자기 나라와 영광에 이르게 하시는 하나님"(τοῦ καλοῦντος ὑμᾶς εἰς τὴν ἑαυτοῦ βασιλείαν καὶ δόξαν)은 '너희를 자신의 나라와 영광으로 부르시는 하나님'이 더 좋은 번역이다. 하나님은 우리를 향해 '부르신다.' '부르다'의 현재분사 형(καλοῦντος)이 사용되었으므로 하나님의 부르심이 그 부르심은 일회적인 것이 아니며 반복적이다. 하나님은 지금도 부르고 계신다. 여기서 사용된 전치사 '에이스'(εἰς, into)는 기존의 세상을 떠나서 새로운 세상인 하나님의 나라로 들어가는 '이동'을 나타낸다. 하나님은 우리를 향해 죄악된 세상을 떠나 의로운 하나님의 나라로 들어오라고 부르신다. 그 부름은 구원의 부름이다. 우리는 순간순간 하나님의 부르심에 합당한 결정을 내려야 한다.

예수도 우리가 하나님의 나라에 '들어간다'고 말씀하신다. 마태복음 5:20, "내가 너희에게 이르노니 너희 의가 서기관과 바리새인보다 더 낫지 못하면 결코 천국에 들어가지 못하리라"(마 7:21, 19:24; 막 9:47; 10:15, 23ff; 눅 18:17, 25; 요 3:5)에서 '들어가다'로 번역된 동사 '에이셀코마이'(εἰσέρχομαι)는 '가다'(ἔρχομαι)라는 동사에 접두어 '에이스'(εἰς, into)가 결합된 동사다. 우리가 천국에 들어간다는 말은 하나님의 나라가 인간의 손으로 이 땅 위에서 세워지는 인간의 나라가 아니라, 하나님의 초월적인 능력으로 종말에 세워지며, 우리에게는 선물로 주시는 나라임을 분명히 알려준다. 좌파 신학자들은 마치 기독교인들이 이 땅에서 하나님의 나라를 이룩한다고, 혹은 건설한다고 말한다. 하지만 그것은 여전히 죄인인 인간이 만들어낸 인간의 나라일 뿐이다. 만약 인간이 이 땅에서 하나님의 나라를 세울 수 있다면, 그 나라를 향해 우리를 부르시는 것이나, 우리가 그 나라에 들어간다는 말이 어색하게 된다. 모든 인간의 나라는 하나님의 심판 아래 있다. 그러므로 하나님의 나라는

하늘에서 이 땅으로 내려오는 거룩한 새 예루살렘이고(계 21:2, "또 내가 보매 거룩한 성 새 예루살렘이 하나님께로부터 하늘에서 내려오니") 성도들은 그리로 들어간다(계 21:24, 26, 27; 22:14). 인간이 건설하는 게 아니다. 바울의 어법과 예수의 어법은 이처럼 연속성(continuity)이 있다. 예수의 메시지와 바울의 메시지 사이에 연속성이 있음을 이 구절은 잘 보여준다.

"하나님께 합당히 행하게"에서 '행하다'로 번역된 단어는 '걷다'라는 뜻을 가진 동사(περιπατέω)다. 히브리어에서와 같이 '걷다'라는 동사 '할락'(הָלַךְ)은 '행하다'라는 뜻으로 전용된다. "하나님께 합당히"(ἀξίως τοῦ θεου)에서 사용된 '악시오스'(ἀξίως)는 '~에게 어울리는 방식으로'(in a manner worthy of ~)라는 뜻이다. 골로새서 1:10, "주께 합당하게 행하여(περιπατῆσαι ἀξίως τοῦ κυρίου) 범사에 기쁘시게 하고"에서도 이 단어가 '걷다'라는 동사와 함께 사용되었다. 이런 가르침들은 모두 오늘날 '기독교윤리'로 볼 수 있다. 어떻게 구원을 받을 수 있는지에 관한 것이 아니라, 이미 구원이 약속된 사람들이 어떻게 살아가야 하는지에 관한 가르침이다. 바울은 자신을 향한 각종 비난, 특별히 거짓 선지자 혹은 거짓 사도라는 비난에 대해 자신을 변호한다. 자신이 데살로니가에 머무는 동안 "어떻게 거룩하고 옳고 흠 없이 행하였는지"(살전 2:10) 성도들이 직접 목격한 것을 상기시킨다. 성도들도 하나님을 향해 "합당히" 행하게 하려고 했다고 말한다. 바울 자신이 살아가는 방식이 하나님을 향해 "합당히" 행하는 것이었음은 말할 필요도 없다.

3.
복음을 방해하는 유대인들
(2:13-20)

2:13 이러므로 우리가 하나님께 끊임없이 감사함은 너희가 우리에게 들은 바 하나님의 말씀을 받을 때에 사람의 말로 받지 아니하고 하나님의 말씀으로 받음이니 진실로 그러하도다 이 말씀이 또한 너희 믿는 자 가운데에서 역사하느니라

바울은 1:2, "우리가 너희 모두로 말미암아 항상 하나님께 감사하며 (εὐχαριστέω) 기도할 때에 너희를 기억함은"에서 이미 감사기도를 한 바가 있다. 여기에서 그는 하나님께 "끊임없이 감사"한다고 말한다. 여기에서도 '유카리스테오'(εὐχαριστέω, to give thanks) 동사를 사용한다. 감사의 이유는 데살로니가 성도들이 바울이 전한 메시지를 **"사람의 말로 받지 아니하고 하나님의 말씀으로"** 받았기 때문이다. 성도들은 바울이 사탄의 메시지가 아니라, 하나님의 말씀을 전하는 사도라고 인정했다. 바울이 이 말을 하는 이유는 바울을 향해 거짓 선지자, 거짓 사도라는 공격이 있었기 때문이다. 이 말은 이전에 처음 바울이 데살로니가에서 복음을 전하기 시작하던 그 시점에도 그런 공격이 있었다는 것을 암시한다. 그때에도 바울의 청중은 바울과 그를 공격하는 사람들 사이에서 어느 쪽이 참을 말하고, 어느 쪽이 거짓을 말하는지 한동안 구분하기 어려웠을 것이다. 바울을 공격하는 세력은 아마도 유대인이었을 가능성이 크다. 유대인들은 바울이 하나님의 선지자, 사도가 아니라, 사탄의 메시지를 전하는 거짓 선지자, 거짓 사도라고 공격을 했을 것이다.

"사람의 말로 받지 아니하고 하나님의 말씀으로 받음이니"는 이런 당시의 바울을 둘러싼 논쟁을 반영한다. 바울의 말을 **"사람의 말로"** 받아들인다는 건, 그의 메시지가 하나님으로부터 온 것이 아니라 '사람에게

서 온 것'으로 여긴다는 말이다. 그 말은 바울은 거짓 선지자, 거짓 사도로 판단하는 것이다. 데살로니가 5:20-22, "**예언을 멸시하지 말고 범사에 헤아려 좋은 것을 취하고 악은 어떤 모양이라도 버리라**"는 선지자의 메시지를 어떻게 대해야 하는지, 그 원칙을 우리에게 잘 보여준다. 교회에 선지자가 나타나 예언의 말씀을 전할 때에 그 말씀을 멸시하지 않는 것은 선지자에게 발언권을 주어 일단 메시지를 들으라는 뜻이다. 그 다음에는 모든 것을("범사에") 헤아려야 한다. '헤아리다'로 번역된 동사 '도키마조'(δοκιμάζω)는 '진위 여부를 판단하다'(to determine genuineness)라는 뜻이다. 여기에서는 그 예언의 메시지가 참인지 거짓인지 판단한다는 뜻이다. 그 분별의 결과 "좋은 것"이라고, 즉 '선한 것'으로 판별되면 그것은 하나님께로부터 온 메시지이므로 교회가 받아들인다. 하지만 "악"으로 판단되면 그것은 악한 영으로부터 온 메시지이므로, 그 메시지의 내용은 물론이고, 심지어 그 "**모양이라도**"('형식조차도') 절대 받아들이면 안 된다.

데살로니가 성도들이 바울의 메시지를 "**하나님의 말씀으로**" 받아들인 것은 그 메시지를 나름 분별하고(δοκιμάζω), 바울의 메시지를 '선한 것'으로 판별했다는 뜻이다. 그들이 그런 판단을 내릴 때, 아마도 "**우리 복음이 너희에게 말로만 이른 것이 아니라 또한 능력과 성령과 큰 확신으로**"(살전 1:5) 증거된 것에 큰 영향을 받았을 것이다. 바울이 행한 이적이 범상하지 않은 큰 이적이어서 그를 하나님이 보낸 자로 인정했을 가능성이 크다. 이런 비슷한 현상이 갈라디아서에서도 관찰된다. 갈라디아서 3:4, "**너희가 이같이 많은 괴로움을 헛되이 받았느냐 과연 헛되냐**"에서 사용된 동사 '파스코'(πάσχω)는 '고난을 겪다'(to suffer)라는 뜻도 있지만, '경험하다'(to experience)라는 뜻도 있다. 여기서는 '경험하다'로 번역하는 것이 좋다. 갈라디아 성도들의 성령 경험에 대해서 말하고 있기 때문이고, 성령 경험에서 고난을 경험하는 것은 아무런 상관이 없기 때문이다. 갈라디아서 3:5, "**너희에게 성령을 주시고 너희 가운데서 능력을 행하시는 이의 일이 율법의 행위에서냐 혹은 듣고 믿음에서냐**"에서도 바울은 하나님께서 그들 가운데 행하신 이적(δύναμις)에 대해 언급한다.

바울은 '큰 이적을 직접 경험하고도 나의 복음을 버리고 할례당의 복음을 받아들일 거냐?'라고 질책한다.

갈라디아서 4:14, "너희를 시험하는 것이 내 육체에 있으되 이것을 너희가 업신여기지도 아니하며 버리지도 아니하고 오직 나를 하나님의 천사와 같이 또는 그리스도 예수와 같이 영접하였도다"는 바울의 육체에 청중을 "시험하는 것"(πειρασμός, 유혹하는 것)이 있었다고 말한다. "시험하는 것"(πειρασμός, '페이라스모스')는 데살로니가전서 3:5, "이는 혹 시험하는 자가 너희를 시험하여 우리 수고를 헛되게 할까 함이니"에서 "시험하는 자"(ὁ πειράζων, 호 '페이라존')에서 사용된 분사와 파생어 관계다. 바울의 청중을 바울과 그의 복음으로부터 멀어지게 만드는 세력은 바울의 육체에 있는 그의 불치병(고후 12:7, "사탄의 사자")을 신명기 28:27, "여호와께서 애굽의 종기와 치질과 괴혈병과 피부병으로 너를 치시리니 네가 치유 받지 못할 것이며"의 관점에서 하나님의 저주로 보고, 바울을 하나님의 저주 받은 자라고 공격한 것 같다. 이런 책동에도 불구하고 바울의 갈라디아 청중은 바울은 "하나님의 천사" 즉 하나님의 사자(使者)로 그를 받아들였다. 다시 말해 바울은 하나님이 보내신 참 선지자, 참 사도로 인정했다.

동일한 일이 데살로니가 청중에게도 일어났다. 그들이 바울의 복음을 받아들일 것인지 아닌지, 바울의 복음을 "하나님의 말씀"으로 받아들인 것인지 아니면 "사람의 말"로 받아들일 것인지 결정해야 했을 때 그들은 바울의 사도권을 인정하고 그의 메시지인 십자가 복음을 하나님의 말씀으로 받아들였다. 바울은 지금 그 당시 청중의 이런 결정을 놓고 하나님께 감사한다. 데살로니가전서 1:2, "우리가 너희 모두로 말미암아 항상 하나님께 감사하며"에서 바울이 감사하는 이유도 당시 청중의 이런 결정과 관련이 있어 보인다.

"하나님의 말씀을 받을 때에"에서 '받다'로 번역된 동사(παραλαμβάνω)는 '넘겨받다'(to take over, receive)라는 뜻이다. '파라디도미'(παραδίδωμι, to give over, '넘겨주다')와 함께 전승 언어로 사용된다. 하나님 말씀의 전승은 사도들이 넘겨주고, 넘겨받는 과정을 통해 전파되고 보존된다. 데살로니가전서 4:1, "너희가 마땅히 어떻게 행하며 하나님을 기쁘시게 할 수 있는지를 우리에게 배웠으니"에서 "배웠으니"로 번역된 동사는 '파라람바노'(παραλαμβάνω)다. '우리로부터 전달받았느니'로 번역하는 것이 더 좋다. 데살로니가후서 2:15, "말로나 우리의 편지로 가르침을 받은 <u>전통</u>을 지키라"와 3:6, "우리에게서 받은 <u>전통</u>대로 행하지 아니하는 모든 형제에게서 떠나라"에서 "전통"으로 번역된 단어 '파라도시스'(παράδοσις)는 '파라디도미'(παραδίδωμι, to give over, '넘겨주다')의 명사형이다. 사도들이 전달해준 것이 곧 '사도적 전승'(apostolic tradition)이 된다.

"들은 바"로 번역된 '아코에'(ἀκοή)는 '듣다'(ἀκούω)의 명사형이다. '들음'이란 뜻이다. 이사야 53:1, "우리가 전한 것을 누가 믿었느냐"(τίς ἐπίστευσεν τῇ ἀκοῇ ἡμῶν)에서도 이 단어가 나온다. 바울이 로마서 10:16, "이사야가 이르되 주여 우리가 전한 것을 누가 믿었나이까 하였으니"에서 이 구절을 인용하는 것은 곧 자신의 복음 전도를 '듣고' 사람들이 믿어 복음이 땅끝까지 퍼졌다는 것을 말하기 위해서다(롬 10:17-18). 현재의 구절에서 바울은 '아코에'(ἀκοή)를 사용하여 자신이 전한 복음을 청중이 '듣고' 그 복음을 하나님의 말씀으로 인정하여 결국 복음을 '믿었다'라는 것을 이야기한다. "우리에게 들은 바"(ἀκοῆς παρ' ἡμῶν)는 이사야 53:1의 "우리가 전한 것"(τῇ ἀκοῇ ἡμῶν)과 유사하게 들린다. "이 말씀이 또한 너희 믿는 자 가운데에서 역사하느니라"는 바울의 복음을 듣고 "믿는 자"가 생겨났으며, 복음이 신자들 사이에서 작동하고 있다고 말한다.

2:14 형제들아 너희가 그리스도 예수 안에서 유대에 있는 하나님의 교회들을 본받은 자 되었으니 그들이 유대인들에게 고난을 받음과 같이 너희도 너희 동족에게서 동일한 고난을 받았느니라

"너희가 그리스도 예수 안에서 유대에 있는 하나님의 교회들을 본받

은 자 되었으니"에서 "유대"는 유대, 사마리아, 갈릴리를 포함하는 전체 팔레스타인 지역을 뜻하는 것으로 보는 것이 맞을 것이다. 위의 내용으로 유추해보면 유대에 있는 교회들은 그들의 동족인 유대인들로부터 핍박을 당했다. 시간적 순서로 보면 1) 팔레스타인에서 교회 박해가 먼저 일어났고, 2) 바울과 실라가 이 교회들이 어떻게 박해를 받았고 어떻게 잘 견디었는지 데살로니가 교인들에게 설명해주었을 것이고, 3) 그 이야기를 들은 데살로니가 성도들이 유대인 신자들의 모범을 따라 잘 고난을 견디었다.

바울 본인이 과거에 교회를 핍박하는 유대인이었으므로, 핍박하는 그룹에 대해 어느 정도 지식을 갖고 있었을 것이다. 그러나 바울은 유대 지역의 교회를 직접 핍박하지는 않았던 것 같다(갈 1:22, "**그리스도 안에 있는 유대의 교회들이 나를 얼굴로는 알지 못하고**"). 바울은 30년대에 주로 디아스포라 지역에 있는 교회들을 핍박한 것으로 보인다. 바울이 지금 언급하는 유대 지역의 교회 핍박은 그 지역에서 광범위하게 일어나고 있던 열심당 운동/신학 때문이었던 것으로 보인다.[84] 65년경에 최고조에 달하게 되는 이 열심당 운동은 교회가 점차 이방지역으로 퍼져가면서 이방인들을 대상으로 선교를 적극적으로 하게 되자 이것을 제지하기 위해 교회를 핍박했다. 이 열심당 운동이 점차 그 강도를 더하여 감에 따라 교회 안에서는 다시 옛날의 유대교의 관습으로 돌아가려는 움직임이 생겨났는데, 이들이 바로 '유대주의자들'(Judaizers)이다. 이들은 교회와 회당을 오가면서 회당에서는 율법에 열심히 있는 유대인들의 말에 순종하고 교회에서는 신자들을 회당으로 다시 끌어가려고 노력했다. 이방 지역에서는 교회 안에 있는 이방인들에게 할례를 받으라고 요구하여 다시 회당으로 편입시키려고 노력했다. 갈라디아 교회의 문제는 이 그룹이 갈라디아 지역에 도착함으로 생겨난 것이다. 바울은 이 그룹에 대해서

---

84) Robert Jewett, "The Agitators and the Galatian Congregation," *New Testament Studies*, 17 (1971), 204-06; Kim and Bruce, *Thessalonians*, 245에서 재인용; 열심당 신학 운동에 관해서는 김철홍, 『갈라디아서』, 82-84과 85-86의 보충설명 9, "바울과 열심당 신학"을 보라.

갈라디아서 6:12, "무릇 육체의 모양을 내려 하는 자들이 억지로 너희에게 할례를 받게 함은 그들이 그리스도의 십자가로 말미암아 박해를 면하려 함뿐이라"에서 그들도 역시 핍박을 면하기 위해 십자가 복음을 부정하려고 한다고 말한다. 즉 이 그룹은 적극적으로 유대교 회당의 입장을 설교하지 않으면 핍박을 당할 수밖에 없는 그룹이다. 이들은 교회와 회당 사이에 끼여서 회당의 압력을 받고 행동하는 그룹이었다.

"유대에 있는 하나님의 교회들"은 믿지 않는 유대인들에 의해 핍박을 받았다. 마찬가지로 데살로니가교회는 믿지 않는 데살로니가 시민들에 의해 핍박을 받았다. 바울은 이들을 "너희 동족"이라고 부른다. "동족"(συμφυλέτης, compatriot)은 같은 '퓔레'(φυλή, tribe)에 소속된 사람이란 뜻이다. 먼저 데살로니가교회는 대다수가 이방인으로 구성되었고, 그 안에 유대인이 있었다면 소수에 불과했을 것이다. 바울은 데살로니가전서 1:8에서 "하나님을 향하는 너희 믿음의 소문"이라는 말을 한다. 만약 유대인들이 복음을 받아들인 경우라면 "하나님을 향하는 너희 믿음"이란 말이 성립되지 않을 것이다. 데살로니가전서 1:9절의 "우상을 버리고"도 그 교회의 대다수가 이방인이었음을 암시한다. 바울이 이 구절에서 "너희 동족"에게 핍박을 받았다는 말도 교회 성도 중에 유대인이 없을 가능성을 보여준다.

그렇다면 누가 데살로니가교회를 핍박했을까? "너희도 너희 동족에게서 동일한 고난을 받았느니라"고 바울이 말하므로 일단 이방인들인 데살로니가 시민으로 보아야 할 것이다. "너희 동족"은 그 의미상 유대인과 이방인들을 함께 포함하는 말로 보아야 한다는 의견도 있다. 헬라 도시의 시민권은 출생보다는 거주지에 따라 결정되었기 때문에 유대인들도 '동족'에 포함될 수 있다는 주장이다. 하지만 바울이 평소에 유대인들과 이방인들을 구분하여 말하는 경향이 있고(살전 2:16, "우리가 이방인에게 말하여 구원받게 함을 그들이 금하여"), "너희 동족"('너희 자신의 동족'으로 번역하는 것이 좋음)에서 '이디오스'(ἴδιος, one's own)라는 형용사를 사용하여 '너희 자신의 동족'이라고 말한 것으로 보아 바울이 데살로니가의 헬라인 시민들을 핍박자로 지명하고 있다고 보는 것이 좋다. 상식적으로 생각했을 때 데살로니가 성도들 대부분이 헬라인이었다면 유대인들이 단독으로 교회를 핍박했다고 볼 수는 없다. 소수의 이민자인 유대인들이 헬라인들의 모임에 겁 없이 덤벼들지는 않았을 것이기 때문이다.

그렇다면 데살로니가의 유대인들은 데살로니가교회가 핍박을 당할 때 아무런 역할도 하지 않았을까? 타드 스틸(Todd Still)은 유대인들이 바울을 핍박하였을 뿐, 교회를 핍박하는 데에는 아무런 역할을 하지 않았다고 본다.[85] 정말 그랬을까? 이 질문에 대답하려면 우리는 먼저 헬라인들이 교회를 핍박한 이유가 구체적으로 무엇이었는지 생각해보아야 한다. 유대인들이 기독교인들을 핍박한 것은 쉽게 이해가 된다. 그것은 유대교의 기존 메시아 범주에 존재하지 않는 '나무에 달려 죽은 예수'를 메시아로 선포했기 때문이다(갈 3:13; 신 21:22-23). 헬라인은 왜 교회를 핍박했을까? 그 단서는 사도행전 17:5-9에 있다.

누가는 사도행전 17장에서 데살로니가에서 일어난 소동은 유대인들에 의해 야기되었다고 말한다. 사도행전 17:5, "그러나 유대인들은 시기하여 저자의 어떤 불량한 사람들을 데리고 떼를 지어 성을 소동하게 하여 야손의 집에 침입하여 그들을 백성에게 끌어내려고 찾았으나"에서 "불량한 사람들"은 시장에서 특별한 직업 없이 온종일을 보내는 사람들이다. 데살로니가와 같은 항구도시는 뱃짐을 내리고 올리기 위해 적지 않은 유휴(遊休)노동력이 필요하다. 지중해는 겨울에 풍랑이 심해 무역선이 잘 다니지 않으므로 겨울에는 일거리가 없고 나머지 기간에만 일거리가 있었다. 일거리가 없을 때 이런 계절 노동자들은 누구라도 약간의 돈만 주면 무슨 일이든 해줄 수 있는 사람들이 된다. 그런 뜻에서 그 사람들은 "불량한"(πονηρός, evil, 악한) 사람들이었다.

누가는 유대인들이 이 사람들을 "데리고 떼를 지어 성을 소동하게" 했다고 말한다. 유대인들의 선동을 받은 군중은 사도행전 17:6에 따르면 "천하를 어지럽게 하던 이 사람들이 여기도 이르매"라고 소리질렀다.

---

85) Todd D. Still, *Conflict at Thessalonica: A Pauline Church and Its Neighbours* (Journal for the Study of the New Testame Series, 183; Sheffield: Sheffield Academic Press, 1999), 225-26.

226

"천하"로 번역된 '오이쿠메네'(οἰκουμένη)는 인간이 거주하는 세상을 가리킨다. '어지럽게 하다'로 번역된 동사 '아나스타토오'(ἀναστατόω)는 사도행전 21:38, "그러면 네가 이전에 소요를 일으켜 자객 사천 명을 거느리고 광야로 가던 애굽인이 아니냐"에서 '소요를 일으키다'로 번역되었다. '천하를 어지럽게 하다'는 영어 성경에서는 주로 'to turn the world upside down'으로 번역했다. 단순하게 세상을 어지럽히는 게 아니라, 사회의 기본적 질서를 전복시키고, 혼란에 빠뜨리는 행동으로 바울 일행을 고발한 것이다. 오늘날로 말하면 사회의 질서를 어지럽히는 '풍기문란죄'로 고발당한 셈이다.

그렇다면 바울이 그동안 천하를 어지럽게 하는 활동을 했다는 정보를 시장에 있는 불량한 사람들은 어떻게 알 수 있었을까? 하루 대부분 시간을 작업장에서 노동하며 전도하는 바울의 과거 행적에 대해 그들이 알기는 어렵다. 그들이 바울에 대한 그런 정보를 얻은 것은 아마도 유대인들을 통해서였을 것이다. 다시 말해 유대인들이 그들의 입에 넣어준 내용을 그대로 떠들어댔을 뿐, 이런 고발은 모두 유대인들에게서 나왔을 것이다.

사도행전 17:7에 따르면 군중은 데살로니가 도시의 사법권을 갖고 있는 관리들인 "읍장들" 앞에서 "이 사람들이 다 가이사의 명을 거역하여 말하되 다른 임금 곧 예수라 하는 이가 있다 하더이다"라고 고발한다. 이 고발은 예수가 하나님 나라의 왕이라는 바울의 복음을 아는 사람들이 만든 것이다. 시장 거리의 불량한 사람들이 바울의 메시지를 이렇게 깊이 이해하고 있었을 리가 없다. 이 고발도 바울의 메시지를 잘 알고 있던 유대인들이 만들어낸 것일 가능성이 크다. 마치 예수를 종교적인 이유로 죽이려고 한 유대인 지도자들이 자신들의 손으로 예수를 죽이지 않고 로마법에 따라 정치범으로 고발해 죽였던 것과 마찬가지로, 데살로니가 유대인들은 바울을 종교적 이유로 반대하지만 그를 이방인의 법정에 고발할 때는 로마에 대항하는 위험한 정치범으로 고발한다. "다른 임금 곧 예수라 하는 이가 있다"는 말은 로마 황제 외에 또 다른 왕을 주장한다는 것이고, 이것은 명백한 반란죄다. 황제를 왕으로 인정하지 않고 다른 사람을 왕으로 주장하는 것은 매우 위험한 죄고, 유죄 판결을 받으면 사형을 당할 가능성이 크다. 물론 예수는 이미 승천하셔서 하늘에 계시므로, 우리가 보기에 반란죄가 성립되지 않는다고 보이지만, 당시 로마인들이나, 데살로니가 읍장들의 관점에서는 이 문제가 좀 다르게 보일 수도 있다. 무엇보다도 데살로니가 읍장들의 입장에서는 자유 도시(free city)인 데살로니가에 황제 외에 다른 인물을 왕으로 주장하는 사람들이 있다는 것을 로마인들이 알게 될 경우, 자신들이 받을 불이익에 대해 민감하게 생각했을 것이다.

　　"가이사의 명"이 무엇인지에 대해서는 분명히 말하기 어렵다. 아우구스투스 황제와 디베리우스 황제 때에 점성술사들과 예언자들의 활동을 금하는 명령이 있었으며, 그 이유는 그들이 황제의 건강과 수명에 대해 예언하기 때문이었다.[86] 이런 행동은 심한 제재와 처벌을 받았고 각 지방 자치정부는 자발적으로 책임을 지고 이런 문제를 통제할 의무가 있었다. 데살로니가전서 5:3, "그들이 평안하다, 안전하다 할 그 때에 임신한 여자에게 해산의 고통이 이름과 같이 멸망이 갑자기 그들에게 이르리니 결코 피하지 못하리라"에서 "그들이 평안하다 안전하다"는 로마제국 초기의 원수정치(principate)의 구호인 평화와 안전(*pax et securitas*)에 대한 정면 공격이었다. 바울은 로마제국이 안전과 평화를 보장한다는 것을 직접적으로 비판할 뿐 아니라 로마제국의 멸망을 예언한다. 데살로니가전서 4:15에서 바울은 "주," "강림"(παρουσία)이란 단어를 사용하고, 4:17에서 "영접"(ἀπάντησις)라는 단어를 사용한다. "강림"은 황제나 황제를 대표하는 사람이 찾아오는 것이고, "영접"은 황제나 고위관리가 방문차 왔을 때 도시 접경 밖에서 이들을 영접하는 것이다. "주"라는 호칭은 황제에게 사용되었다. 바울은 상당히 의도적으로 황제와 관련된 매우 정치적인 뉘앙스가 강한 단어들을 그리스도에게 적용하여 그리스도를 왕으로 높인다. 이런 표현은 당시의 정치적 상황에서 믿지 않는 헬라인이 매우 듣기에 거북한 말이었다.

---

86) Edwin A. Judge, "The Decrees of Caesar at Thessalonica," *RTR* 30 (1971) 1-7.

바울의 복음이 데살로니가의 믿지 않는 시민들의 반감을 사고, 그들과 충돌할 수밖에 없었던 이유 중에는 황제숭배도 있었다. 주전 42년에 시이저의 죽음으로 발생한 내전이 일어났을 때 데살로니가는 안토니(Antony)와 옥타비안(Octovian)을 지원했고, 그들이 승리하게 되자 자유도시가 되었다. 자유도시들은 자신들의 전통적 법과 제도를 유지하는 것이 허용되었고, 로마 총독의 간섭으로부터 비교적 자유로웠다. 데살로니가는 자유도시로서 상당한 자치권과 화폐 주조권을 얻었고, 시민들은 군복무 의무와 세금 의무에서도 상당히 벗어날 수 있게 되었다. 자유도시는 당시의 로마 식민지(Roman colony)였던 빌립보와는 달리 1) 지방행정관들이 로마인들로 대체되지 않고 사도행전 17:6의 "읍장"(πολιτάρχης)이 다스렸고, 읍장들은 데살로니가 토착 귀족들이었다. 또 2) 자유도시였던 데살로니가에는 대규모의 로마 군대가 주둔하지 않았다.

이러한 이유로 데살로니가에서는 일찍부터 로마 여신 숭배(the cult of the goddess Roma)가 받아들여졌고, 아우구스도(Augustus)의 재위 기간 중 황제를 위한 신전이 따로 세워졌다. 동전에는 제우스 신의 두상 대신에 황제의 두상이 사용되기 시작하는데, 이것은 곧 황제를 신으로 숭배하는 것이 시작되었음을 암시한다. 아우구스도 황제는 '신의 아들'로서, 그를 섬기는 사제는 다른 모든 종류의 사제들보다 더 우월하게 여겨졌다. 황제를 존경하는 것은 장래에 도시의 발전을 보장하는 것이므로 데살로니가에서는 황제에 대해 불손한 언동을 할 경우, 심한 제재를 받을 가능성이 매우 컸다.

바울이 우상을 버리고 살아계시고 참된 하나님에게로 돌아와 창조주 하나님만을 섬길 것을 가르쳤을 때(살전 1:9) 이미 바울 복음은 황제숭배와 충돌할 수밖에 없었다. 더구나 바울의 복음은 강력한 종말론을 갖고 있었다. 인간의 모든 나라는 하나님의 심판 아래 있으며 종말이 이르면 다 멸망하고 하나님의 나라가 이 땅 위에 세워진다는 종말론은 로마의 제국 이데올로기와 충돌하지 않을 수 없었다. 이런 주장은 당시 로마, 헬라 관리들에게 사회의 기본 질서에 대한 도전으로 오해될 수밖에 없었다. 초대교회가 지방 정부들로부터 국지적인 핍박을 받다가 1세기 말부터는 중앙정부의 핍박을 받기 시작하는 이유는 복음의 종말론적 성격 때문이었다. 그런 뜻에서 사도행전 17:7의 바울과 교회에 대한 고발, "이 사람들이 다 가이사의 명을 거역하여 말하되 다른 임금 곧 예수라 하는 이가 있다 하더이다"는 전혀 근거 없는 공격은 아니었다.

그러나 이것 때문에 교회가 국가권력에 적극적으로 저항하도록 가르쳤다고 오해하면 안 된다. 로마서 13:1-7에서 바울은 예수의 전통을 따라(막 12:13-17//마 22:15-22//눅 20:20-26) 로마 정부에 세금을 낼 뿐만 아니라 위에 있는 권세에 순종할 것을 가르쳤다(롬 13:1, "각 사람은 위에 있는 권세들에게 복종하라 권세는 하나님으로부터 나지 않음이 없나니 모든 권세는 다 하나님께서 정하신 바라"). 바울은 인간의 손으로 아무리 새로운 국가를 세워도 그것은 여전히 한시적이고 불완전하며 하나님의 심판 아래 있으므로, 교회가 권력을 타도하고 새로운 정권을 세우는 일에 적극적으로 나설 필요가 없다고 보았다. 그러므로 기독교인들은 국가권력의 요구에 순종하여야 하며, 로마 황제를 포함하여 모든 사람은 모두 위에 있는 권세에 순종해야 한다. 가장 위에 있는 권세는 곧 하나님이시다.

2:15 유대인은 주 예수와 선지자들을 죽이고 우리를 쫓아내고 하나님을 기쁘시게 하지 아니하고 모든 사람에게 대적이 되어

15-16절에서 바울은 유대인들을 고발한다. 바울이 로마서 3:1 이하, 9:4 이하 등에서 유대인들을 칭송하는 것과 비교하면 여기에서 그의 고발은 매우 격렬하다. 바울이 강력하게 유대인들을 비난하는 것은 유대인들이 데살로니가에서 바울의 선교를 중단시키고 그의 교회를 고난에 빠뜨리는 데 결정적인 역할을 했기 때문이다. 바울은 유대인들이 "주 예수와 선지자들을 죽였다"고 말한다. 유대인들이 죽인 예수는 "주" 곧, 하나님과 같은 분이셨다. 유대인들은 오래전부터 하나님의 선지자들을

죽여 왔고(눅 13:34; 마 23:31, 35, 37; 행 7:52; 롬 11:3), 이제는 심지어 "주"이신 예수마저 죽였다. 유대인들을 향해 '그리스도 살해범'(Christ-killers)이라고 말하는 것과 거의 동급의 발언이며, 이것은 바울 서신에 등장하는 바울의 말 중에서 가장 반셈족주의적인(the most anti-semitic) 언급이라고 볼 수 있다. 한때 정말 바울이 이런 말을 한 것인지 의심하던 학자들도 있었지만 이제 이 말의 진정성을 의심하는 학자들은 거의 없다.

바울은 유대인이 선지자들을 죽였다고 말한다. 이때 선지자는 복음을 믿는 선지자라고 보는 견해도 있지만, 바울은 구약성경 전체에 나타나는 이스라엘 민족과 유대인들의 선지자 살해를 염두에 두고 말하는 것 같다(왕상 18:4; 19:9-18; 역대하 24:19-21; 느 9:26; 렘 2:30; 26:7-24). 바울은 로마서 11:3, "<u>주여 그들이 주의 선지자들을 죽였으며</u> 주의 제단들을 헐어 버렸고 <u>나만 남았는데 내 목숨도 찾나이다</u>"에서 엘리야가 하는 고발을 인용한다. 마태복음 23:34에서 예수가 하는 고발, "<u>그러므로 내가 너희에게 선지자들과 지혜 있는 자들과 서기관들을 보내매 너희가 그 중에서 더러는 죽이거나 십자가에 못 박고 그 중에서 더러는 너희 회당에서 채찍질하고 이 동네에서 저 동네로 따라다니며 박해하리라</u>"도 역시 바울이 이 구절에서 하는 말과 일맥상통하고 있다. 유대인들은 선지자들을 죽였듯이 예수도 죽였다.

사도행전도 유대인들이 예수를 죽인 것에 대해 비난한다. 사도행전 2:23, "그가 하나님께서 정하신 뜻과 미리 아신 대로 내준 바 되었거늘 <u>너희가</u> 법 없는 자들의 손을 빌려 못 박아 <u>죽였으나</u>," 3:14-15, "<u>너희가</u> 거룩하고 의로운 이를 거부하고 도리어 살인한 사람을 놓아 주기를 구하여 <u>생명의 주를 죽였도다</u>," 7:52, "<u>너희는</u> 그 의인을 잡아 준 자요 <u>살인한 자가 되나니</u>," 등은 바울이 "유대인은 주 예수와 선지자들을 죽이고"와 비교할 때 큰 차이가 있어 보이지 않는다. 이스라엘이 엘리야의 목숨을 노리듯이, 유대인들은 바울의 목숨을 노렸다. 사도행전 14:19, "유대인들이 안디옥과 이고니온에서 와서 무리를 충동하니 그들이 돌로 바울을 쳐서 죽은 줄로 알고 시외로 끌어 내치니라"는 바울을 죽이려는 시도에 대해 말한다. 고린도후서 11:26에서 바울이 언급하는 "동족의 위험"은 바로 자신의 목숨을 해치려는 유대인들의 시도를 가리키는 것으로 보인다.

바울은 "유대인은 주 예수와 선지자들을 죽이고"라고 말하고 이어서 "우리를 쫓아내고" 말한다. 유대인들이 예수와 선지자들을 죽였다는 말은 얼핏 들으면 바울과 직접 관련이 없는 객관적 언급처럼 들린다. 그러나 우리를 쫓아냈다고 말하는 대목에서 바울은 급격하게 자신에 관한 이야기로 전환한다. '쫓아내다'로 번역된 동사(ἐκδιώκω)는 '밖으로'라는 뜻의 접두어 '엑크'(ἐκ-)를 '추격하다'라는 동사(διώκω)에 붙여서 만든 동사다. '추격하여 추방하다'라는 뉘앙스를 갖고 있다. 데살로니가에서 소동이 일어났을 때 바울은 밤에 도시를 탈출하여 목숨을 부지했으나, 데살로니가에서 쫓겨나 돌아갈 수 없었다. 바울을 체포하지 못한 군중은 "야손"을 끌고 가서 읍장들 앞에서 고발했다. 야손과 함께 고발당한 성도들은 보석금을 지불하고 석방되었다(행 17:9, "야손과 그 나머지 사람들에게 보석금을 받고 놓아 주니라"). 바울과 야손이 황제에 대한 반역으로 고발당한 것에 비하면 매우 관대한 처분이다. 아마도 야손은 데살로니가에서 매우 유력한 귀족이었던 것으로 추측되며, 아마도 보석금을 지불하고 풀려날 때 바울을 다시 그의 집과 도시에 들이지 않기로 약속하였을 것이다. 만약 바울이 다시 데살로니가에 들어가면 그때 풀려난 성도들이 위험하게 될 것이고, 보석금도 압수당하게 될 것이다. 바울은 데살로니가전서 2:18에서 "그러므로 나 바울은 한번 두번 너희에게 가고자 하였으나 사탄이 우리를 막았도다"라고 말한다. 바울은 유대인들의 충동으로 시작된 박해와 그 결과 자신이 데살로니가로 돌아갈 수 없게 된 것의 배후에 사탄의 역사가 있다고 보아 사탄이 그의 귀환을 막았다고 말한다. 바울은 유대인들이 교회 공격의 배후에 있고 유대인들의 활동에 사탄이 함께 한다고 보았다.

유대인들은 "하나님을 기쁘시게 하지 아니하고 모든 사람에게 대적이" 되었다. 바울은 이방인들에게 복음을 전해 하나님을 기쁘시게 한다. 유대인들은 바울의 전도를 방해하므로 하나님을 기쁘게 하지 않는다. 유대인들은 모든 사람을 위한 복음의 진보를 방해하고 있다. 그러므로 그들은 궁극적으로 모든 사람의 적이다. 유대인들을 인류의 적으로 보는 견해는 현재 남아 있는 헬라, 로마인들의 고대문서에 부분적으로 남아 있다. 이런 유대인들을 향한 이방인들의 적대감은 유대인들이 이방인들의 신들을 인정하지 않는 것에 기초해 있고, 아무리 이민을 와서 오래 살아도 좀처럼 이방인들의 문화에 쉽게 동화되지 않는 유대교의 독특성 때문이다. 바울이 지금 보여주는 유대인을 향한 반감은 이런 보편적 정서를 반영한 것이라기보다 그가 지금껏 경험한 것을 반영한다. 데살로니가에서 성공적으로 교회를 개척하던 바울을 방해하고 신생 교회를 공격한 배후에 있는 유대인들을 향한 것이지, 결코 유대인 일반을 향한 것이 아니다. 바울은 "나의 형제 곧 골육의 친척을 위하여 내 자신이 저주를 받아 그리스도에게서 끊어질지라도 원하는 바로라"고(롬 9:3) 말할 정도로 유대인들의 구원을 위해 자신을 희생할 준비가 되어 있고, 동족을 사랑하는 사람이었다. 바울이 강력하게 비난하는 유대인들은 데살로니가의 유대인들이다.

2:16 우리가 이방인에게 말하여 구원받게 함을 그들이 금하여 자기 죄를 항상 채우매 노하심이 끝까지 그들에게 임하였느니라

"금하여"는 '방해하여'로 번역하는 것이 좋다. '금하다'로 번역된 동사 '콜뤼오'(κωλύω)는 '방해하다'(to prevent, hinder)라는 뜻이다. "금하여"는 현재형 분사(κωλυόντων)로 되어 있으므로 반복적인 동작을 나타낸다. 유대인들은 바울이 이방인에게 복음을 전해 그들이 구원받게 하는 사역을 지속적으로 방해하고 있다. 여기에서 바울은 '데살로니가의 유대인들'에게서 '헬라 도시에 살고 있는 유대인들'로 범위를 넓혀 간다. 바울이 비난하는 사람들은 어떤 특정 지역의 유대인이 아니라, 헬라 도시에 존재하는 복음을 적극적으로 반대하는 유대인들이다. 사도행전은 유대인들의 이러한 방해에 관한 여러 증거를 보여준다. 사도행전 13:44-51에 따르면 비시디아 안디옥에서 바울은 상당히 성공적인 선교

를 했다. 그러나 유대인들이 바울의 사역을 중단시키고 그를 쫓아냈다(행 13:50, "이에 유대인들이 경건한 귀부인들과 그 시내 유력자들을 선동하여 바울과 바나바를 박해하게 하여 그 지역에서 쫓아내니"). 루스드라에서도 바울이 전도할 때 안디옥과 이고니온에서 바울을 추격하여 원정 온 유대인들이 루스드라의 유대인들을 충동하여 바울을 돌로 쳐 죽이려 했다(행 14:19, "유대인들이 안디옥과 이고니온에서 와서 무리를 충동하니 그들이 돌로 바울을 쳐서 죽은 줄로 알고 시외로 끌어 내치니라"). 데살로니가를 탈출한 바울이 베뢰아에서 또 성공적으로 사역하게 있을 때에도 데살로니가의 유대인들은 바울을 추격하여 베뢰아까지 쫓아와서 또 소동을 일으켰다(행 17:13, "데살로니가에 있는 유대인들은 바울이 하나님의 말씀을 베뢰아에서도 전하는 줄을 알고 거기도 가서 무리를 움직여 소동하게 하거늘"). 결국 바울은 또 베뢰아를 떠나야만 했다. 고린도에서도 유대인들은 갈리오 총독에게 바울을 고발하였다(행18:2). 유대인들은 기독교를 믿는 유대인들과 자신들을 구분하려고 한 흔적이 사도행전 18:12-13, 24:1-9, 25:2에도 나타난다. 이것들은 기독교의 종말론적인 메시지로 인해 자신들에게까지 불똥이 튀지 않도록 하려는 노력이다.

유대인들이 이렇게 바울을 끈질기게 추격하면서 그의 사역을 방해하는 것은 일 면으로는 구약성경의 율법이 그렇게 하도록 명령하고 있기 때문이다. 신명기 13:12-15은 본인이 거주하는 도시가 아닌 다른 도시에 "어떤 불량배가 일어나서 그 성읍 주민을 유혹하여 이르기를 너희가 알지 못하던 다른 신들을 우리가 가서 섬기자"(신 13:13)는 소문을 들으면, 그 유대인은 그 도시로 찾아가서 사실 여부를 조사한 뒤 만일 사실이라는 것이 밝혀지면(신 13:14, "너는 자세히 묻고 살펴 보아서 이런 가증한 일이 너희 가운데에 있다는 것이 확실한 사실로 드러나면"), 그 성읍 주민을 진멸하도록 되어 있다(신 13:15). 신명기 17:2-5은 비슷한 경우에 관한 율법이다. 다른 점은 "그 악을 행한 남자나 여자를 네 성문으로 끌어내고 그 남자나 여자를 돌로 쳐죽이되"(신 17:5)라고 돌로 쳐서 처형할 것을 명시하고 있다는 것이다. 물론 바울 당시에는 이방 도시에 살고 있는 이단에 빠진 유대인들을 진멸할 수 없었기에 바울만을 돌로 치거나 추방하려고 했을 것이다. 자신의 도시를 떠나 바울이 있는 도시까지 추격해서 그를 핍박하는 유대인들은 유대교의 관점에서 보면 율법을 준수하는 노력으로 볼 수 있다. 사실 과거 바울이 다메섹으로 교회를 핍박하러 간 것도 같은 성경 구절로 설명할 수 있다.

또 유대인들이 복음을 막으려고 한 것은 그들 자신을 보호하기 위한 행동으로 볼 수도 있다. 아직 기독교가 유대교와 완전히 분리되기 전 로마인/헬라인은 교회를 유대교의 한 분파로 인식하였다. 바울은 로마 제국에 임박한 심판과 황제 이외의 다른 임금 예수를 전했다. 만약 이것이 문제가 되면 유대인 전체가 로마인/헬라인의 공격을 당할 염려가 있었다. 이민 와서 이방 도시에 살고 있던 유대인들은 소수민족이었기 때문에 유대인들은 자신들의 생존을 위해 가능한 한 이방인들과 충돌하는 것을 원하지 않았을 것이다. 유대인들은 교회가 유대교 회당이 아니라는 점을 설명해야 했고, 유대인들은 교회가 자신들이 인정하지 않는 유대교 이단이라는 점을 적극적으로 홍보하기 위해 발 벗고 교회를 공격했을 것이다.

사도행전 11:26, "**제자들이 안디옥에서 비로소 그리스도인이라 일컬음을 받게 되었더라**"는 헬라인/로마인이 유대교와 기독교를 구분하기 시작한 것은 시리아의 안디옥이었다는 것을 보여준다. 교회 밖의 로마인들이 아마도 "**그리스도인**"(Χριστιανοί)이란 별명을 붙인 것으로 보인다. 40년대 초반에 안디옥에서는 로마 관헌의 눈에 교회는 회당과는 구분되는 새로운 종교 집단으로 인식되었고, 로마인들은 이 새로운 종교 집단을 어떤 호칭으로 부를 것인가 고민했을 것이다. 그들은 기독교인들이 '그리스도'를 신으로 믿는 사람들이란 것을 알고 '크리스티아노이'(Χριστιανοί)라는 레이블(label)을 붙였을 것이다. 서기 64년 로마에 대화재가 났을 때 로마의 역사가 타키투스(Tacitus)의 기록에 따르면 네로황제가 화재의 책임을 기독교인들에게로 돌렸다고 한다.[87] 서기 64년

---

87) "Therefore, to stop the rumor [that he had set Rome on fire], he [Emperor Nero] falsely charged with guilt, and punished with the most fearful tortures, the persons commonly called Christians, who were

이 되면 로마의 황제도 '기독교인'이란 호칭을 알고 있었고, 일반 로마 시민들도 이들을 다른 집단과 명확하게 구분되는 집단으로 이미 잘 알고 있었다. 기독교인들이 로마 시민들의 미움을 받았던 이유는 기독교인들이 심판에 대해 말할 때 하늘에서 불이 떨어질 것이라고 말했기 때문이다. 고대 도시인들은 특별히 화재에 대해 불안하게 생각했기 때문에 기독교인들의 불심판에 관한 메시지를 싫어했다. 네로도 이점을 잘 알고 있었기 때문에 기독교인들을 대화재의 희생양으로 삼았다.

흥미로운 점은 네로가 '기독교인'이라는 호칭을 사용했고, 타키투스도 같은 호칭을 사용하고 있다는 점이다. 마치 로마인 일반 대중도 이 호칭을 이미 잘 알고 있는 것처럼 사용한다. 만약 60년대 중반에 제국의 수도인 로마에서 기독교인을 유대교인과 구분할 수 있게 되었다면 50년대 초반 데살로니가에서 헬라인들 눈에 아직 유대인과 기독교인은 구분되지 않았을 것이다. 데살로니가의 유대인들은 바울이 교회를 세우고 그 안에 헬라인 성도들이 늘어가는 것을 보고 혹시라도 교회가 반란죄를 모의한 것으로 공격당할 때 유대교 회당에 불똥이 튈 것을 염려해 미리 교회를 공격했을 가능성이 크다.

"자기 죄를 항상 채우매 노하심이 끝까지 저희에게 임하였느니라"는 구체적으로 무엇을 가리키는 것일까? 바울은 이방인이 구원을 얻지 못하게 한 유대인들의 방해는 매우 중대한 죄가 되었고, 그 죄가 계속 쌓여 결국 하나님의 진노가 그들에게 임하였다고 말한다. '채우다'로 번역된 동사($\dot{α}ναπληρόω$)는 과거형 부정사이므로 일회적인 동작으로 보아야 하지만, "항상"($πάντοτε$)이란 부사와 함께 사용되고 있으므로, 의미상으로는 반복, 진행으로 보아야 한다. '그들의 죄를 항상 채운다'는 말은 마치 하나님의 심판을 받기 위해 일정한 양의 죄를 채워야 한다는 뜻으로 들린다. 마태복음 23:31-32에서도 예수는 "그러면 너희가 선지자

[generally] hated for their enormities."(Tacitus, Annals 15.44); "그러므로 그 소문을 잠재우기 위해 그는 누명을 씌워 가장 잔인한 고문으로 기독교인이라고 불리는 사람들을 처벌했는데, 그들은 자신들의 극히 악한 죄 때문에 사람들의 미움을 받고 있었다."

236

를 죽인 자의 자손임을 스스로 증명함이로다”라고 말하며 “너희가 너희 조상의 분량을 채우라(πληρώσατε)”고 말씀하신다. 선지자 살해와 죄의 분량을 채우는 것이 동시에 나타난다. 유대인들이 조상 때부터 죄의 분량을 채운 결과, 하나님의 진노(“노하심”)가 드디어(“끝까지”) 바울 당시의 유대인들에게 나타났다. “끝까지”(εἰς τέλος)는 ‘끝내’(finally) 혹은 ‘드디어’(at last)로 번역하는 것이 좋다. “임하였느니라”로 번역된 단어(ἔφθασεν)는 ‘프타노’(φθάνω, to arrive, ‘도달하다’)의 과거형이다. 이런 과거형은 예언적 과거형(prophetic aorist) 혹은 예측적 과거형(proleptic aorist)으로 볼 수도 있다. 반드시 어떤 사건이 일어났다는 뜻이 아니라, 앞으로 반드시 일어나게 될 것이라는 뉘앙스로 사용되는 예언적 과거형으로 볼 수도 있다. 예를 들어 70년에 예루살렘 성전이 무너지는 것을 염두에 두고 이렇게 과거형으로 말할 수도 있다.

만약 이미 일어난 어떤 사건을 바울이 염두에 두고 말을 했다면 아마도 49년에 글라우디오(Claudius) 황제가 로마에 있는 유대인들을 추방한 것(행 18:2, “글라우디오가 모든 유대인을 명하여 로마에서 떠나라 한 고로”)을 가리키는 것일 가능성이 있다. 수에토니우스는 로마에서 일어난 유대인 거주지 내의 폭동이 ‘크레스투스’(Chrestus)의 선동으로 일어났다고 말한다(Suetonius, *Claudius* 25.4.). 크레스투스(Chrestus)는 ‘그리스도’의 라틴어 표기 중 하나다. 아마도 수에토니우스는 그리스도인과 믿지 않는 유대인들 사이의 충돌에 대한 정보를 전해 들으면서 그리스도가 실존하는 인물인 것으로 오해한 듯하다. 바울이 고린도에 도착했을 때 브리스길라와 아굴라 부부가 로마에서 추방당해 고린도에 와 있었던 것을 보면 그 추방령은 바울이 데살로니가에 있을 무렵에 내려졌을 가능성이 크다. 데살로니가는 자유도시(free city)로서 로마의 보호 하에 많은 특혜를 누리며 발전하고 있던 도시였으므로, 로마와의 관계를 위태롭게 하는 어떤 종류의 운동에 대해서도 관용을 베풀지 않았을 것이다. 더구나 로마에서 기독교인들과 유대교인들 사이에 일어난 분란으로 인해 유대인들과 기독교인들이 구분됨이 없이 모두 쫓겨나게 되자, 데살로니가의 유대인들은 자신들과 바울의 교회가 서로 확연히 다르다는 것을 먼저 보여주어야 할 필요를 느끼게 되었을 것이다. 유대인들로서는 헬라인들이 문제를 인식하고 핍박을 시작할 때까지 그저 앉아서 기다릴 수는 없어서 먼저 움직였고, 헬라인들이 문제를 인식하도록 적극적으로 교회를 고발함으로 자신들에게 돌아올 책임을 면하고자 했을 것이다. 로마에서는 기독교인들과 유대인들을 구분하지 않고 다 쫓아낸 것에 반해, 데살로니가에서는 유대인들과 기독교인들을 구분하여 교회만을 탄압했다. 데살로니가의 유대인들의 입장에서는 매우 긍정적인 결과를 얻은 셈이다.

그러므로 우리는 교회를 핍박한 것은 믿지 않는 헬라인들이었다고 보면서도, 다른 한편 유대인들은 이 핍박에 아무런 관여도 하지 않은 것이 아니라, 그 핍박의 구실을 제공하고 그 도화선을 붙이는 역할을 한 것으로 보아야 한다. 그러므로 바울이 아무런 이유 없이 반셈족주의적 발언을 한다고 보면 안 된다. 바울은 유대인들에게 닥친 혹은 앞으로 닥칠 심판에 대해 말하는 것이다. 바울이 이 대목에서 마태복음 23장에 나타난 예수 전승을 사용하는 것으로 보인다. 바울 당시 교회는 유대교 회당에 비교할 때에 소수로서, 다수의 핍박을 당하는 입장이었다. 유대인으로 인해 시작된 강력한 탄압에 대항하여 교회가 유대교의 공격으로부터 자신을 지키고 내부적으로는 구성원들을 향해 끝까지 신앙을 저버리지 말 것을 격려하기 위해서 바울은 외부의 세력인 유대교를 강력하게 비판했다.

2:17 형제들아 우리가 잠시 너희를 떠난 것은 얼굴이요 마음은 아니니 너희 얼굴 보기를 열정으로 더욱 힘썼노라

'떠나다'로 번역된 단어는 '아포르파니조'(ἀπορφανίζω)의 과거 수동 분사(ἀπορφανισθέντες)다. 이 동사는 '분리'의 뜻을 가진 접두어 '아포'(ἀπο-)에 '고아로 만들다'(to make orphan)라는 뜻의 동사 '오르파니조'(ὀρφανίζω)가 결합된 동사다. 영어 단어 orphan(고아)이라는

말은 그 명사형 '오르파노스'(ὀρφανός)에서 유래한다. 직역하면 '형제들아 우리가 잠시 너희를 떠나 고아가 된 것은'으로 번역할 수 있다. 전통적으로 '오르파노스'(ὀρφανός)는 자녀에게뿐만 아니라 부모에게도 사용 가능한 것으로 해석되어 왔다. 그렇게 본다면 '아포르파니조'(ἀπορφανίζω)의 뜻은 '(각별한) 어떤 사람으로부터 떨어져나오게 하다'(to make separate from someone)로 볼 수 있다. 바울이 이 단어를 부모 입장에서 사용했다면 자녀를 잃은 부모처럼 되었다는 뜻으로 읽을 수 있다. 그러나 최근에 이 단어가 오직 자녀에게만 적용될 수 있다는 주장이 나옴에 따라 전통적 해석이 도전받고 있다.[88] 또 이 문제는 2:7에서 바울이 원문에서 사용한 단어가 '에피오이'(ἤπιοι, gentle)인지, 아니면 '네피오이'(νήπιοι, infants)인지를 결정하는 문제와도 관련이 있다. 바울이 부모 잃은 고아가 되었다고 말하는 것으로 보면 **"너희 가운데서 유순한 자**(ἤπιοι, gentle)**가 되어"**가 아니라, '너희 가운데서 <u>어린 아이</u>(νήπιοι, infants)가 되어'로 본문을 확정하게 된다(자세한 것은 2:7의 주석을 보라).

개역성경의 번역은 '바울이 (부모로서) 자녀들인 데살로니가 성도들과 잠시 떨어져' 있는 쪽으로 번역을 했다. 이 동사가 수동태(ἀπορφανισθέντες)이므로 바울이 그렇게 되기를 원해서 그렇게 된 것이 아니고, 자신이 피해자임을 나타낸다. 바울은 교회와 반강제로 분리되어 자신이 고아처럼 되었건, 혹은 자녀를 잃은 부모처럼 되었건, 이것은 수사적 표현일 따름이다. 바울과 성도들과의 관계가 부모와 자녀 관계처럼 친밀했음을 나타낸다. 그래서 지금의 이 이별이 바울로서는 매우 견디기 힘들다. 이 대목에서 우리는 바울이 목회자의 마음을 갖고 있다는 것을 잘 볼 수 있다.

"잠시"로 번역된 헬라어 전치사구(πρὸς καιρὸν ὥρας)에서 '카이로스'(καιρός)는 '시간'(time)이고, '호라'(ὥρα)도 '시'(hour), '짧은 순

---

88) J. B. Faulkenberry Miller, "Infants and Orphans in 1 Thessalonians: A Discussion of ἀπορφανίζω and the Text-Critical Problem in 1 Thess 2:7," Paper presented at the Annual Meeing of SBL, 1999.

간’(a short period of time)이다. 두 단어는 동의어이므로, 둘 중 하나
만 있어도 ‘잠시’라는 뜻의 전치사구가 될 수 있다. 바울이 동의어 두 개
를 함께 사용한 것은 그와 성도들 간의 이별이 정말 짧은 시간이라는 것
을 강조하려는 의도로 보인다. **“얼굴이요 마음은 아니니”**는 육체적으로
는 서로 떨어져 있지만, 바울의 마음은 여전히 성도들과 함께 있다는 것
을 강조한다. 6개월도 안 된 신생 교회의 담임목사인 바울이 교회에 박
해가 발생하여 불가피하게 데살로니가를 떠났고, 그 교회 성도들에게는
상당히 강력한 박해가 발생하여 성도 중 일부가 죽음을 당한 상황이므로
(살전 4:13, “형제들아 자는 자들에 관하여는”), 바울로서는 성도들에게
미안한 마음이 없지 않을 터였다. 혹시라도 성도 중 바울의 탈출을 비난
하거나, 복음으로 인해 자신들이 당한 고난 때문에 믿음을 버리고 배교
하는 사람이 나오지 않도록 바울은 편지로라도 상황을 수습해야 했다.

　　“너희 얼굴 보기를 열정으로 더욱 힘썼노라”는 바울이 다시 데살
로니가로 돌아가려고 노력했다는 뜻이다. ‘더욱 힘썼다’(περισσοτέρως
ἐσπουδάσαμεν)는 정도에 지나칠 정도로 노력했다는 뜻이다. 사도행
전 17:10, **“밤에 형제들이 곧 바울과 실라를 베뢰아로 보내니”**는 바울이
밤에 데살로니가를 탈출했고, 그때 성도들이 주도적으로 바울 일행을 피
신시켰다는 것을 암시한다. 성도들이 판단하기에 바울이 데살로니가에
남아 있는 것은 너무 위험했고, 바울을 위해서도 또 교회를 위해서도 좋
지 않다고 판단한 것 같다. 바울은 위급 상황에서 일단 데살로니가를 빠
져나오긴 했지만, 상황을 보아 다시 돌아가기를 원했을 것이다. 베뢰아
에서 머물면서 전도하고 있는 것은 베뢰아라는 도시 자체가 중요한 도시
라서가 아니라, 데살로니가의 상황을 관찰하면서 다시 돌아갈 기회를 엿
보기 위해서였을 것이다. **“너희 얼굴 보기를 열정으로 더욱 힘썼노라”**는
아마도 베뢰아에서 머물고 있을 당시 바울의 심경을 반영하는 것으로 보
는 것이 맞을 것 같다. 사도행전 17:13, **“데살로니가에 있는 유대인들은
바울이 하나님의 말씀을 베뢰아에서도 전하는 줄을 알고 거기도 가서 무리
를 움직여 소동하게 하거늘”**은 바울의 이런 마음에 찬물을 끼얹는 사건
이었다. 데살로니가의 유대인들은 심지어 바울이 베뢰아에 머무는 것조

차 탐탁하게 여기지 않았다. 바울을 더 멀리 쫓아 보내기 위해 추격해왔다. 데살로니가전서 2:15, "유대인은 주 예수와 선지자들을 죽이고 우리를 쫓아내고"라는 고발은 이런 당시 상황을 종합한 것이다. 유대인들은 실제로 바울을 '추격하여 추방했다.' 쫓아내다'로 번역된 '엑크디오코'(ἐκδιώκω)는 '밖으로'라는 뜻의 접두어 '엑크'(ἐκ-)를 '추격하다'라는 동사(διώκω)에 붙여서 만든 동사로, '추격하여 추방하다'라는 뉘앙스를 갖고 있다.

2:18 그러므로 나 바울은 한번 두번 너희에게 가고자 하였으나 사탄이 우리를 막았도다

바울은 이 편지의 시작부터 일인칭 복수 주어를 사용했다. 이 편지가 바울 혼자 작성한 것이 아니라, 실루아노와 디모데와 더불어 작성한 것이기 때문이다. 그러나 18절에서 바울은 이런 원칙을 깨고, "나 바울"(ἐγὼ μὲν Παῦλος)이라는 일인칭 단수 주어를 처음으로 사용한다(살전 3:5, 5:27에 일인칭 주어가 다시 나옴). 이렇게 일인칭 단수 주어를 사용하는 이유는 바울이 스스로 데살로니가로 가려고 노력했다는 것을 강조하려는 의도다.

"한번 두 번"(ἅπαξ καὶ δίς)은 두 번 이상 가려고 했다는 뜻이다. 바울은 돌아가자고 하고, 아마 실루아노와 디모데는 좀 더 기다려보자며 말렸을 것이다. 특이한 것은 바울이 결국 돌아가지 못한 이유를 "사단이 우리를 막았도다"라고 설명하는 점이다. 데살로니가 성도들과 바울이 이별하게 된 것은 유대인들의 선동과 시장의 불량한 사람들이 일으킨 소동도 있었고(행 17:5), 야손과 다른 형제들에게 판결을 내린 읍장들도 있었고(행 17:6-9), 집요하게 바울을 거짓 선지자, 거짓 사도로 공격하는 그의 신학적 적들도 있었다(살전 2:3-12). 이 중 아마도 야손이 보석금을 내고 풀려날 때(행 17:9) 바울이 데살로니가에 다시 들어오지 못하게 하겠다는 약속을 하도록 강요한 읍장들의 결정이 바울의 귀환을 막는 결정적 요인이었을 것이다. 바울은 이런 모든 일의 배후에 사단의 역사가 있다고 보았다.

2:19 우리의 소망이나 기쁨이나 자랑의 면류관이 무엇이냐 그가 강림하실 때 우리 주 예수 앞에 너희가 아니냐
2:20 너희는 우리의 영광이요 기쁨이니라

"자랑의 면류관"(crown of pride)은 운동 경기(sports)에서 가져온 비유적 언어다. 면류관은 운동 경기에서 승리한 사람에게 주는 영예의 월계관이다. 빌립보서 4:1, "나의 사랑하고 사모하는 형제들, 나의 기쁨이요 면류관인 사랑하는 자들아"에서도 바울은 성도들을 '기쁨,' '면류관'이라고 부른다. 19절에서는 여기에 "소망"을 추가한다. 바울은 "그가 강림하실 때" 즉 예수의 재림 때에 열릴 최후의 심판대에서("우리 주 예수 앞에," ἔμπροσθεν τοῦ κυρίου ἡμῶν Ἰησοῦ) 받게 될 '상'(prize)에 대해 말한다. 운동 경기에서 이긴 자에게는 월계수 가지로 만든 관을 얻게 되지만, 바울이 기대하는 것은 영원한 관이다(고전 9:25, "그들은 썩을 승리자의 관을 얻고자 하되 우리는 썩지 아니할 것을 얻고자 하노라").

흥미로운 점은 자신이 최후의 심판에서 받을 면류관이 바로 데살로니가 성도들이라고 말하는 점이다. 빌립보서 4:1에서도 바울의 면류관은 빌립보 성도들이라고 말한다. 그의 사역에 대한 주의 평가에 따라 바울이 하나님의 나라에서 상을 받는 것이라면 바울은 그 상이 물질적인 보상이라고 생각하지 않는다. 어떤 '영예'(honor), 혹은 하나님으로부터의 '칭찬'이라 생각하지도 않는다. 그는 단순히 자신이 전도하고 양육해서 하나님의 나라에 들어온 성도들이 곧, 자신이 받을 '상'이라고 생각한다. 우리는 하나님의 나라에서 상을 받는다고 말할 때 그 상을 물질적인 것으로 생각하는 경향이 있다. 예를 들어 금, 은, 보석으로 된 왕관이나, 좋은 집 등을 생각한다. 하지만 그런 것들은 하나님의 나라에서 상이 될 수 없다. 요한계시록 21:18-21은 새 예루살렘의 성, 열두 문, 길은 모두

정금과 각종 보석으로 되어 있다고 말한다(계 21:18, "그 성은 정금인데 맑은 유리 같더라"; 21:21, "성의 길은 맑은 유리 같은 정금이더라"). 어떤 물질적 보상도 바울에게 상이 될 수 없고, 그것 때문에 바울이 하나님의 나라에서 기뻐할 이유가 되지 못한다. 그렇다면 하나님의 나라에서 무엇이 바울에게 기쁨을 줄 수 있을까? 바로 그가 전도하여 세례를 주고, 양육한 성도들이다. 그런 성도들이 바울과 영원히 함께 사는 것 자체가 그에게 가장 큰 기쁨, 영광을 주고, 그에게 자랑이 된다. 데살로니가교회가 불 시험을 당했으나 성도들이 잘 인내하고 믿음을 지켰으므로, 그리스도의 재림과 최후의 심판 때에 바울의 사역은 헛된 것이 아니라, 열매가 있는 사역이었음이 증명된다. 그래서 바울은 그리스도가 강림하실 때에 그의 성도들이 바울에게 자랑의 면류관이 된다고 말한다.

4.
고난을 이긴 교회를 칭찬하는 바울

[3:1-13]

3:1 이러므로 우리가 참다 못하여 우리만 아덴에 머물기를 좋게 생각하고

"이러므로"는 2:17-18절과 연결해서 읽어야 한다. '내가 너희들을 만나기를 간절히 원하고 있으므로,' 혹은 '핍박이 일어났고 너희들이 잘 견디고 있는지 너무나 걱정이 되므로' 등의 뜻을 함축하고 있다. "참다 못하여"라는 말은 바울이 목회자라는 점을 잘 드러낸다. 바울은 신학자라기보다는 목회자다. 바울을 선교사라고 보는 사람도 있지만, 사실 바울은 선교사라기보다 목회자다. 그는 교회를 개척하는 목회자(church-planting pastor)다. 그는 평소 그가 세운 교회에 대한 걱정으로 마음의 평안함을 얻지 못했다. 그래서 그는 아덴에 외롭게 홀로 남고 디모데를 데살로니가로 보냈다. 고린도후서 2:12-13에서 바울은 아래와 같이 말한다.

> ¹²내가 그리스도의 복음을 위하여 드로아에 이르매 <u>주 안에서 문이 내게 열렸으되</u> ¹³내가 내 형제 디도를 만나지 못하므로 내 <u>심령이 편하지 못하여 그들을 작별하고 마게도냐로 갔노라</u>

고린도교회에 문제가 생겼을 때 바울은 눈물의 편지를 써서(고후 2:4) 디도에게 주어 고린도로 보내면서 드로아에서 다시 만나기로 약속했다. 바울은 드로아에 미리 도착하여 그를 기다리고 있었다. 그런데 마침 복음을 전할 수 있는 아주 좋은 기회가 생겼다. 만약 바울이 선교사라면 그때 드로아에 머물면서 계속 선교했어야 한다. 그러나 디도가 오지 않자, 고린도교회에 대한 걱정 때문에 바울은 모처럼 열린 선교의 기회

도 포기하고 드로아를 떠나, 디도를 만나기 위해 그가 오고 있는 길을 거슬러 올라갔다. 바울은 "내 심령이 편하지 못하여" 드로아를 떠났다고 말한다. 그는 목회자의 마음(pastor's heart)을 갖고 있었고, 고린도교회를 염려하는 마음이 선교를 향한 열정보다 더 컸다.

바울이 당한 고난 리스트 중 가장 긴 목록이 고린도후서 11:24-27에 나온다. 바울은 그가 당한 다양한 고난을 열거한 뒤에 28절에서 이렇게 말한다: "이 외의 일은 고사하고 아직도 날마다 내 속에 눌리는 일이 있으니 곧 모든 교회를 위하여 염려하는 것이라." 고난 리스트는 바울이 당한 육체적 고난의 리스트다. 바울은 그가 당한 육체적 고난을 열거한 뒤 '사실 그런 것은 나를 많이 힘들게 하는 게 아니었다. 정말 나를 힘들게 한 것은 내가 그동안 사역한 교회와 그 성도들을 향한 걱정이었다.' 이렇게 말한다. 정신적인 스트레스가 더 큰 고통을 주었다는 것도 역시 바울이 목회자였다는 증거다.

1절에서 '홀로'(μόνοι, alone)가 번역에 누락되었다. 아마도 주어가 복수이므로 '홀로'라는 부사를 넣는 게 어색해서 번역에서 누락시킨 것 같다. 그렇다면 '우리만 <u>외로이</u> 아덴에 머물기를 좋게 생각하고'라고 번역하면 된다. 여기서 '외로이'(μόνοι)라는 말은 무슨 뜻인가? '외로이'가 복수형으로 되어있으므로, 바울과 실라가 각자 외로운 상태라고 보아야 할 것 같다. "머물기"로 번역된 '카타레잎떼나이'(καταλειφθῆναι)는 '뒤에 남기다'(to leave)란 뜻의 동사(καταλείπω)의 과거수동부정사다. 더 정확히 번역하면 '뒤에 남겨지는 것'이다. 이때 뉘앙스는 아쉬움, 외로움과 같은 느낌이다. "좋게 여겨"는 '~하기로 결심하고'(to resolve)로 번역하는 것이 좋다. '우리만 아덴에 외로이 뒤에 남겨지기로 결심하고'로 번역할 수 있다.

바울, 실라, 디모데, 세 사람이 데살로니가를 빠져나왔고, 그 중 디모데가 다시 데살로니가로 갔다면(2절, "디모데를 보내노니"), 실라는 어디에 있는 것일까? 첫째로, 베뢰아에 있는 것으로 볼 수 있다. 사도행전 17:15, "바울을 인도하는 사람들이 그를 데리고 아덴까지 이르러 그에게서 실라와 디모데를 자기에게로 속히 오게 하라는 명령을 받고 떠나니라"

는 바울이 아테네에 도착했을 때 디모데와 실라가 베뢰아에 남아 있었다고 말한다. 그렇다면 바울은 아테네에서 혼자 있는 셈인데, 왜 데살로니가전서 3:1에서는 "우리"라는 복수 주어를 사용하는 것일까? 이 경우에는 편지문의 '우리' 주어 (epistolary 'we') 사용 용법으로 볼 수 있다. 한국어에서도 습관적으로 '우리'라는 주어를 사용하는 경우가 있는 것처럼 (예, '우리 집'), 헬라 편지 작성 시에도 우리라는 주어를 사용하는 용례가 있다. 바울이 혼자 남아 있으나 편지의 표현상으로 복수형을 사용하고 있는 것으로 볼 수 있다. 이런 경우라면 바울은 아테네에 혼자 있고, 디모데와 실라는 베뢰아에 머물러 있다. 이때 바울은 아테네에서 베뢰아로 사람을 보내 디모데에게 데살로니가로 가라고 메시지를 전달했을 수도 있다. 그때 바울이 디모데에게 전해주어 데살로니가 성도들에게 전달하게 한 편지가 데살로니가후서로 볼 수 있다.[89] 이런 경우 바울과 실라는 위치는 다르지만 각각 '홀로' 남게 된다. 그런 의미에서 '홀로'(μόνοι, alone)가 복수로 되어 있다고 볼 수도 있다.

둘째로, 실라가 아테네에 바울과 함께 있는 것으로 볼 수도 있다. 사도행전 17:15에서는 실라와 디모데가 베뢰아에 남아 있다고 말하지만, 그 이후 두 사람이 바울의 요청대로 곧 아테네로 이동해서 바울과 합류했을 가능성도 있다. 사도행전 17장은 아테네에서 바울이 홀로 활동한 것으로 말한다. 사도행전 17장에서 아테네에서 발생한 사건들이 다 발생한 뒤 바울이 아테네를 떠나기 전에 실라와 디모데가 도착했을 가능성이다. 물론 사도행전 17장에는 이런 내용이 나오지 않는다. 하지만 누가가 사도행전을 기록할 때 그는 모든 사항을 다 빠짐없이 기록하지 않고, 상당 부분은 축약해서 기록하기 때문에 이런 가설이 전혀 불가능한 것은 아니다. 아테네를 떠나기 전에 세 사람은 다시 모였고, 아테네를 떠나기 전에 디모데를 데살로니가로 보냈다면 "우리"는 바울과 실라로 볼 수 있다.

---

89) 데살로니가후서 우선설에 대해서는 서론을 보라.

246

3:2 우리 형제 곧 그리스도의 복음을 전하는 하나님의 일꾼인 디모데를 보내노니 이는 너희를 굳건하게 하고 너희 믿음에 대하여 위로함으로

바울은 종종 디모데를 자신을 대신하는 사람(representative)으로 자신의 교회에 보낸다(고전 4:17; 빌 2:19, 23). 바울의 동역자들 중 디모데와 같은 나이 어린 동역자(junior co-worker)는 바울이 이렇게 파견할 수 있다. 하지만 바울과 동등한 관계인 나이가 있는 동역자(senior co-worker) 경우에는 바울이 마음대로 파송할 수 없다. 단지 가달라고 요청할 수 있을 뿐이다. 고린도전서 16:12, "형제 아볼로에 대하여는 그에게 형제들과 함께 너희에게 가라고 내가 많이 권하였으되 지금은 갈 뜻이 전혀 없으나 기회가 있으면 가리라"에서는 바울이 아볼로에게 고린도로 가달라고 요청했으나 아볼로가 거절한다.

"하나님의 일꾼"은 더 정확하게 번역하면 "하나님의 동역자" (συνεργός τοῦ θεοῦ, God's fellow-worker/co-worker)다. 문자적으로 번역하는 하나님과 함께 일하는 사람이란 뜻이다. 언뜻 보기에 말이 안 되는 것처럼 보이나 바울은 고린도전서 3:9, "우리는 하나님의 동역자들이요 너희는 하나님의 밭이요 하나님의 집이니라"에서 동일한 단어를 사용해 자신과 아폴로를 하나님의 동역자라고 부른 적이 있다. 후대의 사본에는 '하나님의'라는 수식어를 생략하거나, 혹은 '동역자'라는 말 대신 '일꾼'(διάκονος)이라는 단어로 대체했다. 하나님께서 인간을 통해 자신의 뜻을 이루어가시므로(롬 10:14이하; 고후 5:20-6:1) 그런 뜻에서 "하나님의 동역자"를 사용한 것으로 이해할 수 있다.

바울이 "형제," "하나님의 일꾼"과 같은 명칭을 디모데를 향해 지금 사용하는 것은 디모데의 위상을 높이기 위한 것이다. 그가 디모데를 신임한다는 것을 알려 데살로니가 사람들이 디모데의 말을 받아들이고 듣도록 하기 위해서다. 디모데가 데살로니가로 갈 때 빈손으로 가지 않고 데살로니가전서를 갖고 갔다면, 디모데는 성도들이 그 편지를 읽은 뒤에 성도들의 질문에 대답을 해주어야 한다. 디모데에 대한 바울의 신

임이 깊으면 깊을수록 디모데의 대답은 권위를 갖게 된다. 아마도 이런 이유로 데살로니가전서와 후서의 저자로 디모데가 포함되어 있는 것으로 볼 수 있다(살전 1:1; 살후 1:1).

디모데가 가면 "너희를 굳게 하고 너희 믿음에 대하여 위로"할 것이라고 바울은 말한다. "너희 믿음에 대하여"(ὑπὲρ τῆς πίστεως ὑμῶν)는 '너희 믿음의 유익을 위하여'(for the benefit of your faith)로 번역하는 것이 좋다. 그는 바울을 대신해서 성도들의 믿음을 격려하고 그동안의 고난에 대해 위로한다. 위기가 발생한 교회를 관리(crisis management)하기 위해 바울이 할 수 있는 일은 1) 자신이 직접 가기, 2) 편지를 써서 보내기, 3) 자신을 대신할 수 있는 사람을 보내기, 이 세 가지 방법이 있다. 바울이 지금 직접 데살로니가에 가려고 했지만 갈 수 없었다(살전 2:18, "나 바울은 한번 두번 너희에게 가고자 하였으나 사탄이 우리를 막았도다"). 그 대신 그는 지금 편지를 써서 보내고, 자신을 대표할 수 있는 디모데를 보낸다. 바울은 자신이 할 수 있는 모든 방법을 다 동원해서 데살로니가 교회의 위기를 관리하려고 노력한다.

3:3 아무도 이 여러 환난 중에 흔들리지 않게 하려 함이라 우리가 이것을 위하여 세움 받은 줄을 너희가 친히 알리라

"누구든지 이 여러 환난 중에 요동치 않게 하려 함이라"는 디모데의 목회 활동의 결과로 바울이 무엇을 기대하고 있는지가 나타나 있다. "누구든지"는 '아무도'로 번역하면 더 좋고, "이 여러 환난 중에"(ἐν ταῖς θλίψεσιν ταύταις)는 '이 핍박들에 의해'로 번역하는 게 더 좋다. 이런 말은 바울이 편지를 쓰는 시점과 환난이 발생한 시점이 근접해 있다는 것을 보여준다. 바울은 아무도 핍박에 의해 믿음이 흔들리지 않게 하려고 디모데를 보낸다. '흔들다'로 번역된 동사 '싸이노'(σαίνω)는 개가 꼬리를 흔들 듯이 누군가의 호의를 얻기 위해 '아첨하다'(to flatter)라는 뜻도 있지만, 여기에서는 '감정적으로 불안하게 하다'(to emotionally disturb)의 뜻으로 사용되었다. 바울은 디모데를 통해 핍박을 당한 성도들이 감정적 불안감에 빠지지 않도록 하려고 한다. 바울과 그의 동역자들은 바로 그런 일을 하라고 하나님이 세우신 목회자들이라는 점을("우리가 이것을 위하여 세움 받은 줄을") 성도들이 이번 기회를 통해 깨닫게 될 것이다.

3:4 우리가 너희와 함께 있을 때에 장차 받을 환난을 너희에게 미리 말하였는데 과연 그렇게 된 것을 너희가 아느니라

데살로니가 교회를 개척할 당시 바울은 성도들에게 장차 '우리가 곧 핍박을 받게 될 것이다'라고 예고했다. "핍박을 받게"로 번역된 '뜰리베스따이'(θλίβεσθαι)는 수동 부정사다. 핍박을 하는 게 아니라, 핍박을 받는 것이다. "미리 말하였는데"(προελέγομεν)는 미완료 시제다. 미완료 시제는 과거의 반복적인 행동을 나타내므로 바울은 단 한 번만 말한 것이 아니라 여러 번 반복해서 성도들이 앞으로 핍박을 받을 것이라고 말한 것으로 보아야 한다. 바울이 미리 말한 내용은 구체적으로 어떤 것들이었을까? 아마도 1) 머지않아 핍박이 일어날 것이며, 2) 누가 핍박할 것인지, 3) 왜 그들이 교회를 핍박하는지, 4) 어떻게 핍박하는지, 5) 핍박을 어떻게 이해하고 받아들여야 하는지, 6) 핍박이 일어났을 때 어떻게 대처해야 하는지, 7) 핍박을 잘 견디면 혹은 잘 못 견디면 어떤 결과가 오는지 등일 것이다. 바울은 미리 위와 같은 내용을 성도들에게 가르쳤고, 과거 다른 교회에서 일어난 핍박과 성도들이 어떻게 그 핍박에 대처했는지를 예로 들어 설명했을 것이다.

데살로니가에서는 바울이 예고한 바 대로 박해가 일어났다("과연 그렇게 된 것을 너희가 아느니라"). 데살로니가 성도들에게 핍박은 우연이 아니고, 당연히 예상되었던 일이었다. 핍박은 신앙을 받아들인 자연스러운 결과다. 박해가 일어났을 때 성도들은 전혀 놀라지도 않았을 것이고, 당연한 것으로 받아들였을 것이다. 성도들이 의연한 태도로 핍박

을 대하고, 핍박을 잘 견디어낼 수 있었을 것이다. 우리는 이 시점에서 고난에 대한 바울의 경고가 성도들에게 어떤 사회학적 효과(sociological effect)를 주었는지 살펴볼 필요가 있다.

근거 본문: 데살로니가전서 3:3b-4, 우리로 이것[환란]을 당하게 세우신 줄을 너희가 친히 알리라. 우리가 너희와 함께 있을 때에 장차 받을 환난을 <u>너희에게 미리 말하였더니</u> 과연 그렇게 된 것을 너희가 아느니라

데살로니가전서 2:2, <u>너희 아는 바와 같이</u> 우리가 먼저 빌립보에서 고난과 능욕을 당하였으나

복음을 전할 때 바울은 어떤 시점에 고난에 대해 경고했을까? 전도를 시작하자마자 그런 말을 하지는 않았을 것이다. 강력한 유일신관, 그리스도의 십자가 죽음, 부활, 재림 등을 말하는 중에도, 혹은 말한 뒤에도 고난에 대해 경고하지도 않았을 것이다. 최소한 청중이 복음으로 개종하겠다는 의사를 나타내기 전에는 고난에 관해 경고하지 않았을 것이다. 만약 그렇게 한다면 청중이 개종을 결정하기가 더 어렵게 된다. 장래의 고난에 대해 경고를 한 시점은 아마도 개종자들이 우상숭배를 버리고 주 예수를 믿겠다고 의사를 밝혔을 두렵이었을 것이다. 세례를 받고 교회에 가입하겠다는 의사를 밝힌 직후에 고난에 관해 경고했을 가능성이 가장 크다.

바울은 청중이 세례 신청을 하면 바로 세례를 준 것이 아니라, 세례를 받을 경우 차후에 발생하게 되는 고난에 대해 미리 설명해주고, 그런 고난을 당하더라도 믿음을 지킬 수 있을 것인지 다시 한번 스스로 생각하도록 했을 것이다. 예를 들어, "지난번 어떤 교회의 어떤 성도는 교회 핍박이 시작되자 곧바로 배교하고 교회를 떠났는데, 만약 당신도 그렇게 할 거라면 아예 지금 세례를 받지 않는 게 더 낫다." 혹은 "지난번 어떤 교회의 어떤 성도는 핍박을 받아, 그의 가족 누구는 다쳐서 불구가

되었고, 그 본인은 린치를 당해 목숨을 잃었다. 이런 일이 당신에게 일어나도 당신은 믿음을 지킬 수 있을 것인가? 만약 믿음을 지킬 자신이 없다면 굳이 세례를 받을 필요는 없다. 집에 가서 다시 생각해봐라." 이렇게 권면했을 것이다.

그렇게 하여 사람들이 자신의 결정을 다시 한번 숙고하고 그들의 믿음을 스스로 확정하는(confirm) 기회를 갖도록 했다. 고난을 미리 경고하는 것은 바울의 경험과 지혜에서 나온 것으로서 입교 절차의 문답 기능을 하면서도, 동시에 그들의 결심을 더욱 확고히 하는 견진(confirmation)의 역할도 동시에 했다. 세례를 받기 원하는 사람은 집에 돌아가 과연 바울의 복음을 선택하는 것이 앞으로 그들이 고난을 겪더라고 계속 믿을만한 가치가 있는 것인지 다시 곱씹어 보았을 것이다. 그들이 갖고 있는 기존의 인간관계가 망가지고, 금전적 손실을 보고, 더 나아가 설혹 자신의 목숨을 잃어버리는 한이 있더라도 복음을 믿는 것이 정말 가치 있는 일인지 아닌지 심사숙고했을 것이다. 그들이 모든 것을 다 깊이 생각한 뒤에 다시 바울을 찾아와, "내가 모든 것을 다 깊이 숙고했고, 나는 핍박을 받을 것을 다 각오하고 있다. 세례받기를 원한다. 설혹 내가 박해를 받아 목숨을 잃는 일이 생긴다 해도 나는 결코 배교하지 않을 것이며, 끝까지 믿음을 지킬 것을 약속한다." 이렇게 말하면 바울은 세례를 주었을 것이다.

데살로니가교회 성도들이 비록 믿음을 가진 기간은 짧았지만, 그들이 심한 박해를 받으면서도 믿음을 버리지 않고 인내할 수 있었던 것은 이렇게 바울이 미리 고난에 대해 예고했기 때문이다. 고난이 있을 것을 미리 알려주고 세례를 받게 했기 때문이다. 바울은 데살로니가 성도들에게 구원받기 위해 지불해야 할 대가가 무엇인지 미리 알려주었다. 그들은 자신들이 지불해야 할 그 대가, 그것이 무엇이든 그것을 지불할 각오가 되어 있었다. 최후의 심판대에서 믿음으로 의롭다는 선언을 받고 구원을 받으려면 믿음을 갖고 있어야 한다. 최후의 심판 때에 하나님의 무서운 진노를 받는 것보다 차라리 믿음을 지키다가 죽는 것이 더 낫다. 믿음을 지키다 죽으면 하나님의 진노를 피할 수 있을 뿐 아니라 영생을 얻을 수 있기 때문이다. 배교하면 핍박과 고난을 잠시 피할 수는 있으나, 이것은 일시적일 뿐이며 더 무서운 하나님의 심판을 피할 수는 없다. 핍박의 때에 고난을 참으면 구원을 받을 수 있지만, 배교하면 구원받지 못한다는 것을 잘 알고 있는 성도들은 극심한 핍박에도 불구하고 고난을 견디고 믿음을 지킬 수 있었다.

신앙이란 원래 대가를 지불하지 않으면 가질 수 없는 것이다. 대가를 지불한 사람만이 진리를 나의 것으로 만들 수 있다. 초대교회 성도들은 심한 경우 자신의 생명을 대가로 지불해야 한다는 것을 각오하고 복음을 받아들였다. 마태복음 13:44, "천국은 마치 밭에 감추인 보화와 같으니 사람이 이를 발견한 후 숨겨 두고 기뻐하며 돌아가서 자기의 소유를 다 팔아 그 밭을 사느니라"에서 농부는 아침에 일을 나가면서 그날 자신이 밭에서 보물을 발견할 것이고 전혀 예상하지 못했다. 그는 밭을 갈다가 우연히 보물을 발견했다. 그 보물을 자신의 것으로 만들기 위해 그는 먼저 대가를 지불해야 했다. 그 대가는 자신의 모든 것을 다 파는 것이다. 그렇게 하지 않으면, 그 보물을 자신의 것으로 만들 수 없다. 여기서 보물은 복음이다. 복음을 받아들여 복음이 주는 구원을 자신의 것으로 만들려면 그는 먼저 대가를 지불해야 한다. 그것이 재물이건, 생명이건, 가족, 친구와의 인간관계이건, 무엇이 되었든 그 대가를 지불해야 한다. 그래야 복음이 주는 구원을 자신의 것으로 만들 수 있다.

마태복음 13:45-46, "또 천국은 마치 좋은 진주를 구하는 장사와 같으니 극히 값진 진주 하나를 발견하매 가서 자기의 소유를 다 팔아 그 진주를 사느니라"에서 주인공은 능동적으로 좋은 진주를 찾는 사람이다. 그가 좋은 진주를 발견했을 때에도 그 진주는 무료가 아니다. 그 진주를 자신의 것으로 만들기 위해 그도 대가를 지불해야 한다. 그 댓가는 자신의 소유의 일부가 아니라 모든 것을 다 파는 것이다. 자신의 모든 것을 다 희생하고, 진주 하나를 자신의 것으로 만든다. 농부는 능동적으로 보물을 찾아다니지 않았지만, 상인은 능동적으로 진주를 찾아다닌다. 상인은 진리를 추구하는 자(seeker)라고 볼 수 있다. 능동적으로 진리를 추구했건, 아니면 농부처럼 우연히 진리를 발견했건, 진리를 자신의 것으로 만들려면 반드시 대가를 지불해야 한다. 그 대가는 자신이 현재 갖고 있는 모든 것을 다 희생하는 것이다. 이 두 가지 천국 비유의 핵심은 바로 그것이다. 가격을 지불해야 그 보물과 진주를 소유할 수 있다. 만약 농부와 상인이 자신이 갖고 있는 모든 것을 다 팔고, 포기하지 않으면 절대로 보물과 진주를 자신의 것으로 만들 수 없다.

예수 당시의 사람들도 예수의 복음을 받아들이기 위해 대가를 지불해야 했다. 마태복음 10:34-39는 당시 사람들이 예수의 제자가 되기 위해 무엇을 포기해야 했는지를 잘 보여준다.

> [34]내가 세상에 화평을 주러 온 줄로 생각하지 말라 화평이 아니요 검을 주러 왔노라 [35]내가 온 것은 사람이 그 아버지와, 딸이 어머니와, 며느리가 시어머니와 불화하게 하려 함이니 [36]사람의 원수가 자기 집안 식구리라 [37]아버지나 어머니를 나보다 더 사랑하는 자는 내게 합당하지 아니하고 아들이나 딸을 나보다 더 사랑하는 자도 내게 합당하지 아니하며 [38]또 자기 십자가를 지고 나를 따르지 않는 자도 내게 합당하지 아니하니라 [39]자기 목숨을 얻는 자는 잃을 것이요 나를 위하여 자기 목숨을 잃는 자는 얻으리라

예수의 제자가 되기 위해 가족관계를 포기해야 했다. 물론 온 가족이 다 함께 예수의 복음을 받아들이면 그럴 필요가 없었겠지만, 그런 경우는 드물었다. 예수의 복음 때문에 가족 간에 불화가 일어나고, 가족을 사랑할 것인지 아니면 예수를 사랑할 것인지 결정해야 했다. 모든 제자는 각자 자신이 지고 가야 할 십자가가 있었다. 그 십자가는 바로 복음을 선택하기 위해 그가 지불해야 하는 대가다. 심지어 어떤 제자는 자신의 목숨을 대가로 내어놓아야 하는 경우도 있었다. 자신의 목숨을 대가로 내어놓고 복음을 선택하지 않으면 결국 그는 영생을 잃어버리게 된다. 마태복음 10:34-39의 내용도 사실 복음을 선택할 경우, 장래에 겪게 될 고난과 핍박에 대한 경고다. 구원은 하나님의 은혜로 거저 주시는 것이

지만, 그 구원을 나의 것으로 만들기 위해 내가 지불해야 할 대가는 반드시 있다.

오늘날에도 이 점은 동일하다. 현대사회에서 살고 있는 사람도 복음을 자신의 것으로 만들기 위해 대가를 지불해야 한다. 어떤 대가를 지불해야 할까? 물론 종교의 자유가 보장되어 있는 자유민주주의 국가에서는 복음을 위해 목숨을 대가로 내어놓는 일은 없다. 불교를 믿는 집에 시집을 간 기독교를 믿는 며느리가 시집 생활을 하면서 당하는 가족관계의 불편함 정도가 믿음을 지키기 위한 대가가 될 것이다. 현대사회에서 살고 있는 사람이 복음을 위해 지불해야 할 대가는 목숨은 아니다. 하지만 적어도 생활 방식(life style)을 바꾸어야 한다. 예를 들어 어떤 불신자 청년이 복음을 믿게 된다면 그는 무엇을 포기해야 할까? 그는 주일 오전 예배를 참석하기 위해 토요일 저녁 늦은 시간에 친구들과 만나 혹은 주일 새벽까지 대학가나 유흥가에서 술을 마시면서 노는 생활 방식을 바꾸어야 한다. 토요일 저녁 최소한 9시에는 귀가해서 잠자리에 들어야 한다. 수요예배, 금요예배, 새벽기도회에 참석하려면 생활 방식을 더 바꾸어야 한다. 하지만 최소한 주일예배에 참석하기 위해서라도 최소한 주말 저녁 시간을 보내는 방식을 바꾸어야 한다.

만약 어떤 불신자 청년이 교회에 출석하기 시작하고 어느 날 목회자를 찾아와 세례를 받기 원한다고 말한다면 목회자는 어떻게 반응해야 할까? 아마도 크게 환영하면서 간단히 몇 주에 걸쳐 세례 문답을 가르치고 세례를 주는 것이 보통 목회자들의 반응이다. 만약 바울이 다시 살아나 목회자가 된다면 바울은 어떻게 할까? 바울은 아마도 이렇게 말할 것이다: "세례를 받고 신자가 되고 싶다면, 먼저 지불해야 할 대가가 있다. 최소한 주말 저녁에 친구들과 만나 새벽 늦은 시간까지 술을 마시고 노는 것을 그만두어야 한다. 우리 교회 주일 오전 예배는 9시, 11시에 있다. 이 예배에 참석하려면 아무리 늦어도 토요일 저녁 9시에는 집으로 돌아와 10시에는 잠자리에 들어가야 한다. 이렇게 생활 스타일을 바꿀 수 있는지 먼저 잘 생각해 봐라. 만약 그런 생활 스타일을 바꾸지 못할 것 같으면 차라리 세례를 받지 않는 게 더 낫다. 세례를 받고 교회의 멤버십을 갖게 되면 예배의 의무가 생긴다. 주일예배 외에 수요예배, 금요예배도 있다. 수요예배, 금요예배에 참석하려면 앞으로 계속 추가적으로 생활 패턴을 바꾸어야 한다. 그렇게 할 수 있을 것인지 집에 돌아가서 곰곰이 생각해보고, 할 수 있다고 생각되면 다시 나를 찾아와라. 세례를 받을 것인지는 그때 다시 이야기하자."

바울은 이런 식으로 세례를 주기 전에 마른 땅도 두드려 더 단단하게 만들었다. 세례를 받기 원한다는 말을 들었을 때, 환호하면서 곧바로 세례를 주는 것이 아니라, 장래의 핍박에 대해 경고하고, "세례를 받으면 이런 핍박이 너를 기다리고 있는데, 괜찮겠어요? 정말 그래도 받고 싶어요?"라고 물으면서 집에 가서 다시 한번 생각해보라고 돌려보냈다. 이것은 스스로 자신의 믿음을 확증하는 과정(confirmation)이었다. 그래서 이런 과정을 거친 사람들이 다시 찾아와 세례를 받으려고 하면 비로소 세례를 주었다. 이런 과정을 거쳐 세례를 받은 사람들은 바울의 예고대로 핍박이 시작되었을 때 전혀 당황하지 않고 담담하게 고난을 받아들이고, 견딜 수 있었다. 바울이 이미 그리스도의 재림과 최후의 심판에 대해 가르쳤으므로, 그들은 재림과 최후의 승리에 대한 확신을 갖고 고난을 견딜 수 있었다. 핍박을 견딤으로 그들의 신앙은 더욱 견고하게 되었을 것이다.

오늘날의 목회에 이런 원리를 적용할 수 있는 여지가 많이 있다. 예를 들어 안수집사, 권사 안수식을 할 때 미리 십일조에 대한 임직 교육을 하는 것이다. 십일조가 율법은 아니지만, 안수집사와 권사는 제직으로서 교회의 재정에 대해 책임을 져야 하므로 십일조를 의무적으로 할 것을 목회자는 요구할 수 있다. 안수집사와 권사는 십일조를 하는 것을 자신의 목회의 원칙으로 삼고, 안수식 혹은 임직식을 하기 전에 미리 약속을 받을 수 있다. 만약 십일조를 하는 것이 힘들면 우리 교회에서는 차라리 안수집사나 권사의 직분을 맡지 않는 것이 더 좋고, 서리집사로 신앙생활 하면 된다고 가르칠 수 있다. 이렇게 하는 것이 안수식 혹은 임직식을 마친 뒤에 십일조를 하라고 요구하는 것보다 더 효과적이다. 다시 말해 교회에서 지도자의 위치에 서서 교회를 섬길 때도 최소한의 대가를 지불해야 한다. 십일조를 하는 재정적인 부담을 지는 것은 안수집사, 권사가 되기 위해 지불해야 할 최소한의 대가다. 또 장로를 세울 때 앞으로 새벽기도회에 참석하는 것을 미리 약속받을 수 있다. 장로가 된 뒤에 새벽기도회에 참석하지 않는다면 차라리 장로가 되지 않는 것이 더 낫다. 장로 임직 교육을 할 때 만약 새벽기도회에 참석하는 것이 어려우면 장로 안수를 받지 않는 것이 더 낫다고 가르치면 된다. 그냥 안수집사나 권사로 신앙생활 하는 것이 더 교회에 덕이 된다. 후보자들에게 각자 집에 돌아가서 잘 생각해보고, 이런 대가를 지불할 용의가 있는 사람만 안수하면 된다. 장로 안수를 해놓고 후에 새벽기도회에 왜 안 나오냐고 따지는 것보다 이렇게 미리 약속을 받는 것이 좋다.

이처럼 장래의 고난에 대해 바울이 예고하는 것은 성도들에게 상당히 큰 사회학적 효과를 준다. 그들의 사고방식과 행동 패턴을 미리 바꾸는 효과가 있다. 바울이 데살로니가에 세운 교회는 불과 6개월 정도밖에 되지 않았을 때 핍박이 시작되었다. 믿음을 가진지 6개월 혹은 그 이하의 짧은 기간밖에 되지 않았는데도, 초신자로만 구성된 교회가 강력한 핍박을 견디고 믿음을 지켰다. 왜 그 성도들은 배교하지 않고 끝까지 믿음을 지킬 수 있었을까? 바울이 미리 다가오는 핍박에 대해 예고하고, 고난을 견디겠다는 각오를 한 사람들에게만 세례를 주었기 때문이다. 여기에 6개월 만에 고난과 핍박을 견디는 성도를 만들어내는 비결이 있다.

3:5 이러므로 나도 참다 못하여 너희 믿음을 알기 위하여 그를 보내었노니 이는 혹 시험하는 자가 너희를 시험하여 우리 수고를 헛되게 할까 함이니

"이러므로"는 '이미 예고한 데로 실제 핍박이 일어났으므로'의 뜻이다. 핍박이 일어나자 바울은 교회를 걱정하는 마음 때문에 견딜 수 없게 되었다. 그래서 바울은 디모데를 보내어 교회의 상황을 알아보도록 했다. 바울은 디모데를 보내는 것이 자신의 독자적 판단에 따른 행동

임을 강조하기 위해 단수 1인칭을 사용한다. "나도"로 번역된 '카고'(κἀγώ)는 καί+ἐγώ이고, 뜻은 여기에서는 '나 역시도'로 번역할 수 있다.

왜 바울은 성도들에게 핍박을 예고했는데도 막상 핍박이 일어나자 노심초사하게 되었을까? 왜냐하면 핍박이야말로 그의 교회가 얼마나 견고하게 잘 만들어졌는지를 테스트하는 시금석이기 때문이다. 교회가 핍박을 견디지 못하고 교인들이 개종 전의 상태로 돌아가 버리면 그가 한 모든 일이 다 헛된 일이 된다(갈 2:2; 빌 2:14; cf. 고전 15:58). 그가 세운 집이 하나님의 불시험을 견디지 못하고 다 타버리게 된다(고전 3:12-15; 벧전 4:12). "우리 수고를 헛되게 할까 함이니"는 바울의 이런 염려를 나타낸다. 성도들이 핍박을 잘 견디면 그들은 바울의 영광과 면류관이 된다(살전 2:19). 하지만 만약 성도들이 고난을 견디지 못하고 다 배교해버리고, 예배로 모이기를 중단해버리면 바울이 반년 동안 데살로니가에서 쏟아 넣은 모든 노력은 다 수포가 되어버린다.

"시험하는 자"(ὁ πειράζων)는 사탄이다. 바울은 2:18, "나 바울은 한번 두번 너희에게 가고자 하였으나 사탄이 우리를 막았도다"에서 이미 사탄을 언급한 적이 있다. 사탄은 악한 세력의 지휘관으로 지금 하나님의 백성을 공격하고 있다. '시험하다'(to put to the test)로 번역된 동사(πειράζω)는 '유혹하다'(to tempt)라는 뜻도 갖고 있다. 이 구절에서는 '유혹하다'로 번역하는 것이 더 적절하다. "시험하여"에서도 같은 동사가 사용되었으므로 '이는 혹 유혹하는 자가 너희를 유혹하여'로 번역하는 것이 좋다. 고린도전서 7:5, "서로 분방하지 말라 다만 기도할 틈을 얻기 위하여 합의상 얼마 동안은 하되 다시 합하라 이는 너희가 절제 못함으로 말미암아 사탄이 너희를 시험하지 못하게 하려 함이라"에서 "사탄"과 '페이라조'(πειράζω) 동사가 함께 사용되었다. 여기서도 '사탄이 너희를 유혹하지 못하게 하려 함이라'로 번역하는 것이 좋다. 예수가 마귀에게 시험을 당하는 대목인 마태복음 4:3, "시험하는 자가 예수께 나아와서 이르되"에서 마귀는 "시험하는 자"(ὁ πειράζων)다. 시험의 본질은 '유혹'이다. 사탄은 예수를 유혹하고, 지금 데살로니가 성도들을 유혹한다.

사탄이 데살로니가 성도들을 유혹할 때 그 유혹의 핵심은 배교(apostasy)다. 복음과 믿음을 버리고 교회를 떠나게 만드는 것이다.

그 사탄의 유혹 안에는 '유대교 회당'으로 돌아가거나 피신하는 것도 포함되어 있다. 사도행전 17:4, "그 중의 어떤 사람 곧 경건한 헬라인의 큰 무리와 적지 않은 귀부인도 권함을 받고 바울과 실라를 따르나"에 따르면 바울이 유대교 회당에서 3주에 걸쳐 복음을 전했을 때 회당에 있던 '하나님을 경외하는 이방인'들 중 상당수가 바울을 따라 회당을 나와 바울 교회에 합류했다. 핍박이 시작되었을 때 만약 이 사람들이 회당으로 돌아간다면 그들은 핍박을 피할 수 있다. 바울 교회를 핍박하는 것이 황제숭배 문제와 연결되어 있으므로(행 17:7, "이 사람들이 다 가이사의 명을 거역하여 말하되 다른 임금 곧 예수라 하는 이가 있다 하더이다"), 회당으로 피신하면 핍박을 면할 수 있다. 왜냐하면 로마인들이 유대인들에게 황제숭배를 면제해주는 특권(privilege)을 주었기 때문이다(요세푸스, 『유대고대사』18:262; 『유대전쟁사』2:184).

로마인들이 유대를 정복한 이후 로마인들은 유대인들이 '황제를 향해 기도하는 것'(to pray to Roman emperor)이 종교적으로 불가능하다는 것을 이해하고 '황제를 향해 기도하는 것' 대신 '황제를 위해 기도하는 것'(to pray for Roman emperor)으로 양해하고 황제숭배를 면제해주었다. 예레미아 29:7, "너희는 내가 사로잡혀 가게 한 그 성읍의 평안을 구하고 그를 위하여 여호와께 기도하라 이는 그 성읍이 평안함으로 너희도 평안할 것임이라"고 적혀 있으므로, 유대인들로서는 황제를 위해 기도하는 것을 종교적으로 충분히 받아들일 수 있었다.

따라서 교회가 핍박받을 때 성도 중 다시 회당으로 돌아가거나, 회당으로 피신하려는 사람들이 나타나는 것은 막기 어려운 현상이었다. 회당에서 섬기는 하나님은 '아브라함의 하나님, 이삭의 하나님, 야곱의 하나님'이고 교회에서 섬기는 하나님과 같은 분이라고 생각하기 때문이다. 만약 회당의 유대인들이 적극적으로 교회의 성도들을 향해 회당으로 돌아올 것을 호소한다면 교회의 상황은 훨씬 더 어려워지게 된다. 회당으로 돌아가려는 성도들을 막기가 쉽지 않기 때문이다. 회당으로 가는 것

은 '배교'(背敎)이고, 그들이 받은 구원이 취소될 수 있는 사안인데도, 성
도들은 교회와 회당이 같은 하나님을 섬긴다고 생각하고 회당으로 가버
릴 수 있다. 요한계시록 2:9, "자칭 유대인이라 하는 자들의 비방도 알거
니와 실상은 유대인이 아니요 <u>사탄의 회당</u>이라"와 3:9, "보라 <u>사탄의 회당</u>
곧 자칭 유대인이라 하나 그렇지 아니하고 거짓말 하는 자들 중에서"에서
유대교의 회당을 "사탄의 회당"(συναγωγὴ τοῦ σατανᾶ)이라고 부르
는 이유는 바로 핍박당하는 성도들을 향해 회당으로 피신하게 하려는
"거짓말 하는 자들"에 대해 강력하게 경고하기 위함이다.[90] 회당으로
가면 창조주 하나님을 예배할 수 있지만, 삼위일체 하나님을 예배할
수 없다. 바울교회를 포함하여 초대교회는 처음부터 예수를 향해 기도
하고, 찬양하고, 예수를 예배했다(고전 16:22, "우리 주여 오시옵소서";
μαράνα θά). 그러므로 사탄의 유혹에는 유대교 회당으로 돌아가자는
유혹도 포함되어 있다고 보는 게 합리적이다.

　　이런 관점에서 보면 왜 바울이 데살로니가전서 2:3-12에서 매우
심각한 주제로 그의 신학적 적들과 논쟁을 하고, 왜 2:13-16에서 유대
인들을 향해 강력한 비난을 하는지 그 이유를 쉽게 이해할 수 있다. 데살
로니가전서 2:15-16, "유대인은 주 예수와 선지자들을 죽이고 우리를 쫓
아내고 하나님을 기쁘시게 하지 아니하고 모든 사람에게 대적이 되어 우리
가 이방인에게 말하여 구원받게 함을 그들이 금하여 자기 죄를 항상 채우
매 노하심이 끝까지 그들에게 임하였느니라"는 유대인들에 대한 비판이
면서 동시에 유대교 회당으로 돌아가려는 사람들을 향한 경고로 읽을 수
도 있다. 바울이 2:18, "사탄이 우리를 막았도다"에서 사탄을 언급하고
3:5에서 "시험하는 자"(ὁ πειράζων)를 언급하므로 바울이 말하는 것은
요한계시록 2-3장에서 요한이 유대교 회당을 "사탄의 회당"이라고 부르
면 강력하게 비판하는 것과 거의 동급의 주장이라고 볼 수 있다.

---

90) 히브리서에는 교회가 핍박을 받는 상황에서 유대교로 회귀하려는 성도들
의 움직임을 강력하게 경고하는 내용이 전체적으로 나타난다. 히브리서 2:1, 3:7-14,
6:1-6은 배교에 대한 경고의 말씀이다. 7-10장에서 옛 언약과 새 언약, 옛 성전의 제
사와 예수의 십자가 죽음으로 드린 제사, 옛 성전의 제사장과 하늘 성전의 제사장이
신 예수를 대조하는 것 역시 유대교로 돌아가려는 성도들을 설득하려는 것이다.

3:6 지금은 디모데가 너희에게로부터 와서 너희 믿음과 사랑의 기쁜 소식을 우리에게 전하고 또 너희가 항상 우리를 잘 생각하여 우리가 너희를 간절히 보고자 함과 같이 너희도 우리를 간절히 보고자 한다 하니

"지금은"은 '그런데 이제'(ἄρτι δὲ)로 번역하는 것이 좋다. 이것은 디모데가 데살로니가에서 다시 바울에게로 귀환한 직후에 이 편지가 작성되었음을 보여준다. "기쁜 소식을 우리에게 전하고"에서 바울은 '복음을 전하다'라는 뜻의 동사 '유앙겔리조'(εὐαγγελίζω)를 사용한다. 신약성경에서 이 동사가 '복음을 전하다'가 아니라, '기쁜 소식을 전하다'라는 뜻으로 사용된 것은 이 구절이 유일하다. 고린도후서 7:7, "그가 온 것뿐 아니요 오직 그가 너희에게서 받은 그 위로로 위로하고 너희의 사모함과 애통함과 나를 위하여 열심 있는 것을 우리에게 <u>보고함으로</u> 나를 더욱 기쁘게 하였느니라"에서는 디도가 고린도교회를 방문하고 다시 바울과 만나 좋은 소식을 전하지만 여기에서는 '보고하다'라는 뜻으로 번역된 '아낭겔로'(ἀναγγέλλω) 동사를 사용했다. 디모데가 데살로니가에 돌아가 상황을 파악하여 보니, 놀랍게도 성도들이 극심한 핍박에도 불구하고 믿음을 잘 지켰다는 것을 발견했다. 이것이 바로 디모데가 바울에게 전한 "믿음"에 관한 기쁜 소식이다. 데살로니가교회도 잘 유지되고 있고, 성도들이 서로를 사랑하는 삶을 계속 살아가고 있다는 것을 발견했다. 이것이 디모데가 바울에게 전한 "사랑"의 기쁜 소식이다.

또한 디모데는 "너희가 항상 우리를 잘 생각하여 우리가 너희를 간절히 보고자 함과 같이 너희도 우리를 간절히 보고자 한다"는 소식을 바울에게 전해주었다. 바울은 성도들이 자신에 대해 어떻게 생각하고 있을지 걱정하고 있었을 것이다. 왜냐하면 복음 때문에 박해가 일어났는데, 막상 복음을 전한 바울, 교회를 개척한 목회자인 바울은 교회를 떠났고, 남아 있는 성도들만 핍박을 받았기 때문이다. 만약 이런 연유로 데살로니가 성도들이 바울에 대해 부정적인 생각을 갖게 된다면 바울로서는 매우 곤란하다. 바울이 다시 데살로니가로 돌아가더라도 교회가 그의 귀환을 환영하지 않는다면 바울은 매우 난처하게 된다. 복음을 전한 메신저를

부정적으로 보게 되면 그가 전한 메시지인 복음도 부정적으로 보게 되기 때문이다. 그러나 다행히 디모데가 전한 소식은 그 성도들이 바울이 떠난 뒤에도 바울에 대해서 계속 좋게 생각하고 있을 뿐 아니라 그를 보고 싶어 한다는 것이다. 바울만 그들을 보고 싶어 하는 것이 아니라, 그들도 바울을 보고 싶어 한다는 것은 언제든지 여건만 허락되면 바울이 다시 데살로니가로 돌아가 데살로니가 성도들을 다시 가르칠 수 있으므로 바울로서는 너무나 기쁜 소식이었다.

3:7 이러므로 형제들아 우리가 모든 궁핍과 환난 가운데서 너희 믿음으로 말미암아 너희에게 위로를 받았노라

지금 바울은 고린도에서 이 편지를 쓰고 있다. 바울은 고린도에서도 천막을 만드는 작업장에서 노동하면서 복음을 전하고 있다(행 18:1-3). 그는 다른 도시에서 그러했듯이, 고린도에서도 "**궁핍과 환난**"을 경험하고 있다. 고린도에서 궁핍과 환란을 경험하지 않았다면 고린도전서 4:9-13, 고린도후서 4:8-11, 11:23-28 등에서 자신이 당한 궁핍과 고난에 대해 길게 이야기하는 것이 어색할 것이다.

바울이 당한 궁핍과 고난은 일시적인 것들이 아니고 그가 어디를 가든 경험하는 일상적인 것들이었다. 궁핍은 자비량 원칙 때문에 생기는 경제적인 문제였고, 환란은 자신의 복음을 유대인들과 헬라인들에게 전하면서 발생하는 갈등 때문에 생기는 문제였다. 사도행전 18:6, "**그들이 대적하여 비방하거늘 바울이 옷을 털면서 이르되 너희 피가 너희 머리로 돌아갈 것이요 나는 깨끗하니라 이 후에는 이방인에게로 가리라 하고**"에서 바울이 한 말을 고려하면 아마도 바울과 고린도의 유대교 회당 사이에 상당히 큰 충돌이 있었던 것 같다. 당시 총독인 갈리오 앞에 끌려가 재판을 당하는 것으로 보아 유대인들이 바울의 문제를 상당히 심각하게 생각했다는 것을 알 수 있다(행 18:12-17). 아마도 유대인들은 갈리오에게 가기 전 회당에서 바울을 징계(discipline)했을 것이다. 사도행전

18:5-8에 따르면 바울은 고린도 회당에서 유대인들과 하나님을 경외하는 이방인들에게 복음을 전했다. 바울은 "하나님을 경외하는 디도 유스도라 하는 사람의 집에"(행 18:7)서 교회를 개척하기 시작하는데, 하필 "그 집은 회당 옆"(행 18:7) 집이었다. 심지어 회당의 책임자였던 "회당장 그리스보가 온 집안과 더불어 주를 믿으며 수많은 고린도 사람도 듣고 믿어 세례를"(행 18:1) 받게 되었다. 고린도의 유대인들은 이런 모욕적인 상황을 그저 당하고만 있지는 않았을 것이다. 고린도후서 4:8-9, "우리가 사방으로 욱여쌈을 당하여도 싸이지 아니하며 답답한 일을 당하여도 낙심하지 아니하며 박해를 받아도 버린 바 되지 아니하며 거꾸러뜨림을 당하여도 망하지 아니하고"는 아마도 그가 사역한 모든 곳에서 당한 일이면서 동시에 고린도에서 당한 일을 언급한 것으로 볼 수 있다. 이런 어려움 속에서 사역하고 있던 바울에게 디모데가 전한 소식은 너무나 그를 기쁘게 했다.

"너희 믿음으로 말미암아 너희에게 위로를 받았노라"는 바울에게 얼마나 디모데의 소식이 '복음' 수준의 기쁜 소식이었는지 보여준다. "너희 믿음으로 말미암아"(διὰ τῆς ὑμῶν πίστεως)는 '너희 믿음을 통하여'로 번역할 수 있다. "너희에게"(ἐφ' ὑμῖν)는 '너희들 때문에'로 번역할 수 있다. "위로를 받았노라"(παρεκλήθημεν)는 과거수동형이다. 만약 수동형을 능동으로 문장을 바꾼다면 목적어는 '우리'가 된다. 그럼 주어는 무엇일까? 바로 '하나님'이다. 능동으로 바꿀 때 하나님이 주어가 되는 수동형을 신적 수동형(divine passive)이라고 부른다. 바울을 위로한 것은 데살로니가 성도가 아니라, 하나님이시다. '하나님이 우리를 위로하셨다'라는 뜻이다. 고린도후서 1:3-7에서 바울은 '위로'(παράκλησις) '위로하다'(παρακαλέω)라는 단어를 모두 10번 사용한다. 바울은 하나님을 "위로의 하나님"(고후 1:3)이시며, "우리의 모든 환난 중에서 우리를 위로하"(고후 1:4)시는 분이라고 부른다. 하나님이 사도들을 위로하시는 목적은 "우리로 하여금 하나님께 받는 위로로써 모든 환난 중에 있는 자들을 능히 위로하게 하시"(고후 1:4)려는 것이다. 바울은 고린도에서 궁핍과 환란을 겪으면서 교회를 개척하고 있었다. 데살로니가교회가 핍박을 받았기 때문에 바울은 심적으로 많은 고통을 겪고 있었다. 이런 상황에서 디모데가 돌아와 바울에게 데살로니가교회가 핍박을 잘 견디고 믿음을 지켰다는 소식을 전해주었다. 바울은 이 소식을 들을 때에 하나님의 위로의 메시지로 이해했다. 데살로니가 성도들의 믿음을 통해, 데살로니가 성도들 때문에, 바울은 위로를 받았다. 바울을 위로해주시는 주체는 인간이 아니라 하나님이셨다.

3:8 그러므로 너희가 주 안에 굳게 선즉 우리가 이제는 살리라

"우리가 이제는 살리라"(νῦν ζῶμεν)는 직역하면 '이제 우리는 산다'이다. "너희가 주 안에 굳게 선즉"은 '조건'을 나타낸다. '너희가 주 안에 계속 굳게 서 있는 한' 정도의 뜻이다. 여기에서 '조건'을 나타내는 접속사 '에안'(ἐάν, if) 뒤에 가정법(subjunctive) 대신 직설법(indicative) 현재형을 사용했다. 흔하지 않은 형태다. '너희가 주 안에 계속 굳게 서 있는 한'은 실현 가능한 바울의 소망을 표현하는 것으로 보인다. 데살로니가 성도들이 믿음을 지키고 굳게 서 있다면 바울은 계속해서 삶을 살아갈 수 있다. 만약 그들이 만에 하나 배교하거나 교회가 무너져버리면 바울은 삶을 이어갈 수 없다. 바울의 실존은 데살로니가 성도들의 신앙과 연결되어 있다. 바울은 성도들이 고난을 견디는 모습에서 복음을 계속해서 전할 힘과 용기를 얻는다. 그래서 빌립보서 4:1에서 바울은 "나의 기쁨이요 면류관인 사랑하는 자들아 이와 같이 주 안에 서라"고 명령형으로 말한다. 지금은 명령형이 아닌 서술형으로 데살로니가교회가 주안에 굳게 서 있다고 말하고 있다. 일단 박해의 정점이 이미 지나갔음을 보여준다.

3:9 우리가 우리 하나님 앞에서 너희로 말미암아 모든 기쁨으로 기뻐하니 너희를 위하여 능히 어떠한 감사로 하나님께 보답할까

"너희로 말미암아 모든 기쁨으로 기뻐하니"는 '너희로 인하여 기뻐하는 모든 기쁨에 대하여'로 번역해야 한다. 바울은 데살로니가 성도들이 믿음을 지켰다는 소식을 전해 듣고 기뻐하면서, 하나님 앞에서 어떻게 감사를 하면 자신의 감사함을 적절하게 표현할 수 있을지 스스로 질문한다. 시편 116:12, "내게 주신 모든 은혜를 내가 여호와께 무엇으로 보답할까"(LXX Psalm 115:3, τί ἀνταποδώσω τῷ κυρίῳ περὶ πάντων ὧν ἀνταπέδωκέν μοι)와 비슷한 내용이다.[91] 이 구절에서 '안타포디도미'(ἀνταποδίδωμι)는 '(하나님께서 주신 것에 대한) 보답으로 돌려드리다'(to give back)라는 뜻으로 사용되었다. 지금 이 구절에서 '보답하다'로 번역된 헬라어는 바로 이 동사다. 본래 '안티'(ἀντι-) 없이, 접두어 '아포'(απο-)만 있어도 '되돌려 주다'라는 뜻의 동사인 '아포디도미'(ἀποδίδωμι)가 된다. 접두어 '안타포'(ἀνταπο)는 접두어 '아포'(απο-) 앞에 '안티'(ἀντι-)를 추가하여 '주다'라는 뜻의 동사인 '디도미'(δίδωμι)에 '되돌려 주다'의 의미를 한 층 더 강조한다. '되돌려 받다'(to receive back)라는 뜻을 가진 반대말 동사는 '아포람바노'(ἀπολαμβάνω)다. 이 동사들은 최후의 심판의 맥락에서는 인간이 저지른 악행에 대해 하나님은 '되갚아 주는' 형벌을 주시고, 인간은 자신의 악행에 대한 형벌은 '되돌려 받는' 것을 나타낼 때 사용된다. '안타포디도미'(ἀνταποδίδωμι)의 명사형, '안타포도시스'(ἀνταπόδοσις)는 선행에 대한 돌려받음이 되면 '보상'으로 번역되고, 악행에 대한 돌려받음이 되면 '보응'으로 번역된다.

바울은 데살로니가 성도들이 믿음을 지킨 것 때문에 자신이 하나님께 위로를 받았으므로, 그 받은 것에 대해 감사(εὐχαριστία)를 하나님께 되돌려 드리기(ἀνταποδίδωμι) 원한다. 바울의 이런 감사는 이미 데살로니가전서 1:2, "우리가 **너희 모두로 말미암아 항상 하나님께 감사하**

---

91) Kim and Bruce, *1 & 2 Thessalonians*, 290.

며(εὐχαριστοῦμεν) 기도할 때에 너희를 기억함은"에서도 언급되었고, 2:13, "이러므로 우리가 하나님께 끊임없이 감사함은(εὐχαριστοῦμεν) 너희가 우리에게 들은 바 하나님의 말씀을 받을 때에 사람의 말로 받지 아니하고 하나님의 말씀으로 받음이니"에서도 이미 언급되었다. 이렇게 반복해서 '감사'를 언급하는 것은 바울이 그만큼 이 편지를 쓰면서 크게 기뻐하고 감사한다는 것을 보여준다. "우리 하나님 앞에서"(ἔμπροσθεν τοῦ θεοῦ ἡμῶν)는 평소에는 최후의 심판대를 나타내지만, 여기에서는 예배, 혹은 기도에서 하나님께 감사의 기도와 찬양을 드리는 것을 나타낸다.

3:10 주야로 심히 간구함은 너희 얼굴을 보고 너희 믿음이 부족한 것을 보충하게 하려 함이라

10절은 바울의 기도 생활의 한 단면을 보여준다. 바울은 "주야로" 기도했고, 기도할 때 매우 간절히 강도 높게 기도했다. "심히"로 번역된 단어(ὑπερεκπερισσοῦ) 부사(adverb)로서 '비교가 불가능할 정도로 가장 많이'란 뜻이다. 바울은 종종 접두어 '휘페어'(ὑπερ-)를 붙여서 복합어를 만들어 사용한다. 로마서 5:20, "그러나 죄가 더한 곳에 은혜가 더욱 넘쳤나니(ὑπερεπερίσσευσεν)," 고린도후서 7:4, "내가 우리의 모든 환난 가운데서도 위로가 가득하고 기쁨이 넘치는도다(ὑπερπερισσεύομαι)," 데살로니가후서 1:3, "너희의 믿음이 더욱 자라고(ὑπεραυξάνει)," 데살로니가전서 5:13, "사랑 안에서 가장 귀히 여기며(ὑπερεκπερισσοῦ)," 고린도후서 11:5, "나는 지극히 크다는(ὑπερλίαν) 사도들보다"(고후 12:11) 등은 바로 그 예들이다. 여기에서 접두어 '휘페어'(ὑπερ-)는 '강조'의 뜻으로 사용되었다. 바울은 낮과 밤으로 기도하며, 기도할 때마다 비교 불가능할 정도로 아주 간절하게 기도한다.

"너희 얼굴을 보고"는 다시 데살로니가로 돌아가서 성도들을 만나

게 해달라는 기도다. "너희 믿음이 부족한 것을 보충하게 하려 함이라"는 데살로니가 성도들 전체가 믿은 지 6개월 정도밖에 되지 않은 초신자들 이고, 바울이 그들을 가르치던 중 소동이 일어나 불가피하게 데살로니가 를 떠날 수밖에 없었으므로, 여전히 그들에게 가르쳐야 할 것들이 많이 남아 있었음을 보여준다. 당시 바울은 이미 사도로서 15년 이상 활동을 해왔기 때문에 교회를 개척하고 성도들을 가르칠 때 사용하던 일종의 '교과과정'(curriculum)이 있었을 것이다. 순차적으로 가르쳐야 할 내용 이 정해져 있었을 것이다. 예를 들어 데살로니가전서 4:15-17은 그리스 도의 재림과 부활의 때에 죽은 자들의 부활이 먼저 있고, 이어서 살아 있 는 자들이 그 뒤에 부활의 몸을 입게 된다는 것을 아직 데살로니가 성도 들이 알지 못하고 있다는 것을 보여준다. 왜 몰랐을까? 쉽게 말해 아직 학습 진도가 그 부분까지 도달하지 않았을 때 바울이 불가피하게 데살로 니가를 떠나야 했기 때문이다. 그래서 바울은 다시 데살로니가로 돌아가 성도들에게 아직 미처 다 가르치지 못한 부분을 가르칠 수 있게 되기를 열망했다.

3:11 하나님 우리 아버지와 우리 주 예수는 우리 길을 너희에게로 갈 수 있게 하시오며

11-13절에 아래와 같은 바울의 세 가지의 기도 제목이 나온다.

1) 데살로니가로 돌아가게 해달라는 것(11절)
2) 성도들에게 사랑이 넘치게 해달라는 것(12절)
3) 그리스도의 재림 때 성도들이 거룩하고 흠이 없게 해달라는 것(13절)

"우리 길을 너희에게로 갈 수 있게 하시오며"에서 주어는 "하나님 우리 아버지와 우리 주 예수"(Αὐτὸς δὲ ὁ θεὸς καὶ πατὴρ ἡμῶν καὶ ὁ κύριος ἡμῶν Ἰησοῦς)다. 주어가 복수이므로 동사도 복수형이 사용되

어야 하지만 청유형(optative) 3인칭 단수형(κατευθύναι)이 사용되었
다. "하나님 우리 아버지"와 "우리 주 예수" 앞에는 각각 정관사(ὁ)가 붙
어 있으므로, 이 두 분이 서로 구분된다는 것을 분명히 하면서도 단수
형 동사를 사용한 것은 하나님과 예수가 '한 분'(one)이시기 때문이
다. 이런 현상은 데살로니가후서 2:16-17에서도 나타난다. 주어가
"우리 주 예수 그리스도"와 "하나님 우리 아버지"이고 동사인 "위로하시고"
(παρακαλέσαι)와 "굳건하게 하시기"(στηρίξαι)는 둘 다 청유형
(optative) 3인칭 단수형이다. 이런 현상은 바울이 평소에 '이위일체론적
하나님 이해'(binitarian understanding of God)를 가르쳤기 때문이다.

고린도전서 8:6, "그러나 우리에게는 한 하나님 곧 아버지가 계시니
만물이 그에게서 났고 우리도 그를 위하여 있고 또한 한 주 예수 그리스도
께서 계시니 만물이 그로 말미암고 우리도 그로 말미암아 있느니라"에서
바울은 두 분의 '주님'에 관해 말한다. 첫 번째 주님은 창조주 하나님이
시다. "또한 한 주"는 창조주 하나님 외에 또 다른 한 분의 '주님'이 계
시다는 말이다. 그렇다면 두 분의 '주님'에 관해 말하는 바울의 신이해
(神理解)는 일신론(一神論, monotheism)일까 아니면 이신론(二神論,
bitheism)일까? 바울의 하나님 이해는 일신론이다. 하지만 고린도전서
8:6에서 바울의 일신론은 단일신론(unitarianism)이 아니라, 이위일체
론(binitarianism)에 근거한 일신론이다. 그렇다면 당시 복음을 믿지 않
는 유대인이 고린도전서 8:6을 읽었을 때 그 유대인은 바울의 하나님 이
해를 일신론(一神論, monotheism)으로 이해했을까 아니면 이신론(二
神論, bitheism)으로 이해했을까? 그 유대인은 아마도 바울의 이야기를
일신론으로 이해했을 것이다. 왜냐하면 구약성경에 이미 이위일체론적
하나님 이해가 나타나 있기 때문이다.

다니엘 7:9, "내가 보니 왕좌(כָּרְסָוָן, thrones)가 놓이고 옛적부터 항
상 계신 이가 좌정하셨는데 그의 옷은 희기가 눈 같고 그의 머리털은 깨끗
한 양의 털 같고 그의 보좌는 불꽃이요 그의 바퀴는 타오르는 불이며"에서
"왕좌"로 번역된 '카르사완'(כָּרְסָוָן)은 단수형 '카르세'(כָּרְסֵא)의 복수형으
로서 '왕좌들'로 번역되어야 한다. 70인 역에서도 복수 명사인 '뜨로노

이'(θρόνοι)가 사용되고 있다. 다니엘이 본 보좌는 복수의 보좌들이다. 그럼 몇 개의 보좌들을 본 것일까? 두 개다. 하나에는 이미 창조주 하나님이 앉아 계시고, 다른 하나는 비어 있다. 다니엘 7:13에서 하늘에서 구름을 타고 '사람(人子)처럼 보이는 어떤 분'이 내려오고, 그분이 하나님 앞으로 인도된다. 다니엘 7:14에서 하나님은 그 인자에게 "**권세와 영광과 나라를 주고** 모든 백성과 나라들과 각 방언하는 자로 **그를 섬기게**" 하시므로, 그가 이 세상을 다스리는 하나님의 부왕(副王, vice-regent)으로 임명된 것이다. 그렇다면 그 비어 있는 보좌에 인자가 앉는 것으로 보아야 한다.

다니엘 8:15-16과 10:16-19에서 인자를 천사로 볼 수 있는 구절이 있으므로 인자를 천사로 해석하는 학자도 있지만, 인자는 단순히 천사라기보다는 하나님이 세우시는 온 세상 민족의 왕이다. 유대교 랍비들은 다니엘 7:13의 '인자'를 평범한 인간으로 보지 않는다. 왜냐하면 그가 하늘에서 내려오고 있기 때문이고, 또 구름을 타고 내려오기 때문이다. 신명기 33:26, "여수룬이여 하나님 같은 자 없도다 **그가 너를 도우시려고 하늘을 타시고** 궁창에서 위엄을 나타내시는도다"와 시편 104:3, "물에 자기 누각의 들보를 얹으시며 **구름으로 자기 수레를 삼으시고** 바람 날개로 다니시며"는 하나님이 구름을 타고 하늘을 다니신다고 말한다. 인자는 평범한 인간이 아니라 신적 존재(divine being)로 보아야 한다. 두 개의 보좌가 있고, 그 위에 하나님과 인자가 각각 앉아 계시는 모습은 시편 110:1, "여호와께서 내 주에게 말씀하시기를 내가 네 원수로 네 발등상 되게 하기까지 **너는 내 우편에 앉으라** 하셨도다"에서 한 개의 보좌 위에 두 분이 나란히 앉은 모습과 상당히 유사하다.

잠언 8:30, "**내가 그 곁에 있어서 창조자가 되어 날마다 그의 기뻐하신 바가 되었으며 항상 그 앞에서 즐거워하였으며**"는 하나님의 지혜가 하나님과 더불어 천지 만물을 창조하셨고, 그 지혜는 하나님의 "**곁에**" 혹은 "**그 앞에**" 계신다고 말한다. 그 지혜는 신적 존재로서 천지창조 이전부터 하나님과 함께 계시는, 선재하시는(pre-existent) 분이시다. 인자가 하나님과 더불어 각각의 보좌에 앉아 계시는 모습, 두 분의 주님이 보좌 위에 함께 나란히 앉아 계시는 모습, 또 지혜와 하나님이 가까운 거리에 함께 계시는 모습은 모든 이위일체론적(binitarian) 하나님 이해를 보여준다. 이처럼 구약성경은 하나님을 이위일체론의 관점에서 보여준다. 여기에 성령이 추가되면 곧바로 삼위일체론적 일신론(trinitarian monotheism)이 된다. 창세기 1:2, "**하나님의 영은 수면 위에 운행하시니라**"에서 이미 하나님은 "**영**"이시므로(πνεῦμα θεοῦ), 구약성경에는 이미 삼위일체 하나님이 나타나 있다.

유대교에는 원래 이런 이위일체론의 관점에서 하나님을 이해하는 전통이 있었다. 이런 전통을 '하늘에 있는 두 개의 권세'(Two Powers in Heaven)에 관한 전승이라고 부른다. 이 전통은 유대교 랍비들의 단순한 신학적 유희가 아니다. 구약성경 자체가 이 주제에 관해 말하고 있기 때문에 유대교 랍비들도 이 주제에 대해 토론한 것이다.[92] 예수와 바울 당시의 유대교에서는 하나님을 이렇게 이위일체론으로 이해하고 있었다는 것을 보여주는 증거는 많지 않지만, 그렇다고 해서 1세기 유대교에 이런 이위일체론이 없었고, 후대에 이런 논의가 생겨났다고 생각하는 것은 옳지 않다. 1세기 유대교 랍비들과 그 이전의 랍비들이 성경에 있는 이런 구절들에 대해 전혀 아무런 신학적 반응을 하지 않았다고 생각하는 것은 비합리적 추론이다. 2세기 말경 유대교는 자신 내부에 있는 '하늘에 있는 두 개의 권세' 전통에 대해 더이상 토론하지 못하게 하고, 이것을 이단(heresy)으로 정죄했다. 그 이유는 아마도 기독교에서 십자가에서 죽은 예수를 하나님과 같은 분으로 이해할 때, 유대교의 이위일체론을 적용했기 때문인 것으로 보인다. 기독교가 이위일체론에 근거하여 나사렛 예수를 하나님과 같은 분으로 주장하는 것이 너무 싫은 나머지, 유대교 안에 있는 자신의 전통을 스스로 제거한 것으로 보인다.

현대의 유대교는 이런 조상들의 전통을 잃어버렸기 때문에 하나님을 이해할 때 이슬람교처럼 단일신론(unitarianism)의 관점에서 이해한

---

92) 이 주제에 관한 자세한 논의는 Alan F. Segal, *Two Powers in Heaven: Early Rabbinic Reports about Christianity and Gnosticism* (Library of Early Christology; Leiden: E. J. Brill, 1977)을 보라.

다. 유대교의 이위일체론적 하나님 이해의 전승을 이어받아, 이것을 보존한 것은 기독교다. 삼위일체론은 초대교회가 이단들과 싸우면서 만들어낸 교리가 아니라, 구약성경과 유대교의 오래된 전통을 교회가 물려받은 것이다. 다시 말해 삼위일체론은 교회가 유대교에 존재하지 않던 것을 창의성을 발휘해 무에서 유를 창조하듯 만들어낸 것이 아니다. 유대교에 이미 존재하던 것을 교회가 이어받은 것이다. 유대교에 이미 있는 것에 대해 교회는 단지 한 가지를 추가했을 뿐이다. 그것은 다니엘서의 7장의 인자가 예수고, 시편 110:1의 보좌 우편에 앉아 계신 분이 십자가에 달리신 나사렛 예수고, 잠언 8:30의 지혜가 육체를 가진 인간의 모습으로 나타나신 분이 바로 예수 그리스도라는 것을 추가했을 뿐이다.

마가복음 14:62, "예수께서 이르시되 <u>내가 그니라 인자가 권능자의 우편에 앉은 것과 하늘 구름을 타고 오는 것을 너희가 보리라 하시니</u>"와 마태복음 28:18, "예수께서 나아와 일러 가라사대 <u>하늘과 땅의 모든 권세를 내게 주셨으니</u>"에서 예수는 자신이 바로 다니엘서 7:13-14의 바로 그 '인자'라고 주장한다. 사도행전 1:9-11, "이 말씀을 마치시고 저희 보는데서 <u>올리워 가시니 구름이</u> 저를 가리워 보이지 않게 하더라 가로되 갈릴리 사람들아 어찌하여 서서 하늘을 쳐다 보느냐 너희 가운데서 <u>하늘로 올리우신</u> 이 예수는 하늘로 가심을 본 그대로 <u>오시리라</u> 하였느니라"는 초대교회가 예수를 다니엘서 7장의 '인자'로 이해했다는 것을 보여준다. 그러므로 이 예수는 하나님과 나란히 보좌에 앉아 계시는 바로 그분이시다. 바울과 초대교회는 이런 예수의 주장을 구약성경의 이위일체론의 전통 속에서 이해하고, 예수와 하나님은 서로 구분되는 두 분의 주님이시지만, 한 분의 하나님으로 이해하게 되었다.

"우리 길을 갈 수 있게 하시오며"에서 '갈 수 있게 하다'로 번역된 동사(κατευθύνω)는 접두어 '카타'(κατά-)와 '유뛰노'(εὐθύνω) 동사가 결합된 형태다. '유뛰노'의 형용사인 '유뛰스'(εὐθύς)는 '똑바른, 직선의'(straight)라는 뜻이다. '유뛰노'(εὐθύνω)는 '직선으로 만들다, 똑바로 가게 하다'(to make straight, guide straight)라는 뜻이다. 요한복음 1:23, "이르되 나는 선지자 이사야의 말과 같이 주의 길을 <u>곧게 하라</u>고 광야에서 외치는 자의 소리로라 하니라"에서 '곧게 하다'라는 뜻으로 사용되었고, 야고보서 3:4, "또 배를 보라 그렇게 크고 광풍에 밀려가는 것들을 지극히 작은 키로써 사공의 뜻대로 <u>운행하나니</u>"에서 '운행하다'라는 뜻으로 사용되었다. 배가 이동할 때는 '직선으로' 가므로, '유뛰노' 동사가 사용되었다. 접두어 '카타'(κατά-)는 강조의 뜻이므로, "우리 길을 갈 수 있게 하시오며"에서 사용된 '카튜뛰노'(κατευθύνω)는 '우리 길을 매우 곧게 하시오며'로 번역하는 것이 더 좋다. 하나님께서 길을 곧게 해주시면(to make straight) 바울은 이곳저곳으로 다닐 필요 없이 곧바로 데살로니가로 돌아갈 수 있다. 바울은 두 번 이상 데살로니가로 돌아가려고 했지만 "사탄이" 그 길을 막았다(살전 2:18). 하지만 하나님이 그 길을 곧게 해주시면 바울은 돌아갈 수 있으므로 그렇게 기도한다.

3:12 또 주께서 우리가 너희를 사랑함과 같이 너희도 피차간과 모든 사람에 대한 사랑이 더욱 많아 넘치게 하사

여기서도 "주"는 하나님 아버지가 아니라 예수 그리스도일 것이다. 바울과 초대교회는 예수 그리스도를 향해 기도했다. 고린도전서 16:22, "우리 주여 오시옵소서"에서도 '주'는 예수 그리스도다. 이 문장은 'מרנאתא'라는 아람어 문장을 헬라어로 음역한 것이다. 헬라어로 '마란 아따'(Μαρὰν ἀθά)로 쓰면 '우리 주께서 오셨다'(Our Lord has come)라는 평서문이 되고, '마라나 따'(Μαράνα θά)로 쓰면 '우리 주여 오시옵소서'(Our Lord, come)이라는 청유문이 된다. 요한계시록 22:20, "주 예수여 오시옵소서"(ἔρχου, κύριε Ἰησοῦ)는 아람어 문장을 헬라어로 번역했고, 후자의 뜻으로 번역했다. 마라타나를 '우리의 주여 오시옵소서'로 해석하건 혹은 '우리 주님이 오셨다'로 해석하건 초대교회는 그리스도를 '주'라고 불렀다는 점에서는 차이가 없다. 아마도 이 문장은 아람어를 사용한 초기 예루살렘교회의 유대기독교 회중이 예배 때 사용한 기도문으로 보인다. 아람어를 사용하던 초기 유대 지역의 교회들은 그리스

도를 '주'로 부르면서 '주'를 향해 기도했다는 증거다. '마라나타'에는 십자가에서 죽고 부활하신 그리스도를 하나님과 같은 존재로 인정하고, 하나님과 함께 그리스도를 예배한 당시 교회의 신앙고백이 반영되어 있다.

고린도후서 12:8, "이것이 내게서 떠나가게 하기 위하여 내가 세 번 주께 간구하였더니"에서 바울은 '주'를 향해 기도했다고 말한다. 여기서 '주'는 예수 그리스도다. 데살로니가후서 3:5, "주께서 너희 마음을 인도하여 하나님의 사랑과 그리스도의 인내에 들어가게 하시기를 원하노라"는 바울의 기도를 이루어주시는 분이 바로 '주'라는 뜻이다. 데살로니가후서 3:16, "평강의 주께서 친히 때마다 일마다 너희에게 평강을 주시고 주께서 너희 모든 사람과 함께 하시기를 원하노라"에서도 '주'는 바울의 기도를 실현해주시는 분이다. 바울은 이처럼 하나님뿐 아니라 예수 그리스도를 향해 기도하고, 예수 그리스도가 기도를 이루어주신다고 말한다.

"너희도 피차간과"(εἰς ἀλλήλους)는 '성도들 간 서로서로'라는 뜻이다. "너희"라는 한 단어로 통틀어서 불리는 이 데살로니가 성도들은 사실 각각 다른 사회적 배경을 갖고 있는 사람들이었다. 부자와 가난한 사람들, 노예와 주인, 이방인과 유대인, 남자와 여자, 데살로니가 본토인과 이민 온 사람들이 섞여 있었다(고전 1:26; 빌 4:22). 바울은 서로 이질적인 배경을 갖고 있는 사람들을 하나의 교회로 묶어야 했다. 바울이 교회를 하나로 묶을 때 사용하는 끈은 바로 사랑이다. 바울 교회 안에서 성도들은 서로 사랑을 실천했다. 데살로니가전서 4:9, "형제 사랑에 관하여는 너희에게 쓸 것이 없음은 너희들 자신이 하나님의 가르치심을 받아 서로 사랑함이라"은 데살로니가교회가 사랑이 넘치는 교회였음을 보여준다. 데살로니가 성도들은 자신들의 교회 안에서 사랑을 나누었을 뿐 아니라, 마게도냐의 다른 교회들의 성도들에게도 사랑을 나누었다(살전 4:10, "너희가 온 마게도냐 모든 형제에 대하여 과연 이것을 행하도다 형제들아 권하노니 더욱 그렇게 행하고"). 이때 사회적으로 더 우월한 위치에 서 있는 사람들이 사랑을 실천하는 것이 매우 중요했다. 특히 그 교회가 모이는 집의 주인은 사랑을 실천함으로 모범을 보여주어야 할 위치에 있었다. 성도들과 교회의 지도자는 서로 사랑하며 교회를 세워가야 한다

(살전 5:13, "그들의 역사로 말미암아 사랑 안에서 가장 귀히 여기며 너희 끼리 화목하라").

핍박이 지나간 교회가 다시 회복되려면 성도들 사이에 사랑이 넘 치는 관계를 계속 유지하고, 그 사랑이 더 많아져야 한다. 갈라디아서 6:10, "그러므로 우리는 기회 있는 대로 모든 이에게 착한 일을 하되 더욱 믿음의 가정들에게 할지니라"는 성도들 사이에서 사랑을 실천하라고 가 르친다. 이 구절은 이단적인 집단인 할례당이 교회에 침투하고, 떠나간 뒤에 서로 신학적 입장이 달라서 갈라져 싸운 교회를 향해 다시 사랑으 로 하나가 되라고 가르치는 것이다. 싸움의 상처가 치유되고 사랑으로 다시 하나가 되라는 가르침이다. 데살로니가전서의 경우는 이단 침투가 문제가 아니라, 핍박받은 뒤의 상황을 수습하는 것이다. 가르침의 내용 은 비슷하나 그 배경은 다르다.

"모든 사람에 대한 사랑"에서 "모든 사람"은 교회 안의 성도들뿐만 아니라 교회 밖의 사람들을 다 포함한다. 바울은 교회 밖의 불신자들도 사랑하라고 가르친다. 바울은 평소에 그렇게 가르쳤던 것으로 보인다(갈 6:10; 롬 12:17-18), 이 가르침은 기본적으로 교회 밖의 불신자들을 향 해 교회가 어떤 자세와 행동을 보여주어야 하는지를 알려준다. 바울은 구체적으로 믿지 않는 사람들을 어떻게 사랑해야 하는지에 대해서 언급 하지 않는다. 아마도 구제와 선행에 힘쓰라는 뜻으로 볼 수 있을 것이다.

데살로니가전서 5:15, "삼가 누구 누구에게든지 악으로 악을 갚지 말게 하고, 서로 대하든지 모든 사람을 대하든지 항상 선을 따르라"에서 바울은 교회가 불신자들에 의해 핍박을 받은 상황 속에서도 끝까지 그들 을 위한 사랑의 선행을 중단하지 말라고 가르친다(롬 12:19-21, "너희 가 친히 원수 갚지 말고 하나님의 진노하심에 맡기라……네 원수가 주리거 든 먹이고 목마르거든 마시게 하라….악에게지지 말고 선으로 악을 이기 라"). 당시 동족의 핍박으로 인해 교회와 교회 밖의 사람들 사이에 갈등 과 긴장이 고조되어 있었을 것이다. 성도들은 자칫 바깥세상에 대해서 적대적인 태도를 갖기 쉬운 상황에 놓여 있었다. 만약 교회가 교회 밖 세 상에 대해 적대적인 태도를 가지면 내부적으로는 더욱 잘 결속이 되겠지만, 장기적으로는 믿지 않는 사람들에게 전도하는 데 장애가 생긴다. 바울은 핍박이 일어났을 때 성도들이 계속 사랑을 실천함으로, 바깥세상의 사람들이 교회와 기독교인들에 대해 갖고 있는 편견이 깨어지고, 새로운 관점에서 교회와 복음을 바라볼 수 있게 하려고 했다. 이것이 곧 믿지 않는 사람들을 사랑하라는 명령의 의도다.

"사랑이 더욱 많아 넘치게 하사"는 성도들이 이미 사랑의 행동을 하고 있다는 것을 암시한다. 바울이 기도하는 것은 사랑이 더욱 많아 넘치게 되는 것이다. 데살로니가교회는 평소 믿지 않는 사람들에 대한 사랑의 실천을 하고 있었다. 바울은 성도들이 박해 중, 혹은 박해 후에도 계속해서 사랑을 실천하되, 더 넘치게 많이 실천하라고 가르친다. 그렇게 함으로써 믿지 않는 사람들은 도저히 예상하지 못한 교회의 반응을 보게 된다. 교회의 이런 역설적인 행동으로 인해 불신자들은 놀라움과 호기심을 갖게 되며, 점차 교회의 복음에 관심을 갖게 된다.

"우리가 너희를 사랑함과 같이"는 바울과 그의 동역자들이 성도들을 사랑했다는 것은 보여준다. "너희"는 성도들이다. 성도들은 지금 교회 안의 사람들이지만, 과거에는 교회 밖의 사람들이었다. 그들은 복음을 믿기 전에 바울이 행하는 사랑의 행동들 보고 복음에 관심을 갖게 되었을 수도 있다. 바울은 그들이 복음을 믿기 전부터 그들을 사랑하여 그의 성도로 만들었다. 바울은 교회를 세우는 과정에서 계속해서 믿는 자들과 믿지 않는 자들에게 먼저 사랑의 모범을 보여주었을 것이다. 바울 자신이 사랑을 실천했기 때문에 바울이 자신의 모습을 모델로 삼아 이렇게 말할 수 있었을 것이다.

3:13 너희 마음을 굳건하게 하시고 우리 주 예수께서 그의 모든 성도와 함께 강림하실 때에 하나님 우리 아버지 앞에서 거룩함에 흠이 없게 하시기를 원하노라

"너희 마음을 굳건하게 하시고"에서 "마음"(καρδία)은 생각, 의지,

감정의 중심지다. '굳건하게 하다'라는 동사(στηρίζω)는 데살로니가전서 3:2, "하나님의 일꾼인 디모데를 보내노니 이는 너희를 굳건하게 하고"에서도 사용되었다. 마음이 굳건하게 되기를 기도하는 이유는 핍박을 당해 마음이 흔들리는 성도들이 생길 수 있기 때문이다. 그리스도께서 강림하실 때 함께 오는 "그의 모든 성도"는 누구인가? 아마도 1) 이미 죽어 하늘에 있는 성도들, 2) 천사들, 혹은 3) 양자를 모두 포함하는 것 중 하나일 것이다. 다니엘서 7:10, "그를 섬기는 자는 천천이요 그 앞에서 모셔 선 자는 만만이며"은 하나님 보좌 주변에 섬기는 수 많은 천사들이 있다고 말한다. 스가랴서 14:5, "나의 하나님 여호와께서 임하실 것이요 모든 거룩한 자들이 주와 함께 하리라"에 따르면 하나님께서 감람산에 임하실 때 "모든 거룩한 자들"(πάντες οἱ ἅγιοι)이 함께 강림한다. 여기에서 "거룩한 자들"은 천사들로 보아 큰 문제가 없다. 다니엘서 12:3, "지혜 있는 자는 궁창의 빛과 같이 빛날 것이요 많은 사람을 옳은 데로 돌아오게 한 자는 별과 같이 영원토록 빛나리라"는 억울한 죽음을 당한 의인이 죽은 뒤 빛나는 존재가 되어 하늘에 있다고 말한다. 이들은 천사는 아니지만, 죽은 뒤 하늘의 천사처럼 되어 '빛나는' 모습으로 하늘에 있는 하나님의 백성들이다. 바울은 데살로니가전서 4:14, "예수 안에서 자는 자들도 하나님이 그와 함께 데리고 오시리라"에서 그리스도의 재림 때에 믿음을 지키다가 순교하거나, 이미 죽은 자들을 하나님께서 그리스도와 함께 오게 하실 거라고 말한다. 만약 그렇다면 그리스도께서 강림하실 때 그와 함께 오는 "그의 모든 성도"를 천사들로 한정할 필요는 없을 듯하다.

데살로니가후서 2:1, "형제들아 우리가 너희에게 구하는 것은 우리 주 예수 그리스도의 강림하심과 우리가 그 앞에 모임에 관하여"에서 바울은 그리스도의 강림 때에 '그리스도 앞에'("그 앞에," ἐπ᾽ αὐτὸν) 성도들이 모이는 어떤 "모임"(ἐπισυναγωγή)에 대해 말한다. 그 "모임"은 헬라어로 '에피쒸나고게'(ἐπισυναγωγή)다. 이 단어는 히브리서 10:25, "<u>모이기</u>를 폐하는 어떤 사람들의 습관과 같이 하지 말고 오직 권하여 그 날이 가까움을 볼수록 더욱 그리하자"에서 사용되었고, "모이기"로 번역되었다. 교회의 성도들의 모임이란 뜻이다. 하지만 데살로니가후서 2:1

의 "모임"은 종말에 그리스도가 모으시는 모임이다. 이 개념은 마카비후서(2 Maccabees) 2:7에서 예레미아 선지자가 하는 말, "하나님께서 당신의 백성을 다시 모으시고 그들에게 자비를 베푸실 때까지는 그 장소는 아무도 모르게 감추어두어야 한다"와 유사하다. 여기에서도 '에피쒸나고게'(ἐπισυναγωγή)가 사용되었다. 마카비후서 2장에서 예레미아는 동굴에 장막과 언약궤와 분향 제단을 안치하고 그 동굴의 입구를 폐쇄해버린다. 그와 함께 하던 자들이 그 동굴을 찾으려 했으나 찾지 못했을 때 예레미아는 그들을 꾸짖으면서 그 동굴은 하나님께서 그의 백성을 다시 '모으실' 때까지는 감추어두어야 한다고 말한다. 바울 당시의 기독교인들은 하나님이 그 '모임'을 모으시는 때를 미래의 종말의 때로 보았을 것이다.

마태복음 23:37(//눅 13:34), "예루살렘아 예루살렘아 선지자들을 죽이고 네게 파송된 자들을 돌로 치는 자여 암탉이 그 새끼를 날개 아래에 모음 같이 내가 네 자녀를 모으려 한 일이 몇 번이더냐 그러나 너희가 원하지 아니하였도다"에서는 '에피쒸나고게'(ἐπισυναγωγή)의 동사형인 '에피쒸나고'(ἐπισυνάγω)가 사용되었다. 암탉이 그 새끼를 지키기 위해 날개 아래 모으듯이, 예수 그리스도는 선지자를 보내 '예루살렘의 자녀들' 즉 옛 이스라엘을 모으기 위해 노력했다고 말씀하신다. 이 구절에서도 "모음"이나 "모으려 한 일"은 종말의 때에 구원받은 자를 모으시는 것을 가리킨다. 누가복음 12:1, "그 동안에 무리 수만 명이 모여 서로 밟힐 만큼 되었더니"와 마가복음 1:33, "온 동네가 그 문 앞에 모였더라"에서도 '에피쒸나고'(ἐπισυνάγω)가 사용되었는데, 이 경우는 종말에 예수 그리스도가 모으시는 구원받은 자의 모임에 모이는 사람들의 숫자가 많다는 것을 암시하는 듯하다. 바울은 종말에 그리스도가 재림하실 때 하늘에서 그와 함께 오는 거룩한 자들의 모임에 살아있는 성도들이 가세하여(to join) 하나의 모임이 될 것이라고 말한다.

다니엘 12:2, "땅의 티끌 가운데에서 자는 자 중에서 많은 사람이 깨어나 영생을 받는 자도 있겠고 수치를 당하여서 영원히 부끄러움을 당할 자도 있을 것이며"는 최후의 심판 때에 선인과 악인이 모두 부활할 것을 말한다. 데살로니가전서 4:16, "주께서 호령과 천사장의 소리와 하나님의 나팔 소리로 친히 하늘로부터 강림하시리니 <u>그리스도 안에서 죽은 자들이 먼저 일어나고</u>"에 따르면 죽은 성도들은 땅에서 일어나 공중에서 그를 영접하는 것으로 설명되어 있다(살전 4:17, "공중에서 주를 영접하게 하시리니"). 그리스도께서 재림하실 때 죽은 성도가 하늘로부터 그리스도와 함께 임하는 방식은 죽음에서 부활하는 것으로 볼 수 있다. 부활하여 그 '모임'에 가세한다.

"거룩함에 흠이 없게"에서 "거룩함"(ἁγιωσύνη, 하기오쒸네)은 하나님의 속성이다(레 11:44, "나는 여호와 너희의 하나님이라 내가 거룩하니 너희도 몸을 구별하여 거룩하게 하고"; 레 19:2, "너희는 거룩하라 이는 나 여호와 너희 하나님이 거룩함이니라"). '흠이 없는'(ἄμεμπτος, 아멤프토스)은 '비난하다'(to blame)라는 동사(μέμφομαι, 멤포마이)의 형용사형 '멤프토스'(μεμπτός, blameworthy, '비난받아 마땅한')의 반대말이다. 데살로니가전서 5:23, "평강의 하나님이 친히 너희를 온전히 <u>거룩하게 하시고</u> 또 너희의 온 영과 혼과 몸이 우리 주 예수 그리스도께서 강림하실 때에 <u>흠 없게</u>(ἀμέμπτως) 보전되기를 원하노라"에서는 '거룩하게 하다'(to sanctify)라는 동사 '하기아조'(ἁγιάζω)와 '흠이 없는'(ἄμεμπτος, 아멤프토스)이란 형용사의 부사형인 '흠 없게'(ἀμέμπτως, 아멤프토스)가 함께 사용되었다.

"하나님 우리 아버지 앞에서"는 최후의 심판대 앞을 가리킨다. 고린도후서 5:10에서는 "그리스도의 심판대 앞에"(ἔμπροσθεν τοῦ βήματος τοῦ Χριστοῦ)라고 말하고, 로마서 14:10에서는 "하나님의 심판대 앞에"(τῷ βήματι τοῦ θεοῦ)라고 말하기도 한다. 예수 그리스도는 심판의 주로 이 땅에 오시며, 최후의 심판대에서는 하나님 우편에서 우리를 위해 대제사장이 마치 이스라엘의 죄를 용서해달라고 하나님 앞에서 간구하듯이 하나님의 보좌 우편에서 우리를 위해 간구하신다(롬 8:34, "그는 하나님 우편에 계신 자요 우리를 위하여 <u>간구하시는 자시니라</u>"; 참고, 롬 8:26, "성령이 말할 수 없는 탄식으로 우리를 위하여 친히 <u>간구하시느니라</u>"). 로마서 8:34에서 '간구하다'(to make an earnest request)의 뜻으로 사용된 동사 '엔튕카노'(ἐντυγχάνω)가 히브리서 7:25, "이는 그가 항상 살아 계셔서 그들을 위하여 <u>간구하심이라</u>"에서는 영원한 대제사장이신 예수 그리스도에 대해 사용되었다. 사도행전 7:56에서 스데반이 순교할 때 그는 "보라 하늘이 열리고 인자가 하나님 우편에 서신 것을 보노라"고 말한다. 시편 110:1, "내가 네 원수들로 네 발판이 되게 하기까지 너는 내 오른쪽에 앉아 있으라 하셨도다"에서 그리스도의 모습은 '오른쪽에 앉아 있는 자세'이지만, 사도행전 7:56에서는 '오른쪽에 서 있는 자세'다. 그리스도는 왕이시므로 보좌 위에 하나님과 함께 앉아 계시지만(시 110:1), 동시에 "멜기세덱의 서열을 따라 영원한 제사장"(시 110:4)이시므로, 대속죄일에 대제사장이 지성소 안의 '시은소'(施恩所, 속죄소, ἱλαστήριον) 앞에 '서서' 백성들의 죄를 용서해 달라고 간구하고, 호소하듯이 대제사장으로서 하나님을 향해 간구하신다. 요한복음에 나오는 '보혜사'(παράκλητος, 파라클레토스, 요 14:16, 26; 15:26; 16:7)의 역할도 하나님의 곁에서(παρά, beside) 하나님을 향해 '호소하는 분'(παράκλητος, intercessor)이라는 뜻이다. 최후의 심판대는 법정이므로 그리스도와 성령은 피고인 성도들이 심판대 앞에 섰을 때 그들을 위해 변호인의 역할을 해주신다.

바울은 주께서 하나님의 최후의 심판대 앞에서 성도들을 '거룩함으로(ἐν ἁγιωσύνῃ) 그들의 마음을 흠이 없게 굳건하게 하시기'를 기도한다. 그렇다면 주께서 성도들을 흠이 없게 하시는 시점은 언제일까? 최후의 심판이 있기 전에 그렇게 만드시는 걸까? 아니면 최후의 심판대에서 그렇게 만드신다는 것일까? 만약 최후의 심판이 있기 전에 그렇게 만드시는 거라면 거룩한 상태에 도달하는 것은 '지금'일까? 아니면 '미래의 어떤 시점'일까? 고린도전서 1:8에서 바울은 "주께서 너희를 우리 주 예수 그리스도의 날에 책망할 것이 없는 자로 끝까지 견고하게 하시리라"라고 말한다. 고린도 성도들은 고린도전서에 나타난 바와 같이 많은 문제를 갖고 있었다. 하지만 "하나님은 미쁘신"(고전 1:9) 분이시기 때문에 성령의 능력으로 성도의 내면에서 '안으로부터' 변화시켜 주실 것을 확신한다. "견고케 하시리라"의 동사형(βεβαιώσει)은 미래형이므로, 하나님이 그들을 책망할 것이 없는 자로 견고하게 만드시는 시점은 미래다. 성도의 삶 속에서 하나님은 성령의 능력으로 성도들을 거룩한 삶으로 조금씩 조금씩 변화시켜 주신다. 죽기 전에 거룩한 상태에 도달하는 성도도 있지만, 그렇지 못한 성도도 있다. 거룩한 상태에 도달했다 하더라도 그 성도가 내일도 거룩한 상태를 유지할 것인지 알 수 없다.

갈라디아서 5:17, "육체의 소욕은 성령을 거스르고 성령은 육체를 거스르나니 이 둘이 서로 대적함으로 너희가 원하는 것을 하지 못하게 하려 함이니라"는 믿음을 가져 성령을 받은 성도라 할지라도 육체의 욕망과의 싸움에서 자유롭지 못하고, 여전히 죄의 유혹에 노출되어 넘어질 가능성이 항상 열려 있다는 사실을 잘 보여준다. 로마 가톨릭교회의 성자, 성녀 신학은 성도가 이 땅에서 실제로 성자, 성녀의 단계에 도달한다고 가르친다. 하지만 종교개혁의 전통은 성자, 성녀 신학을 받아들이지 않는다. 인간이 거룩함의 단계에 도달하는 것은 부활의 때에 부활의 몸을 입을 때다. 아무리 인간이 거룩함의 단계에 도달하려고 노력하더라도, 그 목표를 달성하게 하는 것은 인간의 결단과 노력이 아니라, 하나님의 은혜다. 우리가 궁극적으로 예수 그리스도의 형상을 닮은 자가 되는 것도 부활의 몸을 입을 때다(빌 3:21, "그는 만물을 자기에게 복종하게 하실 수 있는 자의 역사로 우리의 낮은 몸을 자기 영광의 몸의 형체와 같이 변하게 하시리라"). 우리가 그리스도를 닮은 자가 되는 것도 우리의 노력의 결과라기보다는 하나님의 능력으로 주시는 은혜의 결과다. 그렇다고 해도 이 땅 위에서 사는 동안 성도들은 여전히 하나님의 거룩하심을 따라 '거룩한 자'(성도, saint, ἅγιος)가 되기 위해 노력해야 한다. 하나님께서 요구하시는 거룩함이 무엇인지 바울은 데살로니가전서 4:1-8에서 더 자세히 설명한다.

5.
하나님이 원하시는 것, 거룩함
(4:1-8)

4:1 그러므로 형제들아 우리가 끝으로 주 예수 안에서 너희에게 구하고 권면하노니 너희가 마땅히 어떻게 행하며 하나님을 기쁘시게 할 수 있는지를 우리에게 배웠으니 곧 너희가 행하는 바라 더욱 많이 힘쓰라

"그러므로 … 끝으로"(Λοιπὸν οὖν)는 결론을 말하기 위한 것이 아니라, 주제를 전환하는 표시로 보아야 한다. '그러므로 … 덧붙여 말하자면'으로 번역하는 것이 좋다. 바울은 여기에서부터 성도의 행동의 문제, 즉 기독교 윤리의 주제로 전환한다. "구하고 권면하노니"의 '구하다'(ἐρωτάω)와 '권면하다'(παρακαλέω)는 동의어다. '요청하고 호소한다'로 번역하는 것이 좋다. 바울은 '명령한다'라는 말을 쓰지 않고, 이처럼 성도들을 향해 요청하고 호소한다. 그는 강제나 강요가 아니라, 성도들 자신이 스스로 결정하여 행동하도록 유도하기 때문이다. 오직 노예만이 명령에 따라 움직이고, 자유인은 자발적 결정과 자율성에 따라 움직인다. 바울은 노예를 만들어내는 것이 아니라, 자유인을 만들어내기 원한다(갈 4:31-5:1, "그런즉 형제들아 우리는 여종의 자녀가 아니요 자유 있는 여자의 자녀니라 그리스도께서 우리를 자유롭게 하려고 자유를 주셨으니 그러므로 굳건하게 서서 다시는 종의 멍에를 메지 말라").

"주 예수 안에서" 요청하고 호소한다는 말은 바울이 이제 가르치려고 하는 내용이 궁극적으로 '예수 전승'에서 유래한다는 뜻이다. 복음서에 기록된 예수의 가르침은 '예수 전승'을 기록해 놓은 것이다. 바울이 데살로니가에서 교회를 개척할 당시 이런 예수의 가르침을 성도들에게 가르쳤다("우리에게 배웠으니"). "배웠으니"(παρελάβετε)는 '받았으니'로 번역하는 것이 좋다. '파라람바노'(παραλαμβάνω)와 '파라디도

미'(παραδίδωμι)는 전승을 나타내는 동사다. 전자는 '넘겨받다'(to take over, receive) 후자는 '넘겨주다'(to hand over)라는 뜻이다. 바울은 '예수 전승'을 데살로니가 성도들에게 '넘겨주었고' 성도들은 '넘겨받았다.' 이런 전승 언어는 바울이 예수 전승의 전달 통로 가운데에 서 있음을 보여준다(예, 고전 15:3, "내가 <u>받은 것</u>(παραλαμβάνω)을 먼저 너희에게 <u>전하였노니</u>(παραδίδωμι) 이는 성경대로 그리스도께서 우리 죄를 위하여 죽으시고").

"마땅히 어떻게 행하며"에서 '행하다'로 번역된 동사는 '페리파테오'(περιπατέω)고, 원래 뜻은 '걷다'(to walk)이다. 이 동사는 데살로니가전서 2:12, "하나님께 합당히 <u>행하게</u> 하려 함이라"에서도 '행하다'라는 뜻으로 사용되었고, 요한일서 2:6, "그의 안에 산다고 하는 자는 그가 행하시는 대로 자기도 <u>행할지니라</u>"에서도 사용되었다. "마땅히 어떻게 행하며 하나님을 기쁘시게 할 수 있는지를"은 '마땅히 어떻게 행하여 하나님을 기쁘시게 할 수 있는지를'로 번역하는 게 더 좋다. 바울은 복음을 전할 때 '어떻게 구원받는지'(how to be saved)만 가르친 게 아니다. 그는 '구원받은 성도는 어떻게 살아야 하는지'(how to live as saints)도 함께 가르쳤다. 바울이 데살로니가에 머문 시간이 불과 6개월 정도밖에 되지 않았지만, 그는 이미 기독교 윤리에 해당하는 것도 가르쳤다. 고린도전서 4:17, "이로 말미암아 내가 주 안에서 내 사랑하고 신실한 아들 디모데를 너희에게 보내었으니 그가 너희로 하여금 그리스도 예수 안에서 나의 행사 곧 내가 각처 각 교회에서 <u>가르치는 것</u>을 생각나게 하리라"에서 "내가 각처 각 교회에서 가르치는 것"(καθὼς πανταχοῦ ἐν πάσῃ ἐκκλησίᾳ διδάσκω)은 바울이 '모든 장소' '모든 교회'에서 동일한 것을 가르쳤다는 것을 암시한다. 만약 바울이 이 교회에서는 이것을 가르치고, 저 교회에서는 저것을 가르쳤다면 이런 말을 할 수 없었을 것이다. 바울은 모든 교회에서 동일한 커리큘럼(curriculum)을 가르쳤다고 보아야 한다. 바울이 가르치는 '복음' 안에는 기독론과 구원론만 있었던 게 아니다. 그 안에는 기독교 윤리도 있었고, 종말론, 교회론 등이 다 포함되어 있었다. 그리고 그 '복음'은 모두 예수 그리스도의 가르침인 '예수 전승'을 포함하며, 바울은 예수 전승을 해설하고 실제 성도들의 삶에 적용한다.

4:2 우리가 주 예수로 말미암아 너희에게 무슨 명령으로 준 것을 너희가 아느니라

"명령"(παραγγελία)은 공적인 용어다. 빌립보에서 바울이 "우리 성을 심히 요란하게 하여 로마 사람인 우리가 받지도 못하고 행하지도 못할 풍속을 전한다"(행 16:20-21)는 고발을 당해 재판도 없이 매를 맞았을 때 사도행전 16:23-24, "간수에게 명하여 든든히 지키라 하니 그가 이러한 명령을 받아"에서 '명령하다'(παραγγέλλω)라는 동사형도 나오고, '명령'이란 명사형(παραγγελία)도 나온다. 다음절에서부터 바울이 말하는 가르침의 궁극적 근원은 바울의 명령이 아니라 예수의 명령이다. '주 예수를 통하여'("주 예수로 말미암아") 바울이 성도들에게 준 명령이다. 고린도전서 7:10, "결혼한 자들에게 내가 명하노니 (명하는 자는 내가 아니요 주시라) 여자는 남편에게서 갈라서지 말고"에서 바울은 '명령하다'(παραγγέλλω)라는 동사를 사용한다. "남편에게서 갈라서지 말고"라는 명령도 바울의 명령이 아니라 예수의 명령이다. 이 명령은 마태복음 5:32, "누구든지 음행한 이유 없이 아내를 버리면 이는 그로 간음하게 함이요"(마 19:9; 막 10:11-12; 눅 16:18)에 기록된 예수의 말씀과 같은 전승이다.

바울 당시에는 복음서가 아직 기록되지 않았다. 바울은 예수의 제자들이 들은 말씀을 기억하여 전달해준 '구전 전승'(oral tradition)을 통해 예수의 말씀에 대해 알고 있었을 것이다. 바울이 예수 전승을 전혀 몰랐다는 주장은 잘못된 것이다. 고린도전서 9:14, "이와 같이 주께서도 복음 전하는 자들이 복음으로 말미암아 살리라 명하셨느니라(καταγγέλλω)"에서 바울이 예수의 언명(saying)을 직접 인용하고 있기 때문이다. 또 고린도전서 11:23-25에서 최후의 만찬 때 예수가 말씀하신 말씀을 직접 인용하며, 이 내용은 누가복음 22:19-20의 내용과 일치하기 때문이다.

데살로니가전서 5:2, "주의 날이 밤에 도둑 같이 이를 줄을 너희 자신이 자세히 알기 때문이라"도 마태복음 24:43, "너희도 아는 바니 만일 집 주인이 도둑이 어느 시각에 올 줄을 알았더라면 깨어 있어 그 집을 뚫지 못하게 하였으리라"(//눅 12:39)를 반향하고(to echo) 있다. 다시 말해 바울이 마태복음 24:43의 예수의 언명을 보존하고 있는 '예수 전승'을 다른 사도로부터 배워 알고 있었기 때문에 데살로니가전서 5:2에서 그와 유사한 말을 하는 것이다. 바울이 비록 예수의 제자들처럼 그의 가르침을 직접 받지는 못했지만, 예수의 말씀과 사역에 대해 상당한 지식을 갖고 있었다는 것을 보여주는 자료들은 적지 않다. 바울은 우리가 생각하는 것보다 훨씬 많은 예수 전승을 알고 있었던 것으로 보인다.[93]

4:3 하나님의 뜻은 이것이니 너희의 거룩함이라 곧 음란을 버리고

"음란을 버리고"(ἀπέχεσθαι ὑμᾶς ἀπὸ τῆς πορνείας)에서 '너희가'라는 주어가 번역에서 누락되었다. 직역하면 '너희는 음란으로부터 떨어져 있으라'(keep away from fornication)이다. 여기에서 사용된 전치사 '아포'(ἀπό, from)는 분리를 나타낸다. "음란"(πορνεία)은 매춘에서부터 부도덕한 성관계에 이르는 다양한 성적 부도덕을 포함한다. '너희는 음란을 멀리하고'로 번역하면 더 좋다. 사도행전 15:29, "우상의 제물과 피와 목매어 죽인 것과 음행(πορνεία)을 멀리할지니라 (ἀπέχεσθαι)"에서도 같은 동사(ἀπέχω, 아페코)와 같은 명사인 "음란/음행"(πορνεία, 포르네이아)이 사용되었다.

바울은 하나님의 뜻은 "너희의 거룩함이라"고 말한다. 이 "거룩함"(ἁγιασμός, 하기아스모스)과 데살로니가전서 3:13, "거룩함에 흠이 없

---

93) 바울이 예수 전승을 얼마나 알고 있었는지에 관하여는 데이비드 웬햄, 『바울: 예수의 추종자인가 기독교의 창시자인가』, 박문재 역 (서울: 크리스천다이제스트, 2002)을 참고하라. 웬햄이 주장하는 만큼은 아니지만, 바울은 예수 전승에 대해 상당한 지식을 갖고 있었다고 보인다.

게 하시기를 원하노라”의 “거룩함”(ἁγιωσύνη, 하기오쒸네)는 같은 어원에서 파생된 두 개의 다른 명사다. 동의어로 볼 수도 있지만, 굳이 구분하자면 전자는 ‘거룩하게 하는 과정’으로, 후자는 ‘거룩한 상태’로 볼 수도 있다.[94] 레위기 20:25-26, “너희는 짐승이 정하고 부정함과 새가 정하고 부정함을 구별하고 내가 너희를 위하여 부정한 것으로 구별한 짐승이나 새나 땅에 기는 것들로 너희의 몸을 더럽히지 말라 <u>너희는 나에게 거룩할지어다 이는 나 여호와가 거룩하고</u> 내가 또 너희를 나의 소유로 삼으려고 너희를 만민 중에서 <u>구별하였음이니라</u>”(참고, 레 11:44-45; 19:2-4; 20:7-8)에서 ‘구별하다’라는 뜻의 동사, ‘빠달’(בָּדַל)은 ‘히필’(hiphil) 어간(stem)에서는 ‘구별하다’(to separate, set apart)라는 뜻이다. 70인역에서는 ‘아포리조’(ἀφορίζω)가 사용되었고, 이 동사는 ‘구분하다, 택정하다’(to separate, set apart)로 번역된다(갈 1:15, “그러나 내 어머니의 태로부터 나를 택정하시고”). ‘아포리조’(ἀφορίζω)는 부정한 것, 더러운 것에서 떨어져 있는 것이다. 데살로니가전서 4:3, “음란을 버리고”에서 사용된 ‘아페코’(ἀπέχω, to keep away, ‘떨어져 있다’)와 같은 뜻이다. 음란은 더러운 것이므로 하나님이 백성은 음란으로부터 거리를 두고 떨어져 있어야 한다.

4:4 각각 거룩함과 존귀함으로 자기의 아내 대할 줄을 알고

“아내”로 번역된 단어 ‘스큐오스’(σκεῦος)의 정확한 뜻이 무엇인지에 대해 아직 통일된 의견은 없다. 고대교회의 교부인 테오도어(Theodore of Mopsuestia)와 어거스틴(Augustine) 등은 이 단어를 ‘아내’로 해석했고, 터툴리안(Tertullian)과 크리소스톰(John Chrysostom)은 ‘몸’이라는 말로 해석했다. 이 경우 헬라어에 ‘아내’나 ‘몸’을 가리키는 쉬운 단어가 있음에도 불구하고 바울이 왜 이 단어를 사

---

94) Kim and Bruce, *1 & 2 Thessalonians*, 329.

용했는지 설명하기 어렵다.

'스큐오스'(σκεῦος)는 '그릇'(vessel), '연장'(tool) 등의 뜻으로도 사용되었다. 베드로전서 3:7, "남편들아 이와 같이 지식을 따라 너희 아내와 동거하고 그를 더 연약한 그릇(ἀσθενεστέρῳ σκεύει)이요 또 생명의 은혜를 함께 이어받을 자로 알아 귀히 여기라"에서 '스큐오스'(σκεῦος)가 사용되었는데, 아내를 비유적으로 가리키기 위해 '그릇'이라는 뜻으로 사용되었다. '스큐오스'(σκεῦος)는 당시 헬라 사회에서 남자의 성기(性器, φαλλός)를 넌지시 가리키는 말(euphemism)로 사용되는 경우도 있었다. 사무엘상 21:5, "다윗이 제사장에게 대답하여 이르되 우리가 참으로 삼 일 동안이나 여자를 가까이 하지 아니하였나이다 내가 떠난 길이 보통 여행이라도 소년들의 그릇이 성결하겠거든 하물며 오늘 그들의 그릇이 성결하지 아니하겠나이까 하매"에서 "그릇"으로 번역된 히브리어 단어 '클리'(כְּלִי)도 '그릇'이라는 뜻도 있지만, 남자의 성기를 가리키기도 했다. 이 구절에서 '그릇'은 남자의 성기다. 이런 용법은 히브리 문화뿐 아니라, 헬라 문화에도 있었다. 우리 말에서도 '연장'이라는 단어가 남자의 성기를 넌지시 가리키는 용어로 사용되는데, 이와 매우 유사한 용례다.

다수의 학자들(Bruce, Morris, Marshall, Marxen, Rigaux)은 '스큐오스'(σκεῦος)가 이 구절에서 남자의 성기를 넌지시 가리키는 말로 사용된 것으로 본다.[95] '대하다'로 번역된 동사(κτάομαι)는 '얻다'(to acquire) 혹은 '소유하다'(to possess)의 뜻이 있다. '스큐오스'(σκεῦος)를 '아내'로 보면 '아내는 얻다' 혹은 '아내를 소유하다'가 되지만, '스큐오스'(σκεῦος)를 '남성의 성기'로 보면 '소유하다'로 보아야 한다. 소유한다는 말은 잘 '통제하라'는 정도의 뜻으로 볼 수 있다. 바울은 아마도 남자 성도들을 향해 자신의 성기를 "거룩함과 존귀함으로" 소유하고, 통제해야 한다고 말하는 듯하다. 성적 욕망에 사로잡혀 성기를 함부로 사용하지 말고 거룩함과 존귀함(honor)으로 잘 통제하라는 말이다.

---

95) Wanamaker, *Thessalonians*, 152.

286

고고학자들의 연구에 따르면 1세기에 데살로니가에서는 디오니수스(Dionysus) 제의가 열렸다. 포도주의 신인 디오니수스(로마신화에서는 바쿠스, Bacchus에 해당)는 풍요와 다산(多産)의 농경신으로, 일 년에 한 번 그를 위한 축제일에는 사람들이 포도주를 많이 마시는 난잡한 축제(orgy)가 열렸고, 이때 사람들이 음란한 행동을 하는 것으로 유명했다. 디오니수스를 상징하는 성물(聖物)은 남자의 성기(*phallus*, φαλλός)였다. 축제 행진 때 디오니소스를 섬기는 처녀들이 흰옷을 입고 남자의 대형 성기 모형이 실린 수레를 끌고 갔다고 한다. 남자의 성기는 다산과 풍요의 상징이었고, 디오니수스 축제 기간에는 미혼, 기혼 남녀들이 혼외정사를 벌이는 것에는 종교적 의미가 있었다.

데살로니가 성도들은 바울을 만나 복음을 믿게 되기 전까지 이교도(heathen)로 살아왔다 그들은 매년 디오니수스 축제에 참여하였을 것이다. 바울이 데살로니가전서를 보낼 그 무렵에 만약 디오니수스 축제가 가까이 다가오고 있었다면 바울은 그의 성도들이 개종 후 첫 번째로 맞이하는 그 축제에서 지난해처럼 행동하게 될 것을 염려할 수밖에 없었을 것이다. 왜냐하면 데살로니가와 같은 헬라-도시에 태어나 성인이 될 때까지 살아온 사람이라면 양심의 큰 거리낌 없이 디오니수스 축제 기간에 음행을 하는 것을 당연하게 생각하고, 매년 그런 행동을 해왔을 것이기 때문이다. 만약 교회 안에 있는 성도들 사이에서 그런 일이 발생한다면 바울이 지금까지 해온 모든 사역이 무너져버리는 결과가 생길 수도 있다. 핍박을 견디고 믿음을 잘 지킨 교회가 되었지만, 성적 방종으로 인해 곧바로 무너져버릴 수도 있는 위험한 상황이다. 그래서 바울은 다급한 마음에 매우 구체적으로 성도들을 향해 경고할 수밖에 없었을 것이다. 바울은 남자의 성기를 가리키는 단어인 '팔로스'(φαλλός)를 직접 사용하지 않고 그 대신 '스큐오스'(σκεῦος)라는 단어를 사용하지만, 이 단어가 사실 '팔로스'(φαλλός)를 가리킨다는 것을 성도들은 쉽게 읽어낼 수 있었을 것이다.

4:5 하나님을 모르는 이방인과 같이 색욕을 따르지 말고

유대인들은 인류를 유대인과 이방인으로 나눈다. 데살로니가 성도들 대부분은 이방인이다. 그런데도 바울은 교회 밖의 사람들을 "하나님을 모르는 이방인"이라고 부른다. 이방인들은 당연히 창조주 하나님을 모른다. 그러므로 "하나님을 모르는"(τὰ μὴ εἰδότα τὸν θεόν)이란 수식어는 사실 없어도 된다. 우리가 놓치지 말아야 할 포인트는 교회 밖의 사람들을 "이방인"이라고 부름으로써, 교회 안의 성도들은 마치 이방인이 아닌 듯한 뉘앙스를 주는 것이다. 바울은 교회 안의 성도들을 이방인이 아닌 다른 정체성을 가진 집단으로 보는 것은 아닐까?

바울은 평소에 교회를 '이스라엘'이라고 불렀던 것으로 보인다. 예수 그리스도의 십자가 죽음으로 새 언약이 맺어졌으므로 교회에 이방인들이 포함되어 있었지만, 성도들은 '이스라엘'이라고 부른 것으로 보인다. 갈라디아서 6:16, "무릇 이 규례를 행하는 자에게와 <u>하나님의 이스라엘</u>에게 평강과 긍휼이 있을지어다"에서 "하나님의 이스라엘"은 갈라디아서의 수신자들이다. 갈라디아서 6:16은 편지의 마지막에 있는 인사말이기 때문이다. 이 인사말은 수신자들을 향해 한 말이다. 그렇다면 이 편지의 수신자들은 누구인가? 갈라디아서 1:1-3, "… 사도 된 바울은 함께 있는 모든 형제와 더불어 갈라디아 여러 교회들에게 … 은혜와 평강이 있기를 원하노라"라고 말하므로, 수신자들은 "갈라디아의 여러 교회들"이다. 즉 이방인 성도들이 다수를 차지하고 있는 교회의 성도들이다. 편지의 시작에서 '갈라디아 교회들'을 향해 인사말을 한 바울이 편지의 말미에서 갑자기 유대인들 일반을 향해 마무리 인사를 한다고 보기는 어렵다. 바울은 이방인들이 다수인 갈라디아 성도들을 '이스라엘'이라고 부른다.

고린도전서 10:1-4에서 바울은 고린도 성도들의 조상이 홍해 바다를 건넜으며, 광야에서 신령한 음식과 음료를 마셨다고 말한다("<u>우리 조상들이 다 구름 아래에 있고 바다 가운데로 지나며 모세에게 속하여 다 구름과 바다에서 세례를 받고다 같은 신령한 음식을 먹으며 다 같은 신령한 음료를 마셨으니</u>"). 여기에서 "우리"는 바울을 포함한 고린도교회의 성도들이다. 고린도교회 성도들 대부분은 이방인이었으며, 그들의 육체의 조상들이 홍해바다를 건넌 적은 없다. 그럼에도 불구하고 바울이 출애굽한 이스라엘을 "우리 조상들"이라고 부르는 것은 바울이 평소에 고린도교회 성도들이 이스라엘이라고 가르쳤기 때문이다(참고, 야고보서 1:1, "하나님과 주 예수 그리스도의 종 야고보는 흩어져 있는 열두 지파96)에게 문안하노라").

고린도전서 10:32, "유대인에게나 헬라인에게나 하나님의 교회에나 거치는 자가 되지 말고"에서 바울은 인류를 "유대인," "헬라인," "하나님의 교회," 이 세 개의 그룹으로 분류하고 있다. 교회는 이스라엘이지만, '새 이스라엘'이고, 유대인과는 구분되기 때문이다. 유대인들은 육체의 할례를 받았지만, 성도들은 마음의 할례를 받았기 때문에 서로 다르다(롬 2:28-29). 또 유대인들은 교회가 이스라엘이라는 것을 부정하므로, 헬라인들 입장에서도 교회를 유대인의 공동체로 볼 수 없었을 것이다.

2세기 초반에 기록된 편지로서, 익명의 기독교인이 디오게네투스라는 사람에게 보낸 편지(*Epistle to Diognetus*)는 기독교인을 '새로운 인류'로 묘사하고 있다.

> "기독교인들은 어떤 하나님을 믿기에, 또 그들은 어떻게 하나님을 예배하기에, 헬라인들에게 신으로 여겨지는 것들을 인정하지도 않고, 유대인들의 미신을 행하지도 않으면서, 죽음에도 불구하고 그들은 이 세상을 염두에 두지 않는 것일까? 그들이 서로 나누는 가슴을 뜨겁게 하는 사랑의 본질은 무엇일까? 왜 이 새로운 인류 혹은 삶의 방식은 우리가 살고 있는 이 세상에 이전에 등장하지 않고 지금 등장한 것일까?"(*Epistle to Diognetus*, 1)97)

---

96) "흩어진 열두 지파"가 유대인들을 가리키는 말이 될 수 없다. 왜냐하면 북이스라엘의 10지파는 사실상 역사에서 사라져버렸기 때문에 야고보의 편지를 받을 수 없기 때문이다.

동일한 저자는 또 아래와 같은 말도 한다. 그는 기독교인과 헬라인을 대조하여 묘사하면서, 단순히 새로운 종류의 민족이 등장한 것을 넘어, 새로운 종류의 인류가 등장한 것처럼 말한다.

> "기독교인들은 국적, 언어, 관습에 의해 다른 나라 사람들과 구분되지 않는다 그들은 자신들의 분리된 도시에서 사는 것도 아니고, 이상한 언어를 말하는 것도 아니고, 이상한 삶의 방식을 따르지도 않는다. 그들의 가르침은 자신들의 인간적 호기심에서 출발한 어떤 생각에 기초한 것도 아니다. 다른 사람들과는 달리 그들은 순수하게 인간적인 주장을 하는 것도 아니다. 복장, 음식, 일반적 생활방식에서 그들은 그것이 헬라 도시건 아니면 외국 도시건 간에 그들이 살게 된 그 도시의 관습을 따른다.
>
> 그러나 그들의 삶에는 무언가 특별한 게 있다. 그들은 자신들의 나라에서 마치 지나가는 사람들인 것처럼 살아가고 있다. 그들은 시민으로서 자신들의 모든 역할을 다 하지만, 마치 외국인들(aliens)처럼 고난받는다. 어떤 나라도 그들의 모국이 될 수 있지만, 어떤 나라건 모국은 그들에겐 외국과 같다. 다른 사람들처럼 그들은 결혼하고 아이를 낳지만, 그들은 아이들을 버리지 않는다. 그들은 음식을 함께 나누지만 그들의 아내를 함께 나누지는 않는다.
>
> 그들은 육체 가운데 살지만, 육체의 욕망에 의해 지배당하지 않는다. 그들은 땅 위에서 살아가고 있지만, 그들은 하늘의 시민이다. 그들은 법을 지키지만, 법을 초월하는 수

---

97) "What God do [Christians] believe in and how do they worship him, so that they all disregard the world and despise death, neither recognizing those who are considered to be gods by the Greeks nor observing the superstition of the Jew; what is the nature of the heartfelt love they have for one another; and why has this new race of men or way of life come into the world we live in now and not before?" (*Ep. Diog.* 1)

290

준에서 살아간다. 기독교인들은 모든 사람을 사랑하지만 모
든 사람은 그들을 박해한다 … 그들은 가난 속에서 살지만
많은 사람을 부유하게 한다. … 그들은 불명예를 당하지만,
그것은 그들에게 영광이다. … 치욕을 당하면 축복으로 대
답하고, 모욕을 당하면 변명한다. 그들이 하는 모든 선행에
대한 대가로 그들은 마치 범죄자처럼 처벌받는다 ….” (*The
Letter to Diognetus*에서 일부 발췌 번역)[98]

2세기 경의 기독교 변론가였던 아리스티데스(Aristides)는 그의
변증서(*Apology of Aristides*)에서 “왕이시여, 왕께서 분명히 보시다시

---

98) “For the Christians are distinguished from other men neither by
country, nor language, nor the customs which they observe. For they neither
inhabit cities of their own, nor employ a peculiar form of speech, nor lead a
life which is marked out by any singularity. The course of conduct which
they follow has not been devised by any speculation or deliberation of
inquisitive men; nor do they, like some, proclaim themselves the advocates
of any merely human doctrines. But, inhabiting Greek as well as barbarian
cities, according as the lot of each of them has determined, and following
the customs of the natives in respect to clothing, food, and the rest of their
ordinary conduct, they display to us their wonderful and confessedly striking
method of life. They dwell in their own countries, but simply as sojourners.
As citizens, they share in all things with others, and yet endure all things as
if foreigners. Every foreign land is to them as their native country, and every
land of their birth as a land of strangers. They marry, as do all [others]; they
beget children; but they do not destroy their offspring. They have a common
table, but not a common bed. They are in the flesh, but they do not live after
the flesh. They pass their days on earth, but they are citizens of heaven. They
obey the prescribed laws, and at the same time surpass the laws by their
lives. They love all men, and are persecuted by all. They are unknown and
condemned; they are put to death, and restored to life. They are poor, yet
make many rich; they are in lack of all things, and yet abound in all; they are
dishonoured, and yet in their very dishonour are glorified. They are evil
spoken of, and yet are justified; they are reviled, and bless; they are insulted,
and repay the insult with honour; they do good, yet are punished as
evil-doers. When punished, they rejoice as if quickened into life; they are
assailed by the Jews as foreigners, and are persecuted by the Greeks; yet
those who hate them are unable to assign any reason for their hatred.” (*Ep.
Diog.* 5)

피 이 세상에는 네 종류의 사람들이 있습니다: 즉, 야만인, 헬라인, 유대인, 그리고 기독교인입니다"[99]라고 말했다. 그는 또 "그리고 참으로, 이것은 새로운 민족이고, 그들 가운데에는 신적인 무언가가 있습니다"라고 말하기도 했다.

2세기 말에서 3세기 초반에 활동하던 교부인 터툴리안(Tertullian)은 그의 책 *Ad nationes*(민족에 관하여)에서 이런 말을 한다. "우리는 실제 '세 번째 인류'라고 불린다. 무슨 개의 얼굴을 하고 있기라도 하는 인종인가? 아니면 큰 다리 하나만 있는 인종인가(헬라 문화에 등장하는 신화적 존재, 번역자 주)? 아니면 땅 밑에서 살고 있는 지구 반대편에 있는 사람(Antipodes)인가? 당신들이 이런 호칭에 어떤 의미를 붙이건, 우리가 이 '세 번째'에 대해서 조금이라도 더 이해할 수 있도록 제발 첫 번째 인종과 두 번째 인종이 무엇인지 우리에게 말해달라."(*Ad Nationes*, 1.8.)[100]

터툴리안은 믿지 않는 사람들이 기독교인을 '세 번째 인류'라고 부른다고 말한다. 아마 이런 호칭은 교회 밖의 사람들이 교회 안의 사람들을 부르는 호칭으로 사용되었을 가능성이 크다. 사도행전 11:26, "제자들이 안디옥에서 비로소 그리스도인이라 일컬음을 받게 되었더라"에서도 "그리스도인"(Χριστιανοί)라는 호칭은 기독교인이 먼저 사용한 것이 아니라, 외부 사람들이 성도들을 그 호칭으로 부른 것이다. '감리교도'(Methodists)라는 호칭도 마찬가지로 웨슬레의 가르침을 따르는 사람들을 영국 국교회의 사람들과 구분하기 위해 외부인들이 웨슬레의 제자들에게 붙여준 경멸적 호칭이었다. 하지만 이들은 이런 레이블(label)을 오히려 받아들여 스스로 자신들을 '감리교도'(Methodists)라고 불러

---

99) "This is clear to you, O King, that there are four classes of men in this world:— Barbarians and Greeks, Jews and Christians."

100) "We are indeed said to be the 'third race' of men. What, a dog-faced race? Or broadly shadow-footed? Or some subterranean Antipodes? If you attach any meaning to these names, please tell us what are the first and the second race, that so we may know something of this 'third.'" (*Ad Nationes*, 1.8.)

292

이 호칭이 정착되었다. 아마도 기독교인들도 마찬가지 과정을 거쳐 스스로를 제삼의 인류로 인식했을 가능성이 크다. 이런 자의식(self-understanding)은 고린도전서 10:32, **"유대인에게나 헬라인에게나 하나님의 교회에나 거치는 자가 되지 말고"**에 나타나는 바울의 이해와 일치한다. 그래서 바울은 이 구절에서 이방인들을 향해 '너희는 이방인처럼 행동하지 말라'고 말할 수 있었다고 볼 수 있다. 그러므로 "하나님을 모르는 이방인과 같이 색욕을 따르지 말고"는 '너희는 하나님을 모르는 이방인이 아니고, 이제는 하나님의 이스라엘이 되었으므로 색욕을 따르지 말아야 한다'라는 뜻으로 이해해야 한다.

4:6 이 일에 분수를 넘어서 형제를 해하지 말라 이는 우리가 너희에게 미리 말하고 증언한 것과 같이 이 모든 일에 주께서 신원하여 주심이라

"이 일"은 5절에서 말한 "색욕"(ἐπιθυμία)이다. "이 일에"는 '성적인 욕망의 문제에 있어서'란 뜻이다. **"분수를 넘어서"**에서 사용된 동사 '휘페어바이노'(ὑπερβαίνω)는 접두어 '휘페어'(-ὑπερ)와 동사 '바이노'(βαίνω)가 합성된 동사다. '휘페어'(-ὑπερ)는 '넘어서'(beyond)라는 뜻이고, '바이노'(βαίνω)는 '가다'(to go)라는 뜻이다. '경계선을 넘어가다'(to go beyond)라는 뜻인데, 윤리적인 맥락에서 사용되면 '행동으로 적절한 한계를 넘어감으로 규칙을 어기다'(to transgress by going beyond proper limits in behavior)라는 뜻이다. **"해하지 말라"**에서 '해하다'는 '속여서 취하다'(to take advantage of)라는 뜻의 동사 '플레오넥테오'(πλεονεκτέω)다. 이 동사의 명사형 '플레오넥씨아'(πλεονεξία)는 '탐욕'이라는 뜻으로 바울서신에서 자주 사용된다. 현재의 문맥에서는 당연히 성적인 탐욕으로 말미암아 다른 사람을 성적으로 사용하는 것을 의미한다. 여기에서 "형제"는 '형제와 자매'(brothers and sisters)라는 뜻으로 해석해야 한다. 물론 교회 안의 성도들을 가리키는 말이다. 바울은 지금 '성적인 욕망의 문제에 있어서 윤리적 경계선을 넘어가 형제와 자매를 속여서 부당한 성

적 탐욕을 만족시키지 말라'고 말한다.

바울이 지금 염려하는 것은 교회 안에서 성적인 욕망으로 인해 성도와 성도 사이에 결코 있어서는 안 되는 성적인 죄를 짓는 것이다. 기혼자이건 미혼자이건, 성도들 사이에 이런 죄를 짓게 되면 성도의 가정이 파괴되고, 거룩해야 할 교회와 성도들이 그 거룩성을 잃어버리게 된다. 4절에서 이미 설명한 바와 같이 만약 다가오는 디오니수스 축제 때 성도들이 작년에 했던 것과 똑같이 행동한다면 어떻게 될까? 첫째로, 교회 안과 교회 밖을 구분하는 경계선(boundary)이 무너진다. 교회와 세상 사이의 구분이 사라지면 교회는 결집력을 잃어버려 세상에 용해되어 버리고 세속화된다. 둘째로, 교회 안에서 이런 문제가 발생하면 하나님을 아버지로 하고 모두가 형제/자매가 되는 새로운 가족관계가 파괴된다. 이런 문제는 교회를 내부로부터 붕괴시키는 파괴력을 갖고 있어서, 비록 핍박을 견딘 교회라 해도 무너지게 된다.

바울은 과거에 이미 이 문제에 대해서 경고한 바가 있었지만("미리 말하고 증언한 것과 같이") 만약 그런 죄를 지으면 주께서 직접 복수하신다고 지금 다시 경고한다. "주께서 신원하여 주심이라"는 직역하면 '심판자는 주님이시다'(ἔκδικος ὁ κύριος)이다. '에크디코스'(ἔκδικος)는 형용사지만 여기에서는 명사형으로 사용되어 '심판하는 자'(one who punishes)라는 뜻으로 사용되었다. 동사형인 '에크디케오'(ἐκδικέω)는 '심판하다'(to punish)라는 뜻이다. 심판은 잘못된 행동에 걸맞은 형벌을 가하는 것이다. 원래 인간적으로 보면 피해를 본 피해자가 가해자에게 복수함으로 사적으로 처벌하면 그것이 복수다. 하지만 이런 일에 관한 한 그리스도가 직접 심판하신다는 것은 성적인 범죄에 대해 매우 강력하게 경고하는 것이다.

시편 94:1, "여호와여 복수하시는 하나님이여"(LXX 93:1, ὁ Θεὸς ἐκδικήσεων κύριος)는 하나님을 '복수의 주님'이라고 말한다.[101] 시편에서 주님은 하나님이지만, 이 구절에서 주님은 예수 그리스도시다. 로마

---

101) Kim and Bruce, *1 & 2 Thessalonians*, 341.

서 12:19, "<u>원수 갚는 것</u>이 내게 있으니 내가 갚으리라"(Ἐμοὶ ἐκδίκησις, ἐγὼ ἀνταποδώσω, 신 32:35의 인용)에서 '에크디케오'(ἐκδικέω, '심판하다,' to punish)의 명사형 '엑크디케시스'(ἐκδίκησις)가 사용되었다. 여기에서는 '원수 갚는 것'으로 번역되었다. 심판하는 것은 무엇일까? 로마서 12:19(신 32:35)에서는 동사 '안타포디도미'(ἀνταποδίδωμι)가 사용되었다. 이 동사의 뜻은 '보응하다'(to exact retribution, pay back)이다. 접두어 '안타포'(ἀνταπο-)는 두 개의 접두어, 즉 '안티'(ἀντι-)와 '아포'(ἀπο-)가 혼합되어 있다. 둘 다 '되돌리다'(back)라는 뉘앙스가 있다. 하나님은 인간의 악행에 대해 그에 해당하는 형벌을 되돌려 갚아주신다. 이사야 59:18, "그들의 행위대로 갚으시되"(כְּעַל גְּמֻלוֹת כְּעַל יְשַׁלֵּם)[102]의 70 인역 번역은 'ὡς ἀνταποδώσων ἀνταπόδοσιν'이다. '안타포디도미' (ἀνταποδίδωμι, to pay back) 동사와 그 명사형인 '안타포도시스' (ἀνταπόδοσις)가 동시에 사용되었다. 이 단어들은 모두 하나님의 심판에 관해 사용되는 말이다(신 32:35; 눅 14:14; 롬 11:35; 12:19; 살후 1:6; 히 10:30). '안타포도시스'(ἀνταπόδοσις)는 선행에 대한 되갚음인 경우에는 '보상'(reward)으로 번역되고, 악행에 대한 되갚음인 경우는 '보응'(recompense)으로 번역된다. 악행에 해당하는 형벌을 주는 것은 곧 하나님께서 죄인에게 '보복하는 것'이다. '엑크디케시스' (ἐκδίκησις) 와 '안타포도시스'(ἀνταπόδοσις)는 의미가 서로 연결되어 있다. 전자는 '정의를 실행하는 것'이고, 후자는 '선행에는 상을, 악행에는 형벌을 줌'이란 뜻이다. 결국 행위에 따라 형벌을 주는 것(혹은 선행에 상을 주는 것)은 곧 정의를 실행하는 것, 심판을 행하는 것이다.

---

102) Joseph Shulam and Hilary Le Cornu, *Commentary on the Jewish Roots of Romans* (Clarksville, Maryland: Messianic Jewish Publishers, 1998), 63. '되갚아주다'로 사용되는 동사는 '샬람'(שׁלם)의 피엘형이다.

4:7 하나님이 우리를 부르심은 부정하게 하심이 아니요 거룩하게 하심이니

바울은 3절의 "하나님의 뜻은 이것이니 너희의 거룩함이라"를 여기서 다시 한번 강조한다. 3-8절의 내용은 모두 거룩함에 그 초점이 맞추어져 있다. 거룩함은 하나님의 뜻이며 동시에 우리를 향하신 부르심(소명)이다. 바울은 '하나님께서 우리를 더러움으로 부르시지 않았다'(οὐ ἐκάλεσεν ἡμᾶς ὁ θεὸς ἐπὶ ἀκαθαρσίᾳ)라고 말한다. 여기에서 더러움은 '성적인 죄'를 가리키는 말이다. 여기에서 전치사 '에피'(ἐπί)는 '목적'의 뜻이다. 하나님께서 부르신 목적은 '거룩하게 하는 것'(ἁγιασμός)이다. 데살로니가전서 3:13, "우리 주 예수에서 그의 모든 성도와 함께 강림하실 때에"에서 "성도"는 하늘에 있는 천사들과 순교한 하나님의 백성들이지만(13절 주석 참조), 로마서 1:7, "로마에서 하나님의 사랑하심을 받고 성도로 부르심을 받은 모든 자"와 고린도전서 1:2, "그리스도 예수 안에서 거룩하여지고 성도라 부르심을 받은 자들"에서 "성도"(οἱ ἅγιοι)는 교회 안의 '신자들'을 부르는 호칭이다(고전 6:1f; 고후 1:1; 엡 2:19; 3:8; 빌 4:22; 골 1:4; 딤전 5:10). 바울은 하나님께서 신자들을 거룩함으로 부르셨고, 그들은 이미 '거룩한 자들'(οἱ ἅγιοι)이라는 호칭을 얻은 것으로 본다.

그렇다면 이 사람들은 이미 거룩하게 된 것으로 볼 수 있을까? 개혁주의 전통에서 성화는 칭의와 날카롭게 구분되며, 성화는 칭의와 동시에 시작하여 지속적으로 진행되는 평생의 과정(life-long process)이다. 왜냐하면 '거룩'(ἁγιωσύνη)이 아니라, '거룩하게 되는 것'(ἁγιασμός)은 시간이 걸리기 때문이다. 그러나 바울은 지금 복음을 믿은 지 길어야 수년도 되지 않은 고린도교회 신자를 '성도'라 부른다. 그들이 이미 거룩하게 변화되었다는 뜻일까? 아니면 최후의 심판 때 그들이 거룩한 모습으로 변화될 것이라는 뜻일까? 김세윤은 최근에 출판한 그의 주석에서 이 문제에 대해 상당히 길게 논의한다. 그의 주장을 한마디로 요약하면 성화(sanctification)는 칭의(justification)와 동시에 일어나며, 구원을 설

명하는 두 가지의 서로 다른 표현일 뿐이라는 것이다. 칭의와 성화 둘 다 성도의 과거, 현재, 미래 상태를 표현하는 것이며, 칭의는 율법과 죄라는 측면에서 말할 때 사용하고, 거룩함과 성화는 우상숭배, 윤리적 더러움과 연결된 문제를 말할 때 사용한다는 것이다.[103] 그의 견해를 따를 경우, 다시 말해 이런 식으로 칭의와 성화를 동일시할 경우, 전통적 개혁주의에서 벗어나 결국 로마 가톨릭의 견해와 유사한 결론에 도달할 수 있다. 칭의와 성화를 날카롭게 구분하지 않고, 칭의가 곧 성화고, 성화가 곧 칭의라고 보게 된다면 종교개혁 이전의 가톨릭의 입장으로 회귀하게 된다. 가톨릭교회는 칭의를 변화(transformation)로 본다. 의로운 존재로 변화되어 있기 때문에 의롭다고 선언한다고 본다. 김세윤의 견해는 라이트(N. T. Wright)와 같은 바울신학의 새 관점을 주장하는 학자들의 견해와 괘를 같이 한다. 루터가 바울의 칭의론을 오해하고 실수로 종교개혁을 했다고 주장하는 것이고, 전통적 개혁주의의 해석에서 벗어나게 된다. 개혁주의는 칭의가 곧 성화고, 성화가 곧 칭의라고 보지 않는다. 전통적 개혁주의는 칭의는 반복되지 않는 사건으로 보고, 성화는 과정으로 본다.

칭의는 과거, 현재, 미래의 법정적 선언(forensic declaration)으로 보는 것이 여전히 유효한 이해다. 성화는 칭의와 구분하는 것이 좋다. 칭의는 '어떻게 최후의 심판에서 하나님의 진노를 피하고 구원을 받을 수 있는가?'라는 문제에 대한 대답이고, 성화는 '믿음으로 이미 의롭다는 선언을 받은 신자가 어떻게 살아가야 하는가?'에 대한 대답이라고 보면 된다. 오늘날의 신학적 분야로 표현한다면 칭의는 구원론을 다루는 영역이고, 성화는 기독교윤리의 영역이다. 바울이 고린도전서 1:8에서 **"주께서 너희를 우리 주 예수 그리스도의 날에 책망할 것이 없는 자로 끝까지 견고하게 하시리라"**고 말할 수 있는 이유는 고린도 성도들이 여러 면에서 아직 성화와는 매우 거리가 먼 모습을 보여주고 있지만(예, 고전 5:1-2; 6:12-20; 11:17-22 등), 한 가지 분명한 사실은 그들이 이미 하

---

103) Kim and Bruce, *1 & 2 Thessalonians*, 310-12.

나님의 성령을 받았다는 것이다(고전 12장, 14장). 그들이 받은 성령의 은사들을 어떻게 이해하고 사용할 것인지에 대해 아직 혼선이 있지만, 그런 문제들은 곧 정리될 것이며, 그들에게 하나님의 성령이 임했다는 것은 부정할 수 없다. 마치 반죽 속에 누룩이 들어가면 반죽은 반드시 부풀어 오르게 되듯이, 그리고 그 변화는 일시적 변화가 아니라 영원한 변화고, 부분적 변화가 아니라 전체적 변화고, 표면적 변화가 아니라 근본적 변화이듯이, 성령이 임하시면 그런 변화가 성도에게 일어나는 것은 이미 확정된 미래가 된다. 그런 뜻에서 바울은 성령의 능력을 신뢰하므로 고린도교회의 신자들을 '성도'라고 부른다고 볼 수 있다. 그리고 그런 변화의 정점(climax)은 부활이다. 영광의 부활의 몸을 입을 때 신자들은 하늘의 '거룩한 자들'과 같은 모습으로 변화된다. 바울은 이런 미래의 현실을 현재의 모습에 투사하여 신자들을 '성도'라고 부른다.

4:8 그러므로 저버리는 자는 사람을 저버림이 아니요 너희에게 그의 성령을 주신 하나님을 저버림이니라

그러므로 바울의 경고를 저버리는(ἀθετέω, to reject) 사람은 바울을 저버리는 것이 아니라("사람을 저버림이 아니요") "그의 성령을 주신 하나님"을 저버리는 것이다. 성령은 하나님의 거룩한 영이시므로, 성령과 부정한 행동은 양립할 수 없다. 고린도전서 6:18에서 바울은 "음행을 피하라 사람이 범하는 죄마다 몸 밖에 있거니와 음행하는 자는 자기 몸에 죄를 범하느니라"고 말한다. 성도의 몸은 "너희가 하나님께로부터 받은 바 너희 가운데 계신 성령의 전"(고전 6:19)이다.

바울은 교회를 개척할 때, 처음부터 구원론과 기독교 윤리를 구체적으로 가르쳤다. 즉 믿음을 가진 사람이 어떻게 살아야 복음에 합당한 삶을 살 수 있는지 가르쳤다. 바울의 복음은 도덕 무용론(antinomianism)이 아니다. 율법을 지킴으로, 율법의 행위에 의해 구원받는다는 유대교와 결별한 바울로서는 더욱 기독교 윤리를 강조해야 했

을 것이다. 바울이 초기에는 종말만 설교하고 윤리는 가르치지 않다가 아무리 시간이 지나도 종말이 오지 않자 그때부터 비로소 윤리를 가르쳤다는 주장도 있으나 이것은 사실과 다르다. 데살로니가전서 4:3-8이 바로 그 증거다.

윤리적 가르침은 교회와 바깥의 사회 사이의 경계선이 어디에 있는지 확실하게 보여준다. 바울은 성도들이 넘어가지 말아야 할 경계선이 어디에 있는지 분명하게 알려준다. 성도들은 자신들과 불신자들이 어떻게 다른지 분명하게 알고 있었다. 경계선을 넘어가는 것은 구원의 은혜를 버리고 멸망 당할 사람들의 편으로 넘어가는 것이다. 하나님의 뜻, 거룩함을 저버리고 부정한 사람들과 한 편이 되면 머지않아 있을 심판 때에 하나님의 진노의 대상이 되는 위험한 행동이다. 이런 명확한 경계선을 만드는 윤리적 가르침은 핍박을 이기는 성도를 만들어낸다.

→ 왜 윤리적 가르침이 핍박을 이기는 성도를 만드는 비법이 되는지는 4:12에서 설명할 것이다. (바울의 교회개척용 가르침 5, "세상으로부터의 분리/성결한 삶"의 사회학적 효과에 관해서는 보충설명 10, "분리 언어의 사용과 심리적 경계선의 형성"을 보라).

6.
사랑과 종말에 대한 가르침
(4:9-18)

4:9 형제 사랑에 관하여는 너희에게 쓸 것이 없음은 너희들 자신이 하나님의 가르치심을 받아 서로 사랑함이라

바울은 성도들이 교회 안에서 서로 사랑할 것을 가르치고 기도했다. "~에 관하여는"(περί)이라는 표현은 바울이 보통 어떤 질문을 받았을 때 그것에 대답하기 위해 편지에서 사용하는 어법이다(고전 7:1, 25; 8:1; 12:1). 이 경우는 디모데가 데살로니가에 다녀오면서 어떤 질문을 구두로 받아왔거나, 디모데의 보고를 듣고 무언가 이것은 문제가 된다고 판단되어 바울이 이 주제에 대해서 말하는 것으로 보인다.

헬라 문화에서 "형제 사랑"(φιλαδελφία)이란 단어는 혈연관계 안에 있지 않은 사람을 대상으로 사용된 경우가 없다.[104] 바울이 이 단어를 혈연관계가 전혀 없는 성도들을 향해 사용하는 것은 당시 문화 속에서 매우 파격적으로 들렸을 것이다. 바울은 이 단어를 사용하여 성도들이 피를 나눈 가족들보다 더 많은 사랑을 나누는 새로운 가족 관계를 교회에서 형성하게끔 했다. "너희에게 쓸 것이 없음은 너희들 자신이 하나님의 가르치심을 받아 서로 사랑함이라"는 바울이 이미 교회를 개척하던 당시 형제를 사랑하라고 가르쳤고, 성도들이 그 가르침대로 실천하고 있기 때문에 굳이 이 점에 대해 이 편지에서 길게 이야기할 필요가 없다는 말이다. 그럼에도 불구하고 '형제 사랑'이란 주제를 언급하는 것은 이

---

104) Peter Pilhofer, "Περὶ δὲ τῆς φιλαδελφίας... (1 Thess 4,9): Ekklesiologische Überlegungen zu einem Proprium früher christlicher Gemeinden," in *Die frühen Christen und ihre Welt* (WUNT 145; Tübingen: Mohr Siebeck, 2002), 140-43; Kim and Bruce, *1 & 2 Thessalonians*, 355에서 재인용.

가르침이 현재 핍박이 지나간 데살로니가교회가 다시 회복하는 데 매우 중요한 역할을 하기 때문이다(이 점에 대해서는 보충설명 8, "형제 사랑이 교회 개척에 주는 사회학적 영향"에서 자세히 설명할 것이다).

사랑에 관한 가르침은 바울의 가르침이 아니라 하나님의 가르침이다. 바울은 성도들이 "하나님의 가르치심을 받아 서로 사랑함이라"고 말한다. 여기에서 사용된 형용사 '떼오디닥토스'(θεοδίδακτος)는 신약성경에서 단 한 번 사용된 형용사며, 그 뜻은 '하나님의 가르침을 받은'(taught by God)이다. 하나님이란 뜻의 '떼오'(θεο-)를 제거하면 '가르치다'라는 동사인 '디다스코'(διδάσκω)의 형용사 '디닥토스'(διδακτός)만 남는다. 이 형용사는 '수동'의 뜻이 담겨져 '가르침을 받은, 배운'(taught, instructed)이란 뜻이다. 문제는 하나님의 가르침을 받았다는 이 형용사가 어떤 맥락에서 만들어져 사용되고 있는지, 왜 바울이 이런 특이한 형용사를 사용하는 지 그 이유를 설명하는 것이다.

'떼오디닥토스'(θεοδίδακτος)라는 단어는 하나님을 교사(teacher, διδάσκαλος)라고 말하는 구약성경 구절들과 그런 구절들에 근거한 유대교 전승에 그 근거를 두고 있다. 이사야서에서 하나님은 종말의 교사로 등장한다. 이사야 2:3(미가서 4:2)은 종말에 모든 민족이 시온산으로 모여들고, 시온에서 하나님께서 직접 그들을 가르치실 것이라고 말한다: "많은 백성이 가며 이르기를 오라 우리가 여호와의 산에 오르며 야곱의 하나님의 전에 이르자 <u>그가 그의 길을 우리에게 가르치실 것이라</u> 우리가 그 길로 행하리라 하리니 이는 <u>율법이 시온에서</u>부터 나올 것이요 <u>여호와의 말씀이 예루살렘에서</u>부터 나올 것임이니라." "우리에게 가르치실 것이라"에서 사용된 동사는 '야라'(יָרָה, to teach)다. '가르치다'라는 뜻의 이 동사의 주어는 하나님이다. 하나님이 가르치신다. 그런데 이사야서를 계속 읽어나가면 하나님께서 직접 가르치시는 게 아니라 별도의 교사를 세워 그의 백성을 가르치시는 계획을 갖고 계시다는 것을 바로 알 수 있다.

하나님이 세우시는 종말의 교사에 대한 힌트는 이사야 11:2에 나와 있다. "이새의 줄기에서" 나온 "한 싹"(חֹטֶר) "그 뿌리에서" 나온 "한 가지"(נֵצֶר, 사 11:1; 참고, 마 2:23, "나사렛 사람이라 칭하리라") 위에 "지혜와 총명의 영이요 모략과 재능의 영이요 지식과 여호와를 경외하는 영이 강림"하신다(사 61:1 참고). 그는 솔로몬처럼 지혜로운 왕이 되어 올바른 재판을 하고("그의 눈에 보이는 대로 심판하지 아니하며 그의 귀에 들리는 대로 판단하지 아니하며," 사 11:3), "그의 입의 막대기로 세상을 치며 그의 입술의 기운으로 악인을 죽일 것"(사 11:4; 참고, 시 2:9, "네가 철장으로 그들을 깨뜨림이여")이다. 왜냐하면 그는 왕이면서 동시에 지혜로운 교사로서 하나님의 말씀으로 세상을 심판하고 구원하실 것이기 때문이다. 그가 '입과 입술'로 일한다는 점에서 이사야 11:1-4의 '다윗의 후손'은 이사야 50:4의 '혀와 말'로 일하는 '주의 종'과 매우 유사하다("나로 곤고한 자를 말로 어떻게 도와 줄 줄을 알게 하시고"). 이 '다윗의 후손'의 사역으로 "물이 바다를 덮음 같이 여호와를 아는 지식이 세상에 충만"하게(사 11:9) 된다. 이것은 예레미야 31:34의 예언, "그들이 다시는 각기 이웃과 형제를 가르쳐(למד) 이르기를 너는 여호와를 알라 하지 아니하리니 이는 작은 자로부터 큰 자까지 다 나를 알기 때문이라"의 성취로 볼 수 있다.

이사야 30:20, "주께서 너희에게 환난의 떡과 고생의 물을 주시나 네 스승(מוריך)은 다시 숨기지 아니하시리니 네 눈이 네 스승(מוריך)을 볼 것이며"는 하나님이 직접 가르치지 않고, 교사를 세워주신다는 점을 매우 명확하게 말한다. 여기에서 '교사'라는 뜻의 명사 '모레'(מורה) '가르치다'라는 뜻의 동사 '야라'(ירה, to teach)의 명사형이다. 이사야 59:20-21, "구속자가 시온에 임하며"(시 2:6, "내가 나의 왕을 내 거룩한 산 시온에 세웠다 하시리로다" 참고) "나의 영과 네 입에 둔 나의 말이 이제부터 영원하도록 네 입에서와 네 후손의 입에서와 네 후손의 후손의 입에서 떠나지 아니하리라" 역시 하나님이 직접 가르치시는 것이 아니라, 종말의 교사인 메시아가 가르친다는 점을 명확히 말한다. 그러므로 이사야 2:3의 '하나님이 가르치신다'는 '하나님이 직접 가르치신다'가 아니라 '하나님이 세우시는 왕이면서 구원자인 어떤 분이 시온에서 가르친다'는 말로 이해해야 한다.

요엘서 2:23, "그가 너희를 위하여 비를 내리시되 이른 비를 너희에게 적당하게 주시리니 이른 비와 늦은 비가 예전과 같을 것이라"에서 "이른 비"로 번역된 단어는 '모레'(מוֹרֶה)다. '모레'는 '이른 비'라는 뜻도 있지만, 동사 '야라'(יָרָה, to teach)의 명사형인 '선생'으로 읽을 수도 있다. 구약성경에서 '모레'가 단수형으로 모두 8번 나오는데, 시편 84:6을 제외하고 모두 '선생'으로 번역되었다. 예를 들어, 욥기 36:22, "누가 그같이 교훈을 베풀겠느냐"는 히브리어 본문을 직역하면 '누가 그와 같은 선생이겠느냐'가 되는데, 여기서도 '선생'은 '모레'(מוֹרֶה)다. 놀라운 점은 욥기 36:22에서 선생은 바로 하나님이시다("하나님은 그의 권능으로 높이 계시나니 누가 그같이 교훈을 베풀겠느냐"). 요엘 2:23의 라틴어 성경 번역, 탈굼, 심마쿠스 헬라어 번역을 보면 모두 '모레'(מוֹרֶה)를 '이른 비'로 번역하지 않고 '선생'으로 번역하고 있다. 히브리어 본문에는 '모레'(מוֹרֶה) 앞에 정관사가 붙어 있으므로 '그 선생' 혹은 '그 교사'로 번역해야 한다. 하나님은 이른 비를 주시는 게 아니라, '그 선생'을 주신다고 이해해도 된다. "적당하게"로 번역된 '리츠다카'(לִצְדָקָה)는 전치사, '르'(לְ)와 '의'(righteousness)라는 뜻의 명사 '츠다카'(צְדָקָה.)가 결합된 형태다. '적당하게'로 번역할 수도 있지만 동시에 '의를 위하여'(for righteousness)로 번역할 수도 있다. 후자로 번역하면 '의를 위하여 (혹은 의를 위한) 선생을 주시리니'로 번역할 수 있다. '의를 위한 선생'(the teacher for righteousness)은 쿰란(Qumran)의 창립자인 '의의 교사'(the Teacher of Righteousness)를 연상시킨다. '의를 위한 선생'은 이사야 53:11 "나의 의로운 종이 자기 지식으로 많은 사람을 의롭게 하며"의 해석에 큰 도움을 준다. "지식"은 히브리어로 '떼아트'(דַּעַת)고 '알다'라는 뜻의 동사 '야다'(יָדַע)의 명사형이다. 왜 고난받는 주의 종이 "자기 지식으로 많은 사람을 의롭게"하는가? 주의 종은 교사이기 때문에 그의 지식을 가르친다. 물론 주의 종이 "많은 사람의 죄를 담당"하고(사 53:12) 자신의 생명을 속죄 제물로 바쳐서("그의 영혼을 속건제물로 드리기에," 사 53:10) 많은 사람을 의롭게 하지만(δικαιόω), 그 의롭게 하는 사역에는 하나님의 교훈을 가르치는 것이 포함되어 있다.

이사야서의 주의 종의 세 번째 노래는 주의 종은 하나님의 제자라고 말한다. 하나님이 교사이시고, 주의 종은 하나님께 배운 그의 제자라고 말한다. 이사야 50:4, "주 여호와께서 **학자들의 혀**를 내게 주사"에서 "학자"로 번역된 단어는 '림무딤'(לִמּוּדִים)이다. '림묻'(לִמֻּד)은 형용사로 사용되면 '가르침을 받은'(taught, διδακτός)이란 뜻이지만 명사로 사용되면 '제자'(disciple)로 번역된다. 동사형은 '라마드'(לָמַד)고 뜻은 '배우다'(to learn)이다. 그러므로 4절의 앞부분은 '주 여호와께서 제자들의 혀를 내게 주사'로 번역하는 것이 옳다. 70인역을 보면 "κύριος δίδωσίν μοι γλῶσσαν παιδείας"인데 '파이데이아'(παιδεία)는 '가르침'(teaching) 혹은 '훈련'(training)이란 뜻이므로 '주께서 가르침의 혀를 내게 주사'로 번역할 수 있다.

주의 종은 메시아로서 먼저 하나님의 가르침을 받은 하나님의 제자다. 그런데 하나님은 주의 종에게 '혀'를 주셔서, 그로 하여금 가르치게 하신다. '혀'는 선생을 가리키는 메타포고, 선생에게는 혀가 중요하다. 4절 뒷부분, "나의 귀를 깨우치사 학자들 같이 알아듣게 하시도다"도 "학자들"은 '제자들'로 번역해야 하므로 '나의 귀를 깨우치사 제자들 같이 알아듣게 하시도다'가 된다. 여기서 '귀'는 '제자'의 특징이다. 하나님은 주의 종에게 '귀'와 '혀'를 주신다. 하나님을 향해서는 제자가 되어 하나님의 말씀을 직접 듣게 하시고, 동시에 '혀'를 주셔서 선생이 되어 곤고한 주의 백성을 그의 말씀으로 도와주게 하신다. 주의 종은 하나님을 향해서는 제자이지만, 우리들을 향해서는 선생이다. "주 여호와께서 **나의 귀를 여셨으므로**"(5절) 주의 종은 "**거역하지도 아니하며 뒤로 물러가지도**"(5절) 아니한다. 그는 자신의 사명을 '하나님으로부터 받은 말씀을 백성에게 전하는 것'으로 이해하고 하나님의 뜻에 순종하며 그 사명을 감당한다.

제2성전기 유대교에서 메시아는 왕이지만 '하나님에게 가르침을 받은'(taught by God) 왕이다. 대표적인 메시아 본문인 『솔로몬의 시편』(*Psalms of Solomon*) 17:32-36에는 아래와 같은 구절이 나온다.

Taught by God, the Messiah will be a righteous king

over the gentile nations. ⋯ He will strike the earth
with the word of his mouth forever; <u>he will bless the
Lord's people with wisdom and happiness.</u> ⋯ He will
expose officials and drive out sinners <u>by the strength
of his word.</u> (*Psalms of Solomon* 17:32-36)

필자가 밑줄 친 부분만 연결하여 번역하면, '메시아'는 '하나님에게 가르침을 받아' '그의 입의 말씀으로' 그리고 '그의 말씀의 능력으로' '주의 백성을 지혜와 행복으로 축복하여' 메시아의 사명을 수행한다고 말한다. 특이한 점은 메시아가 배우기만 하는 것이 아니라 '입의 말씀으로' 가르친다는 점이다. 이것은 이사야 50:4의 내용과 일치한다. 『솔로몬의 시편』 17:32의 앞부분인 "taught by God"은 헬라어로는 'διδακτός ὑπὸ θεοῦ'(taught by God)으로 되어 있다. 이 형용사구를 한 단어로 축약하면 '떼오디닥토스'(θεοδίδακτος, taught by God)가 된다. 그러므로 '떼오디닥토스'(θεοδίδακτος, taught by God)는 메시아의 특성을 묘사하는 단어라고 볼 수 있다.

이사야 54:13, "네 모든 자녀는 <u>여호와의 교훈을 받을 것이니</u> 네 자녀에게는 큰 평안이 있을 것이며"는 주의 종이 가르치는 사역을 다한 후에 나타나는 결과에 대해 말한다. "네 모든 자녀는 여호와의 교훈을 받을 것이니"에서도 '림묻'(לִמֻּד, taught, 가르침을 받은)이란 형용사가 사용되었다. 70인역은 "πάντας τοὺς υἱούς σου διδακτοὺς θεου"로 번역했고 '너희 모든 자녀들은 하나님으로부터 가르침을 받는다' 혹은 '너희 모든 자녀들은 하나님의 제자들이다'로 옮길 수 있다. 여기에서 교사는 하나님이 세우신 '주의 종'이다. 그런데 그 교사는 하나님으로부터 그가 배운 것을 가르치므로, 하나님의 백성은 실제로는 '하나님의 가르침을 받은' '하나님의 제자'가 된다. 요한복음 6:45, "선지자의 글에 <u>그들이 다 하나님의 가르치심을 받으리라</u>(ἔσονται πάντες διδακτοὶ θεοῦ) 기록되었은즉 아버지께 듣고 배운 사람마다 내게로 오느니라"에서 예수는 이사야 54:13을 인용한다. 밑줄 친 부분은 '그들 도두 다 하나님의 제자들이 될 것이다'로 번역할 수 있다. 요한복음의 맥락에서 예수는 자신이 곧 하나님으로부터 직접 교훈을 배워 이 세상에 그 교훈을 가르치러 온 종말의 선생이라고 주장한다. 요한복음 6:46의 "오직 **하나님에게서 온 자만 아버지를 보았느니라**"는 '오직 하나님에게 배운 자만 하나님의 교훈을 알고 있다'로 해석할 수 있다.

요한복음 6:48에서 예수는 "내가 곧 생명의 떡이니라"고 주장한다. 아마도 예수는 요엘서 2:23, "이른 비를 너희에게 적당하게 주시리니"의 70인역 번역에 근거하여 이렇게 주장하는 것으로 보인다. 이 부분을 히브리어로 읽으면 '의를 위한 교사를 주시리니'로 해석할 수 있지만, 70인역으로 읽으면 '하나님께서 너희들에게 의를 위한 떡(빵)을 주셨다'("ἔδωκεν ὑμῖν τὰ βρώματα εἰς δικαιοσύνην")가 된다. '교사'(מוֹרֶה)를 '떡'으로 바꾼 것 외에 나머지는 히브리어 본문과 헬라어 본문은 의미의 변화가 없다. 예수는 이사야 54:13의 내용을 요엘서 2:23과 연결하여, 자신이 이사야 50:4에서 말하는 주의 종이며, 자신이 하나님을 대신해서 이스라엘을 가르치고 있으며, 자신이 의를 위해 하나님이 보내주신 선생이면서, 자신이 곧 생명을 위한 떡이라고 말씀하신 것이다. 요한복음에서는 요엘서 2:23 70인역의 '의를 위한 떡'을 '생명을 위한 떡'으로 표현을 바꾸어 요한복음의 독자들이 쉽게 이해할 수 있도록 했다.

요한복음 6:50, "이는 하늘에서 내려오는 떡이니 사람으로 하여금 먹고 죽지 아니하게 하는 것이니라"는 '나는 하늘에서 온 선생이니, 내가 가르치는 교훈을 받아들이면 영원한 생명을 얻는다'로 해석할 수 있다. 실제로 요한복음 7:16에서 예수는 "내 교훈은 내 것이 아니요 나를 보내신 이의 것이니라"고 말씀하신다. 또 요한복음 8:28에서는 "내가 **스스로** 아무 것도 하지 아니하고 오직 <u>아버지에서 가르치신 대로</u>(καθὼς ἐδίδαξέν με ὁ πατὴρ) 이런 것을 말하는 줄도 알리라"고 말씀하신다. 밑줄 친 부분은 '아버지가 나에게 가르치신 대로'로 번역해야 한다. 이런 말씀들은 예수가 하나님이라는 선생에게서 직접 배운 제자라는 것을 깨닫지 못하면 제대로 이해하기 어렵다. 요한복음 7:28, "예수께서 성전에서 **가르치**

시며 외쳐 이르시되”와 8:20, “이 말씀은 성전에서 가르치실 때에”는 마치 이사야서의 주의 종이 시온산에서 가르치시는 것을 연상하게 한다. 요한복음 13:13, “너희가 나를 선생이라 또는 주라 하니 너희 말이 옳도다 내가 그러하다”에서 예수는 자신을 단순한 랍비로 주장하는 것이 아니다. 구약성경이 예언한 종말의 선생이라는 뜻으로 ‘내가 선생이다’라고 말한다. 요한복음 20:16에서 마리아가 부활한 예수를 “라뽀니”라 불렀고, 요한은 친절하게 “이는 선생님이라는 말이라”고 설명해준다. 또 20:18에서는 제자들에게 가서 “내가 주를 보았다”라고 말한다. 16절과 18절을 연결하면 ‘예수는 선생이시며, 주님이시다’라고 고백한 것이다.

마태복음 23:8-9에서 예수는 “그러나 너희는 랍비라 칭함을 받지 말라 너희 선생은 하나요 너희는 다 형제니라 땅에 있는 자를 아버지라 하지 말라 너희의 아버지는 한 분이시니 곧 하늘에 계신 이시니라”고 말한다. 예수는 하나님은 아버지이시면서 선생이라고 말씀하신다. 놀라운 선언이지만 이사야 50:4에 이미 나와 있는 내용이다. 마태복음 5:1-2의 산상수훈의 도입부에서 예수는 산에 올라가 가르치신다. 어느 산이라고 명시되어 있지 않지만, 마태의 마음속에 있는 산은 ‘시내산’이 아니라 ‘시온산’이다. 마태복음 5:1의 산을 시내산이라고 주장하는 학자들은 이사야서를 중심으로 한 예언서의 전통을 모르기 때문에 그런 주장을 한다. 마태는 이사야 2:3을 마음속에 두고 이 그절을 썼을 것이 거의 확실하다. 마태복음 5:1, “산에 올라가 앉으시니 제자들이 나아온지라”에서 앉는 것은 선생이 제자들을 가르칠 때의 자세다. 예수가 시온산에서 하나님이 세우신 종말의 교사로서 제자들을 가르칠 때 그는 “입을 열어”(마 5:2) 가르치신다. 선생이 가르칠 때 입을 다물고 가르칠 수 없기에 ‘입을 열어’라는 말은 없어도 된다. 하지만 마태가 굳이 ‘입을 열어’ 가르치셨다고 말하는 이유는 이사야 50:4, “혀를 내게 주사” “말로” “곤고한 자”를 도와준다는 말씀을 염두에 두었기 때문으로 보인다.

바울이 데살로니가 성도들이 “하나님의 가르치심을 받아 서로 사랑함이라”고 말할 때, 사용한 ‘떼오디닥토스’(θεοδίδακτος)는 메시아이신 예수 그리스도가 하나님의 가르침을 받아 ‘서로 사랑하라’고 가르쳤다는 뜻이다(요 13:34-35; 15:12-17). 그리스도는 하나님으로부터 이 가르침을 받아 제자들에게 가르쳤다. 지금은 그리스도의 사역을 위임받은 사도인 바울이 데살로니가 성도들에게 가르쳤고, 또 가르치고 있다. 그렇다면 '서로 사랑하라'는 가르침은 누구에게서부터 유래하는 것인가? 궁극적 교사이신 하나님으로부터 유래한다. 데살로니가 성도들에게 이것을 가르친 것은 바울이지만, 바울은 구약성경의 전통과 유대교의 전통 안에서 자신의 가르침은 그리스도에게서 유래하며, 그리스도의 가르침은 하나님으로부터 온 것이므로, 자신의 '서로 사랑하라'라는 가르침은 하나님의 가르침이라고 가르쳤을 것이다. 그래서 이 구절에서 '나의 가르침을 받아 서로 사랑함이라'라고 말하지 않고, '떼오디닥토스'(θεοδίδακτος)를 사용하여 "하나님의 가르치심을 받아 서로 사랑함이라"고 말한 것이다.

4:10 너희가 온 마게도냐 모든 형제에 대하여 과연 이것을 행하도다 형제들아 권하노니 더욱 그렇게 행하고

데살로니가 성도들은 "온 마게도냐 모든 형제에 대하여" '형제 사랑'을 실천해왔다. 마케도니아에 있는 교회 중에 바울이 설립한 빌립보교회와 베뢰아교회가 있다. 바울이 세운 교회들은 그물망(Networking)으로 서로 연결되어 있었다. 고린도전서 16:19, "<u>아시아의 교회들이 너희에게 문안하고 아굴라와 브리스가와 그 집에 있는 교회가</u> 주 안에서 너희에게 간절히 문안하고"는 각 지역의 교회들이 연결되어 있어서, 서로 인사를 나눌 정도의 관계가 형성되어 있었음을 보여준다. 바울은 교회들을 연결해주어 교회들이 각각 불리한 조건 속에서도 서로 격려하고 사랑을 나누면서 자라도록 했다. 우리가 어떤 방식이었는지 자세히 알 수는 없지만, 데살로니가 성도들은 마케도니아 지역의 모든 교회에 사랑을 베풀었다.

마케도니아의 모든 형제자매에게 형제 사랑을 행했다는 말은 단순히 그들을 향해 사랑의 감정을 가졌다는 뜻은 아니다. 무언가 구체적인 사랑의 행동을 했다는 뜻이다. 복음을 전도한 것을 의미하는 것이 아니다. 그럼 구체적으로 어떤 사랑의 행동을 한 것일까? 아마도 가난한 성도들에게 도움을 주는 것과 같은 것을 의미할 것이다. "더욱 그렇게 행하고"는 앞으로 계속할 뿐 아니라 더 많이, 더 자주 그렇게 하라는 뜻이다. 사랑의 행동에는 어떤 기준이 있어서 그 기준만큼만 하면 되는 것이 아니므로 바울은 계속해서 더 많이 하라고 격려한다. 바울은 데살로니가전서 3:12, "너희도 피차간과 모든 사람에 대한 사랑이 더욱 많아 넘치게 하사"에서 자신의 기도 제목을 나누었다. 이때 그는 '모든 사람' 즉 교회 밖의 사람들을 향한 사랑과 "피차간"의 사랑 즉, '형제 사랑'을 서로 구분하여 말했다. 하지만 여기에서는 '모든 사람'을 향한 사랑은 언급하지 않고, '형제 사랑'에만 초점을 맞추어 말한다.

근거 본문: 데살로니가전서 4:9-10a, 형제사랑에 관하여는 너희에게 쓸 것이 없음은 너희가 친히 하나님의 가르침을 받아 서로 사랑함이라. 너희가 온 마게도냐 모든 형제를 대하여 과연 이것을 행하도다

데살로니가전서에서 바울은 성도들을 부를 때 '형제/자매'라는 호칭을 사용한다(살전 1:4; 2:1, 9, 14, 17; 3:7; 4:1, 9, 10, 13; 5:1, 4, 12, 14, 25, 26, 27). 이 호칭은 그의 다른 서신에서도 자주 나타나므로(롬 1:13; 7:1, 4; 고전 1:10; 11, 26; 고후 1:8; 8:1; 갈 1:11; 3:15; 빌 1:12; 3:1 등), 그가 평소에 교회에서 이 호칭을 자주 사용했다고 볼 수 있다. '형제'를 호칭으로 사용하는 것은 당시 유대교(출 2:11; 신 3:18; 15:3, 12; 마카비2서 1:1; Philo, *Spec. Leg.* 2:79f.; Josephus, *Ant.* 10:201)와 헬라 종교에서도 발견될 수 있는 현상이었으며 바울에게서만 발견되는 독특한 현상은 아니다. 그러나 바울은 혈연가족 사이에서만 사용되던 용어(kinship language)를 교회에서 독특한 방식으로 사용한다. 바울의 이런 혈연가족 용어 사용은 아마도 예수 그리스도의 사역에서부터 유래한다고 볼 수 있다.

예수는 자신의 하나님 나라 복음으로 인해 가정에 분란이 일어나 식구들이 서로 원수가 될 것을 예언하신다.

마태복음 10:34-36
[34]내가 세상에 화평을 주러 온 줄로 생각하지 말라 화평이 아니요 검을 주러 왔노라 [35]내가 온 것은 사람이 그 아버지와, 딸이 어머니와, 며느리가 시어머니와 불화하게 하려 함이니 [36]사람의 원수가 자기 집안 식구리라

복음이 들어오면 한 가정 안에 믿는 자와 믿지 않는 자가 생기고, 복음 때문에 대립이 생겨 기존의 가족관계가 파괴된다. 부모 자녀 관계조차 복음 때문에 망가진다. 어떤 사람은 복음 때문에 기존의 가족관계와 단절되고(마 19:29, "또 내 이름을 위하여 집이나 형제나 자매나 부모나 자식이나 전토를 버린 자마다 또 여러 배를 받고 또 영생을 상속하리라"), 상속자의 신분도 잃어버리게 된다. 예수의 부름은 심지어 기존의 가족에서 행해야 할 의무조차 생략하게 만든다.

누가복음 9:59-62

59또 다른 사람에게 나를 따르라 하시니 그가 이르되 나로 먼저 가서 내 아버지를 장사하게 허락하옵소서 60이르시되 죽은 자들로 자기의 죽은 자들을 장사하게 하고 너는 가서 하나님의 나라를 전파하라 하시고 61또 다른 사람이 이르되 주여 내가 주를 따르겠나이다마는 나로 먼저 내 가족을 작별하게 허락하소서 62예수께서 이르시되 손에 쟁기를 잡고 뒤를 돌아보는 자는 하나님의 나라에 합당하지 아니하니라 하시니라

왜 예수는 아버지를 장사하는 것보다 하나님의 나라를 전파하는 것이 더 급한 일이라고 가르치시는 걸까? 단순한 레토릭(표현 방법)인 것일까? 아니면 말 그대로 그렇게 하라는 것일까? 기존의 가족에 대한 의무보다 하나님의 나라의 사명이 더 중요하다고 말하는 것은 그만큼 혈연을 기초로 한 가족관계의 중요성을 무시하는 것이다.

예수는 제자들에게 혈연을 기초로 한 가족은 제자들의 가족이 아니며, 그들에게는 새로운 종류의 가정이 생겨났음을 선언했다.

마가복음 3:31-35

31그 때에 예수의 어머니와 동생들이 와서 밖에 서서 사람을 보내어 예수를 부르니 32무리가 예수를 둘러 앉았다가 여짜오되 보소서 당신의 어머니와 동생들과 누이들이 밖에서 찾나

이다 [33]대답하시되 <u>누가 내 어머니이며 동생들이냐 하시고</u> [34]
둘러 앉은 자들을 보시며 이르시되 내 어머니와 내 동생들을
보라 [35]누구든지 <u>하나님의 뜻대로 행하는 자가 내 형제요 자</u>
<u>매요 어머니이니라</u>

예수의 가족인 어머니와 동생들이 예수를 찾아왔을 때 제자들은
"당신의 어머니와 동생들과 누이들이 밖에서 찾나이다"라고 말한다. 예수
는 제자들의 글 말을 들었을 때, 그 순간을 '가르침의 순간'(teaching
moment)으로 삼았다. 이 말을 들은 예수는 "누가 내 어머니이며 동생들
이냐"라고 반문하신다. 그의 질문에는 약간의 꾸짖음이 느껴진다. 이 말
씀은 '그들은 내 어머니와 동생이 아니다'라는 뜻이다. 이 대답의 뉘앙스
는 '내가 너희들에게 그들이 내 어머니와 동생이 아니라고 몇 번이나 이
야기했는데, 여태 내 말을 알아듣지 못한 것이냐? 나의 가족은 바로 너
희들이다'라는 것이다.

예수는 "내 어머니와 내 동생들을 보라 누구든지 하나님의 뜻대로
행하는 자가 내 형제요 자매요 어머니이니라"고 말씀하신다. 예수는 자신
의 제자들이 '나의 가족'이라고 단언하신다. "하나님의 뜻대로 행하는
자"가 곧 나의 가족이라는 말에서 '하나님의 뜻'은 '예수가 가르치는 하
나님의 뜻'이다. 당시 모든 랍비들, 바리새인, 사두개인, 열심당원, 에센
파도 다 '하나님의 뜻'을 가르쳤다. 예수는 '자신이 전하는 하나님의 뜻'
을 행하는 자신의 제자들이 곧 자신의 가족이라고 말한다. 예수는 공생
애 기간에 교회를 세우지 않았다. 대신 그는 제자들을 만들었고, 그 제자
들을 '가정'(household)으로 만들려고 노력했다. 예수가 십자가에서 죽
고 부활하신 뒤에 그의 제자들로 구성되었던 '가정'은 곧바로 '교회'가
되었다. 예루살렘교회가 최초의 교회였고, 이 교회는 어떤 사회 기구
(social institute)라기보다는 확대 가정(extended family)에 더 가까운
조직이었다.

예수가 만든 새로운 종류의 가정에서 누가 그 식구가 되었을까?
위에서 살펴본 것처럼 예수의 하나님 나라 복음 때문에 기존의 혈연을

기초로 한 가정에서 추방된 사람들이다. 기존의 가족관계를 상실하고 외톨이가 된 사람들이다. 그들이 곧 예수의 제자들이다. 왜냐하면 세베대의 아들 야고보와 요한처럼 "그 아버지 세베대를 품꾼들과 함께 배에 버려 두고"(막 1:20) 예수를 따라갔기 때문이다. 그들은 영어로 말하자면, '홈리스'(homeless, 집이 없는 사람), 혹은 '페밀리리스'(family-less, 가족이 없는 사람)가 된 사람들이었다. 예수는 이들을 모아서, 그들을 제자로 훈련하면서, 그들을 하나의 새로운 가정(household)으로 만들었다. 그 가정에서 제자들은 서로 사랑하는 인간관계를 맺음으로 기존의 가족을 대체하는 가족(alternative family)이 되었다. 이 새로운 가정이 곧 새로운 '이스라엘'이 되고, 이들이 곧 하나님의 나라에 들어가는 구원의 공동체다. 바울의 경우도 마찬가지다. 바울은 교회를 개척했다. 예수는 제자를 만들어, 그들을 가정으로 만들었지만, 바울은 교회를 만들되, 가정을 모델로 하여 교회를 만들었다.

바울이 교회를 개척할 당시 그가 교회의 모델로 삼을 수 있는 사회조직은 모두 네 가지가 있었다. 그것들은 1) 유대교 회당, 2) 헬라 로마 사회의 자발적 결사(voluntary associations), 3) 헬라 로마 철학자들의 학교(philosophical schools), 4) 가정(hcusehold)이다. 유대교 회당은 바울이 매우 익숙한 종교 단체였다. 유대교 회당의 예배는 초대교회 예배의 모범이 되었을 것이다. 교회 예배의 성경 봉독, 기도, 찬양, 설교 등은 모두 회당의 예배에도 있기 때문이다.

회당에는 유대교 신자뿐 아니라, 아직 할례를 받지 않은 이방인, 즉 하나님을 경외하는 이방인(God-fearers)[105]도 예배에 참여했다. 이

---

105) 사도행전에서 누가는 '하나님을 경외하는 자'(φοβούμενος τὸν θεόν, God-fearers)를 유대인과 명확하게 구분한다. 예를 들면, 사도행전 10:22, "백부장 고넬료는 의인이요 하나님을 경외하는 사람(φοβούμενος τὸν θεόν)이라 유대 온 족속이 칭찬하더니…," 사도행전 13:16, "바울이 일어나 손짓하며 말하되 이스라엘 사람들과 및 하나님을 경외하는 사람들아 들으라," 사도행전 13:26, "형제들아 아브라함의 후손과 너희 중 하나님을 경외하는 사람들아" 등은 그 좋은 예다. 누가는 '예배하다'라는 뜻의 동사 '세보마이'(σέβομαι, to worship)를 사용하여 회당에 출석하는 이방인들을 부르기도 한다. 사도행전 16:14, "하나님을 섬기는(σεβομένη τὸν θεόν) 루디아," 사도행전 17:4, "경건한(σεβόμενοι) 헬라인의 큰 무리," 사도행전 18:7, "하나님을 경외하

들은 회당 예배에 정기적으로 출석하지만, 남자의 경우 아직 할례를 받고 정식으로 유대교로 개종하지 않은 이방인들이다. 유대교 신자도 아니고 불신자도 아닌 사람들이 회당 안에 상당수 있었다. 바울 교회에도 신자도 아니면서 또 불신자도 아닌 사람들이 다수 있었다. 고린도전서 14:16, "알지 못하는 처지에 있는 자"(ἰδιώτης; 고전 14:23, 24, "알지 못하는 자들")가 바로 그 사람들이다. 헬라어 '이디오테스'(ἰδιώτης)는 숙련된 전문가도 아니고, 완전한 비숙련자도 아닌 그 중간에 있는 사람을 가리킨다. 회당의 맥락에서 하나님을 경외하는 이방인은 '이디오테스'에 해당한다. 교회라는 맥락에서 '이디오테스'는 세례를 받은 신자도 아니고, 오늘 교회에 처음 나와 복음에 대해 전혀 무지한 사람도 아닌, 즉 신자와 불신자 사이에 있는 사람들을 가리킨다. 그들은 복음에 관심이 있지만, 믿을 것인지 안 믿을 것인지 아직 결정을 내리지 못한 사람들이다. 그들은 오늘날로 말하면 '구도자'(seeker)에 해당한다. 회당에서 하나님을 경외하는 이방인의 예배 참여를 허용했던 것처럼, 바울도 교회에서 이런 '예비 신자'(ἰδιώτης)가 예배에 참여하는 것을 막지 않았다. 오히려 장려했다. 바울이 예배 시간에 방언으로 찬양, 기도, 설교하는 것에 반대한 이유는 예비 신자들과 불신자들이 복음을 들을 수 있어야 하기 때문이다(고전 14:23, "그러므로 온 교회가 함께 모여 다 방언으로 말하면 알지 못하는 자들이나 믿지 아니하는 자들이 들어와서 너희를 미쳤다 하지 아니하겠느냐"). 회당과 교회는 그 구성원의 구조가 비슷했다.

회당에서 장로를 세우는 것처럼 교회도 장로를 세웠다는 것도 공통점이다(딤전 4:14, 5:17; 딛 1:5). 회당이 주 3회 정도 예배로 모였던 것과 오늘날 교회가 주일, 수요일, 금요일 집회를 하는 것도 유사하다. 초대교회도 지역마다 차이가 있었겠지만 아마도 한 주에 2-3회 저녁 예배를 위해 모였던 것으로 추측된다(바울 교회에서는 주일예배도 저녁 예배였다).

그러나 이런 유사점들에도 불구하고 바울의 교회는 이방인들이 할

는(σεβόμενος τὸν θεόν) 디도 유스도" 등은 그 예다.

례를 받지 않고도 오직 믿음만으로 그 멤버십을 가질 수 있었던 반면에 유대교 회당은 오직 할례를 받고 유대교로 개종한 이방인[106]만이 그 멤버십을 가질 수 있었다는 점에서 그 차이가 있다. 바울이 교회를 세울 때 유대교 회당을 참고했겠지만, 회당을 그 모델로 하여 교회를 만들었다고 말하기는 좀 어렵다.

두 번째로 자발적 결사(voluntary associations)도 바울이 교회를 만들 때 모방하려고 한 대상일 수 있다. 당시 자발적 결사에는 1) 장례 결사(회원이 죽었을 때 성대하게 장례식을 치뤄주는 것을 목적으로 만든 결사로서 우리가 아는 상조회와 유사함), 2) 동종 종교 결사(같은 종교를 믿는 사람들이 모여 특정 신을 예배하기 위해 만든 결사), 3) 동종 직업 결사(같은 직업을 가진 사람들이 모여서 만든 단체),[107] 4) 가정 결사(가정도 일종의 자발적 결사로 간주할 수 있음) 등 네 종류가 있었다. 고대 시대에 이런 자발적 결사는 도시 국가(πόλις)와 가정(οἶκος) 사이에 존재하는 사회 조직이다. 개인이 사회생활을 할 때 거의 필수적으로 가입하여 활동하는 단체다.

유대교 회당은 헬라 로마인의 시각에서 보면 동종 종교 결사로 보였을 것이다. 헬라인이나 로마인들의 눈에 교회는 어떻게 보였을까? 마찬가지로 동종 종교 결사로 보였을 것이다. 그러므로 바울이 교회를 만들 때, 교회가 일종의 자발적 결사로 보인다는 것을 의식했을 것이므로, 당시 종교 결사를 참고하였을 가능성이 없지 않다. 당시 자발적 결사에는 임원과 내규가 있었다. 교회에 지도자를 세우고 내부 규약을 정하여 지키게 하는 것과 매우 유사하다. 또 자발적 결사에서 정기 모임을 할 때 섬기는 신에게 제사한 후 모든 회원이 만찬을 먹는 것도 바울 교회의 성

---

106) 사도행전 2:10의 "유대교에 들어온 사람들"(προσήλυτοι)이 곧 유대교로 개종한 이방인들이다. 사도행전 6:5, "유대교에 입교했던 안디옥 사람 니골라" 13:43, "유대교에 입교한 경건한 사람들"도 마찬가지다.

107) 사도행전 19:24-25, "즉 데메드리오라 하는 어떤 은장색이 은으로 아데미의 신상 모형을 만들어 직공들에게 적지 않은 벌이를 하게 하더니 그가 그 직공들과 그러한 영업하는 자들을 모아…"에서 "그 직공들과 그러한 영업하는 자들"은 은세공업자들의 동종 직업 결사의 회원들로 볼 수 있다. 은장색 결사뿐 아니라, 금장색, 동장색 결사의 회원들도 동원되었을 것이다.

만찬을 포함한 예배와 유사하다. 그러나 교회는 한 주에 주일예배를 포함하여 최소한 2-3회 모였고, 당시 종교 결사에 비해 모임의 빈도수가 훨씬 많았다. 또한 당시 기독교는 로마인들이 인정하는 합법 종교(*religio licita*)가 아니었고, 비합법 종교(*religio illicita*)인 미신(*superstitio*)에 해당되었으므로, 바울이 헬라 로마의 종교 결사를 모델로 삼아 교회를 만들었다고 단언하기는 어렵다.

고대 시대에 복음을 믿지 않는 이방인이 교회의 외부에서 교회를 관찰한 글 중에는 교회를 철학자들의 학교로 보았던 견해가 있다.[108] 철학자들은 자신의 철학을 가르치기 위해 각자 일종의 사설 학교를 운영했다. 교회가 철학자들의 학교처럼 보였던 이유는 헬라 로마 종교에서는 제사만을 드리고 해산했기 때문이다. 헬라 로마 종교 중 책을 갖고 있는 종교는 없었다. 오직 유대교와 기독교만 책을 갖고 있었다. 헬라 로마 종교는 세계관이나 윤리를 가르치지 않았고, 그런 것을 가르치는 곳은 철학자들의 학교였다. 교회에서는 동물 제사를 드리지 않았고, 구약성경과 바울의 서신을 읽고 가르쳤기 때문에 교회의 내부 사정을 알고 있는 헬라인들은 교회를 일종의 철학을 가르치는 학교로 여겼을 가능성이 크다. 바울은 작업장에서 복음을 가르쳤고, 또 가정 교회에서 복음을 가르쳤다. 이것도 헬라인들이 보기에는 헬라 철학자가 철학을 가르치는 것과 유사하게 보였을 것이다. 왜냐하면 헬라 철학자들 중에는 자신의 일터에서 철학을 가르치는 철학자들이 있었기 때문이다.

교회의 겉모습이 철학을 가르치는 학교처럼 보일 수 있었겠지만, 교회가 학교처럼 운영되었던 것은 아니다. 기독교 복음은 철학 이상의 것이었다. 교회에 가르침과 배움이 있었지만, 그것이 다가 아니었다. 교회에는 예배와 학교 학생들 사이의 친교를 능가하는 친교가 있었다. 교회는 철학자들의 학교보다 훨씬 더 구성원들 간에 긴밀한 관계를 맺고 살아가는 가정에 더 가까웠다. 바울은 복음을 가르치는 선생이었지만,

---

108) Robert L. Wilken, *The Christians as the Romans Saw Them* (New Haven/London: ale University Press, 1986)의 고대 시대 의사였던 Galen에 관한 글 중 "Christianity as a Philosophical School"을 보라.

316

성도들과의 관계는 오히려 부모 자녀 관계에 더 가까웠다(고전 4:15, "그리스도 안에서 일만 스승이 있으되 아버지는 많지 아니하니 그리스도 예수 안에서 내가 복음으로써 너희를 낳았음이라").

회당, 자발적 결사, 철학자들의 학교, 이런 것들보다 바울이 교회를 만들 때 더 많이 참고한 것은 가정(household)이다. 바울은 성도들에게 서로를 '형제/자매'로 부를 것을 가르쳤을 뿐 아니라, 기독교인들은 하나님을 "아빠"(αββα, 갈 4:6, "아빠 아버지라 부르게 하셨느니라"; 롬 8:15, "우리가 아빠 아버지라고 부르짖느니라")라고 불렀다. 아람어로 아빠는 아버지를 친근하게 부르는 말이다. 헬라어 성경은 아람어 '아빠'를 음역해서 그대로 사용한다. 갈라디아 교회들, 로마교회 등과 같은 초대 교회에서 아람어인 '아빠'를 하나님을 향해 사용했다는 뜻이다.[109] 바울은 성도들은 하나님의 가정에 자녀로 입양된 양자, 양녀라고 가르쳤다 (갈 3:26; 4:4-7; 롬 8:14-23). 당시 사회는 현재의 한국사회보다 입양에 대해 훨씬 열려 있었고, 갓난 아기뿐 아니라 오늘날 청소년에 해당하는 아이나 성인도 입양했다. 갈라디아서 4:5, "우리로 아들의 명분을 얻게 하려 하심이라"에서 '아들의 명분'으로 번역된 명사 '휘오떼시아' (υἱοθεσία)는 '입양'(adoption)이란 뜻이다. 하나님은 우리를 하나님의 가정에 그의 자녀로 입양하셨다.

로마서 8:29에서 바울은 "하나님이 미리 아신 자들을 또한 그 아들의 형상을 본받게 하기 위하여 미리 정하셨으니 이는 그로 많은 형제 중에서 맏아들이 되게 하려 하심이니라"라고 말한다. 여기에서 예수 그리스도가 "맏아들"(πρωτότοκος, first-born)이 되는 이유는 그리스도가 부활의 첫 열매이시기 때문이고(고전 15:20, "그러나 이제 그리스도에서 죽은 자 가운데서 다시 살아나사 잠자는 자들의 첫 열매가 되셨도다"), 그리스도가 천지 만물보다 먼저 계시는 분이기 때문이다(골 1:15, "모든 피조물보다 먼저 나신 이시니"). "먼저 나신 이"(πρωτότοκος)는 천지창조

---

109) 마가복음 14:36, "이르시되 아빠 아버지여 아버지께는 모든 것이 가능하오니 이 잔을 내게서 옮기시옵소서"에서 예수는 하나님을 '아빠'라고 부르면서 기도한다.

이전에 선재하시는(pre-existent) 분이란 뜻이다. 그리스도가 하나님의 '장자'(長子)이신 것은 원래 구약성경에서 메시아를 '장자'라고 부르기 때문이다(시 89:27, "내가 또 그를 장자(πρωτότοκος)로 삼고 세상 왕들에게 지존자가 되게 하며"). '장자'는 그리스도와 하나님 사이의 관계를 묘사하는 언어다. 원칙적으로 성도와 그리스도의 관계를 묘사하는 언어가 아니다. 그러므로 성도가 그리스도를 '형'이나 '오빠'라고 부르는 것은 부적절하다. 하지만 로마서 8:29에서 "많은 형제 중에서 맏아들이 되게 하려 하심이니라"고 말하고 있으므로 하나님을 아버지로 하는 가정에서 그리스도는 성도들의 머리로 존재하신다. 하나님의 가정에서 성도는 모두 양자로 입양된 자녀고, 그리스도는 하나님의 맏아들의 지위를 갖고 계신다. 바울이 이런 언어를 사용하는 것은 가정을 모델로 해서 교회를 만들었다는 것을 가리킨다.

헬라 문화권에서 바울이 복음을 전할 때 그의 복음을 받아들인 사람들은 가정에서 고립되었다. 복음을 받아들일 때 가장(household head)과 함께 개종하지 않는 한, 그들은 가정에서 핍박을 받았다. 가정 안에서 아내, 자녀, 노예와 같은 약자들이 홀로 복음을 받아들이면 당연히 가정에서 외톨이가 되어 갖은 핍박을 받을 뿐 아니라, 기존의 가족관계에서 배척당했다(벧전 2:18-7). 복음을 버리고 배교하지 않으면 혈연을 중심으로 한 가족관계를 잃어버리게 된다. 교회를 개척할 때 바울은 이처럼 가족관계를 잃어버리고, 가정을 잃어버린 사람들(영적으로 homeless인 사람들)을 모아서 교회를 만들어야만 했다. 그래서 바울은 교회를 일종의 '가정'(household)으로 만들었다. 복음 때문에 기존의 가족관계를 상실한 사람들이 모여 새로운 가정을 만든 것이 곧 교회다. 복음을 선택한 성도에게 교회는 그가 잃어버린 기존의 가정을 대체하는(to substitute) 가정이 된다. 교회에서 성도는 복음 때문에 잃어버린 기존의 가족관계를 대체하는 새로운 가족관계를 갖게 된다. 바울이 교회에서 성도들이 서로 '형제/자매'와 같은 호칭을 사용하여 부르도록 한 것에는 이런 의미가 있다. 오늘날의 교회와 비교했을 때 다른 점은 오늘날 교회에서는 '형제, 자매'를 호칭으로만 사용할 뿐, 실제로 그들은 자신의 형제, 자매로 여기지는 않지만, 고대교회에서는 실제로 서로를 형제, 자매로 여겼다는 점이다.

2세기 초반의 교부인 클레멘트(Clement)의 편지인『클레멘트 1서』55:4에는 이런 내용이 나온다: "다른 사람들의 몸값을 지불하기 위해 자기 자신을 판 많은 사람들이 우리 가운데 있습니다. 또한 다른 사람들을 먹여 살리기 위해 많은 사람들이 자신을 노예로 팔았습니다."[110] 클레멘트는 로마의 교부였고, 이 편지에서 고린도교회에게 로마교회 내부 상황을 설명한다. 클레멘트의 이 말은 초기 예루살렘교회가 임박한 종말 때문에 유무상통했다는 주장에 대한 강력한 반대 증거다. 사도행전 4:32-35에 나오는 예루살렘교회가 유무상통한 것을 임박한 종말 때문이라는 주장이 있다. 어차피 머지않아 종말이 올 것이므로, 내 것과 네 것을 구분하지 않고 공유하고 공용했다는 설명이다. 하지만 클레멘트가 이 편지를 쓰던 2세기 초반이 되면 초대교회에 '임박한 종말'에 대한 기대는 사라졌다고 본다. 사도행전의 기록 자체가 임박한 종말에 대한 기대가 사라진 것에 대한 변증으로 볼 수 있다. 교회의 성장과 복음의 팽창이 종말보다 먼저 일어나야 하기 때문이다. 그렇다면 임박한 종말에 대한 기대가 사라진 2세기 초반에 로마교회의 성도들은 왜 자신을 팔아 가난한 자를 구제하고, 심지어 자신을 노예로 팔아 노예로 살아가는 다른 성도를 노예 상태에서 해방시켜 주었을까? 주후 30-40년 예루살렘교회의 성도들이 임박한 종말 때문에 유무상통했다는 설명을 우리가 백보 양보하여 맞다고 인정한다 하더라도, 2세기 초반 로마교회에서 일어난 일은 어떻게 설명할 것인가? 왜 100년 이후에 로마교회는 예루살렘교회보다 훨씬 더 강력한 모습으로 자신의 것을 다른 성도를 위해 희생했을까? 로마교회의 성도들이 서로를 정말로 피를 나눈 형제, 자매보다 더 가까운 형제자매로 생각하고, 서로를 뜨겁게 사랑하는 '형제 사랑'을 실

---

110) "We know many among ourselves who have given themselves up to bonds, in order that they might ransom others. Many, too, have surrendered themselves to slavery, that with the price which they received for themselves, they might provide food for others." (1 Clement 55:4)

제로 실천했기 때문이라고 설명하지 않는다면, 달리 설명이 불가능하다. 고대교회는 실제로 성도들이 서로를 형제와 자매로 생각하고, 서로를 사랑하며 신앙생활을 했다.

　그 교회는 하나님을 '아빠'(*Abba*)로 부르고, 하나님이 가장이 되시는 가정이다(막 14:36; 롬 8:15; 갈 4:5). 바울은 이 가정을 '하나님의 집'(the household of God)이라고 부른다(벧전 4:17; 딤전 3:15; 히 3:6; 10:21). 디모데전서 3:15, "만일 내가 지체하면 너로 하여금 <u>하나님의 집에서</u> 어떻게 행하여야 할지를 알게 하려 함이니 <u>이 집은 살아 계신 하나님의 교회요</u> 진리의 기둥과 터니라"에서 "하나님의 집"(οἶκος θεοῦ)은 건물을 가리키는 것이 아니라 가정(household)을 가리킨다. 예수가 예고한 대로 새로운 가족관계가 기존의 가족관계를 대체했다. 바울교회의 성도들은 교회에서 새로운 종류의 가정/가족관계를 경험했다. 중요한 것은 새로운 가정인 교회에서는 반드시 원래의 가정보다 사랑이 더 강력하게 경험되어야 했다는 점이다. 만약 그들이 새 가정인 교회에서 경험하는 사랑이 원래 자신의 혈육관계를 기초로 한 가정에서 경험하던 사랑과 비교할 때, 더 약하거나 같다면, 데살로니가교회처럼 핍박을 당할 때 성도들은 새 가정을 버리고 옛 가정으로 돌아가 버리고 말 가능성이 크다. 만약 교회에서 사랑은커녕, 갈등과 대립만 경험한다면 누가 과연 핍박을 견디면서 계속 교회에 나올 수 있을까? 하지만 로마의 클레멘트가 증언하듯이 나를 노예 상태에서 풀어주기 위해 자신을 노예로 팔고, 나에게 먹을 것을 주기 위해 자신을 노예로 판 성도들이 있는 교회라면, 내가 핍박을 받을 때 과연 쉽게 그 교회를 떠나 배교할 수 있을까? 불가능할 것이다.

　그러므로 바울이 '형제 사랑'을 강조하는 것은 결코 이것이 기독교인들이 지켜야 할 윤리적 덕목이기 때문만은 아니었다. 사랑은 믿음의 공동체의 존폐 자체를 결정하는 중요한 요인이었다. 형제들 간에 뜨거운 사랑이 있으면 핍박을 견디는 교회가 될 수 있고, 그런 사랑이 없다면 핍박이 일어날 때 교회는 순식간에 허물어지고 만다. 다행히 데살로니가교회는 믿음의 형제 자매들이 서로 뜨겁게 사랑하는 교회였다. 데살로니가전서 4:9, "**형제 사랑에 관하여는 너희에게 쓸 것이 없음은 너희들 자신이 하나님의 가르치심을 받아 서로 사랑함이라**"에는 믿은 지 불과 6개월도 안 된 데살로니가 성도들이 핍박을 이길 수 있게 한 또 다른 중요한 이유가 담겨있다. 가정과 같은 사랑의 공동체를 만드는 것, 이것이야말로 바울의 선교가 성공한 비결이다. 바울은 이미 경험을 통해 이 점을 잘 알고 있었기 때문에 데살로니가에서 교회를 개척할 때 형제 사랑을 강조하고 서로 사랑하며 살아가는 가정으로 교회를 만들었다.

그렇다면 바울은 이 형제 사랑에 관한 가르침을 어느 시점에 했을까? 아마도 개종자가 세례를 받은 뒤에 했을 것이다. 형제 사랑에 관한 가르침은 교회를 사랑의 공동체로 세우는(community building) 가르침이다. 교회 안에는 계층적 위화감이 없을 수 없었다. 당시 사회는 노예 제도가 있던 사회로, 태생적 결정되는 신분에 따라, 계층 간의 차별이 당연시되었다. 쉽게 말해 노예와 노예의 주인이 서로 '형제'라는 호칭으로 부르기조차 쉽지 않은 사회였다. 하지만 바울은 주인과 노예가, 상류층과 하류층이 서로 형제, 자매로 부르며 사랑하는 형제, 자매로 바라볼 수 있게 했다. 갈라디아서 3:28, "**너희는 유대인이나 헬라인이나 종이나 자유인이나 남자나 여자나 다 그리스도 예수 안에서 하나이니라**"는 미래의 하나님의 나라에서 각종 차별의 관계가 사라질 것을 말한다. 인종, 계층, 성별에 따른 차별이 하나님의 나라에 이르면 모두 다 사라진다. 그런 점에서 "**그리스도 예수 안에서 하나**"가 된다. 교회는 미래의 하나님 나라를 부분적으로 맛보는 곳이다. 바울은 미래의 하나님 나라 관점에서 성도들이 서로를 바라보게 하고, 하나님의 가정의 일원이 되어, 서로를 형제자매로 받아들이게 했다. 여기에서 발생하는 인간관계의 복합 에너지(synergy)가 사랑으로 모아질 때, 교회는 절대로 포기할 수 없는 '나의 가정'이 된다.

4:11 또 너희에게 명한 것 같이 조용히 자기 일을 하고 너희 손으로 일하기를 힘쓰라

"너희에게 명한 것 같이"는 바울이 이것을 교회를 개척하던 당시에 가르쳤다는 것을 가리키는 표시(indicator of Paul's original teachings)다. 바울은 '형제 사랑'을 강조하자마자 곧이어 1) 조용히 살 것, 2) 자신의 일을 할 것, 3) 자신의 손으로 노동할 것을 가르쳤다. '힘쓰다'로 번역된 동사 '필로티메오마이'(φιλοτιμέομαι)는 '무엇을 영예로 여기다, 열망하다'(to consider it an honor, aspire)라는 뜻이다. 바울이 '힘쓰라'고 말하는 첫 번째 것은 '조용히 사는 것'이다. 여기에서 사용된 동사 '헤수카조'(ἡσυχάζω)는 '조용히 살다'(to lead a quiet life)라는 뜻이다. 은둔생활을 이상적인 삶으로 여기는 사람들이 즐겨 사용하던 말이다. 세상/사회와 약간 거리를 유지하면서 살아가라는 뜻이다. 두 번째는 '자기 자신의 일을 하는 것'이다. "자기 일을 하고"(πράσσειν τὰ ἴδια)는 남의 일에 관여하지 않고 자신과 관련된 일에만 집중한다(to busy oneself with one's own things)는 뜻이다. 세 번째는 '너희 손으로 일하는 것'이다. 여기에서 '손'(χείρ, hand)이라는 단어를 사용하고 '일하다'라는 동사(ἐργάζομαι)를 사용하므로, 수공업자들을 향한 가르침으로 볼 수도 있지만, 이 경우에는 수공업자들을 포함하여 모든 성도가 각자 자신의 직업에 집중하라는 뜻이다. 문제는 형제 사랑과 조용히 사는 것, 자신의 일을 하는 것, 손으로 일하는 것이 어떤 논리적 흐름에서 연결되고 있는지를 설명하는 것이다.

데살로니가와 같은 항구도시에서는 배에서 화물을 올리고 내리기 위해 항상 유휴 노동력이 필요했다. 현대 항구에서는 컨테이너를 기계로 배에서 내리고 올리지만, 고대에는 모두 인력으로 상품을 올리고 내렸다. 문제는 겨울에는 지중해에 폭풍이 자주 발생해서 배가 많이 다니지 않으므로, 항구에서 일하는 사람들에게 노동의 기회는 계절에 따라 일정하지 않았다는 것이다. 봄, 여름, 가을이 지나, 겨울이 되면 항구에 배가 들어오지 않으므로 도시 안의 실업률은 높아졌다. 이들을 먹여 살리기 위해 겨울 혹은 기근 시에는 간혹 공공 식량 분배가 이루어졌지만, 충분하지 않았다. 이들은 평소 시장(agora)에서 소일하며 일감을 찾았으므로, 이들은 약간의 일당만으로도 쉽게 동원할 수 있었다. 데살로니가에서 유대인들의 사주를 받아 소동을 일으킨 사람들은 아마도 이런 사람들이었을 것이다(행 17:5, "그러나 유대인들은 시기하여 저자의 어떤 불량한 사람들을 데리고 떼를 지어 성을 소동하게 하여").

당시에는 사회 복지 기관이 따로 없었지만, 오늘날의 복지 제도의 역할을 하는 헬라 문화가 있었다. 그것은 후원자(patron)-피후원자(client) 문화였다. 재정적으로 여유가 있는 후원자들은 경제적으로 어려움을 겪는 피후원자들을 도와주었다. 한 명의 후원자는 여러 명의 피후원자들을 도울 수 있었다. 도움의 방식은 생활비를 지원하거나, 취직을 시켜주는 것이었다. 사회적 약자들은 평소에 후원자를 구해놓아야 했다. 후원자를 만들기 위해서는 평소 그 사람에 눈에 자주 띄고, 호의를 표하고, 그 사람과 어떻게 해서든 인간관계를 통해 만나면 존경과 충성

---

111) 이 구절에 대한 주석적 설명을 하면서 동시에 이 가르침이 갖고 있는 사회학적 효과에 대해서도 함께 설명하도록 한다.

을 표시해야 한다. 그래서 다행히 후원자가 생기면 도움을 받은 피후원
자들은 '상호 되갚음의 원리'(reciprocal reward system)에 따라 자신
이 진 은혜를 갚을 수 있는 기회가 오면 갚아야 했다. 물론 돈으로 갚아
야 한다는 뜻은 아니다. 예를 들어 도시에서 축제가 열려 후원자가 행진
(process)에 참여하여 말을 타고 도시의 중앙 도로를 지나갈 경우, 피후
원자들은 그 도로에 모여 후원자가 지나갈 때 큰 소리로 환호하며 그를
영예롭게 하면, 그것도 빚을 갚는 방법이 된다.

데살로니가에서 바울은 야손이라는 사람의 집에서 교회로 모였던
것으로 보인다. 야손은 데살로니가교회가 모일 장소로 자신의 집을 공개
한 사람이면서(행 17:7, "**야손이 그들을 맞아 들였도다**") 도시에서 지위
가 상당히 높았던 것으로 보인다. 왜냐하면 바울과 교회를 향한 고발이
매우 무거운 것이었음에도 불구하고(행 17:7, "**이 사람들이 다 가이사의
명을 거역하여 말하되 다른 임금 곧 예수라 하는 이가 있다 하더이다**"), 그
에 대한 처벌이 그리 무겁지 않았기 때문이다(행 17:9, "**야손과 그 나머
지 사람들에게 보석금을 받고 놓아 주니라**"). 야손은 바울과 만나기 훨씬
이전부터 데살로니가에서 후원자(patron)의 역할을 했을 것이고, 그가
돌보아주는 피후원자들(clients)이 적지 않았을 것이다. 야손이 복음을
받아들이고, 그의 집에서 교회로 모이게 되면서 야손의 집에서는 정기적
으로 '만찬'이 열리게 되었다. 그 만찬은 물론 '주의 만찬'이다. 야손의
집에서 교회가 예배로 저녁에 모이고, 그때마다 주의 만찬을 먹을 때에,
그 소식을 들은 야손의 피후원자들은 성만찬에 참여하여 그 음식을 먹으
려고 했을 것이다. 왜냐하면 하루 한 끼를 때우는 것도 쉽지 않은데, 귀
족들만 즐기는 만찬을 일반 평민들도 먹을 수 있었기 때문이다. 바울도
그들이 식사를 하러 오는 것을 막지 않았을 것이다. 그들은 모두 전도 대
상자들이기 때문이다. 그들 중 일부는 복음을 받아들여 세례받은 사람도
생겨났을 것이다. 하지만 피후원자들 중 여전히 복음을 믿지 않으면서도
예배에 와서 밥만 먹고 가는 사람도 적지 않았을 것이다. 바울이 데살로
니가에서 복음을 전한 것이 불과 6개월 정도밖에 되지 않았기 때문에 바
울은 이런 사람들을 교회에서 쫓아내지 않고 그들이 믿음을 갖게 되기를

기다리고 있었을 것이다.

이런 상황에서 사도행전 17장에 묘사된 것처럼 "유대인들은 시기하여 저자의 어떤 불량한 사람들을 데리고 떼를 지어 성을 소동하게 하여 야손의 집에 침입하여" 야손을 읍장들 앞으로 끌고 갔다. 그리고 이후 당분간 교회가 핍박을 받게 되었다. 핍박이 어느 정도 잦아든 시점에서 야손의 피후원자들은 불량배들에게 모욕을 당한 야손을 위해 무리를 지어 시장의 불량배들에게 보복하려고 할 것이다. 왜냐하면 그것이 그동안 그들이 야손에게 받은 은혜를 되갚을 수 있는 길이기 때문이다. 만약 그들이 폭력을 동원하여 야손의 집을 습격한 불량배들에게 보복한다면, 데살로니가 도시에서 다시 교회를 향한 핍박이 재개될 수도 있다. 또 장기적으로 보면 교회가 전도하는데 상당한 장애가 생긴다. 새로 생겨난 지 얼마 안 된 교회는 아직 소수 집단이므로 외부의 박해를 유발할 수 있는 모든 종류의 갈등을 스스로 만들어내지 않는 것이 중요했을 것이다. 그런 뜻에서 바울은 이런 사람들을 향해 '조용히 살 것'을 요구했다고 볼 수 있다.

그러므로 '조용히 살라'는 바울의 가르침은 세속의 문제에 관심을 갖지 말고 은둔의 삶을 살라는 명령으로 해석하면 곤란하다. 교회를 습격한 저자의 불량한 사람들에게 복수하려고 하는 사람들은 사실 교회의 예배에 출석하고 있지만, 엄밀히 말하면 신자도 아니고, 그렇다고 해서 불신자라고 말하기도 애매한 사람들이다. 내부의 입장에서 보면 '불신자'로 보이지만, 외부의 눈으로 보면 교회의 구성원으로 보일 수밖에 없다. '조용히 살라'는 바울의 말이 '형제 사랑'과 연결되는 지점은 바로 성만찬이다. 당시 주의 만찬은 실제 식사였고, 그 만찬을 준비하기 위해 야손이 대부분의 재정적 부담을 졌을 것이다. 야손의 입장에서는 복음을 믿건, 혹은 믿지 않건 다 자신의 피후원자들이므로, 그들이 교회 예배에 참석하여 주의 만찬을 먹는 것을 막지 않았을 것이다. 여하튼 배가 고픈 사람이 교회에 밥을 먹기 위해 왔을 때, 그들을 일단 환영하고 밥을 먹게, 즉 성만찬에 참석하게 해주는 것은 '형제 사랑'의 연장선에 있다고 보아야 할 것이다. 바울의 머리 속에서 생각의 흐름은 '형제 사랑'-'성만찬'-야손의 피후원자들이 보복을 할 가능성의 순서로 흘러갔을 것이고, 그래서 바울은 '조용히 살라'라는 말을 한 것으로 보인다. 그 말은 절대로 보복하지 말라는 뜻이다. 바울은 성도들이 동료 시민들 혹은 시민사회의 정치적 권력과 불필요한 마찰을 피하고 평화롭게 공존하기 위해 이렇게 가르치는 것으로 보인다. 로마서 12장에 있는 아래의 말씀을 데살로니가교회에 적용하면 어떻게 될까?

로마서 12:19-21
[19]내 사랑하는 자들아 너희가 친히 원수를 갚지 말고 하나님의 진노하심에 맡기라 기록되었으되 원수 갚는 것이 내게 있으니 내가 갚으리라고 주께서 말씀하시니라 [20]네 원수가 주리거든 먹이고 목마르거든 마시게 하라 그리함으로 네가 숯불을 그 머리에 쌓아 놓으리라 [21]악에게 지지 말고 선으로 악을 이기라

무엇보다도 야손의 피후원자들은 절대로 보복하지 말고 이 문제는 하나님의 진노하심에 맡겨야 한다. 야손도 피후원자들을 동원해 보복하게끔 해서도 안 된다. 만약 세월이 흘러서 야손의 집을 습격한 불량배들 중 어떤 사람이 데살로니가교회에 나타나 주의 만찬에 참석하려고 하면 어떻게 해야 할까? 그를 때려서 내쫓아야 할까? 바울은 그에게 먹이고 마시게 하라고 말한다. 그렇게 함으로 그의 머리에 숯을 쌓아 놓게 되고, 그 사람은 오히려 이런 경험을 하고 회개하고 복음을 받아들이게 될 수도 있다. 그러므로 성도들은 "선으로 악을" 이겨야 한다. 바울은 교회 밖의 모든 사람과 교회가 평화롭게 지내길 원한다(롬 12:18, "할 수 있거든 너희로서는 모든 사람과 더불어 화목하라"; 히 12:14, "모든 사람과 더불어 화평함과 거룩함을 따르라 이것이 없이는 아무도 주를 보지 못하리라"). 그래야 미래에 전도의 길이 막히지 않고 넓게 열리게 된다. 데살로니가전서 5:15, "삼가 누가 누구에게든지 악으로 악을 갚지 말게 하고 서로 대하든지 모든 사람을 대하든지 항상 선을 따르라"에서 바울은 로마서 12:19-21의 내용을 요약한 것 같은 말을 한다. 악으로 악을 갚지 말라고

말하는 것으로 보아, 데살로니가교회 안에는 마음만 먹으면 자신들이 당한 고난에 대해 앙갚음할 수 있는 능력이 있는 계층의 사람들도 있었다고 추측된다.

　'자기 자신의 일을 하라'는 말은 무슨 뜻일까? '남의 일에 관여하지 말라'는 뜻도 있을 수 있지만, 그 다음에 나오는 '너의 손으로 일하라'는 말과 연결된 뜻으로 볼 수 있다. 데살로니가 성도들의 사회 계층 분포에 대해서 정확하게 알 수는 없지만 대체로 고린도교회의 경우와 비슷할 것으로 추측된다. 고린도교회에는 가난한 하층민들도 많았고(고전 1:26, "형제들아 너희를 부르심을 보라 육체를 따라 지혜로운 자가 많지 아니하며 능한 자가 많지 아니하며 문벌 좋은 자가 많지 아니하도다"), 경제적으로 여유가 있는 상류층도 꽤 있었다(고전 5:1; 6:6; 11:22; 12:24). 교회 내부의 계층 분포는 대체로 도시 전체의 계층 분포를 그대로 반영한다고 보면 된다. 단지 데살로니가교회는 개척한 지 아직 6개월 정도밖에 되지 않았기 때문에 정상적인 계층 분포보다 즈금 더 하층민이 더 많은 비율을 차지하고 있었을 것이다. 바울 선교의 초기에는 회당과 작업장에서 바울이 전도한 사람들이 더 많기 때문이다. 상류층들은 야손과 같은 사람이 자신의 집에서 열리는 교회 예배에 상류층 친구들을 초청함으로 전도의 문이 열린다. 물론 친구를 초청할 때는 자신의 집에서 열리는 '만찬'에 초청하는 것이다. 그 친구가 만찬에 온다면 그는 매우 특이한 방식으로 진행되는 만찬의 경험을 하고, 바울의 설교를 듣게 된다.

　하지만 데살로니가에서 이런 상류층의 교회 합류는 아직 고린도교회에서 진행된 만큼 진행되지 않았을 것이다. 또 예상치 못한 교회 핍박 때문에 당분간 상류층의 합류는 쉽지 않을 것이다. 헬라 사회에서 상류층이 유대교에 합류하는 것도 문화적으로 쉽지 않았다. 상류층이 회당이나 교회에 출석하는 것은 헬라 종교의 신들을 모두 부정하는 것이기 때문이다. 따라서 데살로니가교회는 하층민들의 비율이 더 높았고, 하층민 중에는 수공업자들이 많았을 것이다. "너희 손으로 일하기를 힘쓰라"는 말에서 '손'을 언급하는 것도 바로 이런 연유 때문이다. 고린도전서 4:12, "또 수고하여 친히 손으로 일을 하며"에서도 바울은 '손'이란 단어를 사용하여 자신이 수공업자라는 점을 말한 적이 있다. 바울 자신이 수공업자였기 때문에 동료 수공업자들에게 이런 명령을 하기가 어렵지 않았을 것이다.

또 4:12에서 바울은 성도들이 왜 그렇게 해야 하는지를 설명한다: "이는 외인에 대하여 단정히 행하고 또한 아무 궁핍함이 없게 하려 함이라." 바울은 교회 밖의 외부인들의 눈에 성도들이 '단정히 행하는 사람'으로 보이기를 기대한다. 그렇다면 '단정히 행하지 않는 것'은 무엇일까? '자신의 일을 하지 않는 것'과 '자신의 손으로 일하지 않는 것'이다. 당시 헬라 문화의 후원자-피후원자 제도는 오늘날의 복지 기능에 해당하는 역할을 부분적으로 감당하고 있었다. 오늘날에도 과도한 복지는 사람들의 근로 의욕을 꺾고, 도무지 스스로 일하여 자신의 생계를 해결하려고 하지 않고 국가에 재정적으로 기대는 사람들을 양산하듯이, 그 시대에도 관대한 후원자는 게으름을 피우는 피후원자를 만들어낼 가능성이 있었다. 노동의 기회가 있어도 노동하지 않고, 후원자에게 기대어 살아가려는 사람들은 성도들의 형제 사랑을 악용하기만 하고, 교회에 계속 신세를 지려는 사람들이 있었을 것이다.

바울이 데살로니가전서 2:9에서 "형제들아 우리의 수고와 애쓴 것을 너희가 기억하리니 너희 아무에게도 폐를 끼치지 아니하려고 밤낮으로 일하면서 너희에게 하나님의 복음을 전하였노라"고 말한 이유는 자신을 변호하기 위한 것도 있었지만, 자신의 손으로 직장에서 근면하게 노동하는 모범을 제시하기 위한 것도 있었다. 피후원자가 후원자의 재정적 후원에 의존해 살아가는 것을 경계하기 위한 가르침으로 볼 수도 있다. 오늘날의 근로 윤리(work ethic)에 해당하는 것을 가르친 것이다. 데살로니가후서 3:6-10에서 바울은 이렇게 말한다.

데살로니가후서 3:6-10
⁶형제들아 우리 주 예수 그리스도의 이름으로 너희를 명하노니 게으르게 행하고 우리에게서 받은 전통대로 행하지 아니하는 모든 형제에게서 떠나라 ⁷어떻게 우리를

> 본받아야 할지를 너희가 스스로 아나니 우리가 너희 가운데서 무질서하게 행하지 아니하며 [8]누구에게서든지 음식을 값없이 먹지 않고 오직 수고하고 애써 주야로 일함은 너희 아무에게도 폐를 끼치지 아니하려 함이니 [9]우리에게 권리가 없는 것이 아니요 오직 스스로 너희에게 본을 보여 우리를 본받게 하려 함이니라 [10]우리가 너희와 함께 있을 때에도 너희에게 명하기를 누구든지 일하기 싫어하거든 먹지도 말게 하라 하였더니

만약 데살로니가후서가 데살로니가전서보다 먼저 보낸 서신이라면, 데살로니가전서 4:11에서 간단히 몇 마디로 요약해서 말하는 이유를 쉽게 알 수 있다. 이미 먼저 보낸 서신에서 길게 설명한 바가 있기 때문이다. "어떻게 우리를 본받아야 할지를 너희가 스스로 아나니"(7절)와 "오직 스스로 너희에게 본을 보여 우리를 본받게 하려 함이니라"(9절)는 데살로니가전서 2:9의 내용과 일치한다. 바울은 성도들이 근로 윤리를 갖고 스스로 일해서 생계를 유지할 것을 가르쳤고, 직접 몸으로 모범을 보여주었다. "게으르게 행하고 우리에게서 받은 전통대로 행하지 아니하는 모든 형제에게서 떠나라"(6절)는 말은 매우 강경한 명령이다. 그런 사람들을 교회에서 내보내라는 말이다.

바울은 데살로니가에서 교회를 개척하던 당시에 이미 이런 명령을 한 적이 있다(10절, "우리가 너희와 함께 있을 때에도 너희에게 명하기를"). 그 명령의 내용은 "누구든지 일하기 싫어하거든 먹지도 말게 하라"(10절)였다. 노동하지 않으면서 밥을 먹으려는 사람은 먹지 못하게 하라($\mu\eta\delta\grave{\epsilon}$ $\dot{\epsilon}\sigma\theta\iota\acute{\epsilon}\tau\omega$)는 명령이다. 바울은 이 사람들이 자기 집에서 밥을 먹으려고 할 때 성도들이 가서 숟가락을 뺏어 먹지 못하게 하라는 뜻으로 이 말을 한 것일까? 바울의 말은 주의 만찬의 맥락에서 해석해야 한다. 이런 사람이 교회 예배에 참석하여 주의 만찬에 참여하려고 할 때, 허락하지 말라는 뜻이다. 오늘날의 장로교 헌법의 '수찬정지'에 해당하는 명령이다. '출교'로 볼 수도 있다. '성찬'(Communion)에서 추방하는

것(ex-)이 출교(excommunication)다. 시편 101:5, "자기의 이웃을 은 근히 헐뜯는 자를 내가 멸할 것이요 눈이 높고 마음이 교만한 자를 <u>내가 용 납하지 아니하리로다</u>"의 "내가 용납하지 아니하리로다"의 70인역 번역 은 '내가 (그와) 함께 먹지 않겠다'(οὐ συνήσθιον)이다.[112] '함께 먹 다'(συνεσθίω)라는 동사는 식탁 교제를 의미한다. 신약성경에서는 교 회 예배의 맥락에서 성만찬을 의미한다. 고린도전서 5:11, "이제 내가 너 희에게 쓴 것은 만일 어떤 형제라 일컫는 자가 음행하거나 탐욕을 부리거 나 우상 숭배를 하거나 모욕하거나 술 취하거나 속여 빼앗거든 사귀지도 말고 그런 자와는 <u>함께 먹지도 말라</u> 함이라"에서도 '함께 먹다'(συνεσθί ω)라는 동사가 사용되었다. 성만찬에서 추방하라는 뜻이다. 성만찬에서 추방되는 것은 곧 종말의 하나님의 식탁에서 추방되는 것이다.

데살로니가후서 3장에서 바울은 "무질서하게 행하지 아니하며"(7 절), "누구에게서든지 음식을 값없이 먹지 않고"(8절) "너희 아무에게도 폐를 끼치지 아니하려"(8절) "오직 수고하고 애써 주야로 일"(8절)했다고 말한다. 이것은 성도들이 보기에나, 혹은 교회 밖의 불신자들이 보기에 '단정히 행하기'(살전 4:12) 위함이다. 시대를 막론하고 사람이 생계를 스스로 일하여 해결하는 것은 권장되는 것이다. 바울은 혹시라도 자신이 야손과 같은 상류층의 재정적 능력에 기대어, 일하지 않고 피후원자로 살아가는 것처럼 비추어지지 않도록 주의했다. 그는 성도들에게도 그 점 을 주의하라고 권면한다. 외부인들이 교회에 대해서 나쁜 인상을 갖는 것을 결코 전도에 좋은 조건이 되지 않는다. 외부인들이 보기에 교회가 야손의 피후원자 집단으로 보이고, 그 안에는 게으름을 피우며 야손의 호의에 기대어 생계를 이어가는 사람들로 득실거린다는 인상을 주면 결 코 교회의 전도에 도움이 되지 않기에 바울은 더욱 이 점을 강조했다.

그렇다면 근로 윤리는 바울의 교회 개척에 어떤 사회학적 효과를 주었을까? 만약 교회의 모든 성도가 피후원자가 되어 후원자와 교회에

---

112) 로이 E. 씨암파(Roy E. Ciampa), 브라이언 S. 로스너(Brian S. Rosner), "고린도전서," G. K. 빌, D. A. 카슨 편, 『바울서신』 (신약의 구약사용 주석 시리즈 vol. 4; 서울: 기독교문서선교회, 2012), 100.

재정적으로 의존하게 된다면 교회는 '형제 사랑'을 위한 재원을 쉽게 마련하기 어렵게 될 것이다. 마케도니아 모든 지역의 성도들을 돕는 것을 상상하기 어려워진다. 반대로 모든 성도가 각자 자신의 직업을 갖고 노동하여 생계를 스스로 해결한다면 교회가 형제 사랑을 위한 재원을 마련할 때 십시일반으로 액수에 상관없이 모두 참여하여, 보다 많은 재원을 마련할 수 있게 된다. 실제로 데살로니가교회를 포함하여 마게도냐 지역의 교회들은 예루살렘의 가난한 성도들을 위한 헌금에 적극적으로 참여하였다. 바울은 고린도후서 8:1-4에서 마게도냐 지역의 성도들이 자원하여 이 헌금에 참여했다고 말한다.

> [1]형제들아 하나님께서 마게도냐 교회들에게 주신 은혜를 우리가 너희에게 알리노니 [2]환난의 많은 시련 가운데서 그들의 넘치는 기쁨과 극심한 가난이 그들의 풍성한 연보를 넘치도록 하게 하였느니라 [3]내가 증언하노니 그들이 힘대로 할 뿐 아니라 힘에 지나도록 자원하여 [4]이 은혜와 성도 섬기는 일에 참여함에 대하여 우리에게 간절히 구하니

극심한 가난 속에 있던 성도들이 자신들처럼 가난 속에 있는 예루살렘교회의 성도들을 위해 헌금할 수 있었던 것은 그들이 바울의 가르침에 순종하여 각자 자신의 일을 했기 때문이다. 마게도냐 지역 교회들 중 빌립보교회는 심지어 바울의 선교 사역을 물질적으로 돕기도 했다(빌 4:15-16, "빌립보 사람들아 너희도 알거니와 복음의 시초에 내가 마게도냐를 떠날 때에 주고 받는 내 일에 참여한 교회가 너희 외에 아무도 없었느니라 데살로니가에 있을 때에도 너희가 한 번뿐 아니라 두 번이나 나의 쓸 것을 보내었도다"). 바울이 고린도에서 교회를 개척할 때도 선교 지원금으로 후원했다(고후 11:9, "마게도냐에서 온 형제들이 나의 부족한 것을 보충하였음이라"). 바울이 근로 윤리를 가르치고 성실하게 노동하게끔 했기에 이렇게 성도들이 자신을 희생하는 헌금을 할 수 있었다.

야손이 돕고 있던 피후원자들이 바울의 가르침에 순종하여 각자

직장을 갖고 일해서 자신의 생계를 독립적으로 해결하게 된다면 야손의 입장에서도 정말로 도움이 필요한 사람에게 실질적인 도움을 줄 수 있을 것이다. 하지만, 반대의 경우라면 야손으로서도 많은 사람에게 실질적 도움을 주기는 점점 더 어려워질 것이다. 바울의 가르침이 실천되면 헬라 문화의 후원자-피후원자 제도가 제대로 기능을 할 수 있게 되고, 반대의 경우라면 이 제도가 남용되어 실제적 도움을 주기 어렵게 된다. 야손의 집에 교회가 세워지고 야손의 피후원자들이 복음을 믿고, 바울의 가르침을 따라 근로 윤리를 갖고 살아간다면, 그 소문이 데살로니가 도시의 상류층들에게 알려질 것이다. 그들은 복음에 더 호의적인 태도를 갖게 될 것이고, 그들을 전도하기가 훨씬 수월해진다. 교회가 핍박을 받을 가능성도 줄어들게 된다. 복음 전도에 매우 유리한 상황이 된다. 그래서 근로 윤리를 바로 세우는 것은 장기적으로 교회가 성장하고, 형제 사랑을 더 많이, 더 넓게 실천할 수 있는 가능성을 열어준다. 그런 점에서 앞으로도 핍박을 이기는 성도를 만들어낼 수 있는 유리한 조건이 만들어진다. 내부에서건 외부에서건 교회가 부정적인 인상이 아니라, 자긍심을 느낄 수 있는 긍정적인 공동체라야 핍박을 받을 때 교회를 떠나지 않게 된다. 평소에 교회에 노동 윤리가 없는 게으름뱅이들만 가득하다면 외부인의 손가락질을 피하기 위해서라도 교회를 떠나려고 할 것이다.

그렇다면 바울은 근로 윤리를 교회 개척의 어느 시점에 가르쳤을까? 아마도 성도들이 세례를 받고 교회 안에서 '형제 사랑'의 실천이 이루어져 성도들이 서로 깊이 사랑하는 관계를 형성한 뒤에 근로 윤리를 가르쳤을 것이다. 일하지 않고 먹으려 하는 사람들은 '형제 사랑'을 악용하여 노동하지 않으려 하는 사람들이므로, 형제 사랑이 본 궤도에 오르기 전에 말하는 것보다 그 이후에 말하는 것이 더 효과적이었을 것이다.

바울이 평소에 성도들의 근로 윤리를 강조하고, 남에게 자신의 의식주를 의존하지 말고 스스로 해결하도록 명령한 것은 오늘날 우리에게 매우 중요한 의미가 있다. 오늘날 적지 않은 사람들이 국가가 자신의 의식주를 해결해주어야 한다고 생각한다. 또 국가는 복지라는 구실로 정당한 세율을 넘어서는 세금을 걷어 국가가 국민의 삶을 책임지겠다고 공약

한다. 결국 시간이 갈수록 정부를 비대해지고, 세금 낭비와 비효율이 증가한다. 근로 의욕이 꺾이고 근로 윤리도 사라진다. 아무도 일하고 싶어 하지 않고, 정부의 복지 지출이 과다하게 되어 결국 정부가 파산하지 않기 위해, 그 적자를 메꾸기 위해 또 세금을 올린다. 결국 국가 전체의 생산성이 줄어들어 사회 발전의 역동성이 사라진다.

"누구든지 일하기 싫어하거든 먹지도 말게 하라"는 바울의 가르침은 서구 근대 사회의 개신교들의 직업윤리와 근로 윤리를 세우는 데 영향을 주었다. 자신의 직업을 하나님의 소명으로 가르친 칼빈은 개혁주의의 근로 윤리를 성경적 토대 위에 세웠다. 종교개혁 이후에 등장한 개신교도들(Protestants)은 근검, 절약하고 열심히 일했다. 노동의 효율을 올리기 위해 기술 개발을 한 결과 각자의 부를 증가시킨 것은 물론 사회 전체의 부를 증가시켰다. 이로 인해 중산층이 등장하고 절대왕정을 무너뜨리는 시민혁명이 일어났다. 민주주의 제도가 발전하기 시작했고 산업혁명을 거쳐 오늘날의 자유롭고 풍요한 문명사회에 도달하게 되었다. 그 과정에서 개신교도들의 직업윤리와 근로 윤리는 사회 발전의 원동력이 되었다.

4:12 이는 외인에 대하여 단정히 행하고 또한 아무 궁핍함이 없게 하려 함이라

"단정히"로 번역된 부사 '유스케모노스'(εὐσχημόνως)는 '좋다'라는 뜻의 접두어 '유'(εὐ-)와 '모습'(shape, appearance)이라는 뜻의 명사 '스케마'(σχῆμα)가 만난 합성어다. '좋은 모습으로'라는 뜻이다. 바울은 성도들이 교회 밖의 사람들에게 부정적인 모습이 아니라, 긍정적인 모습으로 보이길 원한다. '단정히 행하다'라는 말의 구체적인 뜻은 11절의 내용이라고 판단된다. 즉 '조용히 사는 것,' '자신의 일을 하는 것,' 또 '자신의 손으로 일하는 것' 등이 '단정히 행하는 것'이라고 볼 수 있다. 노동하여 스스로 생계를 유지하는 것은 당시 헬라인들의 기준으로

도 권장되는 것이었다. 성도들은 세속사회의 가치 중 긍정적인 것은 그대로 인정하고 더 잘 지켜야 한다. 성도들이 믿지 않는 외부인들에게 혹은 교회에 경제적으로 의존하지 않고 스스로 노동하여 사는 사람이 되어야 외부인들이 교회에 대해 좋은 인상을 갖게 되고, 복음을 전하는데 우호적인 조건이 생긴다. 이렇게 단정히 행하면 **"아무 궁핍함이 없게"** 된다. 데살로니가처럼 교역이 많고, 많은 사람이 왕래하는 항구도시에서 겨울과 같이 일자리가 줄어드는 시기를 제외한 나머지 기간에는 얼마든지 마음만 먹으면 취직하여 자신의 생계에 필요한 돈을 벌 수 있기에 바울은 자신의 말대로 하면 궁핍하게 되지 않는다고 단언한다.

"외인"(οἱ ἔξω, 外人)은 영어로 'outsiders'다. 여기에 나오지 않지만, 반대말은 '내인'(οἱ ἔσω, 內人, insiders)이다. 바울은 '외인'과 '내인'이라는 표현을 다른 서신에서 사용한다. 예를 들어 고전 5:12-13, "**밖에 있는 사람들**(οἱ ἔξω, 外人)을 판단하는 것이야 내게 무슨 상관이 있으리요마는 교회 **안에 있는 사람들**(οἱ ἔσω, 內人, insiders)이야 너희가 판단하지 아니하랴 **밖에 있는 사람들**(οἱ ἔξω, 外人)은 하나님이 심판하시려니와 이 악한 사람은 너희 중에서 내쫓으라"(골 4:5; 딤전 3:7; 딛 2:8; 참고 막 4:11).

바울이 이런 표현을 추가 설명 없이 이렇게 사용하는 것은 그가 평소 이런 표현을 교회에서 자주 사용했기 때문이다. 그가 '밖에 있는 사람들' 혹은 '안에 있는 사람들'이라는 표현을 사용하려면 청중들의 마음속에 일종의 '경계선'(boundary)이 있어야 한다. 외부인 혹은 내부인(outsiders or insiders)라는 말은 일정한 경계선(boundary)을 기준으로 하여 그 경계선 내부와 외부에 있는 사람을 구분하기 때문이다. 그리고 이 경계선은 실제로 존재하는 어떤 물리적인 선이나 담장은 아니다. 그 경계선은 사람들의 마음속에 있는 심리적 경계선(psychological boundary)이다. 그 경계선은 교회를 나머지 세상으로부터 구분하는 경계선이기도 하다.

바울이 데살로니가에 오기 전 데살로니가 성도들의 마음속에 안과 밖을 이런 식으로 구분하는 경계선 같은 것은 존재하지 않았다. 데살로

334

니가 시민들은 모두 같은 도시의 시민들이며, 그런 의미에서 그들은 모두 '내부인'이다. 하지만 바울이 데살로니가에 도착한 뒤 바울은 그의 청중들의 마음속에 심리적 경계선을 긋기 시작한다. 바울은 성도들의 마음속에 심리적 경계선을 원으로 그리고, 성도들은 그 경계선 내부에 있고, 나머지 모든 인류는 그 경계선 밖에 있는 '외부인'으로 인식하게 만든다. 소수이지만 교회 안에 있는 성도들과 교회 밖의 다수의 인류를 이렇게 두 그룹으로 나누고 그 경계선 안에 자기 자신이 있다고 생각하는 것, 또 그 안에서 바깥세상을 바라보는 그런 관점의 변화가 일어나는 것, 바로 그것이 곧 개종(conversion)이다. 종교 사회학적으로 말하면 바울이 데살로니가에 와서 그가 한 일은 청중들의 마음에 경계선을 긋는 것, 그리고 사람들이 그 경계선 안에 있는 사람으로 스스로 인식하게 만든 것이다. 이것이 곧 그의 교회 개척의 핵심이다. 그렇게 함으로써 데살로니가 성도들은 새로운 자기 정체성(self-identity)을 갖게 된다.

　　새로운 집단이 등장하고, 그 집단이 계속 유지가 되려면 집단의 구성원이 강력한 자기 정체성을 갖고 있어야 한다. 내가 누구인지, 우리가 누구인지, 우리와 저들은 어떻게 다른지, 등을 명확하게 인식하고 있다면 그 집단은 지속할 수 있다. 하지만 이런 자기 이해가 불명확 집단은 얼마 못 가서 소멸하게 된다. 바울 교회가 핍박에도 불구하고 없어지지 않고 살아남은 것은 바울교회의 성도들이 스스로를 '내부인'으로 인식하고, 나머지 불신자들을 '외부인'으로 인식하여, '우리'와 '그들'을 매우 뚜렷하게 구분할 수 있었기 때문이다. 바울 교회뿐만 아니라 초기 교회가 매우 적대적인 환경 속에서 살아남았을 뿐만 아니라, 머지않아 로마제국 전체에 널리 퍼져 결국 합법 종교로 공식적으로 인정받게 된 것도 이런 뚜렷한 자기 정체성을 갖고 있었기 때문이다.

　　바울은 '그리스도 안에'(in Christ)라는 표현을 매우 자주 사용한다(예, 롬 8:1, "그러므로 이제 <u>그리스도 예수 안에 있는</u> 자에게는 결코 정죄함이 없나니"). '그리스도 안에'를 해석하는 여러 가지 방법이 있지만, 이 표현은 기본적으로 경계선을 전제로 한 표현이다. 원으로 된 경계선이 있고 '안과 밖'(in and out)이 있다. '안에' 있다는 것은 위치라기보다는 '소속'을 나타낸다. 그리스도에게 소속되어 그리스도의 안에 머물러 있으면 심판의 형벌을 면제받을 수 있다. '그리스도 안에'를 굳이 '그리스도와의 신비한 연합'(myterious union with Christ)으로 해석할 필요는 별로 없다.

그렇다면 이런 심리적 경계선을 만드는 방법은 무엇일까? 바울이 이런 경계선을 만들 수 있었다면 우리도 만들 수 있지 않을까? 심리적 경계선을 만드는 방법에 대해서는 데살로니가전서 5:4-8의 주석과 보충 설명 10, "분리 언어의 사용과 심리적 경계선의 형성"에서 다루도록 한다.

4:13 형제들아 자는 자들에 관하여는 너희가 알지 못함을 우리가 원치 아니하노니 이는 소망 없는 다른 이와 같이 슬퍼하지 않게 하려 함이라

"자는 자들"은 '죽은 사람들'을 에둘러 완곡하게 표현하는 것이다. 실제로 죽은 사람들이 수면 상태에 있다는 의미가 아니다. 데살로니가전서 5:1, "예수께서 우리를 위하여 죽으사 우리로 하여금 깨어 있든지 자든지 자기와 함께 살게 하려 하셨느니라"에서도 "깨어 있든지 자든지"는 '살아 있든지 죽든지'라는 뜻이다. 데살로니가전서 4장 16절의 "그리스도 안에서 죽은 자들"(οἱ νεκροὶ ἐν Χριστῷ)은 그 죽은 자들이 그리스도를 믿는 믿음 가운데에 죽었다는 뜻이다. "자는 자들에 관하여는"(περὶ τῶν κοιμωμένων)은 질문에 대답하는 양식으로 볼 수 있다. 데살로니가에서 바울이 교회를 개척할 때 바울은 주의 부활에 대해서 이미 가르쳤다. 가까운 장래에 주의 재림, 종말, 부활이 있을 것도 가르쳤다(살전 1:10). 그러나 주의 강림 전에 죽은 사람의 운명에 대해서는 아직 가르치지 않았던 것 같다. 종말이 오기 전에 죽은 성도들은 재림 때에 어떻게 되는지, 부활하는 것인지, 부활한다면 언제 부활하는 것인지 등에 대해 구체적으로 가르치지 못한 상태에서 바울이 데살로니가를 떠났다. 지금 죽은 성도들의 부활 문제에 대해 성도들이 질문하고 바울이 대답하는 이유는 단

336

순한 호기심 때문이 아니다. 실제로 성도 중 일부가 죽었고, 이들의 부활에 대해 성도들이 궁금해하고 있고, 디모데를 통해 이 문제에 대해 질문했기 때문이다.

바울이 종말과 부활에 대해서 전혀 가르치지 않았다고 보기는 어렵다. 데살로니전서 1:10, "또 죽은 자들 가운데서 다시 살리신 그의 아들이 하늘로부터 강림하실 것을 너희가 어떻게 기다리는지를 말하니"에는 재림, 즉 종말이 포함되어 있고, 예수의 부활이 포함되어 있다. 바울이 부활하신 예수의 재림을 말하면서 종말의 성도들의 부활을 전혀 말하지 않았다고 생각하기는 어렵다. 만약 바울이 임박한 재림과 부활을 가르쳤지만, 재림 전에 죽은 성도들은 예수가 재림하실 때 어떻게 될 것인지 미처 가르치지 못한 것 같다. 성도들이 살아 있는 중에 예수가 재림하시고, 그들이 부활의 몸을 입는 변화를 체험할 것 알고 있지만, 그들은 최근에 죽은 동료 성도들은 재림 때에 부활하는 것인지, 부활한다면 언제 부활하게 될 것인지 디모데를 통해 바울에게 질문했을 것이다.

"자는 자들"은 복수형이므로 최소 두 명 이상의 성도들이 죽었다. 만약 바울이 데살로니가에 있는 동안 누군가가 죽었다면 그때 바울에게 재림 전에 죽은 성도의 부활에 대해 직접 질문했을 것이고 바울도 구두로 곧바로 대답했을 것이다. 지금 이 편지에서 이 문제에 대해 대답하는 건 그들이 죽은 시점이 바울이 데살로니가를 떠난 직후부터 디모데가 다시 데살로니가에 도착하기 이전의 어느 시점 사이이기 때문이다. 박해가 일어나 바울이 피신한 뒤, 다시 디모데가 데살로니가를 방문할 때까지의 기간은 짧은 기간이다. 한 두 달 정도의 기간이다. 당시 데살로니가교회의 회중은 몇 명 정도였을까? 당시 헬라-로마 시대의 평균적인 가옥 구조와 크기를 고려할 때, 30명 내외였을 것으로 추정된다. 당시 가옥의 가장 큰 공간은 가옥의 한 중앙에 있는 '아트리엄'(*Atrium*, formal entrance hall)이고, 아마도 이곳에서 예배를 드렸을 것으로 본다. 평균적인 아트리엄의 크기는 30명 정도가 모여 식사할 수 있는 공간이다. 물론 숫자가 증가하면 아트리엄 옆에 있는 침실(*cubiculum*, bedroom)의 벽을 허물어 아트리엄의 크기를 확장할 수 있지만, 개척한 지 6개월밖에

되지 않은 데살로니가교회를 위해 야손이 자신의 집을 리모델링했다고
보기는 어렵다. 전체 성도가 30명 내외였고, 적어도 2명 혹은 그 이상의
성도가 죽었다. 약 10%의 성도들이 그 짧은 기간에 죽은 셈이다. 바울이
데살로니가를 떠난 뒤 그리고 디모데가 다시 데살로니가를 방문할 때까
지, 그 짧은 기간에 두 명 이상이 죽었다면, 과연 그들의 죽음의 원인을
자연사라고 생각하는 것이 합리적인 추론일까? 아니다. 그들의 죽음은
박해로 인한 죽음이었을 가능성이 매우 크다.

　　"소망 없는 다른 이"(οἱ λοιποὶ οἱ μὴ ἔχοντες ἐλπίδα)에서 "다
른 이"는 '나머지 사람들,' 즉 '나머지 인류'를 가리키는 말이다. 12절의
"외인"(外人)을 달리 표현한 것이다. 바울은 인류를 '소망이 있는 자'와
'소망이 없는 자' 두 그룹으로 나눈다. 이것은 인류를 '내인'(內人)과 '외
인'(外人), 두 그룹으로 나누는 것과 동일한 방식이다. 이렇게 인류를 단
두 개의 그룹으로 나누는 이런 표현을 '분리 언어'(separation
language)라 부른다.[113] 이렇게 인류를 두 개의 그룹으로 나누는 표현
들을 많이 만들어내어, 지속적으로 사용하면 성도들의 마음속에 심리적
경계선이 그어진다. 그리스도 밖에 있는 나머지 인류에게는 소망이 없
다. 그러나 '내인', 즉 그리스도 안에 있는 사람들에게는 소망이 있다. 그
소망은 부활의 소망이다. 산 사람이 다른 사람의 죽음을 슬퍼하는 것은
당연한 일이다. 그러나 바울은 살아 있는 성도들이 죽은 성도들로 인해
'외인들처럼' 슬퍼하지 않기를 원한다. 성도들에게는 부활의 소망이 있
으므로, 슬퍼는 하되, '외인들처럼' 슬퍼하면 안 된다.

4:14 우리가 예수께서 죽으셨다가 다시 살아나심을 믿을진대 이와 같이
예수 안에서 자는 자들도 하나님이 그와 함께 데리고 오시리라

　　"우리가 … 믿을진대"(πιστεύομεν ὅτι, we believe that)는 신앙

---

113) 분리언어에 대해서는 데살로니가전서 5:4-8에서 상세히 다룬다.

고백문(creed)을 도입하는 양식이다. 데살로니가 성도들이 믿는 것은 '예수가 죽으셨고 부활하셨다'('Ιησοῦς ἀπέθανεν καὶ ἀνέστη, "예수의 죽었다가 다시 사심")는 것이다. 이것은 고린도전서 15:3-4, "성경대로 그리스도께서 우리 죄를 위하여 죽으시고 장사 지낸 바 되셨다가 성경대로 사흘 만에 다시 살아나사"에 나오는 바울 이전의 초대교회의 신앙고백문(pre-Pauline credal formula)의 축약형으로 보인다. 고린도전서 15:4에서 부활을 언급할 때 타동사인 '에게이로'(ἐγείρω, to raise up)의 수동형(ἐγήγερται)이 사용되었지만, 데살로니가전서 4:14에서는 자동사인 '아니스테미'(ἀνίστημι, to stand up, rise)의 능동형(ἀνέστη)이 사용한 점이 다르다. 신적 수동형에서 능동형으로 문장형태가 바뀌고, 주어도 "그리스도"에서 "예수"로 바뀐 점에 차이가 있다. 고린도전서 15:3-4보다 이 절의 "우리가 예수께서 죽으셨다가 다시 살아나심을 믿을진대"가 더 간명한 신앙고백문이다.

바울이 전한 복음은 예수의 십자가 죽음과 부활의 복음이다. 바울은 이 복음을 하나님으로부터 직접 받았다(갈 1:12, "이는 내가 사람에게서 받은 것도 아니요 배운 것도 아니요 오직 예수 그리스도의 계시로 말미암은 것이라"). 그가 받은 계시는 "그의 아들"(갈 1:16), 즉 예수 그리스도에 관한 것이었고, 그 핵심은 그의 죽음과 부활에 관한 것이었다. 바울은 하나님께로부터 받은 복음을, 받은 그대로, 아무 다른 내용을 섞어 넣지 않고 보존하여, 순도 백퍼센트의 상태로 전달하였다(고후 2:17, "우리는 수많은 사람들처럼 하나님의 말씀을 혼잡하게 하지 아니하고 곧 순전함으로 하나님께 받은 것 같이 하나님 앞에서와 그리스도 안에서 말하노라"). 그는 전도하기 위해 어느 도시건 들어갈 때 오직 이 십자가 복음 외에는 전하지 않겠다고 다짐했다(고전 2:1, "내가 너희 중에서 예수 그리스도와 그가 십자가에 못 박히신 것 외에는 아무 것도 알지 아니하기로 작정하였음이라"). 이것은 데살로니가에서도 예외가 아니었다. 당시에도 오늘날처럼 이런 십자가 복음 외에도 다른 버전(version)의 복음이 있었지만(갈 1:8, "우리가 너희에게 전한 복음 외에 다른 복음을 전하면 저주를 받을지어다"), 바울은 사도들과 함께 진짜(authentic) 복음의 전승

(tradition)을 이어갔다.

　　"예수 안에서 자는 자들도"에서 '자다'라는 동사는 13절에서와 마찬가지로 '코이마오'(κοιμάω) 동사를 사용한다. '죽은 자들'을 에둘러서 "자는 자들"이라고 부른 것이다. "안에서"로 번역된 헬라어 전치사는 '디아'(διά)다. 전치사의 목적어로 속격(genitive)이 사용되었으므로, '통하여' 혹은 '말미암아'로 번역해야 한다. 현재의 개역성경 번역은 정확한 문법적 번역은 아니다. 이렇게 번역한 이유는 '예수를 통하여 죽은 자들'이라는 말이 쉽게 이해되지 않기 때문이다. 그래서 영어 성경에서도 '안에서'라는 뜻의 전치사 'in'으로 번역한 경우가 대부분이다. 만약 '디아' 뒤에 대격(accusative)이 목적어로 오면 '예수 때문에'로 번역할 수 있다. 그러면 '예수 때문에 죽은 자들'이므로 이해가 쉽다. 하지만 본문의 '디아'(διά) 전치사의 목적어는 대격이 아니라 속격이다. '예수를 통하여'(διὰ τοῦ Ἰησοῦ)를 '자다'라는 동사에 연결시키지 않고 '데리고 오다'(ἄγω, to bring)에 연결하여 번역하는 것도 가능하다. 동사 뒤에 "그와 함께"(σὺν αὐτῷ)가 있으므로, 동사 앞과 뒤에 있는 전치사 구를 모두 같은 동사에 연결하여, '그리스도를 통하여 그와 함께 데리고 오시리라'라고 번역할 수 있다. 그렇게 번역하는 학자들도 있고, 가능한 선택지다. 하지만 번역을 해놓고 보면 조금 어색하다. 결국 '예수를 통하여'를 '죽다'라는 의미의 동사 '자다'와 연결하여 해석하는 것이 더 나은 선택이다. 그렇다면 '예수를 통하여 죽은 자들'이라는 바울의 표현을 어떤 뜻으로 해석해야 할까? 그들의 죽음이 믿음으로 인한 순교였을 가능성이 크다는 점을 고려하면, 그들의 죽음이 겉으로 보기에는 타살(他殺)이지만 '그리스도를 통한'(agent의 의미) 죽음, 즉 그리스도의 섭리와 뜻에 의한 죽음으로 묘사하기 위해 '예수를 통하여(διὰ τοῦ Ἰησοῦ) 잠든 자들'이라고 말했다고 볼 수 있다.

4:15 우리가 주의 말씀으로 너희에게 이것을 말하노니 주께서 강림하실 때까지 우리 살아 남아 있는 자도 자는 자보다 결코 앞서지 못하리라

바울은 이 가르침을 "주의 말씀으로 … 말하노니"(λέγομεν ἐν λόγῳ κυρίου)라고 말한다. 종말에 관한 가르침은 바울 개인의 생각이 아니라 예수의 직접적인 권위 있는 가르침을 전달하는 것이다. 마치 구약의 선지자들이 자신의 개인적 견해를 전달하는 게 아니라, 하나님께로부터 받은 메시지를 전하는 것과 유사하다. 물론 바울이 그리스도로부터 직접 받은 계시를 말하는 것일 수도 있고, 아니면 제자들을 통해 보존된 '예수의 말씀 전승'을 전달받아 그 전승을 말하는 것일 수도 있다. 마태복음 24:30-31(//막 13:26-27), "그 때에 인자의 징조가 하늘에서 보이겠고 그 때에 땅의 모든 족속들이 통곡하며 그들이 인자가 구름을 타고 능력과 큰 영광으로 오는 것을 보리라 그가 큰 나팔소리와 함께 천사들을 보내리니 그들이 그의 택하신 자들을 하늘 이 끝에서 저 끝까지 사방에서 모으리라"에 보존된 예수 전승은 데살로니가전서 4:14-16의 내용과 유사하다.

"강림"으로 번역된 '파루시아'(παρουσία)는 동사 '파레이미'(πάρειμι)의 명사형이다. 이 동사의 뜻은 '있다'(to be present)이므로, 그 명사형 '파루시아'는 '존재,' 혹은 '있음'이란 뜻이다(고전 16:17; 고후 10:10; 빌 2:12). 이런 뜻에서 유추하여 '파루시아'는 '도착'(arrival), '강림'(advent) 등으로 그 의미가 확장된다. 고린도후서 7:6, "하나님이 디도가 옴으로 우리를 위로하셨으니"에서 "디도가 옴으로"(ἐν τῇ παρουσίᾳ Τίτου)는 직역하면 '디도의 파루시아(도착, 옴)를 수단으로 하여'다. 복음서에서 '파루시아'는 그리스도 혹은 인자의 재림을 가리키기 위해 사용되었다(마 24:3, 27, 37, 39). 바울은 그리스도의 재림을 가리키는 용어로 사용한다(고전 15:23; 살전 3:13; 2:19; 5:23; 살후 2:1, 8). 바울뿐만 아니라 야고보서도(약 5:7, 8), 베드로후서도(벧후 1:16; 3:4, 12) '파루시아'를 주의 재림을 위한 용어로 사용한다.

그리스도의 재림은 다니엘서 7:13에서 인자가 오는 것과 연결되어 있다. 다니엘서 7:13, "인자 같은 이가 하늘 구름을 타고 와서"에서는

'오다'(to come)라는 동사 '에르코마이'(ἔρχομαι)가 사용되었다. 이 동사의 명사형으로 '옴'(coming)이라는 뜻의 '엘류시스'(ἔλευσις)가 있지만, 이 단어는 신약성경에서 사도행전 7:52, "**의인이 오시리라**(περὶ τῆς ἐλεύσεως τοῦ δικαίου) 예고한 자들을 그들이 죽였고"에서 단 한 번 사용되었다. 초대교회가 그리스도의 재림을 나타내는 단어로 왜 '엘류시스'(ἔλευσις)보다 '파루시아'(παρουσία)를 선호했는지 이유를 잘 모르지만, 아마도 '엘류시스'가 헬라 이방 종교의 '엘류시안 신비종교'(Eleusianian Mysteries)에서 사용되는 용어였기 때문일 수도 있다. 마가복음 10:45, "**인자가 온 것은 섬김을 받으려 함이 아니라**"에서도 '오다'(to come)라는 동사 '에르코마이'(ἔρχομαι)가 사용되었으므로, 예수도 자신을 다니엘서 7:13의 인자로 보고 있다. 다음절에서 바울은 그리스도가 "**하늘로부터 강림하시리**"라고 말하고 있으므로 '파루시아'는 다니엘서 7:13의 '인자의 오심'과 연결되어 있다.

'파루시아'(παρουσία)는 고대사회에서 왕이나, 왕을 대표하는 사람의 공식적 '방문'이라는 뜻으로 사용된 용례가 있다. 주전 264, 혹은 227년경의 편지에서 '파루시아'가 왕의 방문, 혹은 도착이란 뜻으로 사용되었고, 프톨레미 왕조의 왕과 왕비(Ptolemy Philometor and Queen Cleopatra)의 멤피(스) 방문을 기록할 때도 사용되었다.[114] 이 단어가 왕의 방문(royal visit)이란 뜻으로 사용된 기술적 용어인지는 분명하지 않지만, 이런 견해를 뒷받침하는 추가적 자료들이 있다.[115]

다니엘서 7:9, "**내가 보니 왕좌가 놓이고 옛적부터 항상 계신 이가 좌정하셨는데**"에서 '왕좌'는 복수형인 '카르사완'(כָּרְסָוָן)으로 되어 있다. 단수형인 '카르세'(כָּרְסֵא)의 복수형이다. 다니엘은 한 개의 왕좌가 아니라, 복수의 왕좌를 보았다. 그렇다면 몇 개의 왕좌를 본 것일까? 의미상

---

114) J. H. Moulton, and G. Milligan, *The Vocabulary of the Greek: Testament Illustrated from the Papyri and Other Non-Literary Sources* (London: Hodder and Stoughton, 1914-1930), "παρουσία"; reprinted Grand Rapids: Eerdmans, 1952; reprinted Peabody: Hendrickson, 1997, with an index of New Testament passages by D. B. Wallace), 706-36.

115) Kim and Bruce, *1 & 2 Thessalonians*, 390-91을 보라.

두 개라고 생각된다. 두 개의 왕좌 중 하나에는 이미 창조주 하나님이 앉아 계신다. 그 옆에 있는 다른 왕좌는 비어 있다. 다니엘 7:13에서 하늘에서 "인자 같은 이"가 구름을 타고 내려와 하나님 앞으로 인도되고 하나님은 그를 영원한 나라의 왕으로 임명하신다(단 7:14, "**그에게 권세와 영광과 나라를 주고**"). 인자가 왕으로 임명되고, 하나님 옆에 비어 있는 왕좌에는 당연히 그가 앉는다고 보아야 한다. 시편 110:1, "**내가 네 원수들로 네 발판이 되게 하기까지 너는 내 오른쪽에 앉아 있으라 하셨도다**"는 한 개의 보좌 위에 두 분이 나란히 앉아 계신 그림이라면, 다니엘 7:9, 13-14은 두 개의 보좌가 있고 각각의 보좌 위에 창조주 하나님과 왕으로 임명된 인자가 나란히 앉아 있는 그림이다. 인자는 왕으로서 오시는 것이므로, 바울도 '파루시아'라는 단어를 정치적인 뉘앙스가 있는 단어로 이해하고 사용했을 가능성이 크다. 바울도 예수를 하나님 나라의 왕으로 선포한다(고전 15:25, "**그가 모든 원수를 그 발 아래에 둘 때까지 반드시 왕 노릇 하시리니**"). 사도행전 17:7의 고발, "**다른 임금 곧 예수라 하는 이가 있다 하더이다**"는 전혀 근거가 없는 고발은 아닌 것으로 보인다.

"우리 살아 남아 있는 자"(ἡμεῖς οἱ ζῶντες οἱ περιλειπόμενοι)는 '살아 있고, 뒤에 남겨져 있는 우리'라고 번역하는 것이 좋다. 이 표현은 17절에 한 번 더 등장한다. '뒤에 남겨지다'(to be left behind)라는 뜻의 동사(περιλείπομαι)는 신약성경에서는 단 한 번 사용되었다. 이 단어는 마카비4서 12:6, 13:18에서 일곱 명의 아들이 순교한 어머니 이야기에서 사용되었는데, '이미 죽은 아들 외에 살아남아 있는 아들들'을 언급할 때 사용되었다. 바울이 이 단어를 여기서 사용할 때, '순교하지 않고 살아남은 성도들'의 의미로 사용한 것으로 보인다.

"우리 살아 남아 있는 자도 자는 자보다 결코 앞서지 못하리라"에서 '앞서다'(to precede)로 번역된 '프따노'(φϑάνω)는 원래 '(어떤 장소에) 도착하다'(to get to reach a position)라는 뜻이다. 마태복음 12:28, "**하나님의 나라가 이미 너희에게 임하였느니라**"에서 '임하다'로 번역되었다. 여기에서는 '비교'의 뜻이 추가되어 '앞서다'로 번역되었다. 여기에서 앞선다는 말은 부활에서 앞선다는 뜻으로 보아야 한다. 16절에서

"그리스도 안에서 죽은 자들이 먼저 일어나고"(οἱ νεκροὶ ἐν Χριστῷ ἀναστήσονται πρῶτον)라고 말하기 때문이다. 죽은 자들이 '첫 번째로'(πρῶτον) 부활하고, 그 후에 살아남아 있는 성도들이 부활의 몸을 입게 된다. 부활의 때에 죽은 자들이 살아 있는 자들보다 더 유리한 입장이므로, 살아남은 성도들이 죽은 성도들의 부활과 구원에 대해 걱정할 필요는 없다.

4:16 주께서 호령과 천사장의 소리와 하나님의 나팔 소리로 친히 하늘로부터 강림하시리니 그리스도 안에서 죽은 자들이 먼저 일어나고

16절과 17절의 내용은 15절의 "주의 말씀"의 내용이다. "호령," "천사장의 소리," "하나님의 나팔"은 강림 전에 있을 세 가지 신호다. 먼저 "하늘로부터" 주께서 죽은 자들을 일으키는 호령이 있고, 이 호령을 전하는 천사장의 소리와 나팔 소리가 울린다. 고린도전서 15:51, "우리가 다 잠 잘 것이 아니요 마지막 나팔에 순식간에 홀연히 다 변화되리니"도 종말의 나팔에 대해 말한다. 이와 유사한 내용이 마 24:30-31(막 13:26-27)에도 나온다. 재림 때에 그리스도는 "큰 나팔소리와 함께 천사들을" 보내신다(막 24:31). 데살로니가후서 1:7, "주 예수께서 자기의 능력의 천사들과 함께 하늘로부터 불꽃 가운데에 나타나실 때에"서도 그리스도가 천사들과 함께 임한다고 말한다(막 8:38, "인자도 아버지의 영광으로 거룩한 천사들과 함께 올 때에").

스가랴서 14:5, "나의 하나님 여호와께서 임하실 것이요 모든 거룩한 자들이 주와 함께 하리라"도 하나님께서 감람산에 강림하실 때 "거룩한 자들"이 함께 온다고 말한다. 하늘에 있는 거룩한 자들 중에는 당연히 하늘의 천사들이 포함되어 있다. 다니엘 12:1은 종말에 "그 때에 네 민족을 호위하는 큰 군주 미가엘이 일어날 것이요"라고 말한다. 바울이 말하는 "천사장"은 미가엘이라고 보인다. 그때 죽은 자의 부활이 있다(단 12:2, "땅의 티끌 가운데에서 자는 자 중에서 많은 사람이 깨어나"). 다니

엘 12:3, "지혜 있는 자는 궁창의 빛과 같이 빛날 것이요 많은 사람을 옳은 데로 돌아오게 한 자는 별과 같이 영원토록 빛나리라"에서 "지혜 있는 자"와 "많은 사람을 옳은 데로 돌아오게 한 자"는 다니엘서의 맥락에서는 하나님의 뜻에 순종하다가 죽임을 당한 자들로 읽을 수 있다. 이 사람들이 하늘의 "빛"과 "별"처럼 "영원토록 빛나리라"는 말은 죽은 자들이 하늘의 천사들과 같이 빛나는 존재가 되어 '거룩한 자들'의 무리 속에 포함되어 있다는 뜻으로 해석할 수 있다. 데살로니가전서 4:14, "예수 안에서 자는 자들도 하나님이 그와 함께 데리고 오시리라"에서 바울이 죽은 자들을 하나님께서 그리스도와 함께 데리고 오신다는 말의 구약성경의 배경이다. 데살로니가후서 2:1에서 바울은 "우리 주 예수 그리스도의 강림하심과 우리가 그 앞에 모임"에 관해 말한다. 그 "모임"(ἐπισυναγωγή)은 "그의 택하신 자들을 하늘 이 끝에서 저 끝까지 사방에서" 모으는 것이다 (마 24:31).

"강림하시리니"에서 사용된 동사는 '카타바이노'(καταβαίνω)다. 접두어 '카타'(κατα-)는 위에서 아래로 움직이는 방향을 의미하고, '바이노'는 '가다' 혹은 '오다'의 뜻이므로, '위에서 아래로' 즉 '하늘에서 땅으로 내려오다'라는 뜻이다. "나팔"은 하나님의 현현 때에 나타나는 현상 중 하나다(출 19:16; 사 27:13; 욜 2:1; 슥 1:14-16; 9:14). 요한계시록 11:15, "일곱째 천사가 나팔을 불매 하늘에 큰 음성들이 나서"에서는 나팔소리와 함께 "세상 나라가 우리 주와 그의 그리스도의 나라가 되어 그가 세세토록 왕 노릇 하시리로다"라는 선언이 나온다. "그리스도 안에서 죽은 자들"은 믿음을 갖고 살다가 죽은 자들이고, 이들은 곧 바울의 부재 중에 데살로니가에서 죽은 성도들이다. 그들이 "먼저 일어나고"(ἀναστήσονται πρῶτον)에서 "먼저"는 '첫째로'(first)라는 뜻이다. 요한복음 5:25, "죽은 자들이 하나님의 아들의 음성을 들을 때가 오나니 곧 이 때라 듣는 자는 살아나리라"는 죽은 자들이 그리스도의 음성을 듣고 살아난다고 말한다.

4:17 그 후에 우리 살아 남은 자들도 그들과 함께 구름 속으로 끌어 올려 공중에서 주를 영접하게 하시리니 그리하여 우리가 항상 주와 함께 있으리라

"그 후에"(ἔπειτα)는 '그 다음에'(next)라는 뜻이다. 16절의 "먼저"(first)와 상응한다. 죽은 자들이 먼저 부활하고 그 다음에 살아남은 자들에게 어떤 일이 일어나는지 말한다. 고린도전서 15:23에서 "먼저는 첫 열매인 그리스도요 다음에는(ἔπειτα) 그가 강림하실 때에 그리스도에게 속한 자요"라고 말하므로, 살아남은 자들은 "그들과 함께 구름 속으로 끌어 올려"질 때 혹은 그 직전에 부활의 몸을 입는다고 볼 수 있다. "끌어 올려"(ἁρπαγησόμεθα)에서 사용된 동사는 '낚아채다'(to snatch)라는 뜻을 가진 '하르파조'(ἁρπάζω) 동사다. 수동형으로 사용되었으므로 신적 수동형(divine passive)으로 볼 수 있다. 사도행전 8:39, "주의 영이 빌립을 이끌어간지라"와 고린도후서 12:2, "셋째 하늘에 이끌려 간 자라"에서도 같은 동사가 신적수동형으로 사용되었다. 이런 경우는 특정 개인이 순식간에 장소 이동을 한 것이지만, 이 구절에서는 다수의 성도가 함께 장소 이동을 하는 것이다.

"영접"으로 번역된 '아판테시스'(ἀπάντησις)는 정치 외교 용어이면서 기술적 용어다. 전치사 '에이스'(εἰς) 와 결합한 전치사 구 '에이스 아판테씬'(εἰς ἀπάντησιν)은 '영접하러'라는 뜻이다. 마태복음 25:6, "밤중에 소리가 나되 보라 신랑이로다 맞으러(εἰς ἀπάντησιν) 나오라 하매"에서도 이 전치사구가 나타난다. 요한복음 12:13, "종려나무 가지를 가지고 맞으러(εἰς ὑπάντησιν) 나가"에서는 '아판테시스' 대신 '휘판테시스'(ὑπάντησις)가 사용되었지만 같은 뜻이다. '아판테시스'는 왕이나 왕의 칙사가 올 때 '그를 만나 에스코트(to escort)하여 모시고 오기 위해 도시 밖으로 나가는 것'을 가리킨다. 키케로(Cicero)의 기록에서 시이저(Caesar)나 옥타비아누스(Octavianus)를 영접하는 것에 대한 것을 볼 수 있다(Cicero, *Letters to Atticus*, 8.16.2, 9.7.2, 16.11.6). 바울이 '파루시아'나 '아판테시스' 같은 단어를 그리스도의 강림에 적용하는 것

때문에 바울 복음을 정치적으로 해석하려는 시도(political interpretation of Paul's gospel)에 힘이 실리는 것은 사실이다. 바울이 이런 용어를 사용했다고 해서 바울의 복음을 정치적으로 해석하는 것이 정당화되는 것은 아니다. 바울은 당시 성도들에게 그리스도가 왕이라는 것과 그의 강림에 엄청난 권위와 영광이 있다는 것을 강조하기 위해서 이런 용어를 사용했다고 볼 수 있다.

당시 영접의 관행은 왕이 올 때 성문 앞에서 그를 맞이하는 것이 아니라, 왕이 오는 길을 거슬러 올라가 도시 밖의 도로에서 왕을 맞이하는 것이다. 그리스도는 하늘에서 땅을 향해 오시기 때문에 성도들이 땅에서 영접하는 것보다는, 그리스도가 오시는 경로의 중간 지점인 공중에서 그리스도를 맞이하는 것이 예법에 맞는 영접 방식이라고 볼 수 있다. 문제는 영접한 후에 그리스도를 땅으로 모시고 내려오는 것인지, 아니면 그리스도와 함께 하늘로 올라가는 것인지, 영접 이후의 움직임의 방향이다. 바울은 이점에 대해서 명확하게 말하지 않고, "**그리하여 우리가 항상 주와 함께 있으리라**"는 말로 마무리하고 있다. 모든 성도가 영접 후에 "**항상 주와 함께 있으리라**"고 말하므로, '지속적으로' 그리스도와 함께 있다고 말하므로 임시적 상태라기보다는 영원한 상태에 관해 말하는 것으로 보인다. 부활의 몸을 입고 그리스도와 함께 영원히 머물게 된다면 그것은 그리스도와 함께 하나님의 나라에 존재하게 된다는 것을 의미한다.

4:18 그러므로 이러한 말로 서로 위로하라

"이러한 말"은 데살로니가전서 4:13-17의 내용을 가리키는 것으로 보인다. 바울은 재림과 종말에 관한 위의 가르침으로 낙심한 성도들을 서로 위로하기를 바란다. 위로가 필요한 사람들은 데살로니가교회의 모든 성도이기도 하지만, 특별히 가족과 친구를 잃은 성도들일 것이다. 특별히 재림과 부활의 때에 먼저 죽은 성도들이 절대로 소외되지 않고,

오히려 그 중심에 서게 된다는 주의 말씀으로 위로하기를 바란다.

인간이 죽으면 인간의 존재 자체가 사라지는 것이 아니고, 죽음 이후에도 그 존재가 지속된다는 것은 유한한 인생을 사는 인간에게 하나님이 주시는 큰 위로다. 인생의 가장 큰 모순은 정의롭지 못한 사회가 아니라, 인간이 죽어야 한다는 것이다. 그리스도를 통해 우리가 영원히 살 수 있는 존재가 될 수 있다는 것은 인생의 가장 큰 모순을 해결해주는 최고의 위로의 말씀이다.

7.
교회의 지도자들을 향한 가르침
(5:1-15)

5:1 형제들아 때와 시기에 관하여는 너희에게 쓸 것이 없음은

"때와 시기"에서 사용된 두 단어인 '크로노스'(χρόνος)와 '카이로스'(καιρός)는 동의어로, 자주 함께 사용된다(단 2:21; 7:12; 잠 8:8; 행 1:7). "관하여는"(περί)은 바울이 질문에 대답하는 양식으로 볼 수 있다. "너희에게 쓸 것이 없음은"이란 말은 바울이 주의 재림의 시기에 대해 바울은 이미 가르쳤다는 뜻이다. 2절은 그 가르침의 내용이다. 그럼에도 불구하고 성도들의 일부가 죽은 데살로니가 회중은 바울이 가르친 주의 재림이 언제인지, 얼마나 더 기다려야 하는지 질문했을 것이다.

5:2 주의 날이 밤에 도둑 같이 이를 줄을 너희 자신이 자세히 알기 때문이라

"주의 날"(the Day of the Lord)은 구약성경의 전통에서 이해해야 한다(사 13:6-16; 암 5:18-20; 욥 15; 욜 1:15; 2:1 이하; 습 1:14-16; 슥 14장; 말 4:5). 구약성경에서 주의 날은 하나님께서 심판의 주로 임하시는 날로서, 멸망 당할 자들에게는 심판의 날이며 구원받을 자에게는 구원의 날이 된다. "주의 날이 밤에 도둑 같이" 이른다는 것은 마태복음 24:43, "만일 집 주인이 도둑이 어느 시각에 올 줄을 알았더라면 깨어 있어 그 집을 뚫지 못하게 하였으리라"(//누가복음 12:39)에 나오는 예수의 가르침과 매우 유사하다. 바울이 복음서에 있는 예수의 말씀을 거의 정확하게 반영하고(to echo) 있는 것은 바울이 비록 예수의 제자들처럼 그의 가르침을 직접 배우지는 못했지만, 예수의 말씀과 사역에 대해 상당한 지식을 갖고 있었다는 것을 보여준다. 바울은 다메섹 경험 이후 다양한 경로를 통해 예수의 말씀 전승을 접하고 그 전승을 보유했다.[116] "자세히"(ἀκριβῶς)는 '정확하게'(accurately)라는 뜻이다. 바울은 주의 날이 전혀 예상할 수 없는 때에, 예상할 수 없는 순간에 갑작스럽게 임할 것이라는 점을 데살로니가 성도들에게 자세히 가르쳤기 때문에 그들이 '정확하게' 알고 있다고 단언한다.

바울은 그의 서신에서 "주의 날"(살후 2:2; 참고, 고전 5:5), "그리스도의 날"(빌 1:10; 2:16), "예수 그리스도의 날"(빌 1:6), "우리 주 예수의 날"(고후 1:14), "우리 주 예수 그리스도의 날"(고전 1:8), "그 날"(살전 5:4; 롬 13:12; 고전 3:13), "저 날"(살전 1:10) 등의 다양한 표현으로 '주의 날'을 부른다. 이런 다양한 방식으로 주의 날을 부르는 것으로 보아 바울은 평소에 여러 다른 맥락에서 주의 날에 대해 가르쳤다고 추측할 수 있다.

5:3 그들이 평안하다, 안전하다 할 그 때에 임신한 여자에게 해산의 고통이 이름과 같이 멸망이 갑자기 그들에게 이르리니 결코 피하지 못하리라

"그들"이 누구인지 분명하지 않다. "평안하다, 안전하다"(εἰρήνη καὶ ἀσφάλεια, peace and security)는 '*pax romana*'(Roman peace)로 요약되는 당시 로마 제국의 구호(slogan)이므로 '그들'은 로마인 혹은 친로마적 헬라인들일 것이다. '평화'는 로마의 슬로건으로, '안전'은 헬라 도시의 슬로건으로 나누어보는 견해도 있지만, 평화와 안전은 서로 연결되어 있다. 로마의 공화정이 끝나고 황제가 다스리는 제정이 시작되면서 로마 제국은 내전이 끝나고, 치안이 확보되고, 여행이 안전해져, 생활이 안정되고 교역을 통해 그 전보다 풍요로운 시기가 시작되었다. 로마 제

---

116) 이점에 대해서는 김철홍, "바울의 동역자, 실루아노: 초대교회의 선교에서 그의 공헌,"『선교와 신학』19 (2007년), 221-62을 보라.

정 시대 이전에 평화는 없었는데, 안전이 있었다고 보기도 어렵다. '평화과 안전'은 바울 당시의 시대를 가리키는 것으로 보아 문제가 없다.

"그 때에"는 때를 가리키는 접속사(ὅταν, when)와 '그 때에'(τότε, at that time)를 합쳐서(ὅταν … τότε) 번역한 것으로 보인다. '그들이 평안하다, 안전하다고 말하는 때, 바로 그때에'로 번역하는 게 좋다. "이르리니"는 '그들이 평안하다, 안전하다고 말하는 때, 바로 그때 멸망이 이른다'는 뜻이다. 이 말은 '지금 곧' 하나님의 심판이 시작된다는 뜻이다.

바울이 로마 제국의 슬로건을 직접 언급하면서 멸망이 그들 위에 이를 것이고, "결코 피하지 못하리라"고 확정적으로 말하므로, 그가 지금 반로마적(anti-Roman) 태도를 보이고 있다고 할 수 있다. 데살로니가전서 4:15, 16의 "강림," 4:17의 "영접"까지 함께 고려하면 바울이 로마 황제를 직접 비판하고, 그리스도를 진정한 왕으로 주장하는 것으로 오해하는 정치적 해석이 가능한 듯 보인다. 바울 복음을 정치적으로 해석하려는 주장은 바울이 하나님의 나라를 로마 제국을 대체하는 정치 체제로 보고, 로마 황제의 지배에서 벗어나는 것을 구원으로 설교했다고 주장한다. 교회는 로마 제국이 무너지고 난 뒤에 기존의 사회를 대체하는(replace) 새로운 사회 모형이라고 주장한다. 하지만 이런 주장들은 지나친 주장이며, 바울의 복음을 왜곡시키려는 시도다.[117]

"임신한 여자에게 해산의 고통이 이름과 같이"는 주의 날의 예측 불가능성을 강조하는 표현이다. 임신한 여자에게 해산의 날은 언제 올지 정확히 알 수 없다. 의료 기술이 발전되어 태아의 성별과 출생일을 정확하게 예측하는 오늘날의 상황을 기준으로 해서 생각하면 안 된다. 때가 되면 갑자기 해산의 고통이 시작하고, 그 순간은 예측 불가능하다. 평화와 안전은 바울이 가르치는 종말과 심판고- 정반대의 주장이다. 인간의 나라는 평화와 안전이 영원히 계속될 것처럼 주장하지만 복음은 홀연히 임할 하나님의 심판을 말한다. 예레미야 6:24, "우리가 그 소문을 들었으

---

117) 바울복음의 정치적 해석의 문제점에 대해서는 김철홍, "시민사회의 권력," 155-207을 보라.

므로 손이 약하여졌고 고통이 우리를 잡았으므로 <u>그 아픔이 해산하는 여인</u>
<u>같도다</u>"는 북방민족이 쳐들어오는 것과 심판의 날을 연결한다. 그때 심
판의 고통을 "해산하는 여인"의 고통에 비유한다. 예레미야 6:26, "딸 내
백성이 굵은 베를 두르고 재에서 구르며 독자를 잃음 같이 슬퍼하며 통곡
할지어다 멸망시킬 자가 갑자기 우리에게 올 것임이라"에서 "<u>멸망시킬 자</u>
<u>가 갑자기 우리에게 올 것임이라</u>"는 데살로니가전서 5:3의 "멸망이 갑자
기 그들에게 이르리니"와 상당히 유사하다.

　　"결코 피하지 못하리라"에서 '피하다'로 번역된 '에크퓨고'(ἐκφεύγ
ω)는 '도망하다'(to flee away)라는 뜻이다. '탈출'의 뜻을 가진 접두어 '에
크'(ἐκ-)와 '도망하다'(to flee away)라는 뜻의 '퓨고'(φεύγω)와 결합된
동사다. '퓨고'(φεύγω) 동사가 '도망가다'라는 뜻이고, '에크퓨고'에는
접두어 '에크'(ἐκ-)가 추가되어 있으므로 번역할 때 '도망하다'로 번역하
는 것보다는 접두사의 뉘앙스를 살려 '도망하여 벗어나다'로 하는 것이
좋다. '그들은 갑자기 찾아오는 멸망으로부터 절대로 도망하여 벗어날
수 없다'고 바울은 말한다.

5:4 형제들아 너희는 어둠에 있지 아니하매 그 날이 도둑 같이 너희에게
임하지 못하리니

5:5 너희는 다 빛의 아들이요 낮의 아들이라 우리가 밤이나 어둠에 속하
지 아니하나니

5:6 그러므로 우리는 다른 이들과 같이 자지 말고 오직 깨어 정신을 차
릴지라

5:7 자는 자들은 밤에 자고 취하는 자들은 밤에 취하되

5:8a 우리는 낮에 속하였으니 정신을 차리고

4-8a에서 아래와 같은 강력한 대조(strong contrast)가 사용되고 있다.

> 어둠 안에 있는 사람들 vs 빛 안에 있는 사람들 (어둠의 아들 vs 빛의 아들)
> 낮의 아들 vs 밤의 아들
> 우리 vs 다른 이들
> 잠자는 사람들 vs 잠에서 깨어 있는 사람들("깨어")
> 술에 취한 사람들 vs. 술에 취하지 않아 제정신인 사람들(6절, "정신
> 을 차릴지라"; 8절 "정신을 차리고")

4절에서 바울은 '성도들이 어둠 안에 있지 않다'(οὐκ ἐστὲ ἐν σκότει)고 말한다. 이 문장에서 '어둠 안에 있는 자들'(οἱ ἐν σκότει)이란 말을 유추할 수 있다. 그 반대말은 '빛 안에 있는 자들'(οἱ ἐν φωτί)이다. 이 두 집단을 달리 표현하면, '어둠의 아들들'(υἱοὶ σκότους)과 '빛의 아들들'(υἱοὶ φωτός)로 바꿀 수 있다. 또 '어둠과 빛' 대신 '밤과 낮'을 사용하면, '낮의 아들들'(υἱοὶ ἡμέρας)과 '밤의 아들들'(υἱοὶ νυκτὸς)이라고 달리 부를 수도 있다.

"밤이나 어둠에" 속한 사람들의 특징 중의 하나는 잠을 잔다는 것이다. 반대로 '낮과 빛에' 속한 사람들의 특징은 깨어 있다는 것이다. 6절의 "깨어 정신을 차릴지라"의 "깨어"로 번역된 동사 '그레고레오'(γρηγορέω)는 '깨어 있다'(to stay awake), 즉 잠들지 않고 깨어 있는(sober) 상태를 가리킨다. 이 단어는 종말에 관한 예수의 가르침에 종종 등장한다. 마가복음 13:34에서 주인은 문지기에게 "깨어 있으라"고 말한다. 예수는 이어 "깨어 있으라 집 주인이 언제 올는지 혹 저물 때일는지, 밤중일는지, 닭 울 때일는지, 새벽일는지 너희가 알지 못함이라 그가 홀연히 와서 너희 가 <u>자는 것</u>을 보지 않도록 하라"(막 13:35-36)고 말씀하신다. 마태복음 24:43, "너희도 아는 바니 만일 집 주인이 도둑이 어느 시각에 올 줄을 알았더라면 <u>깨어 있어</u> 그 집을 뚫지 못하게 하였으리라"와 누가복음 12:37, "주인이 와서 <u>깨어 있는 것</u>을 보면 그 종들은 복이 있으리로다"에서도 '그

레고레오'(γρηγορέω) 동사가 사용되었다.

"정신을 차릴지라"로 번역된 동사 '네포'(νήφω)는 술에 취하지 않아 맑은 정신인 상태를 가리킨다. '제정신을 가지고 있다'(to be self-controlled)로 번역한다. 이 동사는 8절, "정신을 차리고"에서 한 번 더 나온다. 바울은 "취하는 자들은 밤에 취하되"라고 말한다. 당시 문화에서 포도주는 저녁 연회(banquet)에서 주로 마셨으므로, 낮보다는 밤에 취객을 보기가 더 쉬웠다. 바울이 지금 술을 마시고 밤에 취해 돌아다니는 사람들을 언급하는 것은 디오니수스 축제 때 술에 취해 우상숭배와 성적 방종을 하는 당시 데살로니가 문화를 염두에 둔 것이다. 이것은 데살로니가전서 4:3-8의 성적 방종을 경고하는 거룩함에 관한 가르침과 연결될 수 있다. 베드로전서에서 '네포'(νήφω)는 세 번 등장한다. 베드로전서 1:13, "너희 마음의 허리를 동이고 근신하여"에서 '근신하다'로 번역된 단어는 '네포'(νήφω)다. '술에 취하지 말고 제정신을 차리고'로 번역하는게 좋다. 베드로전서 4:7, "너희는 정신을 차리고 근신하여 기도하라"와 5:8 "근신하라 깨어라"에서도 '네포'는 '근신하다'로 번역되었지만 '술에 취하지 말고 제정신으로 기도하라'로 번역하는 게 좋다. 4절의 "그 날이 도둑 같이 너희에게 임하지 못하리니"에 관한 상세한 설명은 5:2의 주해를 보라. '임하다'로 번역된 동사 '카타람바노'(καταλαμβάνω)의 뜻은 영어로는 'to seize with hostile intent, overtake, come upon'이다. '적대적 세력이 움켜쥐다, 취하다'라는 뜻이지만, 여기에서는 '갑자기 엄습하지 못하리니'로 번역하면 된다.

이런 강력한 대조법을 사용하여 인류를 단 두 개의 그룹으로 나누어버리는 표현을 웨인 믹스(Wayne Meeks)는 '분리 언어'(separation language)라 부른다.[118] 이런 분리 언어는 '소속 언어'(language of belonging)라고도 부른다. 예를 들어, '낮의 아들'과 '밤의 아들'이란 표

---

118) Meeks, *The First Urban Christians*, 94-96; "'Since Then You Would Need to Go Out of the World': Group Boundaries in Pauline Christianity," in *Critical History and Biblical Faith: New Testament Perspectives*, ed. Thomas J. Ryan (College Theology Society Annual Publication Series; Villanova, Pensylvania: Villanova University, 1979), 4-39.

현에서 '낮의 아들'은 우리의 소속을 표현하므로 '소속 언어'다. '밤의 아들'은 우리와 그들을 분리하므로 '분리 언어'다. 이 두 가지는 항상 짝을 이루어(in pairs) 사용된다. 이런 표현들을 편의상 '분리 언어'라고 부르도록 하겠다.

분리 언어는 두 그룹 중간에 어떤 제 삼의 그룹을 상정하지 않는다. 전체 인류를 단 두 개의 그룹으로 나눈다. 분리 언어는 어떤 그룹이 나머지 세계로부터 자신을 분명하게 구분하려 할 때 사용된다. 가장 기본적인 분리 언어는 '우리'(we)와 '그들'(they)이다. 이런 분리 언어를 사용하면 집단의 정체성(group identity)과 결속력(solidarity)이 강화된다. 이렇게 인류를 두 개의 그룹으로 나누고, 자신을 한쪽 그룹에 소속된 것으로 보는, 이런 분리 언어는 바울만 사용한 것은 아니다. 제2성전기 유대교 문헌인 『욥의 유언서』(*Testament of Job*) 43.6에도 나타나고, 쿰란문서에서도 빛과 어둠의 대조는 쿰란의 회원과 비회원을 구분하는 언어로 사용된다(1QS 1:9-10; 3:13, 24-25; 1QM 1:1, 3).

예수의 가르침에서도 분리 언어가 등장한다. 누가복음 16:8, "이 세대의 아들들이 자기 시대에 있어서는 빛의 아들들보다 더 지혜로움이니라"에서 예수는 인류를 "이 세대의 아들들"과 "빛의 아들들"로 양분한다(마 5:14, "너희는 세상의 빛이라"). 요한복음 12:35-36, "아직 잠시 동안 빛이 너희 중에 있으니 빛이 있을 동안에 다녀 어둠에 붙잡히지 않게 하라 어둠에 다니는 자는 그 가는 곳을 알지 못하느니라 너희에게 아직 빛이 있을 동안에 빛을 믿으라 그리하면 빛의 아들이 되리라"는 '어둠의 아들'과 '빛의 아들'로 인류를 양분하는 것처럼 보인다.

예수의 가르침에는 '빛과 어둠'이라는 모티브를 사용하지 않고도 인류를 두 그룹으로 나누는 가르침이 종종 나타난다. 마태복음 13:29-30의 '가라지와 곡식'에 관한 말씀에서 최후의 심판 때에 인류는 '가라지'와 '곡식' 두 그룹으로 분류된다. 곡식은 하나님의 나라에 들어가고, 가라지는 불에 태워버린다(마 13:30, "**가라지는 먼저 거두어 불사르게 단으로 묶고 곡식은 모아 내 곳간에 넣으라**"). 마태복음 25:32-33의 양과 염소의 비유, 마태복음 13:47-50의 물고기 비유도 마찬가지다. 현재 양과 염소, 좋은 물고기와 나쁜 물고기는 이 세상에서 혼재(混在)한다. 하지만 심판 때에 양과 염소, 좋은 물고기와 나쁜 물고기는 깔끔하게 분류되어 한쪽은 구원받고, 다른 한쪽은 버림받는다. 마태복음 5:13도, 암염(巖鹽)을 물에 녹여 '소금'과 '소금이 아닌 불순물'을 분리한다. '소금'은 선택을 받지만, '짠맛을 잃어버린 소금'(잔여물)은 버림을 받는다. 이 비유도 인류를 두 개의 그룹으로 나누는 분리 언어로 되어 있다. 이런 분리 언어는 세례요한의 메시지에서도 '좋은 열매 맺는 나무'와 '나쁜 열매 맺는 나무' 그리고 '알곡'과 '쭉정이'로 나타난다(마 3:10, 12). 이런 비유들은 모두 1) 심판 이전에는 참 이스라엘과 가짜 이스라엘이 서로 섞여서 혼재하지만, 2) 종말의 때에는 누가 진짜인지, 누가 가짜인지가 명확히 구분된다는 것을 말한다.

로마서 2:19, "맹인의 길을 인도하는 자요 어둠에 있는 자의 빛이요"는 유대인들이 갖고 있던 이방인에 대한 견해를 보여준다. 이방인들은 "맹인"이고 유대인은 맹인을 "인도하는 자"다. 이방인들은 "어둠에 있는 자"고 유대인은 "빛"이다. 당시 유대인들도 인류를 또렷하게 두 그룹으로 분류한다. 바울은 로마서 13:12, "밤이 깊고 낮이 가까웠으니 그러므로 우리가 어둠의 일을 벗고 빛의 갑옷을 입자," 고린도후서 6:14, "빛과 어둠이 어찌 사귀며" 등에서 '빛과 어둠'을 분리 언어로 사용한다.

데살로니가전서에서 바울은 위에 열거된 4:5-8a의 분리 언어 외에도 아래와 같은 분리 언어를 이미 사용한 바가 있다.

4:5 하나님을 모르는 이방인 vs. 하나님을 아는 너희들
4:12 외인(outsider) vs. 내인(insiders)
4:13 소망이 없는 다른 이 vs. 소망이 있는 우리

이런 표현들은 개종자의 과거와 현재를 대조하는 것이기도 하지만, 동시에 교회 안과 밖을 대조하는 것이기도 하다. 데살로니가전서에 나타나는 분리 언어만 보더라도 바울은 복음을 전할 때 이러한 분리 언어를 교회 개척 초기부터 의도적으로 사용했다고 보인다. 바울은 의도적

으로 분리 언어를 창의적으로 개발하기도 하고, 또 유대교 전통이나, 예
수 전승에서 이미 사용된 분리 언어를 사용하기도 했다.

바울이 이런 분리 언어를 사용함으로 얻게 되는 사회학적 효과는 무엇인가? 분리 언어는 인류를 두 개의 그룹으로 나눈다. 바울은 성도들은 긍정적인 그룹 안에 있다고 스스로 믿게 하고, 그 그룹 내부에서 밖을 내다보게끔 그들의 관점을 수정한다. 바울은 성도들이 자신이 속한 그룹의 경계선 안에 머물러 있게 하며, 그 경계선 밖에 있는 사람들은 철저하게 자신들과 구분되는 사람들로 보게 만든다. 다양한 분리 언어를 지속적으로 사용하면 사람들의 마음에 경계선이 형성된다. 데살로니가전서 4:12의 "외인"(outsiders)이라는 표현에서 잘 나타나듯, 원형의 경계선(boundary)이 성도들의 마음속에 형성되어 있지 않다면 '외인' 혹은 '내인'(insiders)과 같은 언어는 사용할 수 없다. 이런 경계선은 물리적으로 존재하는 것이 아닌, 심리적 경계선이기 때문에 땅바닥에 금을 긋듯 경계선을 그을 수 없다. 사람들에게 '경계선이 있다'고 반복적으로 말한다고 해서 그들의 마음속에 경계선이 그어지지도 않는다.

성도들의 마음에 경계선을 긋는 방법은 분리 언어를 지속적으로 사용하는 것이다. 예를 들어 '너희는 빛의 자녀다'라고 말하고, 나머지 사람들은 '어둠의 자녀'라고 지속적으로 말하되, 소수의 빛의 자녀가 압도적으로 많은 어둠의 자녀들에 의해 둘러싸여 살아가는 것으로 말하면 어둠의 자녀와 빛의 자녀들 사이에 동그란 경계선이 생겨나기 시작한다. 다양한 분리 언어를 동원하여 지속적으로 사용하면 그 경계선은 더 굵어지고, 뚜렷하게 된다. 계속해서 '우리'는 '그들'과 어떻게 다른지 설명하면 할수록 그 경계선을 더 분명해진다. 반대로 심리적 경계선이 흐릿하거나, 이어진 선(線)이 아닌 점선(點線)이라면 어떤 결과가 생길까? 경계선이 분명하지 않으면 안과 밖의 구분도 애매해진다. 안과 밖의 구분이 애매하면 '우리'와 '그들' 사이의 차이점이 애매하게 된다. 내가 안쪽에 있는 사람인지, 밖에 있는 사람인지가 헷갈리면 성도로서 자기 이해도 흐릿해지고, 윤리적으로도 신자인지 불신자인지 구분하기 어렵게 된다. 경계선은 반드시 굵은 선으로 끊어지지 않은 선으로 그어야 한다. 심리적 경계선을 잘 긋는 방법은 이런 분리 언어를 얼마나 잘 활용하느냐에 따라 결정된다.

심리적 경계선을 긋는 가르침을 줄 때는 항상 일관된 가르침을 주어야 한다. 원칙이 없이 경우에 따라 옳은 것과 그른 것이 왔다 갔다 한다면 혼동이 생긴다. 예를 들어 부모가 어린아이를 가르칠 때 '이런 행동은 하지 말라'고 해놓고 아이가 그 행동을 해도 아무런 반응을 하지 않는다면 어떻게 될까? 반대로 그 아이가 부모가 가르친 대로 잘 하고 있는데, 아무런 가르침을 주지도 않은 상황에서 불같이 화를 내면 어떻게 될까? 어린아이로서는 혼돈에 빠지게 된다. 부모의 감정적 변화가 원칙 없이 일어나면서 아이는 부모의 눈치만 보고 불안증에 빠지게 된다. 어린아이에게 해도 되는 일과 해서는 안 되는 일을 분명히 가르쳐주면 일단 경계선이 그어진다. 아이가 하면 안 되는 일을 할 때마다 가벼운 처벌이라도 일관성 있게 하면 그 경계선은 점점 더 진하고 굵어진다. 아이는 그 경계선 안에 머물 때 부모가 아무런 처벌을 하지 않으므로 정서적으로 안정감을 갖고 살아간다. 바울이 고린도전서 4:21에서 "**내가 매를 가지고 너희에게 나아가랴**"라고 말할 때 바울은 변덕스러운 부모처럼 행동하는 것이 아니다. 미리 윤리적 경계선을 분명하게 그어놓고, 성도들이 그 경계선을 넘어갈 때 처벌하겠다고 말하는 것이다.

이런 경계선은 집단적 자기 이해를 갖게 하여 그 집단의 자기 정체성도 분명해진다. 집단 안에는 독특한 내부 문화가 발전한다. 그 집단 안에서만 사용되는 용어가 등장하고, 외부인들이 이해할 수 없는 메타포들이 서로 공유된다. 분리 언어로 인해 형성된 경계선은 특별히 그 집단의 윤리적 경계선의 역할도 한다. '우리'가 '그들'과 어떻게 다른 집단인지를 설명할 때, 우리가 그들과 삶의 양식과 행동이 어떻게 다른지를 잘 설명하면 집단의 윤리 의식은 경계선을 중심으로 정착된다. 바울이 데살로니가전서 4:3-8에서 성적인 부정과 거룩함을 대조하면서 기독교인의 성

윤리를 가르칠 때, 그는 이미 형성된 윤리적 경계선을 사용하여 설명한다. 데살로니가전서 4:6, "이 일에 분수를 넘어서 형제를 해하지 말라"에서 '분수를 넘다'(ὑπερβαίνω)는 '경계선을 넘어가다'라는 뜻이다. 바울은 '이미 설정되어 있는 경계선을 넘어가지 말라'고 말한다. 바울은 이렇게 함으로 성도들이 이교도적 환경으로부터 분리하여 자신을 거룩하게 하고, 박해 가운데에서도 교회 안에 계속 남아 있어야 할 이유를 강력하게 알려주었다.

경계선을 넘어가면 하나님의 진노와 심판이 있다. '그리스도 안에'(in Christ), 믿음 안에, 교회 안에 머물러 있으면 다가오는 주의 날에 하나님의 진노를 피할 수 있다. 하지만 그 경계선을 넘어 배교하거나, 이방인처럼 행동하면 심판받게 된다. 그러므로 이 경계선을 긋는 것은 단순히 윤리적 가르침만 강화하는 게 아니라, 종말에 대한 가르침, 믿음에 대한 가르침도 강화한다. 데살로니가 성도들이 믿음을 가진 지 오래되지 않았는데도, 일부 성도들이 죽는, 상당히 강도가 높은 핍박을 견디고 믿음을 지키게 된 이유 중 하나도 바로 이런 굵은 선으로 그어진 심리적 경계선이 그들의 마음속에 있었기 때문이다. 데살로니가전서 4:3-8에 나오는 거룩에 대한 가르침이 1:10에 나오는 재림과 심판에 대한 가르침을 사후적으로 더 강화한다. 재림과 심판을 먼저 가르치고, 거룩에 대한 윤리적 가르침은 나중에 가르쳤는데, 나중에 가르친 것이 먼저 가르친 것을 강화했다.

이 대목에서 우리는 한국교회 내부에서 어떤 분리 언어가 사용되고 있는지 살펴볼 필요가 있다. 바울은 유대교 전승에 등장하고, 구약성경에도 등장하고, 예수의 가르침에 등장하는 분리 언어뿐 아니라 자신이 창의적으로 개발한 다양한 분리 언어를 일상적으로 사용했다. 한국교회의 목회자들은 설교할 때 얼마나 이런 분리 언어를 사용하여 '우리'와 '그들'이 얼마나 다른지 설명하고 있을까? 우리나라 목회자들의 설교를 다 들어본 것은 아니므로 주관적인 판단일 수밖에 없지만, 바울에 비교하면 한국교회의 설교자들은 인류를 단 두 개의 그룹으로 나누는 분리 언어를 잘 사용하지 않고 있다고 보인다. 한국교회의 설교에서 발견할 수 있는 거의 유일한 분리 언어는 '세상 사람들은 이렇게 하지만, 우리는 그렇게 해선 안 됩니다'라는 것이다. '우리'와 '세상 사람들'이라는 두 개의 그룹으로 인류를 양분하여 윤리적 가르침을 주는 것이다. 물론 아예 없는 것보다는 낫지만 이런 한 두 가지의 분리 언어밖에 발견되지 않는다면 한국교회의 설교는 적어도 '분리 언어'(separation language)라는 면에서는 빈곤하다고 말할 수밖에 없다. 목회자들은 앞으로 성경에 있는 분리 언어를 좀 더 자주 사용하는 것이 필요하다고 보인다. 바울처럼 창의력을 갖고 다양한 분리 언어를 더 개발한다면 더 좋을 것이다. 가장 기본적인 분리 언어인 '우리'와 '그들'의 구분을 하기만 해도 도움이 된다.

　　한국교회의 윤리적 수준이 떨어졌다고 우려하는 사람들이 있다. 오늘날 한국 목회자들의 설교가 윤리적 내용으로 치우쳐 있는 것도 아마 이런 연유로 보인다. 심지어 '윤리적 삶을 살아야 구원받을 수 있다'는 설교도 들린다. 하지만 윤리적 설교를 매주 한다고 성도들의 윤리적 수준이 높아지는 건 아니다. 성도들에게 일관성 있는 윤리적 기준을 구체적으로 제시하면서, '우리'와 '그들'이 얼마나 다른 종류의 인류인지를 보여주어야 한다. 그렇게 하여 심리적 경계선이 먼저 분명하게 그어져야 한다. 명확한 경계선이 있으면 똑같은 윤리적 가르침을 해도 큰 효과를 볼 수 있다. 명확한 경계선이 없으면 윤리적인 삶을 살라는 설교는 잔소리로 끝날 가능성이 크다.

　　성도들은 비록 죽어 잠들어 있다 하더라도 이들은 소망이 있는 자들이지만, 박해를 가하는 외부인들에게는 소망이 없다. 그들은 '하나님의 진노' 아래 놓여 있지만, 성도들은 구원이 약속되어 있다. 성도들은 낮과 빛 안에 있지만 믿지 않는 자들은 밤과 어둠 안에 있다. 이 두 그룹 사이에는 회색지대가 없다. 인류는 두 개의 그룹으로 나누어져 있다. 빛을 떠나는 것은 곧 어둠으로 귀속되는 것이므로 박해로 인해 교회를 떠나 어둠으로 들어가면 멸망하게 된다. 성도들은 제정신으로 깨어 있고, 나머지 인류는 술에 취해 잠들어 있다. 그리스도의 재림을 영적으로 깨어 기다리는 사람들은 부활하여 그리스도의 오심을 영접하게 되지만, 영적으로 잠든 밤의 자녀들에게는 하나님의 진노만 기다리고 있다.

5:8b 믿음과 사랑의 호심경을 붙이고 구원의 소망의 투구를 쓰자

"우리는 낮에 속하였으니 정신을 차리고"에 관한 설명은 앞부분 5:4-8a 의 주해를 보라. "호심경"(θώραξ, breastplate)과 "투구"(περικεφαλαία, helmet)는 당시 군인의 장비다. 로마서 13:12, "우리가 어둠의 일을 벗고 빛의 갑옷을 입자"에서 "갑옷"으로 번역된 단어(ὅπλα)는 '무기'(weapon)이란 뜻을 갖고 있는 '호플론'(ὅπλον)의 복수형이다. '입다'(ἐνδύω)라는 동사와 함께 사용되었으므로 '갑옷'으로 번역되었다. 고린도후서 6:7, "진리의 말씀과 하나님의 능력으로 의의 <u>무기</u>를 좌우에 가지고"도 '호플론'(ὅπλον)이 사용되었고, '무기'로 번역되었다. 무기를 왼쪽과 오른쪽에 갖는 것은 수비용 무기와 공격용 무기를 양손에 쥐는 것을 의미한다. 이 구절에서 사용된 "호심경"과 "투구"는 갑옷에 해당한다. 공격용 무기가 아니고 수비용 무기다. 지금 데살로니가교회가 불신자들에게 공격을 당해 핍박과 죽음을 경험했음에도 불구하고 바울이 공격용 무기를 언급하지 않고 방어용 무기만 언급하는 것은 교회가 혹시라도 보복하지 않도록 가르친 것(살전 4:11, "또 너희에게 명한 것 같이 조용히 자기 일을 하고")과 일맥상통한다.

에베소서 6:13에서 사용된 "전신 갑주"(πανοπλία)는 '모든'이라는 뜻의 '파스'(πᾶς)와 '무기'라는 뜻의 '호플론'(ὅπλον)이 결합된 것이다. 에베소서 6:14-17에 전신 갑주의 목록이 나온다. 허리 띠, 호심경, 신, 방패, 투구, 검, 등이다.

> [14]그런즉 서서 진리로 너희 허리 띠를 띠고 의의 호심경을 붙이고 [15]평안의 복음이 준비한 것으로 신을 신고 [16]모든 것 위에 믿음의 방패를 가지고 이로써 능히 악한 자의 모든 불화살을 소멸하고 [17]구원의 투구와 성령의 검 곧 하나님의 말씀을 가지라

에베소서 6:13-17에서처럼 바울이 다른 장비들을 길게 언급하지 않고 "호심경"과 "투구" 두 개만 언급하는 것은 아마도 이사야 59:17, "공의를 갑옷으로 삼으시며 구원을 자기의 머리에 써서 투구로 삼으시며 보복을 속옷으로 삼으시며 열심을 입어 겉옷으로 삼으시고"를 염두에 두었기 때문일 수도 있다. 70인역으로 읽으면 "갑옷"은 데살로니가전서 5:8의 "호심경"(θώραξ, breastplate)과 같은 단어로 번역되었고, "투구"(περικεφαλαία, helmet)도 같은 단어가 사용된다. 차이점은 이사야 59:17에서는 하나님께서 갑옷과 투구를 쓰시고 전사(戰士)의 모습으로 의가 없는 그의 백성을 구원하시기 위해(사 59:15, "여호와께서 이를 살피시고 그 정의가 없는 것을 기뻐하지 아니하시고") 출동하시는 반면, 데살로니가전서 5:8에서는 성도들이 갑옷과 투구를 입고 쓴다는 점이다. 하나님은 "구원을" 투구로 쓰시지만 성도들은 "구원의 소망의 투구"를 쓴다.

바울이 구원과 소망을 함께 사용하는 것은 미래의 그리스도의 재림과 구원을 연결하려는 의도다. 하나님은 "공의"를 갑옷 혹은 흉배로 입으시지만, 성도들은 "믿음과 사랑의 호심경"을 입는다. 하나님은 '의'(δικαιοσύνη)를 갖고 계시고, 그 '하나님의 의'를 그의 백성에게 부어주신다(사 45:8, "하늘이여 위로부터 공의를 뿌리며 구름이여 의를 부을지어다 땅이여 열려서 구원을 싹트게 하고 곧 의도 함께 움돋게 할지어다 나 여호와가 이 일을 창조하였느니라"). 성도들은 그리스도를 통해 하나님께서 주시는 '하나님의 의'를 '믿음으로' 받아들여야 하고(빌 3:9, "오직 그리스도를 믿음으로 말미암은 것이니 곧 믿음으로 하나님께로부터 난 의라"; 롬 10:3 참고), 사랑으로 믿음의 공동체를 세워나가야 한다.

바울이 여기에서 바울은 여기에서 믿음, 사랑, 소망의 세 가지를 다시 강조한다(고전 13:13). "호심경"과 "투구"와 같은 군사 메타포(military metaphor) 용어를 제외하면 믿음, 사랑, 소망, 이 세 가지만 남는다. 데살로니가전서 1:3, "너희의 믿음의 역사와 사랑의 수고와 우리 주 예수 그리스도에 대한 소망의 인내를 우리 하나님 아버지 앞에서 끊임없이 기억함이니"에서 바울은 이미 이 세 가지를 강조한 바가 있다. 믿음,

사랑, 소망, 이 세 가지를 이렇게 다시 언급하는 것은 이 세 단어가 데살로니가전서의 바울의 가르침 전체를 잘 요약하기 때문이다. 믿음은 바울 복음을 믿고 지키는 것이고, 소망은 종말의 그리스도의 재림, 심판, 부활을 믿는 것이고, 사랑은 교회를 가정과 같은 곳으로 유지하여 핍박 속에서도 사랑의 공동체를 세워나가는 것이다. 믿음, 소망, 사랑, 이 세 가지는 추상적 가치가 아니라 매우 실천적인 신앙의 주제다.

5:9 하나님이 우리를 세우심은 노하심에 이르게 하심이 아니요 오직 우리 주 예수 그리스도로 말미암아 구원을 받게 하심이라
5:10 예수께서 우리를 위하여 죽으사 우리로 하여금 깨어 있든지 자든지 자기와 함께 살게 하려 하셨느니라

데살로니가전서에도 바울이 갈라디아서와 로마서에서 말하는 '이신칭의(以信稱義)의 복음'이 나타나는가? 이 질문에 '그렇다'라고 답할 수 있는 근거 구절은 데살로니가전서 5:9-10과 4:14이다. 이 질문에 대한 전통적인 대답은 '아니다'였다. 부정적 대답을 하는 학자들은 로마서나 갈라디아서에서 바울이 이신칭의의 복음을 설명할 때 사용하는 '의롭게 하다,' '의,' '율법' '율법과 믿음의 대조,' '믿음으로 구원을 얻음' 등의 표현이 데살로니가전서에 나타나지 않는 점을 지적하면서, 데살로니가전서를 기록할 당시 바울은 이신칭의의 복음을 가르치지 않았다고 주장한다. 바울이 이신칭의의 복음을 깨닫게 된 시점은 갈라디아서에 나타난 할례당과 논쟁을 하던 때라고 본다. 바울의 회심이 33년, 바울이 순교한 게 60년 초반이라면 그가 활동한 시기는 30년 정도인데, 바울이 갈라디아서를 48년에 썼다고 보더라도(남갈라디아설) 바울 경력의 전반부 15년 동안 바울은 이신칭의의 복음을 전하지 않았다는 주장이다. 만약 북갈라디아설의 주장처럼 갈라디아서를 기록한 게 50년대 중반이라면 바울은 그의 30년 사도로서의 경력 중 20년이 지나도록 이신칭의의 복음을 전하지 않았다고 보아야 한다. 만약 바울이 이신칭의의 복음을 전하

지 않았다면, 그 긴 기간 동안 그는 어떤 복음을 전했을까? 그들은 갈라디아서 5:11, "형제들아 내가 지금까지 할례를 전한다면 어찌하여 지금까지 박해를 받으리요"에 근거해서 바울이 '율법과 할례를 강조하는 복음'을 전했다고 본다. 과연 그럴까?

'의롭게 하다,' '의,' '율법,' '율법의 행위' 등의 단어들이 데살로니가전서에 나오지 않는 것은 사실이지만, 데살로니가전서에 이신칭의의 복음이 없다고 보기는 어렵다. 그런 용어를 사용하지 않고도 이신칭의에 대해 말할 수 있기 때문이다. 데살로니가전서 5:9, "하나님께서 우리를 세우심은 <u>노하심에</u> 이르게 하심이 아니요"에서 바울은 하나님의 진노를 언급한다. 하나님께서 사도들을 세우신 목적은 인간이 하나님의 진노에 도달하지 않게 하려는 것이다. "오직 <u>우리 주 예수 그리스도로 말미암아 구원</u>을 받게 하심이라"에서 "구원을 받게 하심이라"(εἰς περιποίησιν σωτηρίας)에서 '획득하다'라는 뜻의 동사 '페리포이에오'(περιποιέω)의 명사 '페리포이에시스'(περιποίησις)가 사용되었다. '구원의 획득을 위함이라'고 직역할 수 있다. 바울은 하나님의 '진노'(ὀργή)와 '구원'(σωτηρία)을 대조한다. 인간이 어떻게 하면 하나님의 진노를 피하고 구원을 받을 수 있을까? 데살로니가전서 5:10의 "예수께서 우리를 위하여 죽으사"에 그 대답이 나온다. '예수가 우리를 위해 죽었다'는 이 짧은 문장은 로마서 5:8, 14:15, 고린도전서 15:3 등에도 나온다.

로마서 5:8, 우리가 아직 죄인 되었을 때에 <u>그리스도께서 우리를 위하여 죽으심으로</u>(Χριστὸς ὑπὲρ ἡμῶν ἀπέθανεν) 하나님께서 우리에 대한 자기의 사랑을 확증하셨느니라.

로마서 14:15, 만일 음식으로 말미암아 네 형제가 근심하게 되면 이는 네가 사랑으로 행하지 아니함이라 <u>그리스도께서 대신하여 돌아가신</u>(ὑπὲρ οὗ Χριστὸς ἀπέθανεν) 형제를 네 음식으로 망하게 하지 말라

고린도전서 15:3, 내가 받은 것을 먼저 너희에게 전하였노니 이는 성경대로 <u>그리스도께서 우리 죄를 위하여 죽으시고</u>(Χριστὸς ἀπέθανεν ὑπὲρ τῶν ἁμαρτιῶν ἡμῶν)

"예수께서 우리를 위하여 죽으셨다," "그리스도께서 [그 형제를] 대신하여 죽으셨다," 혹은 "그리스도께서 우리 죄를 위하여 죽으셨다"와 같은 말에는 모두 '~을 위하여 죽다'(ἀποθανεῖν ὑπὲρ)라는 정형화된 형태가 나타난다. 전치사 '휘페어'(ὑπέρ)는 보통 '위하여'로 번역되지만 '대신하여'(on behalf of)로 번역할 수도 있다. '그리스도가 우리를 위하여 죽으셨다'는 말은 '그리스도가 우리를 대신하여 죽으셨다'로 번역할 수 있다. 이런 용법은 우리가 받아 마땅한 하나님의 진노를 예수가 십자가에서 우리를 '대신하여' 받으셨다는 것을 표현한다. '대신하여'에는 '대체'(substitution)의 뜻이 담겨져 있다. 예수가 우리를 대신하여 형벌을 받으셨다는 형벌대속론(Penal Substitution Theory)은 바울의 예수의 십자가 죽음에 대한 설명을 요약한 것이다. 바울은 예수가 하나님의 형벌, 즉 하나님의 진노를 우리를 대신하여 받으심으로, 하나님의 진노가 해소되었다고 말한다. 로마서 3:25, "**이 예수를 하나님이 그의 피로써 믿음으로 말미암는 화목제물로 세우셨으니**"에서 "**화목제물**"(ἱλαστήριον)은 '하나님의 진노를 해소하는 제물'이라는 뜻이다. 여기에 '진노의 해소'(propitiation) 개념이 나타나 있다.

    칭의론은 '진노의 해소'와 '형벌 대체'의 개념을 포함하는 속죄론'(贖罪論)에 그 근거를 두고 있다. 예수가 우리를 대신하여 하나님의 형벌을 받았기 때문에 하나님의 진노가 사라졌기 때문에 하나님께서 최후의 심판대에서 죄인을 향해 줄 진노, 형벌이 없어졌다. 죄인이 아니기 때문이 아니라, 죄인이지만 그에게 줄 진노가 없으므로, 그 죄인을 '의로운 자'로 간주해주신다. 로마서 4:6의 "**일한 것이 없이 하나님께 의로 여기심을 받는 사람**"은 바로 이런 사람이다. 이 구절을 문장으로 바꾸면 '하나님은 일과 관계없이 그를 의로 간주하신다'가 된다. '간주하다'라는 동사(λογίζομαι)는 'A를 B로 간주하다'(to regard A as B)라는 뜻이다.

'그 사람'은 '일한 것이 없는'(율법을 지키지 않은) 사람이므로 죄인이다. 하나님은 그 죄인을 의인으로 간주하신다. 이것이 바로 데살로니가 5:10의 "예수께서 우리를 위하여 죽으사" 5:9, "우리 주 예수 그리스도로 말미암아 구원을 받게 하심이라"라는 말의 뜻이다.

'이신칭의'의 복음에서 지금까지 설명한 것은 '칭의'다. 이제 여기에 '믿음으로'만 추가되면 '이신칭의'의 복음이 완성된다. 마지막 퍼즐인 '믿음'은 데살로니가전서 4:14, "우리가 예수께서 죽으셨다가 다시 살아나심을 믿을진대(πιστεύομεν)"에 들어있다. 이것을 문장으로 바꾸면 '우리는 예수께서 죽으셨고 부활하신 것을 믿는다'가 된다. 예수의 죽음을 믿는다는 것은 그의 죽음이 나를 '대신하는,' 형벌을 대속(代贖)하는, 죽음이라는 것을 믿는다는 말이다. 예수의 부활을 믿는다는 것은 최후의 심판대에서 죄인이 의롭다는 판결을 받고 부활의 영광에 참여한다는 것을 믿는 것이다.

우리의 이런 분석은 데살로니가전서 1:10, "또 죽은 자들 가운데서 다시 살리신 그의 아들이 하늘로부터 강림하실 것을 너희가 어떻게 기다리는지를 말하니 이는 장래의 노하심에서 우리를 건지시는 예수시니라"에 의해 다시 확인된다. 여기에서 바울은 자신이 평소에 전하던 십자가 복음을 요약한다. 하나님의 아들이신("그의 아들") "예수"는 최후의 심판에서 우리가 받을 하나님의 진노로부터 우리를 구원하기 위해("장래의 노하심에서 우리를 건지시는") 죽으시고 부활하셨다("죽은 자들 가운데서 다시 살리신"). 그는 재림하실 것이고("하늘로부터 강림하실 것을") 그때 우리도 부활하여(살전 4:13-17) 그리스도와 영원히 함께 있게 된다. 바울이 데살로니가에서 가르친 것은 이것이다: '예수는 하나님의 아들로서 우리의 죄로 인한 하나님의 진노로부터 우리를 구원하기 위해 우리를 대신하여 십자가에서 죽으셨다. 우리는 이것을 믿어 그리스도를 통하여 주시는 구원, 최후의 부활에 이르게 된다.'

이런 바울의 가르침은 로마서, 갈라디아서의 칭의론과 일치한다. 데살로니가전서에 바울의 칭의론이 나타나지 않는다는 주장은 본문을 주의 깊게 주석하지 않은 학자들의 성급한 결론이다. 따라서 이런 오해에 기초한 북갈라디아설은[119) 근거가 불충분한 가설에 불과하다. 북갈라디아설은 갈라디아서의 저작 연대를 뒤로 밀리게 하므로 현존하는 바울 서신 중 가장 먼저 기록된 서신은 데살로니가전서가 되어버린다. 북갈라디아설은 칭의론이 갈라디아 지역의 할례당과 논쟁을 벌이는 과정에서 개발된 것이며, 바울의 복음은 하나님과 그리스도로부터 받은 것이 아니라 바울의 신학적 '발전'(development)의 결과물이라고 본다. 그러나 이런 주장의 근거였던 데살로니가전서의 칭의론의 부재(不在)는 성립되지 않는다.

바울의 칭의론은 신학적 발전의 결과가 아니라, 다메섹 경험에서 유래한 것이다. 바울은 빌립보서 3:5-6에서 다메섹 경험 전의 자신에 관해 말하고, 3:7-8에서 다메섹 경험에 관해 말한다. 이어서 빌립보서 3:9, "내가 가진 의는 율법에서 난 것이 아니요 오직 그리스도를 믿음으로 말미암은 것이니 곧 믿음으로 하나님께로부터 난 의라"에서 그는 전형적인 칭의론을 설명한다. 그는 '율법으로부터 오는 의'가 자신에게 없다는 것을 깨닫고, '하나님으로부터 오는 의'를 소유하게 되었다. 이것이 곧 칭의다. 하나님이 의롭다고 간주하여 선언해주시는 의다. 바울은 빌립보서 3:9을 다메섹 경험의 연장선에서 말하므로, 이것을 깨달은 시점은 다메섹 경험이다. 이신칭의의 복음은 다메섹 경험에서 유래한다.

---

119) 북갈라디아설은 갈라디아서의 수신자 교회들이 로마제국 당시 갈라디아 성(province)의 북쪽에 있는 교회였다는 주장이다. 남갈라디아설과 북갈라디아설은 수신자 교회의 위치가 남쪽이냐 아니면 북쪽이냐를 놓고 논쟁한 것처럼 보이지만 사실은 갈라디아서 집필 시기가 언제냐를 놓고 논쟁한 것이다. 북갈라디아설은 1) 바울이 갈라디아 선교를 한 것은 제2차 선교여행 때고, 사도행전 16:6에 그 방문기록이 있고, 2) 갈라디아서 2:1-10에 나오는 예루살렘 방문은 사도행전 15장의 공의회 방문이며, 3) 갈라디아서 집필 시기는 3차 선교여행 때인 주후 53-58년 사이라는 주장이다. 더 자세한 논의는 김철홍, 『갈라디아서』, 22-23의 보충설명 3: "남갈라디아설과 북갈라디아서"를 보라.

5:11 그러므로 피차 권면하고 피차 덕을 세우기를 너희가 하는 것같이 하라

"세우다"는 '건축하다, 짓다'(οἰκοδομέω, to build)라는 뜻이며, "덕을"은 번역자가 임의로 추가한 것이다(고전 8:1; 14:4, 17 등도 마찬가지다). 바울이 의미한 것은 결코 '덕을 세우라'는 말이 아니다. 이 세운다는 말은 바울이 하나님의 성전인 교회를 세우는 것을 표현하기 위해 자주 사용하는 단어이며, '공동체를 세우라'는 의미로 한 말이다. 바울은 전도자로서 복음을 성도들 한 사람, 한 사람의 마음에 심는 일을 한다. 고린도전서 3:6에서 바울은 "**나는 심었고 아볼로는 물을 주었으되**"라고 말한다. 7-8절에서는 자신을 "**심는 이**"로 아볼로는 "**물 주는 이**"라고 부른다. 교회는 "**하나님의 밭**"(고전 3:9)이며 바울과 아볼로는 둘 다 그 밭에서 농사를 짓지만, 각자 맡은 일은 다르다.

동시에 바울은 교회를 "**하나님의 집**"(고전 3:9)이라고 부른다. 하나님의 집은 성전이다. 바울은 하나님의 새 성전을 건물이 아닌 공동체로 세우는 "**지혜로운 건축자**"다(고전 3:10. 지혜로운 건축자로서 바울이 이 건설 사업에서 하는 일은 "**터를 닦아**" 두는 것이다(고전 3:10). 그는 교회 개척에서 기초 공사만 한다. 기초 공사가 끝나면 그는 그 도시를 떠나고 "**다른 이가 그 위에**" 세운다(고전 3:10). 아볼로 같은 사람이 바울이 닦아 놓은 기초 위에 건물을 지어 올린다. 바울은 자신이 닦아 놓은 "**터**"(기초)는 "**곧 예수 그리스도라**"고 말한다. 바울이 교회의 기초를 닦는 방법은 '예수 그리스도의 십자가 복음'을 전하는 것이다. 그리스도가 새 성전의 모퉁이 돌이 되시기 때문이다(막 12:10, "**건축자들이 버린 돌이 모퉁이의 머릿돌이 되었나니**"; 시 118:22; 벧전 2:6, "**보라 내가 택한 보배로운 모퉁잇돌을 시온에 두노니**"; 사 28;16). 바울이 염려하는 것은 자신이 떠난 뒤에 아볼로 같은 후임자가 바울의 신학적 노선과 같은 길을 걸어가지 않는 것이다. 고린도전서 3:1, "**그러나 각각 어떻게 그 위에 세울까를 조심할지니라**"는 그런 우려를 보여준다. 고린도전서 3:12-15의 하나님께서 건물을 불로 테스트하는 것은 올바른 복음으로 교회를 세우지 못했을 경우 닥칠 파멸적 결과를 경고한 것이다.

바울이 하나님의 새 성전인 교회를 기초 공사부터 완공할 때까지 다 관여하지 않고, 오직 기초 공사만 하고 떠나기 때문에 그로서는 교회의 남아 있는 성도들이 지속적인 건축 사업을 잘 진행하고 마치길 호소할 수밖에 없다. 그런 뜻에서 성도들이 "피차 권면하고 피차 (덕을) 세우기"를 잘하라고 말한 것이다. 성서공회에서는 '세우다'라는 동사의 목적어가 없으므로 임의로 "덕"을 목적어로 넣었지만, 이것은 바울이 원래 의도한 뜻이 전혀 아니다. 바울이 의도한 뜻은 '교회'를 세우라는 것이고, 하나님의 집인 '성전'을 세워나가라는 뜻이었다. 바울이 목적어를 특정하지 않은 것은 굳이 그렇게 하지 않아도 성도들이 무슨 뜻인지 잘 알 수 있을 정도로 '세우다'라는 단어를 평소에 자주 사용했기 때문이다.

'세우다'라는 동사는 '파괴하다'라는 동사와 더불어 바울의 사도적 소명을 나타내는 단어다. 이 두 단어는 예레미아 1:10, "내가 오늘 너를 여러 나라와 여러 왕국 위에 세워 네가 그것들을 뽑고 파괴하며 파멸하고 넘어뜨리며 건설하고 심게 하였느니라"에서 유래한다. 하나님은 예레미아에게 모두 네 가지의 소명을 주셨는데, 그것은 곧 '뽑다,' '파괴하다,' '건설하다,' '심다'였다. '뽑다'와 '심다'는 농사 용어고, '건축하다'와 '파괴하다'는 건축 용어다. 바울은 이 네 개의 동사를 자신의 사도적 소명과 연결해서 사용한다.[120] 바울은 갈라디아서 1:15, "내 어머니의 태로부터 나를 택정하시고 그의 은혜로 나를 부르신 이가"에서 자신의 다메섹 경험을 예레미아의 소명 사건과 유사한 경험으로 본다(렘 1:4, "내가 너를 모태에 짓기 전에 너를 알았고 네가 배에서 나오기 전에 너를 성별하였고 너를 여러 나라의 선지자로 세웠노라"). 그래서 바울은 예레미아에게 준 소명을 설명하는 네 개의 동사를 자신의 소명을 설명하기 위해 사용한 것 같다.[121]

바울은 멀리 다른 곳에서 또 교회의 기초를 닦으면서 걱정스러운

---

120) 이점에 대해서는 김철홍, "바울의 소명의식과 복음 선포에 나타난 그의 전도, 개종, 교회 개척의 특징," 『신약연구』 14 (2015), 206-43을 보라.

121) '뽑다'라는 동사는 현재 남아 있는 바울 서신에서 바울의 소명과 연결하여 사용된 용례가 발견되지는 않는다.

마음으로 자신이 이미 떠나온 교회가 건물로서 어떻게 지어져 가는지 바라보고 있었다. 그것은 실제 건물이 아니고, 공동체였기 때문에 바울은 교회가 공동체로서 잘 형성되어 가길 기대했다. 사실 한 사람, 한 사람에게 복음을 전하는 일과 그 사람들을 모아서 공동체를 형성(community building)하는 것은 전혀 별개의 일이다. 원거리에서 차후의 건축에 대해 코치를 하는 바울의 모습을 보면 그는 여전히 경험이 많고 지혜로운 '건축가'다. 데살로니가교회를 향해 그는 편지를 쓰고, 성도들을 가르쳐 건축 사업을 지휘한다. 그는 성도들이 서로 권면하여(παρακαλέω) 교회를 건축하라고 말한다.

5:12 형제들아 우리가 너희에게 구하노니 너희 가운데서 수고하고 주 안에서 너희를 다스리며 권하는 자들을 너희가 알고

교회를 세울 때 바울은 지도자들을 세웠다. 자신이 언젠가 그 교회를 떠날 때를 대비하기 위해서라도 미리 지도자들을 개척 초기부터 세워야 했을 것이다. 이 지도자들은 1) "수고하고", 2) "다스리며", 3) "권하는" 일을 하는 사람들이다. 첫 번째 '수고하다'(κοπιάω)는 몸을 움직여 일하는 것이다. 이 동사는 마태복음 11:28, "수고하고 무거운 짐 진 자들아"에서 사용되었고, 육체노동으로 피곤하고 지치게 된 상태(to become weary/tired)를 가리킨다. 고린도전서 4:12, "또 수고하여 친히 손으로 일을 하며"에서도 육체노동을 가리키는 말로 사용되었다(살후 3:8, "누구에게서든지 음식을 값없이 먹지 않고 오직 수고하고 애써 주야로 일함은"). '다스리다'(προΐστημι)는 문자적으로는 '사람들 앞에 서다'(προ + ἴστημι)라는 뜻이다. '지도자 역할을 하다'(to preside)라는 의미다. 로마서 12:8, "다스리는 자는 부지런함으로"에서 이 동사가 사용되었고, 디모데전서 5:17, "잘 다스리는 장로들은 배나 존경할 자로 알되"에서도 사용되었다. 권위를 갖고 공동체 안에서 성도들과 함께 중요한 결정을 이끌어내는 지도자들이 교회 안에 있었다. '권하다'(νουθετέω)는 강요와 강

제가 아니라 호소와 설득을 하는 것이다. 이 동사는 사도행전 20:31, "눈물로 각 사람을 <u>훈계하던 것</u>을 기억하라"에도 사용되었고, 고린도전서 4:14, "오직 너희를 내 사랑하는 자녀 같이 <u>권하려</u> 하는 것이라"에서도 사용되었다(롬 15:14; 골 1:28; 3:16; 살후 3:15; 딛 1:11). 바울이 데살로니가전서 5:14에서도 지도자들을 향해 "게으른 자들을 <u>권계하며</u>"라고 말한다.

바울이 언급하는 세 가지의 지도자의 책무를 수행하는 한 그룹의 사람이 있었는지, 아니면 세 가지의 책무를 각각 분담하는 사람들이 있었는지, 그 여부는 알 수 없다. 아마도 여러 리더들(leaders)이 이 세 가지 일을 중첩적으로 했다고 보는 게 합리적일 것 같다. 학자들 대부분은 바울 교회 안에 어떤 고정된 직위(office)나 위계 구조(hierarchical structure)는 없었을 것으로 추측한다. 그러나 빌립보서 1:1에서 바울이 "감독"과 "집사" 같은 직위를 언급하고 있고("감독들과 집사들에게 편지하노니"), 갈라디아서 6:6에서 선생의 생활비를 교회가 책임질 것을 가르치는 것 등을 고려할 때("<u>가르침을 받는 자는 말씀을 가르치는 자와 모든 좋은 것을 함께 하라</u>"), 개 교회마다 상황에 따라 일정한 직위를 만들고 담당자를 임명했던 것은 분명하다. 데살로니가전서 5:12에 지도자들의 임무가 나열된 것도 바울교회에 모종의 조직이 있었다는 것을 암시한다. 그 조직이 고린도전서 12:28, "하나님이 교회 중에 몇을 세우셨으니 첫째는 사도요 둘째는 선지자요 셋째는 교사요 그 다음은 능력을 행하는 자요 그 다음은 병 고치는 은사와 서로 돕는 것과 다스리는 것과 각종 방언을 말하는 것이라"나 에베소서 4:11, "그가 어떤 사람은 사도로, 어떤 사람은 선지자로, 어떤 사람은 복음 전하는 자로, 어떤 사람은 목사와 교사로 삼으셨으니"에서처럼 위계질서가 있는 조직일 수도 있다. 바울교회가 초기 가톨릭교회처럼 직제가 제도화된(institutionalized) 조직은 아니었겠지만, 그렇다고 해서 오직 은사(gift)에 기초한 무형의 조직을 가진 교회였다고 가정할 필요도 없다.

바울은 교회 개척의 초기가 지나면 다음 도시로 이동해야 했으므로, 그 교회의 존속을 위해 지도자들을 세우는 것은 필수였을 것이다. 더

구나 교회가 박해를 견디고 살아남으려면 지도자들을 세우지 않으면 안
되었을 것이다. 데살로니가에서 불과 6개월 정도의 기간을 보냈음에도
불구하고, 데살로니가교회에는 이미 지도자 그룹이 형성되어 있었고, 그
지도자들이 교회에서 어떤 일을 해야 하는지 명시되어 있다. "너희가 알
고"에서 '너희'는 전체 성도가 아니라 지도자들을 제외한 나머지 성도들
이다. 데살로니가교회 안에는 '리더 그룹'(leader group)과 '팔로워 그
룹'(follower group)이 이미 구분되어 있었다. 일반 성도들은 지도자들
의 지도에 순종하고 따라가야 한다. 모든 사람이 다 지도자가 될 수는 없
다. 바울이 '너희'라는 대명사로 지도자들을 제외한 나머지 교회 회중을
지칭할 수 있을 정도로 이미 데살로니가교회 성도에게 누가 지도자인지,
그 구분이 매우 명확했다. "알고"는 물론 '알다'(to know)라는 뜻의 동
사(οἶδα)이지만, 여기에서는 '인지 능력'을 가리키는 말이 아니다. 영어
성경에서는 '존경하다'라는 단어 'respect'로 주로 번역했다. 우리 말로
번역한다면 '인정하고' 혹은 '존중하고' 정도로 번역하면 좋을 것 같다.
바울은 성도들이 지도자들을 인정하고 존경하길 바란다. 노골적으로 무
조건적 복종을 요구하지는 않지만, 바울은 회중이 자발적으로 지도자들
의 권위를 인정하고 그들의 가르침에 순종하기를 부탁한다.

5:13 그들의 역사로 말미암아 사랑 안에서 가장 귀히 여기며 너희끼리
화목하라

지도자들이 수고하고 있으므로("그들의 역사로 말미암아") 사랑하
는 마음으로 ("사랑 안에서") 그들을 높게 평가해 주며("가장 귀히 여기
며") 지도자와 나머지 회중은 화목해야 한다("너희끼리 화목하라"). 데살
로니가교회도 내부 갈등이 없을 수는 없다. 배경과 사회적 지위가 서로
다른 사람들이 모여서 공동체를 이루고 서로를 형제, 자매로 받아들일
때 상당한 갈등과 진통이 내부적으로 있었을 것이다. 특히 14절에 나타
나듯 게으른 자들을 선도하는 과정에서도 갈등이 있을 수 있다. 이러한

내부 갈등에도 불구하고, 궁극적으로 화평을 이루는 길은 지도자들의 권위를 인정하고 그들을 존중하는 것이다.

　　"가장 귀히 여기며"에서 사용된 부사(ὑπερεκπερισσοῦ)는 '최고로'(beyond all measure)라는 뜻이다. '여기다'로 번역된 동사(ἡγέομαι)는 '지도자 역할을 하다'(to lead)라는 뜻도 있지만, 여기에서는 '생각하다'(to think, consider)라는 뜻으로 사용되었다. '화목하라'(to live in peace)로 번역된 '에이레뉴오'(εἰρηνεύω)의 명사형 '에이레네'(εἰρήνη)는 '평화'라는 뜻이다. 박해가 휩쓸고 지나간 교회는 내부적으로 분위기가 좋지 않을 수도 있고, 박해 당시 성도들 사이에 상이한 반응이나, 태도 때문에 상호 간에 갈등이 일어날 가능성이 있으므로, 바울은 예방 차원에서 화목하게 지내라고 말한다.

5:14 또 형제들아 너희를 권면하노니 게으른 자들을 권계하며 마음이 약한 자들을 격려하고 힘이 없는 자들을 붙들어 주며 모든 사람에게 오래 참으라

　　14-15절은 교회의 지도자들을 향한 바울의 부탁으로 보인다. '게으른'으로 번역된 형용사 '아탁토스'(ἄτακτος)는 '탁토스'(τακτός)의 반대말이다. '탁토스'는 '정해진'(fixed, appointed)라는 뜻이다. '탁토스'는 '탁씨스'(τάξις, fixed order, 정해진 순서)가 있는 것이고, '아탁토스'는 없는 것이다. '탁씨스'는 고린도전서 14:40, "모든 것을 품위 있게 하고 질서 있게(κατὰ τάξιν) 하라"에서 사용되었다. '정해진 순서에 따라' 하라는 말이다. 사도행전 12:21, "헤롯이 날을 택하여"에는 '탁토스'(τακτός)가 사용되었고, '헤롯이 정해진 날에'로 번역해야 한다. '탁토스'는 정해져 있는 대로, 스케줄을 따라 살아가는 것이고, 반대로 '아탁토스'는 정해진 것이 없는 상태다. 언제, 어디서, 무엇을 할 것인지가 정해진 삶은 일을 해야 할 시간이 되면, 일하는 것이지만, 이런 것이 정해져 있지 않은 생활은 한 마디로 삶의 규율이 없고, 비정기적 행동으로 가

득한 삶이다. 그런 의미에서 '게으른'(idle, lazy)이란 뜻이다. 영어로 번역한다면 '규율이 없는'이란 뜻의 'undisciplined' 단어가 가장 좋은 선택일 것이다. "게으른 자들을 권계하며"는 '게으른 자들을 타이르고'란 뜻이다. 어떤 내용으로 타이르란 걸까? 아마도 데살로니가전서 4:11-12과 데살로니가후서 3:6-9와 같은 내용일 것이다. 바울이 "우리가 너희 가운데서 무질서하게 행하지 아니하며"(살후 3:7)하고 말할 때, '무질서하게 행하다'로 번역된 동사는 '아탁테오'(ἀτακτέω)다. 형용사 '아탁토스'(ἄτακτος)의 동사형이다.

　　"마음이 약한 자들"로 번역된 형용사(ὀλιγόψυχος)는 '심약한'(fainthearted), '풀이 죽은'(discouraged)이란 뜻이다. '올리고스'(ὀλίγος)는 '적은'이란 뜻이고, '퓌시케'(ψυχή)는 '생명'(life), '영혼'(soul)이란 뜻이므로 '올리고퓌시코스'(ὀλιγόψυχος)는 '생명력이 적은'이라는 뜻이다. 생명력이 적은 사람은 곧 '마음이 약한 사람'이다. 이들의 마음이 심약하고 풀이 죽어 있는 이유는 아마도 최근에 교회를 휩쓸고 간 박해 때문일 것이다. 그때 겁에 질려 한두 주 교회에 출석하지 않고, 배교를 고민했던 사람들도 있었을 것이다. 그런 사람들이 다시 믿음을 회복하고 교회에 나오도록 하는 것은 지도자들이 해야 할 일이다. 그런 사람들의 놀란 마음을 안심시키고 다시 예배에 나오도록 해야 한다. "힘이 없는 자들"에서 사용된 형용사는 '약한'(weak)이란 뜻의 '아스떼네스'(ἀσθενής)다. '병이 들어 약한'이란 뜻도 있으므로 교회 안의 병자들을 붙들어 주라는 말로 볼 수도 있지만, 지금 '마음이 약한 자들'을 언급했으므로 그 연장선에서 해석하면 '믿음이 연약한 자들'이란 뜻으로 해석하는 것이 좋을 것 같다. '붙들어 주다'르 번역된 '안테코'(ἀντέχω)는 '꽉 붙들다'(to hold fast to)란 뜻이다. 믿음이 약한 자들이 넘어지지 않도록 세게 붙들어 주어야 한다.

　　"모든 사람에게 오래 참으라"는 '모든 사람을 향해'(πρὸς πάντας) 인내하라는 말이다. '오래 참다'로 번역된 '마크로뛰메오'(μακροθυμέω)는 '길다'(long) 혹은 '넓다'(large)라는 뜻의 '마크로스'(μακρός)와 '마음'이라는 뜻의 '뛰모스'(θυμός)가 합쳐진 단어다. 마음이 넓은 것은 한 자 말로 '관대(寬大)하다,' 우리 말로 '너그럽다'로 번역할 수 있다. 게으른 자, 마음이 약한 자, 힘이 없는 자 등 모든 사람을 향해 너그러운 마음으로 길게 참으면서 그들을 올바른 신앙의 길로 인도하는 것은 지도자의 중요한 덕목이다. 또 "모든 사람"은 신자와 불신자를 모두 포함하므로, 교회 밖에서 교회를 공격하고 비난하는 사람들을 향해서도 오래 참으면서 그들을 전도하려고 노력하는 것도 지도자의 중요한 덕목이다.

5:15 삼가 누가 누구에게든지 악으로 악을 갚지 말게 하고 오직 피차 대하든지 모든 사람을 대하든지 항상 선을 좇으라

14절에서 언급된 '오래 참는 것'의 구체적인 내용은 "악으로 악을 갚지" 않는 것이다. 박해를 당할 때 성도 중 일부는 자신들에게 악을 행한 사람에게 앙갚음하려면 할 수도 있는 힘을 갖고 있다. 교회의 지도자들이 아마도 그런 사람들일 것이다(이점에 대해서는 4:11의 주석을 보라). 바울은 이런 보복을 하지 않고 성도들이 '조용히' 지나가기를 원한다. 그 말은 그런 보복을 하지 말라는 뜻이다. 보복하지 않으면 단기적으로는 불필요한 더 이상의 갈등을 피할 수 있고, 장기적으로는 복음을 그들에게도 전할 수 있는 가능성이 계속 열려 있게 된다. 교회 안에서건 밖에서건 성도는 상대방이 나에게 악을 행할 때 항상 선으로 응답해야 한다("피차 대하든지 모든 사람을 대하든지 항상 선을 좇으라"). 그렇게 하면 이런 의외의 반응으로 인해 오히려 호기심을 갖게 되고, 좋은 인상을 갖고 교회에 다가오게 된다.

"삼가"로 번역된 '호라테'(ὁρᾶτε)는 '보다'라는 뜻의 '호라오'(ὁράω)의 명령형이다. 여기에서는 '주의하라'로 번역하는 게 좋다. 지도자들은 성도들의 움직임을 잘 관찰하고 그들이 혹시라도 개인적으로 "악으로 악을 갚지" 않도록 주의해야 한다. 또 지도자들은 성도들이 서로를 대하건, 교회 밖의 사람을 대하건("피차 대하든지 모든 사람을 대하든지") "항상 선을" 추구하도록 잘 보고 있어야 한다. 이 구절과 비슷한 말씀이 로마서

12:17, "아무에게도 악을 악으로 갚지 말고 모든 사람 앞에서 선한 일을 도모하라"에도 있다. 바울은 "너희가 친히 원수를 갚지 말고 하나님의 진노하심에 맡기라"(롬 12:19), "네 원수가 주리거든 먹이고 목마르거든 마시게" 하여(롬 12:20), "악에게 지지 말고 선으로 악을 이기라"(롬 12:21)고 말한다. 여기서 '먹이고 마시게 하라'는 말은 교회를 핍박한 사람이 교회 예배에 참석하면 내쫓지 말고 주의 만찬에서 먹고 마시게 하라는 말로 읽을 수 있다. 이런 상황은 당시 '후원자-피후원자'(patron-client) 문화에서 충분히 발생할 수 있다. 후원자(patron)-피후원자(client) 문화에 관해서는 보충 설명 9, "자신의 삶을 스스로 책임지는 노동(Taking Responsibility for Sustaining Your Life by Your Labor)에 관한 가르침의 사회학적 효과, 교회 개척용 가르침 8 분석"을 보라

교회 전체를 향한 가르침

(5:16-28)

5:16 항상 기뻐하라
5:17 쉬지 말고 기도하라
5:18 범사에 감사하라 이것이 그리스도 예수 안에서 너희를 향하신 하나
님의 뜻이니라

박해당한 교회를 향해 바울은 "항상 기뻐하라"(Πάντοτε χαίρετε)고 말한다. 인간적 관점에서 보았을 때 데살로니가 성도들은 전혀 기뻐할 것이 없다. 하지만 바울은 역설적으로 기뻐하라고 말한다(갈 5:22; 빌 4:4). 왜 그는 박해당한 교회를 향해 기뻐하라고 말하는 걸까? 박해는 그들이 구원받았다는 표적이기 때문이다(살전 1:4, "하나님의 사랑하심을 받은 형제들아 너희를 택하심을 아노라"). 종말에 대한 소망을 품고 살면 항상 기뻐하며 살아갈 수 있다. 복음은 인간이 행복할 수 없는 악조건 속에서도 행복한 삶을 살 수 있게 해준다. 기독교인이 행복한 인간이 되는 이유는 악조건이 개선되기 때문이 아니라, 세계와 인생을 바라보는 관점이 바뀌기 때문이다.

박해를 견디고 신앙을 지켜나가려면 개인적, 공동체적 기도가 필요하다. 박해로 인해 모임이 중단되지 않고, 계속 교회로 모여 기도하라는 뜻이다.

고대교회 교부들은 "쉬지 말고 기도하라"는 명령을 문자적으로 실천하기 위해 쉬지 않고 기도하는 방법을 개발했다. 고대교회 수도사들이 의식이 있는 동안에는 쉬지 않고 기도하기 위해 'Jesus Prayer'라는 기도방법을 개발한 것은 '항상,' '끊임없이,' '쉬지 말고'와 같은 말의 뜻을

문자적으로 이해했기 때문이다. 고대 수도사들은 쉬지 않고 기도하기 위해 인간이 쉬지 않고 하는 행동이 무엇인지를 먼저 생각했다. 그것은 호흡이다. 호흡은 인간이 무의식적으로 24시간 동안 지속적으로 하는 행동이다. 그들은 이 호흡 위에 기도를 얹으면 인간이 쉬지 않고 기도하는 것이 가능하다고 생각했다. 그들은 먼저 쉽게 반복할 수 있는 짧은 기도문을 만들었다. 대표적인 기도문은 '퀴리에 엘레에손'(κύριε ἐλέησόν, '주여 불쌍히 여기소서')이다. 이 기도문을 둘로 나누어 '퀴리에'('주여')는 숨을 들이마실 때 마음속으로 말하고, 숨을 내쉴 때 '엘레에손'('불쌍히 여기소서')을 마음속으로 말한다. 숨을 들이쉬고 내실 때마다 무의식적으로 이 기도를 마음속으로 할 수 있게 될 때까지 의식적으로 노력한다. 수년간 이런 방식으로 Jesus Prayer를 수련하면 호흡을 할 때마다 자동적으로 기도할 수 있게 된다. 오늘날 영성 훈련에서도 이런 기도법을 수련한다. 하지만 바울이 이런 기도법을 수련하라는 의미로 "**항상**"(살전1:2) "**끊임없이**"(살전 1:3) "**쉬지 말고**"(살전 5:17) 등의 표현을 사용한 것은 아니다. 바울이 뜻한 바는 정해진 기도시간마다 그 시간을 놓치지 말고 기도하라는 것이다.

　　"**범사에 감사하라**"(ἐν παντὶ εὐχαριστεῖτε)는 하나님에게 감사의 찬양을 드리는 것이다. 하나님은 교회가 박해를 당할 때 하나님을 원망하고 교회에서 멀어지는 것이 아니라 오히려 하나님께 감사하고 찬양하기를 원하신다. 헬라어로 '감사하다'는 '유카리스테오'(εὐχαριστέω)고, 이 단어에서 영어의 Eucharist(성만찬)이라는 단어가 유래한다. 성만찬은 그리스도에게 감사를 드리는 예식이다. 우리가 모든 일에 감사하는 삶을 살려면, 우리가 가진 감사의 기준을 낮추어야 한다. 사소한 것, 별 것 아닌 것에 대해서도 감사하면서 살아갈 수 있다면, 매일 매일이 감사절이 될 수 있다. 항상 기뻐하고, 정기적으로 기도하고, 모든 일에 감사하는 삶이 하나님이 원하시는 성도들의 삶의 태도다.

5:19 성령을 소멸하지 말며

5:20 예언을 멸시하지 말고

5:21 범사에 헤아려 좋은 것을 취하고

5:22 악은 어떤 모양이라도 버리라

　　'소멸하다'로 번역된 동사(σβέννυμι)는 '(불을) 끄다'라는 뜻이다. 마치 성령이 불인 것처럼 끄지 말라고 말한다. 현실적으로 인간이 하나님의 성령을 꺼버릴 수는 없다. '성령을 소멸하지 말라'는 말은 성령의 활동으로 인해서 나타나는 현상들을 억압하지 말라는 뜻이다. "예언을 멸시하지" 않는 것은 성령의 활동으로 인해서 나타나는 현상을 억압하지 않는 한 가지 예다. 그러므로 바울은 '예언을 멸시하지 말라'는 말을 하기 위해 미리 '성령을 소멸하지 말라'는 대전제를 말한 것으로 보인다. 예언을 멸시하지 말라는 말은 예언을 무시하지 말라는 뜻이다. '멸시하다'(ἐξουθενέω)는 '우습게 여겨 무시하다'(to reject disdainfully)라는 뜻이다.

　　초대교회에는 선지자들이 있었다. 선지자가 구약의 선지자인 말라기 이후 사라졌고, 세례요한 때에 다시 선지자가 나타났다고 생각하는 것은 오해다. 유대교 안에는 지속적으로 선지자들의 활동이 있었다.[122] 사도행전 11:27-28은 "그 때에 <u>선지자들이</u> 예루살렘에서 안디옥에 이르니 그 중에 <u>아가보라 하는 한 사람이 일어나 성령으로 말하되</u> 천하에 큰 흉년이 들리라 하더니"라고 말한다. 초대교회 안에 여러 선지자의 활동이 있었고, 그 대표자 격인 아가보가 안디옥교회에 와서 '큰 흉년'에 대해 예언을 했다. 고린도전서 12:28-29에 열거된 교회의 다섯 가지 직분 중에 '선지자'가 있다. 선지자는 사도에 이어 두 번째로 큰 권위를 갖고 있는 직분이다(고전 12:28, "첫째는 사도요 둘째는 선지자요"; 엡 4:11, "어떤 사람은 사도로, 어떤 사람은 선지자로"). 고린도전서 14:37, "만일

---

122) David E. Aune, *Prophecy in Early Christianity and the Ancient Mediterranean World* (Grand Rapids: Eerdmans, 1983)는 유대교와 초기 기독교 안에 지속적으로 선지자들의 예언 활동이 있었음을 보여준다.

누구든지 자기를 선지자나 혹은 신령한 자로 생각하거든 내가 너희에게 편지하는 이 글이 주의 명령인 줄 알라”는 교회 안에 스스로를 ‘선지자’로 생각하는 사람들도 있었다. 거짓 선지자들에 대한 경고의 말씀들(벧후 2:1, “거짓 선지자들이 일어났었나니”; 요일 4:1, “거짓 선지자가 세상에 나왔음이라”)은 당시 선지자들의 활동이 활발했다는 반증이다. 요한계시록에서도 선지자가 자주 언급되며(계 2:20; 10:7; 11:18; 16:6; 18:20, 24; 22:6, 9) 이것은 1세기 말 아시아 일곱 교회가 있던 지역에서도 예언 활동이 있었다는 것을 보여준다.

교회가 예언을 멸시하는 이유는 므엇일까? 아마도 예언을 분별하기가 어려웠기 때문일 것이다. 선지자에 참 선지자와 거짓 선지자, 두 종류가 있듯, 예언도 참된 예언과 거짓된 예언이 있을 수 있다. 문제는 참과 거짓을 분별하는 것이 간단하지 않다는 점이다. 신명기 13:1-18은 거짓 선지자를 어떻게 판별할 수 있는지, 그 대처법을 알려준다. 신명기 13:1의 “선지자나 꿈 꾸는 자”는 거짓 선지자를 가리킨다. 거짓 선지자는 환상을 보고, 그 환상에서 보고 들은 것을 ‘하나님의 계시’로 전달한다. 문제는 그 환상이 헛된 환상(꿈)이라면 그는 단지 ‘꿈을 꾼 자’에 불과하다. 신명기 13:1-2, “너희 중에 선지자나 꿈 꾸는 자가 일어나서 이적과 기사를 네게 보이고 그가 네게 말한 그 이적과 기사가 이루어지고”는 선지자가 나타났을 때 그가 참 선지자인지 아닌지를 분별하는 첫 번째 방법은 ‘이적과 기사’를 행하라고 요구하는 것임을 보여준다. 만약 그가 이적과 기사를 행하지 못한다면, 그는 첫 번째 관문을 통과하지 못했으므로, 굳이 그의 예언을 들을 필요가 없다. 출애굽기 4:1에서 모세는 하나님께서 자신에게 나타나셔서 계시하셨다는 것을 이스라엘 사람들이 믿지 않으면 어떻게 하냐고 묻는다. 하나님은 지팡이를 뱀으로, 뱀을 다시 지팡이로 만드는 이적과, 품에 손을 넣어 나병이 생겼다가 다시 낫는 이적을 행하라고 말씀하신다(출 4:2-7). 출애굽기 4:8, “만일 그들이 너를 믿지 아니하며 그 처음 표적의 표징을 받지 아니하여도 나중 표적의 표징은 믿으리라”는 이적을 행하는 것이 하나님이 보낸 사람이라는 것을 보여주는 표지임을 알려준다.

복음서에서 사람들이 예수에게 이적을 행하라고 요구하는 것도 같은 맥락이다. 마태복음 12:38, "선생님이여 우리에게 표적 보여주시기를 원하나이다," 16:1, "바리새인과 사두개인들이 와서 예수를 시험하여 하늘로부터 오는 표적 보이기를 청하니," 누가복음 11:16, "또 더러는 예수를 시험하여 하늘로부터 오는 표적을 구하니" 등은 모두 예수를 선지자로 보고, 이적을 행하여 자신이 참 선지자라는 것을 먼저 증명하라는 요구다(요 2:18, "무슨 표적을 우리에게 보이겠느냐"; 요 2:23; 4:48; 6:2, 14, 26; 7:31; 9:16; 11:47; 12:18, 37; 20:30). 물론 이적을 행한다고 해서 곧 그 사람이 하나님이 보내신 참 선지자로 인정받는 것은 아니다. 마가복음 13:22, "거짓 그리스도들과 거짓 선지자들이 일어나서 이적과 기사를 행하여 할 수만 있으면 택하신 자들을 미혹하려 하리라"는 거짓 선지자도 이적을 행할 수 있다고 말한다. 신명기 13:2, "그가 네게 말한 그 이적과 기사가 이루어지고 너희가 알지 못하던 다른 신들을 우리가 따라 섬기자고 말할지라도"는 그 자칭 선지자가 이적을 행한다 해도 그것이 끝이 아니며, 두 번째 관문이 남아 있다고 말한다. 두 번째 분별의 기준은 그가 전하는 메시지를 듣고 판단하는 것이다.

만약 그 선지자가 "너희가 알지 못하던 다른 신들을 우리가 따라 섬기자"고 말한다면 그는 거짓 선지자다. 율법에 하나님 외에 다른 신을 섬기지 말라는 계명이 있기 때문이다(출 20:3-5; 신 5:7-9). 즉 청중은 그 선지자가 전하는 메시지를 듣고, 그들이 이미 익히 잘 알고 있는 모세의 율법에 비추어 판단해야 한다. 모세의 율법과 반대되는 것을 가르친다면 그는 거짓 선지자다. 유대교 전통에서는 모세의 율법과 랍비들의 가르침이 선지자들의 가르침보다 상위의 권위를 가졌다. 모세는 '선지자 중의 선지자'(the Prophet of prophets)이며 '가장 큰 선지자'이므로, 그 어떤 선지자의 직접 계시도 모세의 율법을 능가하는 권위를 갖지 못했다. 유대교 전통에서는 선지자가 '구두로 받은 하나님의 계시'는 '기록된 하나님의 계시'인 구약성경의 율법에 비추어 판단받아야 했다. 율법이 참 선지자와 거짓 선지자를 구분하는 기준이 된다.

그렇다면 초대교회에서는 무엇을 기준으로 선지자의 메시지를 판단했을까? 구약성경을 기준으로 판단했을까? 데살로니가후서 2:15, "**그러므로 형제들아 굳건하게 서서 말로나 우리의 편지로 가르침을 받은 전통을 지키라**"는 바울 교회에서 바울 전승(Pauline tradition)이 이단 판별의 기준이었다는 것을 보여준다. 바울은 자신이 말로 가르친 것이든, 혹은 편지로 가르친 것이든 그가 가르친 전통($\pi\alpha\rho\acute{\alpha}\delta\sigma\sigma\iota\varsigma$)을 지키라고 명령한다. 데살로니가후서 2:3, "**미혹되지 말라**," 2:8, "**불법한 자**," 2:9, "**사탄의 활동을 따라 모든 능력과 표적과 거짓 기적과**," 2:10, "**불의의 모든 속임**," 2:11, "**미혹의 역사**," "**거짓 것**," 등은 모두 거짓 선지자들의 활동을 경계하는 것으로 볼 수 있다. 이런 미혹과 거짓에 흔들리지 않으려면 자칭 선지자들의 예언을 분별해야 한다. 교회에서 그 분별의 기준은 모세의 율법이 아니라, 바울의 전달해준 바울 전승이다. 바울의 십자가 복음의 내용과 어긋나는 것은 절대로 받아들이면 안 된다. 그의 가르침은 참과 거짓을 구분하는 기준이 되는 '자'(rule)다. '정경'(canon)은 '자'(rule)라는 뜻이며, 모든 이단 판별은 이 정경으로 재어 결정하게 된다. 바울의 편지들이 정경에 포함되어 오늘날까지 신앙의 척도가 된 것이 우연한 일이 아니다. 바울이 이미 그때부터 자신의 가르침이 '정경'(canon)이라고 주장했기 때문이다.

이런 뜻에서 바울은 "**범사에 헤아려**"(살전 5:21)야 한다고 말한다. 직역하면 '모든 것을 분별하라'($\pi\acute{\alpha}\nu\tau\alpha$ $\delta\sigma\kappa\iota\mu\acute{\alpha}\zeta\varepsilon\tau\varepsilon$)다. '도키마조'($\delta\sigma\kappa\iota\mu\acute{\alpha}\zeta\omega$)는 '분별하다'(to discern)라는 뜻이다. 이 동사는 테스트를 통해 어떤 것이 진짜인지(authentic) 아니면 가짜인지(fabricated)를 판별한다는 뜻이다. 대표적으로 순금인지 합금인지 전문가가 판별할 때 이 단어를 사용할 수 있다. '도키모스'($\delta\acute{\sigma}\kappa\iota\mu\sigma\varsigma$)와 '아도키모스'($\dot{\alpha}\delta\acute{\sigma}\kappa\iota\mu\sigma\varsigma$)는 형용사 파생어로서 분별의 결과를 나타낸다. 만약 순금인지 합금인지 금반지를 분별한 결과 순금이라면 '도키모스'($\delta\acute{\sigma}\kappa\iota\mu\sigma\varsigma$)로 판정받고, 합금이라면 '아도키모스'($\dot{\alpha}\delta\acute{\sigma}\kappa\iota\mu\sigma\varsigma$)로 판정을 받는다. 선지자나 사도가 참 선지자인지, 참 사도인지 분별했을 때 '아도키모스'($\dot{\alpha}\delta\acute{\sigma}\kappa\iota\mu\sigma\varsigma$)는 거짓 선지자/사도로 판정되는 것이고, '도키모스'($\delta\acute{\sigma}\kappa\iota\mu\sigma\varsigma$)는 참 선지자/사도로 판정받는 것이다. 고린도후서 13:6, "**우리가 버림 받은 자 되지 아니한 것을**

너희가 알기를 내가 바라고”에서 “버림받은 자”로 번역된 단어는 ‘아도키모스’(ἀδόκιμος)다. ‘우리가 거짓 사도가 아니라는 것을 너희가 알기를 내가 바라고’로 번역하는 것이 옳다. 고린도후서 13:7, “우리가 옳은 자임을 나타내고자 함이 아니라 오직 우리는 버림 받은 자 같을지라도”에서 “옳은 자”로 번역된 단어는 ‘도키모스’(δόκιμος)고, “버림 받은 자”로 번역된 단어는 ‘아도키모스’(ἀδόκιμος)다. ‘우리가 참 사도임을 나타내고자 함이 아니라 우리는 거짓 사도처럼 보일지라도’로 번역하면 의미가 잘 통한다.

동사 ‘도키마조’(δοκιμάζω)는 데살로니가전서 5:21-22에서 거짓 사도 논쟁에서 사용되는 용법과 유사한 방식으로 사용된다. “범사에 헤아려(δοκιμάζετε) 좋은 것을 취하고 악은 모든 모양이라도 버리라”는 명령에서 바울은 성도들이 예언을 멸시하지 않아야 하지만 동시에 예언을 잘 분별해야 한다고 말한다. 예언이 정말로 하나님께로 온 것이 맞는지 혹시라도 사탄에게서 온 악한 거짓 예언이 아닌지 테스트하여 그 진위를 가려내야 할(δοκιμάζω) 책임이 성도들에게 있다(고전 14:29, “예언하는 자는 둘이나 셋이나 말하고 <u>다른 이들은 분별할 것이요</u>”). 심사숙고하여 판단하여 만약 그것이 “좋은 것”이라면 받아들여야 한다. “좋은 것”은 하나님으로부터 유래하는 예언이고, 성령에 의한 예언이다. “좋은 것”은 ‘도키모스’(δόκιμος)로 판정된 예언이다. 그 반대는 ‘악한 것’이다. ‘악한 것’은 하나님이 아니라, 사탄에게서 유래하는 예언이고, 악한 영에 의한 것이다. ‘악한 것’은 ‘아도키모스’(ἀδόκιμος)로 판정된 예언이다. 성도들은 악한 것으로 판정된 예언은 절대로 받아들이면 안 된다. “악은 모든 모양이라도 버리라”는 ‘모든 종류의 악한 예언은 다 버리라’는 뜻이다. ‘πᾶς εἶδος πονηροῦ’는 ‘악의 모든 모양’보다 ‘모든 종류의 악’으로 번역하는 것이 좋다.

5:23 평강의 하나님이 친히 너희를 온전히 거룩하게 하시고 또 너희의 온 영과 혼과 몸이 우리 주 예수 그리스도께서 강림하실 때에 흠 없게 보전되기를 원하노라
5:24 너희를 부르시는 이는 미쁘시니 그가 또한 이루시리라

"너희 온 영과 혼과 몸"(ὑμῶν τὸ πνεῦμα καὶ ἡ ψυχὴ καὶ τὸ σῶμα)은 '전인'(全人, whole person)을 가리킨다. 인간이 몸, 영, 혼의 세 가지 요소로 구성되어 있다는 삼분설(三分說, tripartite doctrine of human nature, trichotomic anthropology)을 바울이 지지하는 것인지, 아니면 당시 헬라인이 대중적으로 갖고 있던 인간 이해를 바울이 활용하고 있는 것인지는 분명하지 않다. 삼분설은 국내외의 각종 이단이 귀신론을 주장하기 위해 애용하기 때문에 한국교회에서 꺼리는 경향이 있지만, 이 점이 바울의 인간 이해를 설명할 때 결정적 기준이 되는 건 아니다. 바울이 인간을 이해할 때 영, 혼, 육의 삼 요소로 이해한다고 해서 그것이 위험한 인간 이해로 비난받을 필요는 없다. 바울이 의미한 바는 성도들의 전인을 하나님께서 "온전히 거룩하게" 하시는 것이다.

"온전히"로 번역된 '홀로텔레스'(ὁλοτελής)는 '온전하게 완전한'(completely perfect)이라는 뜻이다. 접두어 '홀로'(ὁλο-)는 '완전히'라는 강조의 뉘앙스를 갖고 있다. "흠 없게 보전되기를 원하노라"는 '흠없이 완전하게 보전되기를 원하노라'로 번역하는 것이 맞을 듯하다. 여기서 '완전한'으로 번역할 수 있는 형용사 '홀로클레로스'(ὁλόκληρος)에도 접두어 '홀로'(ὁλο-)가 들어가 있다. 현재의 개역성경에서는 "온"으로 번역했다. "너희의 온 영과 혼과 몸이 우리 주 예수 그리스도께서 강림하실 때에 흠 없게 보전되기를 원하노라"는 '너희의 영과 혼과 몸이 우리 주 예수께서 강림하실 때에 완전하게 흠없이 보전되기를 원하노라'로 번역해야 할 것 같다. 바울은 종말에 하나님의 심판대 앞에 서게 될 때 성도들이 완전히 온전한 모습으로 서게 되기를 기도한다. 하나님은 신실하신 분이므로("너희를 부르시는 이는 미쁘시니"), 성도들이 계속 거룩한 사람으로 변화를 받아 종말에 그리스도의 심판대 앞에 설 때 흠이 없는

("흠 없게") 모습으로 서게 하신다. 바울의 말은 고린도전서 1:8-9의 내용과 비슷하게 들린다.

> 고린도전서 1:8-9
> [8]주께서 너희를 우리 주 예수 그리스도의 날에 <u>책망할 것이 없는 자로</u> 끝까지 견고하게 하시리라 [9]<u>너희를 불러</u> 그의 아들 예수 그리스도 우리 주와 더불어 교제하게 하시는 <u>하나님은 미쁘시도다</u>

고린도 성도들의 다양한 문제가 고린도전서에 상세히 나타나고 있지만, 이 편지의 서두에서 바울은 매우 낙관적인 견해를 나타낸다. 지금 고린도 성도들은 '책망할 것'이 많은 사람들이지만, 최후의 심판 때 그들은 "책망할 것이 없는 자"들이 될 것을 바울은 믿어 의심하지 않는다. 하나님은 신실하신 분이시므로 반드시 그들을 변화시킬 것이다. 그렇다면 바울은 구체적으로 하나님이 어떻게 그들을 변화시킬 것으로 생각하고 있었을까? 아마도 성령의 역사일 것이다. 고린도 성도들은 복음을 믿은 지 얼마 되지 않아 아직 믿기 전의 습성을 버리지 못하고 있지만, 한 가지 부정할 수 없는 사실은 그들이 하나님의 성령과 다양한 은사를 받았다는 점이다(고전 12-14장). 성령은 성도들을 그 내면으로부터 변화시켜 그들을 거룩한 주의 백성으로 새롭게 창조하실 것이므로 바울은 성도들의 미래에 대해 낙관적으로 생각한다. 데살로니가 성도들도 마찬가지로 성령의 역사로 책망할 것이 없는 자들로 변화받을 것이다.

5:25 형제들아 우리를 위하여 기도하라
5:26 거룩하게 입맞춤으로 모든 형제에게 문안하라

바울은 지금 고린도에서 교회를 개척하고 있다. 그는 데살로니가 성도들에게 자신을 위해 기도해달라고 부탁한다. 에베소에서 사역하던

중 바울은 마게도냐 지역, 즉 데살로니가가 있는 지역을 방문하려고 계획하고 있었다(고전 16:5, "내가 마게도냐를 지날 터이니"; 고후 1:16, "너희를 지나 마게도냐로 갔다가 다시 마게도냐에서 너희에게 가서 너희의 도움으로 유대로 가기를 계획하였으니'). 하지만 이 계획은 제대로 실행되지 못했고, 후에 '눈물의 편지'(고후 2:4, "내가 마음에 큰 눌림과 걱정이 있어 많은 눈물로 너희에게 썼노니")를 고린도 교회로 보낸 뒤 바울은 드로아를 거쳐 데살로니가가 있는 마게도냐를 방문하게 된다. 바울은 당시 상황을 이렇게 회고한다; "우리가 마게도냐에 이르렀을 때에도 우리 육체가 편하지 못하였고 사방으로 환난을 당하여 밖으로는 다툼이요 안으로는 두려움이었노라"(고후 7:5). 당시 바울이 데살로니가를 다시 방문했을 때에도 바울은 매우 적대적인 상황 속에 있었고, 심리적으로도 두려움을 느낄 수밖에 없는 처지였다. 그런데도 데살로니가교회를 포함한 마게도냐의 교회들은 예루살렘교회의 가난한 성도들을 위한 헌금에 참여하였고(고후 8:1-5), 고린도 선교를 위한 지원금도 후원했다(고후 11:9, "마게도냐에서 온 형제들이 나의 부족한 것을 보충하였음이라"). 바울이 자신을 위해 기도해줄 것을 부탁한 것은 데살로니가 성도들과 계속해서 영적인 교류뿐만 아니라, 앞으로 지속적으로 상호 간에 소식을 공유하고 협력할 것을 부탁한 것이다. 실제로 데살로니가교회는 바울의 선교를 위해 기도하고, 또 물질적으로도 지원했다.

"거룩하게 입맞춤으로"는 '거룩한 입맞춤으로'(ἐν φιλήματι ἁγίῳ)로 번역하는 것이 옳다. 입맞춤으로 인사를 하는 것은 마가복음 14:45, 누가복음 7:45, 15:20, 22:47, 사도행전 20:37, 베드로전서 5:14 등에 나타난다. 또 바울서신에서는 로마서 16:16, 고린도전서 16:20, 고린도후서 13:12에서 편지를 마무리하면서 거룩한 입맞춤으로 인사하라는 말이 나온다. 거룩한 입맞춤은 뜨거운 사랑으로 가족과 같은 친밀한 관계를 유지하라는 가르침을 표현한 것이다. 바울 교회에서는 실제로 노예와 주인이 서로 입맞춤으로 인사하고, 유대인과 이방인이 이렇게 인사했는데, 이것은 당시 문화에서는 쉽지 않은 일이었다.

5:27 내가 주를 힘입어 너희를 명하노니 모든 형제에게 이 편지를 읽어 주라
5:28 우리 주 예수 그리스도의 은혜가 너희에게 있을지어다

골로새서 4:16절에서도 바울은 그의 편지를 골로새교회에서 읽고, 라오디게아교회에서도 읽게 하라고 한다. 편지를 교회에서 읽을 때 소리를 내어 낭독했을 것이다. 이런 낭독은 유대교 회당에서 예배 시간에 구약성경을 읽는 것(눅 4:16; 행 13:15, 27; 15:21; 고후 3:14, 15)에 비견되는 것이다. 초대교회에서 바울의 편지가 처음부터 구약성경과 같은 권위있는 책으로 취급되었으며, 정경과 같은 권위를 가졌다는 것을 보여준다. 바울의 편지는 다른 교회에서도 회람되었고, 유사한 문제를 갖고 있던 교회들은 편지를 통해 가르침을 받았다.

바울이 지금 이 편지를 "**모든 형제에게**" 읽어 주라고 명령하므로 어쩌면 데살로니가에 교회로 모이는 그룹이 하나 이상이었을 가능성도 있다. 만약 그렇다면 바울은 이 편지를 데살로니가에서 가장 중요한 가정 교회의 예배에서 읽게 한 뒤에 다른 교회에서도 회람하라는 뜻으로 이 명령을 했다고 보아야 할 것이다. 아니라면 모든 형제가 들을 수 있도록 예배 모임에서 계속 반복해서 읽으라는 명령으로 해석할 수도 있다.

데살로니가후서 3:17에서 바울은 "**나 바울은 친필로 문안하노니 이는 편지마다 표시로서 이렇게 쓰노라**"고 말한다. 편지의 마지막에서는 대서인이 아닌 자신이 직접 펜을 들고 이 구절을 쓰고, 다음 절에서 "**우리 주 예수 그리스도의 은혜가 너희 무리에게 있을지어다**"라고 써서, 자신의 필체를 편지에 남긴다. 오늘날의 친필 서명에 해당한다. 그러나 데살로니가전서의 마지막 절인 28절에서는 곧바로 "**우리 주 예수 그리스도의 은혜가 너희에게 있을지어다**"고 인사말을 하고 편지를 마친다. 서론에서 밝혔듯이 데살로니가후서가 데살로니가전서보다 먼저 보낸 편지라면 이런 현상은 쉽게 이해된다. 이전에 보낸 편지에서 자신의 필체가 어떤 것인지 이미 밝혔으므로, 이후에 보내는 편지인 데살로니가전서에서는 굳이 "**나 바울은 친필로 문안하노니 이는 편지마다 표시로서 이렇게 쓰노라**"는 말을 할 필요가 없었을 것이다. 그러므로 28절은 바울이 자신의

친필로 인사말을 썼을 것으로 추측된다.